U0453642

寒松 著

人间有味是清欢

苏东坡 传

犯其至难而图其至远

路虽远 | 行则将至

事虽难 | 做则必成

光明日报出版社

图书在版编目（CIP）数据

人生有味是清欢：苏东坡传 / 寒松著 . --

北京：光明日报出版社，2023.10

（苏氏三杰）

ISBN 978-7-5194-7566-6

Ⅰ.①人… Ⅱ.①寒… Ⅲ.①传记文学－中国

－当代 Ⅳ.① I25

中国国家版本馆 CIP 数据核字 (2023) 第 194534 号

苏氏三杰——人生有味是清欢 ： 苏东坡传

Sushi Sanjie-Rensheng Youwei Shi Qinghuan:Sudongpozhuan

著　者：寒松

责任编辑：章小可　　　　　　　责任校对：房蓉

封面设计：瀚林腾跃·夏海鹏　　　责任印制：曹净

出版发行：光明日报出版社

地　　址：北京市西城区永安路 106 号，100050

电　　话：010-63169890（咨询），010-63131930（邮购）

传　　真：010-63131930

网　　址：http://book.gmw.cn

E－mail：gmrbcbs@gmw.cn

法律顾问：北京市兰台律师事务所龚柳方律师

印　　刷：河北浩润印刷有限公司

装　　订：河北浩润印刷有限公司

本书如有破损、缺页、装订错误，请与本社联系调换，电话：010-63131930

开　本：148×210 1/32　　　　印　张：20.5

字　数：400 千字　　　　　　　插　图：1

版　次：2023 年 10 月第 1 版

印　次：2023 年 11 月第 1 次印刷

书　号：ISBN 978-7-5194-7566-6

定　价：128.00 元（全 3 册）

前 言

千古奇才苏东坡，也无风雨也无晴

在中国历史上，有这样一位人物：

他是文学家，曾写出过"枝上柳绵吹又少，天涯何处无芳草"这样婉转凄切的词句，也写出过"老夫聊发少年狂，左牵黄，右擎苍"这样豪情奔放的词句。

他是书法家，他的字笔意雄劲，姿态娴雅，真情流露，意境鲜活，一幅《黄州寒食帖》，被列为继王羲之的《兰亭序》、颜真卿的《祭侄文稿》之后的"天下第三行书"。

他是画家，他的画强调神韵，不拘形似，真诚地抒发胸中的意趣。一幅《枯木怪石图》拍卖出了4.6亿的价格，刷新了书画拍卖的历史纪录。

论古文，他是"唐宋八大家"之一；论古诗，他与黄庭坚并称"苏黄"；论词，他与辛弃疾并称"苏辛"；

论书法，他是"北宋四大家"之一。

他是艺术家，琴棋书画无所不精，诗词歌赋无所不能。

他还是美食家，创造了"东坡菜系"，在他眼里，江河里的鱼、山坡上的笋、市场里的肉蔬、林子中的鲜果，无一不是令人垂涎的美味。

他济世爱民，身居茅屋，也要借钱为民谋福祉。

他善于治水，西湖至今还流传着他的美谈。

他仗义幽默，与他交友，其乐无穷，可托生死。

他敬重前辈，关爱后辈，对恩师终身执弟子之礼，对后辈极尽提携之情，海不择流，有容乃大。

他重情重义，一生不忘贤妻，一生牵挂胞弟。

他身居庙堂之高时，能谦和为人；他被流放蛮荒时，能乐观以对。

他天纵奇才，却从不自视甚高，年过花甲，还日日与书为伴。

他，就是苏轼，字子瞻，号东坡居士，生于宋仁宗景祐三年十二月十九日（公元1037年1月8日）四川眉州眉山，死于建中靖国元年七月二十八日（公元1101年8月24日）常州孙氏馆，享年六十六岁（虚岁）。他的一生，如夜空中绚烂的烟花，绽放耀眼的光芒；又如一叶孤舟逆流而上，在风雨中飘摇。

苏东坡二十岁离开眉山老家后，在京城一举成名，上至皇帝宰相，下至平民百姓，无人不知苏东坡才高八斗。他为官所到之处建树不凡，受皇帝夸赞，受百姓爱戴。而这，也恰恰成了他悲剧的来源，他因才得势，也因才失势。木秀于林，风必摧之。更何况他出生在一个危机四伏的时代，一边是求变图新的呼声，一边是无法更改的制度，二者相撞，必有损伤。

　　不幸的是，苏东坡就成了这碰撞中的"牺牲品"。

　　经历了名震京城的短暂辉煌后，苏东坡就开始了跌宕起伏的政治生涯。"乌台诗案"中，他身陷囹圄，受尽侮辱和折磨，从皇帝口中的宰辅之才，变成了被贬谪蛮荒的戴罪之官。

　　从此，他的人生就一直在被外放和被贬谪中度过。然而，每被贬黜一次，就让他的人生发光发亮一次，就让他留下更多千古不朽之作。

　　被贬黄州时，他战战兢兢，唯求自保。短暂的消沉后，就寄情山水，写下了千古名篇《赤壁赋》，"大江东去，浪淘尽，千古风流人物"的词句，至今读来，仍旧有一番波澜起伏的壮烈之感。

　　再度为官时，他仍旧谠论侃侃，宁愿以身犯险，也绝不曲意逢迎。

被贬惠州时，他写下了"日啖荔枝三百颗，不辞长作岭南人"，将随遇而安的乐观表达得淋漓尽致。他不再受身份的禁锢，身为罪官，他无权主持政事，却依旧兴修水利，修建大桥，授民以耕种之术。

被贬儋州时，他写下"试问岭南应不好，却道，此心安处是吾乡"，表明了其淡然的心态。他办学堂，重农耕，与黎族同胞亲如一家。

离开海岛时，他写下"九死南荒吾不恨，兹游奇绝冠平生"，经历了九死一生，他也毫不悔恨，因为海南的奇景是他平生不曾见过的。有人说，苏东坡从岭南归来时，面如土色，头发都快掉光了，但依旧神情矍铄，谈笑风生。

苏东坡从最初的凄冷落寞，万念俱灰；到后来的深自反省，唯求自安；再到最后的超脱淡然，坦然接受命运的安排，不念过往，不畏将来。他从逆境中走来，用他的豁达乐观和坚韧不拔，给世人留下了一笔最宝贵的精神财富。

苏东坡就如巨星般横空耀世，此后千百年的时空都被他照亮了。或许在他人看来，苏东坡这一生应是"断肠声里忆平生"。但在他本人看来，却是"也无风雨也无晴"。

写此传记，聊表庆幸之情。何其有幸，世间能有苏东坡其人；又何其有幸，我等能够瞻仰他的光芒。

目　录

童年与少年

苏东坡的出生，赶上了好时候，正是宋朝最贤能的君主宋仁宗在位时期。从小他就表现出超乎常人的天赋，数十年寒窗苦读后一举成名天下知，此后文名日盛，大有随风奔驰、征服四野八荒的气势。

苏门得子，草木皆枯

传说，在宋仁宗景祐三年（公元 1036 年），四川眉山发生了一件奇事。原本郁郁葱葱、百草丰茂的彭老山，忽然之间草木尽枯，百花凋零。直到六十六年后的宋徽宗建中靖国元年，才再次焕发生机，重新茂盛起来。

天有异象，必出不凡之人。而此时，正是苏东坡出生之时。

人们都说，彭老山之所以花草败落，是因为将灵秀都灌注在了苏东坡身上。直到苏东坡去世后，灵秀才重回彭老山。在世人心中，似乎只有这种传奇的说法，才能诠释苏东坡这不平凡的一生。

传说的真伪至今已无法考证，但不可否认的是，蜀地的灵秀山水给予了苏东坡极大的陶冶和启迪，以至于在他走过大半个中国，领略了更多风景名胜后，回忆起故乡时，依旧满怀深情。

他怀念家乡那晶莹剔透的江水。

吾家蜀江上，江水绿如蓝。

——《东湖》

他怀念家乡那温暖富饶的土地。

想见青衣江畔路，白鱼紫笋不论钱。

——《寄蔡子华》

其实，蜀地这个"天府之国"，自古就名人辈出，如汉代的司马相如，唐代的陈子昂、李白、杜甫等，于是便有了"天下诗人皆入蜀"的美谈。到了苏东坡出生的年代，蜀地已经历过兵变、起义等动乱，并从低谷废墟中再次蓬勃发展，许多人相继登朝为官，因此当地十分崇尚读书问学。

苏家也算是书香门第，先祖苏味道九岁能作诗，并且文采斐然，在初唐时期两次拜相。其离世后，五世子孙中，再也无人为官。直到苏东坡父亲苏洵这一辈，苏家的子孙才再次步入仕途。

苏东坡的祖父苏序生有三子，分别名为苏澹、苏涣和苏洵。其中苏涣自小喜爱读书，并且敏而好学，十四岁就考中了进士，入朝为官。苏洵则恰恰相反，虽有天才之资，却屡屡在科考之路上碰壁，于是便寄情于山水之间。

后苏洵娶妻程氏，程氏为眉山大理寺丞程文应之女，家境殷实，自幼受过良好的家庭教育。二人婚后生下一女，但不幸早夭。丧女之痛令苏洵不得不为延续香火而担忧起来。数年后，苏洵到玉局观游历时，听闻观中有一副"张仙"的画像，向其求子，十分灵验。苏洵便立刻解下腰中玉环，换来画像，挂在了家中。此后，苏洵与夫人程氏天天上香求子，日日对像祷告。

也许是苏洵的诚心感动了上天，几年后，苏洵得子景先。然而长子景先体弱多病，还未等苏洵对其进行启蒙教育，就不幸夭折。好在生下景先后，程氏又先后生下一女八娘和一子苏轼，也就是苏东坡。三年后，苏东坡的弟弟苏辙（字子由）出生，从此兄弟俩便开始了几十年如一日的手足情深。

苏东坡自小便十分活泼好动，经常与自家的兄弟、伯父家的堂兄弟，还有外婆家的表兄弟一起游玩。他们不是去醴泉寺的树上采橘子和柚子，就是去石头山上拾松果。有时候，他们还会在地上挖一条小沟，然后注上水，将这条小沟想象成大江大河；或者在地上堆一个小土堆，将其想象成高山峻岭……

蜀地的山和水，给予了苏东坡无穷的快乐与灵感。直到双鬓斑白，在送别表弟程之元时，他还在诗中回忆起这段时光。

炯炯明珠照双璧，当年三老苏程石。

里人下道避鸠杖，刺史迎门倒凫舄。

我时与子皆儿童，狂走从人觅梨栗。

健如黄犊不可恃，隙过白驹那暇惜。

醴泉寺古垂橘柚，石头山高暗松栎。

诸孙相逢万里外，一笑未解千忧集。

子方得郡古山阳，老手生风谢刀笔。

我正含毫紫微阁，病眼昏花困书檄。

莫教印绶系余年，去扫坟墓当有日。

功成头白早归来，共藉梨花作寒食。

——《送表弟程六（之元，字得孺）知楚州》

诗中，回忆了过去，感慨了现在，畅想了未来。这段时间，是苏东坡生命中为数不多的快乐时光。随着年龄的增长，他颠沛流离的一生也渐渐拉开了序幕。

苏母明史，教子有方

庆历三年（公元 1043 年），朝廷发生了一件大事。宋仁宗因元昊兵久无功，气愤之下重组政府，任命章得象、晏殊为相，杜衍为枢密使，范仲淹、韩琦、富弼为枢密副使，王素、欧阳修、余靖、蔡襄为谏官。

朝廷上下一派新气象，著名散文家石介写了一篇《庆历盛德诗》，以此来歌颂朝廷人才济济。有人专门抄来这篇文章，拿给苏东坡的老师看。众人讨论这篇文章时，正巧被一旁的苏东坡听到了，他很好奇文中所颂之人究竟是谁。老师觉得他是个孩子，没有必要知道这些。苏东坡当场反驳道："如是天人，则不敢知。假使也是人的话，为何不可问呢？"

众人都被苏东坡的发言逗乐了，觉得这个孩子头脑聪明，而且出语不凡。老师便将文中提到的韩琦、范仲淹、富弼和欧阳修几人依依细说给他听，并说这四人乃当今天下的杰出之士。苏东坡听得一知半解，却深深地将这几个人记在了心中，之后再读到他们的文章时，总要细细揣摩一番。

八岁时，苏东坡师从道士张易简，就读于天庆观北极园。当时张道士最喜欢的两名学生，一名是陈太初，另一名就是苏东坡，经常在学堂上夸赞他们二人。三年后，父亲苏洵外出游学，苏东坡便从张易简那里退学，由母亲程氏亲自教学。在程氏心中，孩子应"奋厉有当世志"，于是便经常给苏东坡兄弟二人讲古今成败治乱的故事，希望通过历史名人的事迹，塑造苏东坡兄弟二人的高尚人格。

有一次，程氏给苏东坡讲到了《后汉书·范滂传》。

范滂是东汉名士，当时朝廷的政权落入了奸臣手中，范滂弹劾奸党，查办贪官污吏，铁面无私，朝中许多正义之士都愿意追随他。这招来了奸党的疯狂报复，奸党大肆诛杀跟范滂有关的人。

范滂得知此事后，自己走到了县狱。当时的县令郭揖看到他后，赶忙让他逃走，范滂却坚决不从，他说只有自己身死才能平息灾祸，不再连累他人。

得知范滂将要被处斩的消息后，范母赶来与范滂诀别。范滂希望母亲不要因为他的事情徒增伤悲。范母强忍心中悲痛，对范滂说："你现在已经与李膺、杜密齐名，死而无憾了。好名声与长寿，怎么能兼得呢？"

范滂听了母亲的话，下跪受教；拜别了母亲后，又对自己的儿子交代了一番，便毅然决然地走向狱中。在场之人，无不为之难过流泪。那一年，范滂才三十三岁。

范滂的故事让苏东坡唏嘘不已，他佩服范滂的为人，当下便向母亲表示，他长大后也要成为范滂这样的人。程氏惊讶于苏东坡小小年纪就有如此的志向，立刻回答道："你若能效仿范滂，难道我就不能效仿范滂的母亲吗？"

母亲的鼓励和肯定，让苏东坡更加坚定了内心的信念。程氏对苏东坡的影响，绝不仅仅是言语上的激励，还有行为上的感染。苏家虽然是大户人家，但由于苏东坡的祖父乐善好施，到他幼年时，家中的光景已经一年不如一年。再加上苏洵游学在外，一直不得功名，亲朋邻里之间总有微词。程氏为了不使丈夫难堪，便搬出三代同堂的苏宅，租下一栋临街的房子，做起了丝帛生意。

在过去，世家名门做生意并不是什么光彩的事情。于成人而言，这是为了一家人的生计，不得已而为之的；但对孩童而言，这却是一段值得纪念的时光，织布的声音、叫卖的声音，飘荡在苏东坡的整个童年时光中，并被他记录在日记中。

昔吾先君夫人不僦宅于眉，为纱縠行。一日，二婢子熨帛，足陷于地。视之，深数尺，有大瓮覆以乌木板，先夫人急命以土塞之。瓮有物如人咳声，凡一年乃已，人以为此有宿藏物欲出也。

其中，"二婢子熨帛"说的就是两个婢女在熨烫织好的丝帛。文中还说到，婢女正在熨烫丝帛，忽然脚下一空，陷入地中。众人纷纷过去看，发现在地下埋着一个大瓮，瓮上面盖着一块木板。大家都认为瓮中一定有宝物，欲打开看看。程氏立刻出言制止，认为这不是自家的东西，不能随便取之，随后便命人将大瓮重新掩埋起来。此后一年多的时间里，苏东坡时常围着掩埋罐子的地方打转，猜测罐中究竟有何物，甚至觉得里面传出了如人咳嗽一般的声音。但因为有母亲的教诲在前，苏东坡一直不敢动手挖掘。

君子爱财，取之有道，程氏虽为妇人，却有君子之行。水有源，木有根，程夫人这种对待他人之物敦厚不贪的高尚品德，在苏东坡的生命中留下了不可磨灭的印记，使他在为官的道路上，始终能够恪守初心，为政廉明，没有随俗俯仰。

纵有天资，依旧勤勉

庆历七年（公元 1047 年），苏东坡的祖父去世，父亲苏洵依例回家守制。当时苏洵科考屡屡不中，便放弃了继续科考的打算，决心将精力放在培养苏东坡兄弟二人身上，从此苏东坡正式就学于父亲。苏父正式为苏东坡起了学名——苏轼，并特地写了一篇《名二子说》，语重心长地说出了"苏轼"这个名字的由来。

轼，是马车上露在外面的扶手，看似没有什么实际用途，但一旦去掉，车就变得不完整了。父亲希望苏东坡能够懂得伪装自己，不要将自己表露得过于直白。但后来苏东坡还是辜负了父亲的这一片苦心，屡屡在人生中受挫，均是因为自己做人过于真诚直率。

或许是因为后悔自己年幼时期没有好好念书，苏洵对苏东坡兄弟二人的学业十分看重，要求苏东坡每天背诵和抄阅古籍经典、熟记经史，并经常检查他的学习成果。苏东坡若是没有记住，或是有所差错，就会被惩戒。

有一次，父亲要求苏东坡背诵《春秋》。到了检查功课日子，苏东坡才背了一半。面对父亲审视的眼神，苏东坡心里惶恐得如吞了钩子的鱼一般。以至于四十多年后，苏东坡身在海南，回忆起幼年读书情景时，依旧不免紧张。

夜梦嬉游童子如，父师检责惊走书。

计功当毕春秋余，今乃粗及桓庄初。

怛然悸悟心不舒，起坐有如挂钩鱼。

——《夜梦诗》

足以见得，父亲对苏东坡读书要求十分严格。不过，父亲并不总是如此严厉，除却读书治学外，父亲还经常鼓励苏东坡兄弟二人畅所欲言。父子三人经常同读一本书，然后就书中的内容发表各自的看法。

空闲之时，苏父还会将自己游学过程中的见闻讲给兄弟俩听，有时候还会鼓励他们出去玩儿，让他们在山野间释放天性。

有一次，苏东坡从土里挖出了一块石头，状如鱼身，通体浅绿，上面布满了银色的星星点点，敲之声音铿然清脆，便如获至宝般捧回家。父亲观之，认为这是一块做砚台的好材料，并告诫苏东坡，只要好好使用这方砚台，将来一定能够写出与众不同的文章。苏东坡听了，便对石头的外形稍加雕琢了一番，从此便日夜摆在案头，供自己学习写字之用。

父亲的良苦用心，让苏东坡增长了许多见识。在他看来，读书不是一件苦事，反倒是一件乐事，所以即便出去玩儿也会带上一本书，玩儿累了就坐下来读一读。正如他在诗中所言：

> 川平牛背稳，如驾百斛舟。舟行无人岸自移，我卧读书牛不知。

此诗说的正是苏东坡骑在牛背上读书的场景。这份悠然自得，让年老后的苏东坡怀念不已，甚至后悔没有一直做个放牛翁。可惜，人总是要经历一些苦难，才会有所觉悟。当时的苏东坡更加渴望外面的世界，想要去看一看父亲口中那些奇山异水，所以读起书来分外用功。

当时苏东坡的伯父苏涣也在家乡守制，苏东坡经常前往伯父住处请教。伯父对天资聪颖的苏东坡十分喜爱，经常十分恳切地教导他要勤勤恳恳读书，规规矩矩做人，这样才不会被人看不起。苏东坡将伯父这番肺腑之言牢牢记在心里，从此更加勤奋用功。

有一次，父亲想要考一考苏东坡，要他以"夏侯太初论"为题，写一篇文章。苏东坡完成后，父亲　读，立刻赞不绝口，尤其是文中的"人能碎千金之璧，不能无失声于破釜；能搏猛虎，不能无变色于蜂虿"两句，更是让父亲连连称赞。

这两句意为，一个勇敢的人，可以像蔺相如一般，持价值连城的和氏璧面对暴君强敌，却可能因为瓦锅猝然破裂而失声惊呼；可以和猛虎搏斗，却可能在面对野蜂毒蝎时大惊失色。语言简洁，形象妥帖，说出了人们在有准备和无准备时面对突发情形的不同表现，赞扬了夏侯玄临危不惧的精神。

苏东坡的聪明颖悟，令父亲自豪不已，他预感到苏东坡将来一定会有所作为。当时眉山学者刘巨在城西寿昌院设馆授课，学生达百人，父亲便将苏东坡兄弟二人送去求学。东坡很快便在这百人之中脱颖而出，成了刘巨最喜欢的学生之一。有一次，刘巨作了一首歌咏鹭鸶的诗歌，作完之后便拿出来给学生们看。

其中有两句"渔人忽惊起，雪片逐风斜"，苏东坡觉得末句有些不妥，便说道："先生的诗很好，不过这后两句断章没有归宿，不如改成'雪片落蒹葭'可好？"刘巨听了，心中慨然，表示自己没有资格再做苏东坡的老师了，因为他已经"青出于蓝而胜于蓝"。此时距苏东坡拜师刘巨，不过三四年而已。

娶妻王氏，结友方平

转眼间，苏东坡就到了婚配的年龄。宋朝时期，民间有一个有趣的习俗，就是"榜下捉婿"。宋朝是一个崇尚学问的朝代，无论是世家子弟，还是布衣百姓，只要在科举考试中取得了名次，就能够得到做官的机会。因此，在科考放榜之时，家中有千金的高官富商都会聚集在榜下，凡是上榜的青年才俊都会成为他们争抢的对象。因此，父亲想在科考前，将苏东坡的婚事定下来。

然而，此时的苏东坡却无心婚事。一来，因为他曾师从张道士，受张道士影响颇深，对修道归隐之事十分感兴趣。当年眉山、彭山、青神等一带，均留下过苏东坡的足迹。二来，苏东坡的姐姐苏八娘前两年被婆家折磨致死，年仅十八岁。向来与姐姐感情要好的苏东坡因此倍受打击，对于婚姻之事充满了抵触之情。

苏东坡跟父亲在雅州游历时，一雷姓的豪门人家很欣赏苏东坡的才华，欲将女儿许配给他。苏父对这门亲事十分满意，苏东坡自知无法反对父亲，便以考取功名之后再谈婚论嫁为由拒绝了这桩婚事。然而，婚姻大事岂能躲得过？就在苏东坡整日想尽办法逃避婚事时，缘分悄悄地来到了他的身边。

在青神县中岩寺岩壁下，有一方水池，池水清澈见底，景色幽静迷人。当时正在青神中岩书院读书的苏东坡，时常到水池旁驻足观景。一日，苏东坡看着池中绿水，忍不住说道："好水岂能无鱼？"说罢，便在池边击掌三声，池中鱼儿忽从岩缝中游跃而出。苏东坡惊喜不已，遂向老师王方建议道："美景当有美名。"

王方十分赞同苏东坡的建议，为了给池水起个好名字，王方决定举办一个"起名大会"，并邀请了很多有才华的人前来参加。到了起名大会那天，大家七嘴八舌地说了不少名字，王方都不甚满意。直到苏东坡说出"唤鱼池"时，王方才觉此名甚妙。与此同时，王方的女儿王弗也让侍女送来了一张纸条，上面写的名字，也是"唤鱼池"。王方不禁感叹："此乃天缘之合，韵成双璧。"

随后，苏东坡手书的"唤鱼池"被刻在了水池边的石壁上。而同样写出"唤鱼池"的王弗，在不久之后成为苏东坡的妻子。

苏东坡为人洒脱豁达，个性鲜明，心中有事便不吐不快。王弗则恰恰相反，苏东坡曾评价王弗"敏而静"，就是聪明却不张扬。二人刚成婚时，苏东坡并不知道王弗通晓诗书，只觉王弗话不多，喜欢在他读书时静静坐在一侧。直到有一次，苏东坡在背书时忘记了下句，坐在一旁的王弗立刻柔声为他提了个醒。这让苏东坡深感意外。此后，每每苏东坡背书时有所遗忘，王弗都能及时提醒。

苏东坡和王弗，一个豪放粗略，一个沉静内敛，可谓天造地设的一对。此后的十多年中，他们夫妻二人情深意笃，恩爱有加，羡煞旁人。

至和元年（公元1054年），蜀中传言大理的侬智高要举兵反宋，这让饱受了多年战争摧残的蜀中百姓惊慌不已。他们纷纷变卖家产，提早娶亲嫁女。一时间，恐怖的气氛笼罩蜀地。朝廷闻之，为加强防御和安抚百姓，便派朝中重臣礼部侍郎张方平移镇蜀地。张方平的到来，给老百姓们吃了一颗"定心丸"，社会逐渐稳定下来。

北宋时，有一种非常好的政风：大臣在地方任职期间，有在当地发掘贤能的责任。张方平一到蜀地，就听人提及苏家父子三人的才华，便写信约见。同时，苏家父子也久仰张方平大名，知道他年少时读书，过目不忘，是个天才，正准备寻机拜访，向其请教一二。

初次见面，张方平就惊叹于苏东坡的才情。为了进一步考查他们兄弟二人的才学，张方平特地出了几道题给苏东坡兄弟俩，然后站在门外偷看二人的表现。做题过程中，苏辙遇到了"拦路虎"，无论如何也想不出题中的语句出自何处，只好抓耳挠腮地看向苏东坡。苏东坡见之，立刻心领神会，他倒立着毛笔，用笔管在桌子上敲了两下，苏辙立刻明白了，答案是《管子》。

没过一会儿，苏辙又遇到了难题，问的是"信礼义以成德"的出处。这一次苏东坡不能再敲桌子了，不过这也难不住他。适逢小书童前来给砚台添墨，不小心添多了，墨溢了出来。苏轼借机假装大怒，骂道："小人！"这边话音刚落，那边苏辙就知晓了答案，答案出自东汉经学家包咸对《论语》的一段注解，里面提及的小故事中，正好有一句"小人"。

这一切都落在了张方平的眼中，他认为苏东坡就如天上的麒麟一般，从此对苏东坡的才华深信不疑。两人跨越年龄，结下了深厚的情谊。

东坡及冠，赴京应试

要说张方平对苏家父子，那是真心照拂。他先是推荐苏父苏洵为成都学官，却迟迟没有得到朝廷的回复，便劝苏洵前往京师[1]谋求发展。苏父想到自己已经年近五十，而苏东坡兄弟俩还前途未卜，忍不住为他们的将来谋划起来。

踟蹰了半天后，苏洵给张方平写了一封言辞恳切的书信，在信中表明即将带两个儿子进京参加科举考试，并毫无保留地称赞

1　京师就是当时北宋的国都，今河南开封，在当时也称汴梁、东京；北宋同时还设有西京河南府（今河南洛阳）、南京应天府（今河南商丘）、北京大名府（今河北大名）为陪都。

两个儿子的才华和志向，希望张方平能够提携一番。为了让张方平相信自己所言，苏父还在文末赌咒发誓道："不如所言，愿赐诛绝。"苏父是一个很要强的人，但是为了两个儿子的前途，他竟愿意求助于人，足以见得爱子之深切。苏父不知道，其实张方平早已十分器重苏东坡了。他认为，以苏东坡的才华参加科考是"大材小用"，参加朝廷"六科取士"，也就是制科考试，方能真正体现他的才能。

北宋的科举考试沿袭了唐朝的科考制度，文科考试分为常科和制科两大系统。常科就是考进士，类似于当今的高考。制科考试是由皇帝下诏举行的人才选拔考试，总共分为三个阶段。第一阶段为进卷，考生需获得一位有名望的大臣推荐，向朝廷交出数十篇策论文章，经过翰林院学士等人的评选，排出名次。此项评选十分严苛，将有差不多一半的考生在此阶段被淘汰。第二阶段为阁试，入选者汇集至京师，在秘阁之中写六篇试论，题目取自经史，每篇不少于五百字，在一日之内完成。第三阶段便是御试，由皇帝亲自主持，应试者需要就皇帝所问提出对策，在当日完成一篇三千字以上的策论。

一般学子若是能够考中进士，那已经是非常厉害了；如果再通过制科得到提携，那相当于进入了国家的"中央领导班子"，被视为社稷之臣。

由此可见古代的科举考试难度之大。纵使苏东坡天资不错，若是不努力上进，也未必能够登科。因此，苏东坡整日闭门苦读，用

心作文。当时老师要求每个学生都熟读经史诗文。为了将诗词文章
熟记于心，苏东坡把所有经史子集都抄写了一遍。有的书内容太多，
苏东坡害怕记不住，竟抄写了两遍，抄完之后还将注释都标了上去。
年幼时捡的那方砚台，如今已经被墨水润泽得黑亮生辉了。

嘉祐元年（公元 1056 年）三月，苏父带着苏东坡兄弟二人赴
京赶考。临行前，张方平亲自给欧阳修写了一封介绍信。欧阳修素
以求才若渴为名，有了这封推荐信，苏家父子到了京师后，就拥有
了一块"敲门砖"。说起来，张方平和欧阳修曾经因为政见不同而
心生芥蒂，但是为了苏家父子的前途，张方平不惜放下个人恩怨。
而欧阳修收到信后，并没有因为是张方平介绍的人才，便采取漠视
的态度。相反，在苏东坡今后的发展道路上，欧阳修起到了很大的
助力作用。不因私而废公，这种对事不对人的大义和胸襟，可谓国
之大士，实属难得。这对当时还未出"茅庐"的苏东坡也产生了十
分积极的影响。

一门"三苏"皆进京赶考，使本就不富裕的苏家，在经济上更
加捉襟见肘了。得知此事后，古道热肠的张方平慷慨解囊，资助了
"三苏"进京赶考的费用。

唐代著名诗人李白曾在诗中云："蜀道之难，难于上青天。"
蜀道究竟有多难走呢？蜀地位于我国西南地区，被崇山峻岭环绕，
中间一盆地。想要出蜀地，须经过秦川。在川陕之间，峻岭高耸入
云，山崖深不可测，基本没有道路可以通行，仅重重山峦间有一缺

口，唯鸟儿尚可通过。直到春秋战国时期，才在这山涧中修了一条木质栈道。

苏家父子一路向北到嘉陵江畔的阆中，再自阆中登终南山，走上那条迂回曲折、高悬天际的古栈道。这条栈道是川陕交通的要道，坐落在两座山谷之间，壁立千仞无依倚，下面就是万丈深渊，只能听见哗哗的流水声。两岸古木林立，遮天蔽日。若稍有不慎跌入谷中，则将尸骨无存。

行至凤翔时，父子三人本想好好歇歇脚，没想到凤翔的驿站年久失修，摇摇欲坠，根本无法留宿。无奈之下，三人只好在小客栈居住了一晚，第二日继续赶路。路过长安时，马匹因过度疲劳，病死途中，三人只好改骑驴前行。行至渑池，父子三人疲惫不堪，借了一处僧舍歇息，僧舍的老和尚对他们照顾十分周到。临走时，苏东坡和弟弟在寺院的墙壁上题了一首诗作为留念。两个多月后，父子三人终于到达京师，此时已是五月间了。这一年，京师大雨不止，京师附近的大河决堤，河水泛滥入城，已淹没了城南。

初到京师，苏东坡满眼凄凉，完全不见京师的繁华。少年时读过的《庆历圣德诗》，苏东坡印象还十分深刻。可门墙高远，而他此时只是"无名小卒"。一时间，苏东坡内心惆怅不已，大有一种"独在异乡为异客"的悲凉。

进士及第，惊艳群公

八月，苏东坡兄弟二人到开封景德寺参加州试，只有通过了州试，才能继续参加会试。待到放榜之日，苏东坡位列第二，弟弟苏辙也取得了会试的资格。两人高兴了片刻，就再次闭门苦读起来。

第二年正月，会试开始了，这一年的主考官是欧阳修。欧阳修决心通过这次考试建立起文风新标准，因此，一入闱就跟其他监考官商议，凡是文风艰涩难懂、内容浮华无实的作品，一律不予录取。

说到这里，就不得不提一下当时的社会背景。在中国历史上，宋朝时文化高度繁荣。宋朝开国之初，太祖赵匡胤志在开创一个文治国家，因此抑武扬文，鼓励更多的学子通过读书改变命运。然而，科举制度却沿袭了前朝的弊端，那就是文章内容晦涩空洞，文字矫揉造作，凡文必引经据典，缺乏新观点。有的文章甚至已经写了三五万字，还没有表明主题，可谓"羞学章句，恶烦文章"。

欧阳修读书时，偶得一篇韩愈的文章，读后发现韩愈发言真率，无所畏避。欧阳修认为，只有这样的文章才能体现出一个人真正的才学，因此希望促进科考改革，一改文坛萎靡之相。只是没有想到，人们在旧习中沉浸太久，一时无法适应新文风，所作出来的文章刻意求新，导致内容空洞，甚至难以通读，可谓"旧病未除，又添新伤"。欧阳修期盼着能够出现第二个"韩愈"，为文坛树立"新风向"，而苏东坡就成了给予他惊喜的那个人。

考试当天，苏东坡兄弟二人天不亮就起了床，备好干粮，匆忙赶往考场。考场中有若干个斗室，每个斗室外都有皇家侍卫严加看守。考生进去以后，不到交卷时间便不能出来。进入斗室中，就仿佛与世隔绝了一般。考试科目为诗、赋、论各一篇，时务策五道，苏东坡所作论文题目是《刑赏忠厚之至论》，他在文中谈道：

> 有一善，从而赏之，又从而咏歌嗟叹之，所以乐其始而勉其终。有一不善，从而罚之，又从而哀矜惩创之，所以弃其旧而开其新。

意思是，为政者一方面应"以君子长者之道待天下"，另一方面要赏罚分明。可赏可不赏时，要选择奖赏；可罚可不罚时，就不要惩罚。无论是奖赏还是惩罚，都要本着"爱民"之心，只有这样才能建立文明昌盛的理想社会。

此文章苏东坡前后修改了三次，每一次都进行了精心的批注，最后仅用了六百余字就将他数年所学的治国思想阐述得清楚明白。

按房分卷后，梅尧臣拿到了苏东坡的《刑赏忠厚之至论》，看完大为激赏，立刻呈荐给了欧阳修。欧阳修一口气读完，只觉意犹未尽，这正是欧阳修希望看到的文章。由于当时采用的是"糊名制"，并且文章被重新誊写了一遍，掩去了字迹，因此欧阳修并不知道这篇论文出自谁手，他只是猜测，能够写出这样文章的人，只可能是自己的学生曾巩。

欧阳修本想将这篇《刑赏忠厚之至论》列为第一，但又想到，若是曾巩得了第一，难免会让人怀疑他徇私舞弊，因此只能忍痛将《刑赏忠厚之至论》列为第二等。之后再考《春秋》对义，从儒家经典书籍中摘句为题，考生根据经义解题作文。考完之后，苏东坡的文章获得了第一名。

整个会试持续了五十天，凡是合格者，均由尚书省列名公布。苏东坡兄弟二人均通过了这一关，走出考场后不免感到心力交瘁，立刻回到住处休息，等候金殿御试。

尚书省发布成绩以后，落第的举子们聚众大闹，指责考官评文不公。在这些举人心中，只要模仿当时的文风作文，就必定能够高中，却不料赶上了欧阳修决意改革。其中有一个叫刘几的考生，他的文章艰涩破碎，欧阳修见之，直接用红笔画上了一条粗粗的线。两年后，刘几改名刘辉再次参加考试，文风已经完全变了。

三月初，苏东坡兄弟二人来到了金殿侧的廊屋，参加由皇帝亲自出题的御试。按照旧制，每三人中，就会有一到两人被黜落。然而，自这一年起，诏进士参加殿试者，皆不黜落。待到中旬发榜，所有考生全部登科。此次放榜，被后世誉为"千古第一榜"[2]。

三十年后，只闻苏名

会试结束后，考生依例要登门拜访各考官，并致书答谢考官。苏东坡也不例外，他分别给梅尧臣、王珪、欧阳修写了答谢书。

在写给梅尧臣的答谢书中，苏东坡言辞恳切地说道：

> 轼不自意，获在第二。既而闻之，执事爱其文，以为有孟轲之风，而欧阳公亦以其能不为世俗之文也而取。是以在此，非左右为之先容，非亲旧为之请属，而向之十余年间闻其名而不得见者，一朝为知己。退而思之，人不可以苟富贵，亦不可以徒贫贱。有大贤焉而为其徒，则亦足恃矣。

能够取得第二名的好成绩，是苏东坡没有想到的。他很荣幸能够得到欧阳修的赏识，这让他内心特别满足。

在给王珪（guī）的答谢书中，苏东坡说：

2　此次科举放榜，"宋代八大家"占了一大半，进士中有数十位对后世影响极深的人物。文坛中有苏东坡、苏辙、曾巩等人，思想家有张载及程颢、程颐兄弟等。

顾惟山野之见闻，安识朝廷之忌讳。

王珪是一个心思很多的人，相传他曾悄悄将苏东坡科考时的文章藏于家中。此次，说者无心，听者有意。后来这句话被王珪利用，成为苏东坡因言获罪的证据。

在给欧阳修的答谢信中，苏东坡以极为精短的文字概括了宋朝文学发展的艰难进程。文中说，宋初文学受"五代文弊"的影响，语言浮巧轻媚，不如先秦两汉时期的文风朴实、言之有物。后来人们意识到了问题，偏偏又矫枉过正，写出的文章要么晦涩难懂，要么怪癖难读。究其原因，就是没有学到韩愈的精髓。全文大有"一览众山小"的气势，将苏东坡不凡的见识和高超的文字驾驭能力表现得淋漓尽致。

欧阳修收到苏东坡的答谢信后，忍不住拿给梅尧臣看，并说道："读轼书，不觉汗出。快哉，快哉！老夫当避路，放他出一头地。"

以欧阳修当时的社会地位和在文坛的影响力，他的一字一句十分有重量。一字之褒，一字之贬，对于写文章的人来说都关乎荣辱成败。以至于当时的学子们不知刑罚之可畏，也不知晋升之可喜，只怕欧阳修的只言片语。欧阳修对苏东坡的褒奖之言，几乎一夜之间就传遍了整个京师。

正可谓"藏在深山无人识，一朝闻名天下知"。此时苏东坡在京城的境遇已经是"今时不同往日"了，曾经他站在人来人往的街头，感叹无人知晓他；现在无论他走到哪里，都会有人指着他说："这就是大才子苏东坡。"

呈上谢表没多久，苏东坡兄弟在父亲的带领下，上门拜访欧阳修和梅尧臣。几句寒暄过后，双方皆感亲切无比，仿佛早已结下了深厚的情谊一般。谈话之间，说到了苏东坡的那篇《刑赏忠厚之至论》，当时梅尧臣作为判官，读到此处时，怎么也想不起来尧帝和皋陶之间有此对话，若是贸然问起别人，则表示自己未曾读过这类古籍。但看苏东坡写得十分笃定，便认为确有其事，于是见到苏东坡后，便忍不住问道："《刑赏忠厚之至论》中说'远古尧帝的时候，皋陶为司法官，有人犯罪，皋陶三次提出要处决他，但尧帝三次赦免了他'，这是出自哪里的典故呢？"

苏东坡回答："出自《三国志·孔融传》。"

苏东坡离开后，梅尧臣连忙拿出《三国志》，翻到《孔融传》，重新仔细地品读了一遍，却没有找到苏东坡说的那个典故，心中十分疑惑。第二次见到苏东坡时，梅尧臣又问："我怎么没有在《孔融传》中找到这个典故呢？"

苏东坡回答："曹操灭袁绍时，将袁绍美貌的妻子赏赐给自己的儿子曹丕，引起了孔融的不满。为了劝阻曹操，孔融说'当年武王伐纣，将商纣王的宠妃妲己赏赐给了周公'，曹操不知此事，便问出于何书，孔融答'并无所依，想当然耳'。学生依据此事，以为以尧帝的仁厚和皋陶的严格执法来推测，想当然耳。"

原来这个典故竟是苏东坡杜撰的，欧阳修听闻此事，击节称叹，对周围的人说道："此人可谓善读书、善用书，他日文章必定独步天下。"

从这以后，欧阳修对苏东坡爱之更甚，先后引荐苏东坡拜见了宰相文彦博、富弼，枢密使韩琦等。这些曾经让苏东坡以为遥不可及的人物，此时已将他奉为座上宾。欧阳修不但在同僚面前从不吝啬对苏东坡的赞扬，而且让自己的门客前去拜访苏东坡，甚至还对自己的儿子说："三十年后，世人将只知苏轼，而不知欧阳修。"欧阳修的赏识，让苏东坡获得了更多人的尊重，但同时也使他遭到不少非议。只是当时沉浸在无限风光之中的他，并没有意识到其中潜藏的危险。

唯一让苏东坡感到遗憾的是，范仲淹已经去世，此生他们无缘见面，他也无缘对范仲淹那"先天下之忧而忧，后天下之乐而乐"的崇高精神表示敬意了，但范仲淹的流风余韵，依旧对苏东坡产生了巨大的影响。

出 仕 与 抱 负

　　制科考试中，苏东坡的才华给宋仁宗留下了深刻的印象。只是臣子尚年轻，君上已暮年。此时的苏东坡，就像是一只欲展翅高飞的神鹰，然而还未冲上云霄，羽翼就已伤痕累累了。仁宗去世后，神宗锐意变革，启用了颇具政治才华的王安石。当保守稳健的苏东坡遇上激进求变的王安石，性格直率的他，很快就被排挤出权力中心。

回蜀奔丧，疾奋一言

正当苏东坡在京城声名鹊起，风光无限之时，一个噩耗传来——苏东坡的母亲程氏因病去世了。苏家父子三人立刻放下京中的一切，马不停蹄地回乡奔丧。

回到家乡后，只见院中的篱墙已经倾倒，屋顶穿漏，一副破败之相。父子三人想到程氏一生不易，不禁悲从中来。程氏以富家千金的身份下嫁到苏家，不以清贫为耻，反而自强自立。过度的操劳、八娘的离世，以及与娘家的决裂，让程氏身心俱疲，年仅四十多岁就撒手人寰，甚至连儿子们高中的消息都没来得及知晓。

苏父在武阳安镇山下老翁泉旁为程氏选了一处坟地，建了一个亭子，并为妻子写了祭文。按照宋朝的礼制，凡是家中父母或其他直系长辈去世，子孙辈要居家守孝，不得进行人事应酬。就算是在朝中做宰相的人，也须卸掉官职，居家守制。

在家守制期间，苏东坡经常与弟弟苏辙对坐饮茶，吟诗作对，偶尔还会跟着妻子王弗一起回岳丈家。王家在青神，位于美丽的山区，山间有清溪深池，有庙宇耸立，畅游其间，让人有一种超然出尘之感。王家待人也温和可亲，每当苏东坡来到，王弗的族叔王淮奇就会拿出自酿的酒水，与他泛舟湖上，喝酒对聊，看云听涛。虽然苏东坡的酒量并不好，可他喜欢看别人喝酒，尤其是别人饮过酒后大声歌唱、大声谈笑的样子，让他觉得畅快淋漓。虽然苏东坡与王淮奇二人年龄相差很大，却异常投缘。

苏东坡还特别喜欢王弗的族弟王箴。王箴当时只有十几岁，每次苏东坡从外饮酒回来，便和王箴一起坐在庄门口吃瓜子、吃炒豆，天南地北地闲聊，度过一个又一个清净闲适的夜晚。

此时苏东坡的前途一片光明，守制期满后，朝廷就会对他进行任命，届时他便是朝廷命官了。或许苏东坡骨子里就流淌着"救世济民"的血液，因此还未等到朝廷的任命下来，他就已忍不住为生活在水深火热中的百姓疾奋一言。

宋朝时期，百姓负担十分沉重，除了正常的赋税之外，还有各种附加的苛捐杂税，同时每个人还担负着身丁钱，另外还有徭役和摊派。百姓们终年劳作在田地间，也得不到温饱。至于蜀地，情况则更严重。在后蜀时期，百姓的捐税取之于蜀，用之于蜀，生活十分富足安乐。但宋朝中央集权建立后，各地方的捐税都要归于朝廷，百姓们不再得到分润。更加过分的是，朝廷对蜀地实施专卖制度，凡是蜀地物产，都由政府定价收购，百姓不得自由买卖，这让蜀地的商人们几乎无以存活。不仅如此，朝廷还命人将蜀地的财物悉数运往京师，整整运了十年之久。蜀地的百姓对此十分不满，多次起义，均以失败告终。这导致蜀地长期遭受战争的荼毒，元气大伤，百姓的生活一日不如一日。

直到苏东坡出生前三十多年，蜀地才渐渐归于平静，但朝廷对于蜀地的剥削和管制依旧没有放松。苏东坡游走在田间时，看着辛苦劳作的农民，骨瘦如柴，食不果腹，内心十分痛苦。当时正值朝中名相王素从定州来到成都，苏东坡便以在籍进士的身份，将本地民生疾苦以及赋税沉重的问题，上书进议，说蜀民劳苦，却仍旧不能免于刑罚，有田的人吃不饱饭，从商的人赚不到钱，每天都在为生计发愁；并说朝廷不能只用老百姓辛苦换来的钱财去养兵，也要考虑老百姓的生计。百姓有难处时，正是官为民做主的好时机，不要让百姓有冤无处中，否则积怨久矣，终会酿成大祸。

王素收到苏东坡的上书后，深感苏东坡德才兼备，不但十分欣赏他，还让儿子王巩师从苏东坡，而王素和苏东坡也因此成为至交。

一路颠簸，离蜀南行

苏东坡兄弟居家守制期间，苏父两次得到朝廷的任命，但他对做官之事已经不复热情，因此以"洵已老矣"为由，婉拒了朝廷的任命。实际上，苏洵两度辞官，一方面是他对官职不甚满意，另一方面是他对官场的风气十分失望。

苏东坡兄弟与父亲正相反，他们刚刚见识了这个世界的广阔，大有一种"天高任鸟飞，海阔凭鱼游"的志气。在苏东坡写给好友宋君用的赠别诗中，曾说道：

> 我非农家田，安能事稼穑。又非将帅种，不惯挥戈矛。平生
> 负壮气，岂可遂尔休。

苏东坡对政治的热情和向往跃然纸上，在他看来，读书就是为济世，因此必须投身于政治浪潮，进入权力中心，这样才能为百姓谋福祉。

苏东坡守制期满后，苏父决定举家搬迁到京师。一来，程氏病故，他在家乡已无所牵挂；二来，苏东坡兄弟作为新科进士，需要回京师办理注官手续。这样一来，家中就只剩下两个无人照顾的新妇。况且，当时王弗已有身孕，不得不与丈夫同行。

这一次赴京，苏东坡一家选择了水路，路上要走四五个月。经过三峡之胜时，江流两岸，群山林立，苏东坡站在船头，看着群山不断后退，觉得新奇有趣，作诗道：

> 船上看山如走马，倏忽过去数百群。
> 前山槎牙忽变态，后岭杂沓如惊奔。
> 仰看微径斜缭绕，上有行人高缥缈。
> 舟中举手欲与言，孤帆南去如飞鸟。

——《江上看山》

苏东坡将群山比作群马，可见其想象力之丰富。他还欲与岸上的人挥手打招呼，只是还未等说话，就已经错过了，足以见得苏东坡性格里的开朗与和善。

不过，三峡虽风光壮丽，但也险象环生。江流全长一百二十余里，急流旋涡在悬崖峭壁之间翻滚出入，水下隐伏着诸多暗石。每年三峡之中都会有行船沉没，游人丧生于水中的惨剧发生。纵使船夫经验丰富，反应敏捷，多次化险为夷，苏东坡仍不免心生畏惧，在船上作诗一首：

> 入峡初无路，连山忽似龛。
>
> 萦纡收浩渺，蹙缩作渊潭。
>
> 风过如呼吸，云生似吐含。
>
> 坠崖鸣窣窣，垂蔓绿毵毵。
>
> 冷翠多崖竹，孤生有石楠。
>
> 飞泉飘乱雪，怪石走惊骖。
>
> ——《入峡》

此诗句句都在说凶险，让人读之不免心生紧张之感。尽管水路艰险，但较之上一次离蜀，这一路苏东坡有妻子照顾饮食起居，从容自在不少。船行至巫峡时，岸上巨石耸立，江面渐窄，天空只剩下一条细缝，虽已近正午，却如黄昏将至。路过神女峰时，一个老船夫给大家讲起了故事。

老船夫自称，年轻时曾攀登过巫峡中最高的山峰，那山有多高呢？山中有许多猿猴和飞鸟，爬至高处时，猿猴和飞鸟的叫声就渐渐听不到了。山中有神女祠，祠边有一种很特别的竹子，竹枝如柳枝一般柔软地垂至地面，那姿态就像在膜拜神女祠中的神女。

苏东坡向来对怪力乱神的故事颇感兴趣，因此听得格外认真，对老船夫口中的神女峰生出了无限向往之情。在苏东坡看来，"神仙固有之，难在忘势利"。意思是，神仙一直都存在，人也可以成为神仙，难就难在人无法割舍下世俗中的势与利。这话像是在提醒他人，又像是在说自己。

出了巫峡，就进入了秭归（今中国湖北省宜昌市）。在陡峭的山壁间，散布着简陋的茅舍，一副穷乡僻壤之相，但风光旖旎，有着令人振奋的美感。这里奇山异水、钟灵毓秀的自然风光孕育出了不少名人，伟大的诗人屈原与出塞和亲的美人王昭君，都是秭归人。苏东坡听闻岸上有一座屈原塔，便命船夫停船靠岸。伫立在塔前，苏东坡心潮起伏，思绪万千，吟咏出：

> 楚人悲屈原，千岁意未歇。
>
> 精魄飘何处，父老空哽咽。
>
> 至今沧江上，投饭救饥渴。
>
> 遗风成竞渡，猿叫楚山裂。

屈原古壮士，就死意甚烈。

世俗安得知，眷眷不忍决。

南宾旧属楚，山上有遗塔。

应是奉佛人，恐子就沦灭。

此事虽无凭，此意固已切。

古人谁不死，何必较考折。

名声实无穷，富贵亦暂热。

大夫知此理，所以持死节。

——《屈原塔》

屈原的高风亮节令苏东坡景仰不已，他久久徘徊在塔前，思索着人生的价值和意义。在苏东坡年轻激荡的心中，一股热血似乎将要喷涌而出。

当初冬的寒风吹来时，苏东坡一家人暂时安顿在了江陵（今湖北省荆州市）。此行路途多崎岖坎坷，但好在有惊无险。奇伟多变的沿岸风景，令苏东坡诗兴大发。他一路作诗四十几首，后来这些诗歌被收录在《南行集》中，是现存苏东坡诗歌中的最早的一批作品。

在江陵过了年后，苏家改为陆路前行。车行至襄阳时，苏东坡一行人去拜访了诸葛亮的隆中茅庐。诸葛亮青年时代曾在此隐居耕作，刘备三顾此地，才请得诸葛亮出山，成就了一段千古佳话。遥想刘备章武间的那段兴衰史，苏东坡忍不住怀古伤今，作下一首《上堵吟》。

台上有客吟秋风，悲声萧散飘入宫。台边游女来窃听，欲学声同意不同。君悲竟何事，千里金城两稚子。白马为塞凤为关，山川无人空且闲。我悲亦何苦，江水冬更深，鳊鱼冷难捕。悠悠江上听歌人，不知我意徒悲辛。

可谓天地有情，历史无情，昔日的白马要塞、枫林雄关，现在只是历史陈迹供游人观赏了。

次年二月，苏东坡一家才抵达京师。京师繁华依旧，他们在西岗租下一处宅院暂住下来。院子虽不甚豪华，但内有花园庭院，又远离闹市，十分幽静。女人们负责安顿行李，苏东坡兄弟则耐心等待朝廷颁布任命。

欧阳举贤，荣登三等

宋朝时期，普通百姓可以通过科举考试走上仕途，也可以通过高官举荐谋个一官半职。因此求官的人多，但官员的缺口有限，皇祐年间（公元 1049—1054 年）就平均三人等待一个官缺。科举考试榜上有名者，只是获得了做官的资格，想要真正做上官，还要参加吏部的"流内铨"[3]。通过"流内铨"的合格者，将由吏部进行派官。

苏东坡兄弟毫无例外地通过了吏部的典选和注拟。苏东坡被授河南福昌县（今河南宜阳县西）主簿，是办理文书等事物的九品官员。按照当时的叙官制度，苏东坡今后只能以资历或劳绩考核的评定升迁。而这种凭年资的任用方法，只能培养官僚，并不能真正地选拔人才，有时还会埋没人才。像苏东坡这样，从一个小小的九品官做起，不知道猴年马月才能真正站在朝堂之上，进入政治中心。这时，苏东坡听说来年要举行制科考试，便辞了此官，没有赴任，一心准备参加制科考试。

制科考试不同于三年一次的常科考，它是不定期的，属于皇帝特诏并亲自主持的考试，专门为选拔非常人才而设，可谓"可遇而不可求"。所以通过制科考试选拔出来的，必定是万里挑一的人才，比常科状元所获得的荣耀更胜一筹。但制科考试的难度也非比寻常，绝不亚于苏东坡曾经走过的蜀道，如果说"蜀道之难，难于上青天"，那制科之难则难在"千军万马想过独木桥，却不知独木桥在何处"。

嘉祐五年（公元1060年）五月，苏东坡经过欧阳修的推荐，获取了参加制科考试的资格，为了应对这项漫无边际、无所不问的考试，苏东坡兄弟决定找一个僻静的地方专心备考。第二年开春，两人便从西岗搬到了汴河南岸的怀远驿站居住。

---

3 流内铨：官吏选拔制度，指流内官之铨选，后亦作为掌管这一铨选的官署名。神宗元丰改制，改为吏部侍郎左选。

在怀远驿站的日子十分清苦，苏东坡每日三餐，皆是白饭、萝卜和盐巴。从春入夏，又从夏入秋，这样的日子过了半年有余。有一天晚上，忽然风声大作，树叶窸窣作响，一股寒意穿窗而入后，秋雨即至。潇潇风雨声，为这寂静的读书之夜平添了一份凄凉。苏东坡此时正在读唐代诗人韦苏州的诗集，其中有一句"安知风雨夜，复此对床眠"，他不禁想到做官后，他和弟弟就要天各一方，像今晚这样闲居读书的日子恐怕不常有了，自小与胞弟手足情深的苏东坡心生不舍。但是既已经走上了读书求仕的道路，就没有回头路可走。否则这么多年的书，不是白读了吗？想至此，苏东坡又不免神伤。

入睡前，兄弟二人侧坐床边，聊至深夜，最后约定年轻时各自奔赴功名，治国安邦；待到国泰民安、政治清平时，就双双告老还乡，回到眉山老家，无论发生什么事，都不再分开了。

青年时期的兄弟俩，都不知道未来的道路是何等坎坷，这"风雨对床"的约定，竟成了苏东坡这一生最遥不可及的愿望。

嘉祐六年（公元1061年）七月，秘阁考试开始了，司马光、杨畋、沈遘为考官。此次考试共六篇论文，每篇不得少于五百字，在一天一夜内完成。时间短，要写的内容却很多，因此，许多考生专注于表达思想，不太在乎文章的遣词造句，有的甚至连草稿都不拟。苏东坡不但草拟了稿子，还准时完成了文章，并且文炳雕龙，可见其拔群出萃。

秘阁考试后，将由宋仁宗亲自选择"贤良方正直言极谏"的治国人才。时间定在八月二十五日，规定文长三千字以上，限当日完成。苏东坡饱读诗书多年，满肚子的治国之论，又兼有一颗爱民之心，所以他写起来痛快淋漓，很快就完成了一篇五千五百余字的策论，文章直言进谏，毫无保留。

对于制科考试的结果，考官们都十分慎重，要经过初审、复审，全部无异议后，才能予以录取。苏东坡的文章经过初审、复审后，取得了第三等。此次考试，四人中录取了三人，分别为王介、苏东坡和苏辙。苏东坡被列为第三等，也就是最高等。因为自制科考试以来，第一等和第二等皆为虚设，从来无人得之，大多数人得第四等就已经是很高了。在苏东坡之前，只有吴育得过三等，苏东坡是自制科考试以来，获得最高等级的第二人。

苏东坡兄弟二人的才情和气度，给仁宗皇帝留下了深刻的印象。制科考试结束后，仁宗既兴奋又欣慰地对皇后曹氏说："我今日为子孙得了两个太平宰相。"此时的苏东坡一腔热血，内心充满了为国家社稷"鞠躬尽瘁，死而后已"的豪情。

赴任凤翔，与弟别离

十一月，苏东坡被授予"大理评事，凤翔府签判"的官职，大理评事为名誉头衔，签判为实职。职位为正八品，比县主簿强得多。

尤其苏东坡是以京官的身份任地方知府的签判，这比一般的判官要高级许多。

任命一经颁布，苏东坡在京师名声大噪，其文章被视为天下第一，许多人专门前来抄取苏东坡的新作。还有许多学子，前来向苏父问学，希望能够拜在苏父门下。苏家搬出了租住的宅子，买了一处新宅院居住，取名为"南园"。

在"南园"没住多久，苏东坡就该走马上任了。当时的北方，已是寒气逼人，但苏东坡的内心却燃烧着一团火。他带着妻子王弗、长子苏迈和几个仆人踏上了征程。苏辙骑马送行，一路上兄弟二人有说不完的嘱托。然而送君千里终须一别，行至郑州的西门郊外，兄弟二人必须分别了。这是苏东坡和苏辙人生中的第一次分离，苏东坡看着弟弟瘦弱的身躯渐行渐远，内心怅然若失，悲伤不已，在马上写下了一首诗：

> 不饮胡为醉兀兀，此心已逐归鞍发。
>
> 归人犹自念庭闱，今我何以慰寂寞。
>
> 登高回首坡垅隔，惟见乌帽出复没。
>
> 苦寒念尔衣裘薄，独骑瘦马踏残月。
>
> 路人行歌居人乐，僮仆怪我苦凄恻。
>
> 亦知人生要有别，但恐岁月去飘忽。
>
> 寒灯相对记畴昔，夜雨何时听萧瑟。

君知此意不可忘，慎勿苦爱高官职。

——《辛丑十一月十九日既与子由别于郑州西门之外》

诗中表达了对胞弟的不舍之情，诉说了自己内心的悲切，担心弟弟穿着单薄还要在月光下独行，盼望着有朝一日二人还能"风雨对床"，最后嘱咐弟弟不要贪恋高官重权，要记得他们之间的约定。

行至渑池时，苏东坡停下了脚步。五年前，父亲带着两兄弟进京赶考时，曾路过此地，并在寺庙内留宿。其间，得到了住持奉闲老和尚的热情招待，兄弟俩还曾在居室的墙壁上题诗留念。然而重游此地，已物是人非，奉闲老和尚早已去世，居室内的墙壁也已脱落，不复见曾经的诗句。

此情此景，让苏东坡陷入了深深的思索，提笔写下：

人生到处知何似，应似飞鸿踏雪泥。

泥上偶然留指爪，鸿飞那复计东西。

老僧已死成新塔，坏壁无由见旧题。

往日崎岖还记否，路长人困蹇驴嘶。

——《和子由渑池怀旧》

苏东坡感叹人生无常，"泥上偶然留指爪"，就如人生在世，偶尔会在世间留下些印记，但终究会被时光的洪流掩埋。对于未来，苏东坡的内心充满了迷惘，但胸中的壮志却依旧未减丝毫，甚至更甚。这"无常"的觉悟，令他具有了漠视一己得失、奋然投身报国的超然品格。而"雪泥鸿爪"这四个字，如宿命一般成为苏东坡一生的写照。

怀着复杂的心情，游走了一月有余，苏东坡携家眷终于赶到了凤翔。凤翔位于大宋与西夏国交界的地方，属于边防重镇。康定元年，西夏入侵，所到之处烧杀抢掠，无恶不作，给百姓造成了极大的伤害。后来宋朝每年给西夏输纳大量的银钱绢帛，才换来凤翔等西部地区的安宁和平。苏东坡出任凤翔时，战乱已经过去了二十多年，但凤翔依旧四处疮痍，百姓贫苦。苏东坡内心仿佛被压上了一块大石，他暗自发誓，一定要尽自己所能，让凤翔的百姓过上好日子。

此时已近年末，苏东坡便利用岁末空闲，遍游凤翔附近的名胜古迹。他首先去了孔庙，在孔庙内有十个石雕的大鼓，表面刻有铭文。有人说是周文王时代的石刻，有人说是战国时代的制作。苏东坡仔细辨认着石鼓上的字迹，想从中找出一丝历史的印记，但琢磨了半天，也只认得十分之一二，不禁怅然道：

> 旧闻石鼓今见之，文字郁律蛟蛇走。
>
> 细观初以指画肚，欲读嗟如钳在口。
>
> 韩公好古生已迟，我今况又百年后。
>
> ——《石鼓歌》

　　看着这历经了岁月变迁的石鼓，苏东坡既缅怀了周代的王化政治，又谴责了秦政的暴虐。游城北街开元寺时，苏东坡观赏了吴道子画的佛像和王维画的竹。除了写诗作文，苏东坡的画也很不错。此次见到王维画的竹子，真心为其倾倒，称"摩诘得之于象外，有如仙翮谢笼樊"。

　　看过了岐山山水，苏东坡不禁怀念起家乡那澄碧的蜀江来，后来终于在东门外寻到一处湖泊，湖水积淤已久，但周围景色不错。传说在周文王元年，曾有凤凰到此饮水。苏东坡游后，便时常思虑：如何能让这"凤饮池"旧貌换新颜？思来想去，唯有疏浚河道，引泉入内，使水面扩大。

　　后来，这昔日的古池死水，在苏东坡的改建之下，再次泛起绿波涟漪，成了苏东坡闲暇放松心情的好去处。

渐入佳境，求雨得雨

　　初到凤翔时，苏东坡经常思念远在京师的父亲和弟弟。每当这时，他便对着庭院中的池水，自斟自饮。酒不醉人人自醉，倒也让他忘却了不少烦恼。微醺之际，他便执笔磨墨，给远在京师的苏辙写信，诉说自己的思念之情。

　　时至来年二月，苏东坡正式投入工作。没过多久，苏东坡就发现了一个亟待解决的问题。在北宋，有一种专门负责运送官府所需物资的差役。按照规定，凡是服役者不慎丢失了官府的物资，须以自身财产进行赔偿。凤翔府主要负责从水路运送竹木筏到京师，这一路要经过三峡之险，难以保证物品不受损坏或不丢失。因此，承担这一苦差的人，往往因为赔偿而倾家荡产。

苏东坡痛心不已，在写给宰相韩琦的书信中反映了这一情况，希望引起朝廷的重视。同时，他积极奔走，寻求解决问题的方法。在调查中，苏东坡发现运送木筏之害本不该如此严重，如果在黄河和渭水涨水期前，由服役者考察水情自行决定运送时间，便可减少很多损失。但官吏高高在上，随意发号施令，经常在涨水期要求运输，所以才造成如此状况。

苏东坡当即向上司宋选禀明此事，修改衙规，让差役们减少了至少一半的损失。初入仕途，便小有成就，这让苏东坡颇受鼓舞。这一切离不开上司宋选对他的支持。宋选是一位德高望重的仁厚长者，对苏东坡尤为温厚。宋选初到凤翔，就将凤翔的驿站修葺一新，让来往的官吏和考生终于有了落脚之处。当苏东坡看到焕然一新的驿站时，对宋选的敬重更深，有感而作《凤鸣驿记》。

古之君子，不择居而安，安而乐，乐而喜从事，使人而皆喜从事，则天下何足治欤？后之君子，常有所不屑，苟有所不屑，则躁，否则惰，躁则妄，惰则废，则天下之所不治者常出于此，而不足怪。

字里行间流露出"只有踏踏实实地从一件件小事着手，才可以治好天下"的为官思想，同时也对宋选认真做事、勤勉务实的为政精神表达了赞许之情。

嘉祐七年（公元 1062 年）三月，凤翔久旱不雨，时逢春耕，再不降水，则将无麦无禾。百姓无稻米可收，偷盗之行便会陡增，社会便会陷入混乱，这即将产生的严重后果让苏东坡夜不能寐。因此，他整日顶着骄阳，奔走在田间地头，四处求雨。虽有雨落，但雨滴极细，根本无法满足百姓的需求。情急之下，苏东坡与宋选一起前往秦岭最高的太白峰，传说雨神龙王就住在道士观前面的小池塘里。苏东坡到了那里，便拿出亲自写的祈雨文给龙王，跪拜在庙前三天三夜，诚心求雨。这法子在现在看来有些荒谬可笑，但在那个科技不够发达的年代，是十分正常的。

或许是苏东坡的诚心感动了上天，不久雨至。此时，恰逢苏东坡官邸内的亭子建成，他在亭中宴请朋友，兴之所至，对亭吟道：

丁卯大雨，三日乃止。官吏相与庆于庭，商贾相与歌于市，农夫相与忭于野，忧者以喜，病者以愈，而吾亭适成。

于是举酒于亭上，以属客而告之，曰："五日不雨可乎？"曰："五日不雨则无麦。""十日不雨可乎？"曰："十日不雨则无禾。无麦无禾，岁且荐饥，狱讼繁兴，而盗贼滋炽。则吾与二三子，虽欲优游以乐于此亭，其可得耶？今天不遗斯民，始旱而赐之以雨。使吾与二三子得相与优游以乐于此亭者，皆雨之赐也。其又可忘耶？"

——《喜雨亭记》节选

就这样，此亭被苏东坡命名为"喜雨亭"，以此来纪念苏东坡求雨得雨后的喜悦之情。

初入仕途，苏东坡的官职虽不大，但是他秉承着勤勉务实的为政精神，想要尽自己所能去改善百姓的生活。凤翔老百姓的日子过得异常穷苦，各种苛捐杂税、徭役负担沉重，于是苏东坡便上书给当时的三司使蔡襄，请求酌情减免税务；并希望朝廷出台一些利民政策，帮助百姓恢复元气。他提议放开茶、酒、盐等生活必需品的售卖，由官卖变为民卖，以此限制官府的专利、垄断，增加百姓的收入。

然而，苏东坡的一腔热情并没有得到朝廷的支持。时任宰相韩琦谨慎持重，认为苏东坡乃一介书生，所言不足采纳。

东坡受挫，弗聊以慰

嘉祐八年（公元 1063 年）三月，宋仁宗驾崩，需要凤翔府提供大批木料，用以修筑帝陵。偏逢凤翔大旱，河道干涸。河内无水，木材怎么运呢？然而帝王之事，任何人都不可怠慢。苏东坡整日忙于督抽差役，集材付运，弄得寝食不安，整整忙了五个多月，直至秋天才顺利交差，略得喘息。

宋仁宗驾崩后，宋英宗即位。苏东坡由原来的大理评事，晋升为从八品的大理寺丞。两个月前，宋选罢凤翔太守，陈希亮接任了宋选的职位。陈希亮也是眉州青神县人，算起来跟苏东坡算是半个老乡，但是他们二人起初相处得并不愉快。陈希亮为人严苛，办事严谨，对人对事从不留情面。而苏东坡少年得志，生性豪放，遇到不同意见时，总要据理力争一番。陈希亮面对苏东坡这个晚辈，有意提点，因此时常在明面上打压他。

府中的官吏们为了对苏东坡这位制科出身的判官表示敬重，都尊称他为"苏贤良"。有一次，这称呼被陈希亮听到了，他当场训斥那个官吏说："判官就是判官，哪有什么贤良不贤良？"说完，还命人将那官吏打了一顿板子。板子虽然没落在苏东坡身上，却让他难堪不已。

平日里，苏东坡呈上去的公事记录，陈希亮也毫不客气地涂涂改改，甚至让苏东坡拿回去重新写。陈希亮的本意，是挫一挫苏东坡的锐气，让他学会收敛锋芒。身在官场，才能或品行过于出众，未必是件好事，很容易受到他人的忌妒和指责。但苏东坡此时还不明白"木秀于林，风必摧之"的道理，以为陈希亮就是故意为难他。

年轻气盛的他，与陈希亮渐渐形成了针锋相对之势。

对比宋选的包容和爱护，陈希亮为人处世的方式，让苏东坡感到痛苦不堪。日积月累的摩擦，使他们之间的成见越来越深。而官场上的人惯会见风使舵，见陈希亮处处为难苏东坡，便也渐渐疏远他。苏东坡不屑于苟合取容，因此越发落落寡合。

苏东坡的落寞皆被王弗收入眼中。二人相处时，王弗经常劝导苏东坡：“如今父亲离得远，凡事没人指点，你做事要谨慎。”每每苏东坡外出归来，王弗总要问他去做了些什么，说了些什么。若是苏东坡有不足之处，王弗就会用苏洵的话来警示他。有时，家中有客人来访，苏东坡与客人在前厅交谈，王弗就站在屏风后，屏气倾听他们的谈话。等到客人离去，王弗便从屏风后走出，告知苏东坡某某人说话模棱两可，不可信；或者某某人惯会溜须拍马，不可与之深交。

虽然苏东坡是个杰出的诗人和学者，但在务实际、明利害方面，王弗的能力要远超过他。幸好有王弗在苏东坡身边照顾，苏东坡才不至于犯下很多错误。然而，有时候苏东坡也会任性妄为，将王弗的话抛之脑后。

每年重阳节，凤翔府的官吏们都会举办一场聚会。然而苏东坡却偏偏在这个时候，跑到了东门外的普门寺玩儿。后来这事被陈希亮告到了朝廷，苏东坡因此被朝廷罚铜五斤。苏东坡并不在意处罚之事，但他对陈希亮“告状”的行为十分不齿。此时苏东坡资历尚浅，还未真正见识官场中的尔虞我诈。殊不知，真正的君子，从来都是将矛盾摆在明面上，不会在背地里陷害。

后来发生了一件事，让苏东坡渐渐改变了对陈希亮的看法。陈希亮在官署内建造了一座凌虚台，让苏东坡撰文以记其盛。苏东坡便抓住这个机会，在记文中极尽讽刺之意。

> 物之废兴成毁，不可得而知也。昔者荒草野田，霜露之所蒙翳，狐虺之所窜伏。方是时，岂知有凌虚台耶？废兴成毁，相寻于无穷，则台之复为荒草野田，皆不可知也。尝试与公登台而望，其东则秦穆之祈年、橐泉也，其南则汉武之长杨，五柞，而其北则隋之仁寿，唐之九成也。计其一时之盛，宏杰诡丽，坚固而不可动者，岂特百倍于台而已哉？然而数世之后，欲求其仿佛，而破瓦颓垣，无复存者，既已化为禾黍荆棘丘墟陇亩矣，而况于此台欤！夫台犹不足恃以长久，而况于人事之得丧，忽往而忽来者欤！而或者欲以夸世而自足，则过矣。盖世有足恃者，而不在乎台之存亡也。
>
> ——《凌虚台记》节选

意思是，过去的那些名胜古迹要比凌虚台壮丽许多，但最终都被荆棘废墟所取代，更不要说区区凌虚台了，最终也会落得这样的下场。简而言之，就是大可不必为了看山而建造一座楼台。

苏东坡本想借这篇文章让陈希亮难堪，并以为陈希亮不会真用他这篇文章为记。没想到陈希亮看后，竟命人将此文一字不改地刻在了凌虚台前的石碑上。不仅仅是苏东坡，就连旁人都不明白其中的缘由。这时陈希亮才解释道："我视苏洵如儿子一般，苏轼就像我的孙子。平日里我对他严厉，只是希望他不要骄矜自满。"

苏东坡时隔许久，方才明白陈希亮的良苦用心。后来陈希亮去世，向来不喜给人写悼文的苏东坡，怀着真切的情感，给陈希亮写了墓志铭。有趣的是，苏东坡曾与陈希亮水火不容，却与陈希亮的儿子陈慥品性相投，一见如故，成为莫逆之交。

英宗即位，东坡升迁

经历了初入官场时的意气风发，此时苏东坡已然明白，官场并不如他想象中美妙。远离京都，在外县充任判官，副署公文，审问案件，他努力办好每件公务，却依旧改变不了百姓的生活，这让他有种无力之感。

年轻的苏东坡还不明白，天下之事积重难返。宋朝的政治制度本身就存在着许多弊端，这并不是一朝一夕形成的，所以也不是一两个官员勤勉所能改变的。苏东坡也好，宋选也好，陈希亮也罢，他们只能在权力范围内缓解一下局部的矛盾，并不能解决本质问题。

整个社会需要一场大变革，而这场变革正在酝酿之中。

宋仁宗意欲除旧，对苏东坡这样直言敢谏的新晋官员十分重视，并欲委以重任。但朝廷并不是皇帝一人的朝廷，苏东坡作为后起之秀，在朝中没有强有力的背景支撑，很难站稳脚跟。更何况，新旧交替之际，本就是各方势力角逐之时，需要的不仅是敏锐，还有适应与改变。这对擅于鉴机识变的人而言，是绝佳的机会；但对于刚正不阿之人来说，前方就是千沟万壑，不进则退。宋仁宗深知其中的利害关系，所以一直不敢贸然改革，最终带着遗憾离世。

英宗即位后的第二年，改年号为治平元年（公元 1064 年）。正月里，苏东坡自清平镇（今陕西周至县东终南镇）至鄠厔（zhōu zhì）县（旧县名，今陕西省周至县），商洛县（今陕西省商洛市）令章惇率同僚前来迎接，并相约一起去钟南山的仙游潭游玩儿。途中经过一条深涧，深涧上架着一条窄窄的独木桥，深涧之下，潭水深不可测。章惇提议到深涧对面的岩石峭壁上题一行字，苏东坡不敢前去，谢绝了章惇的好意。

章惇便独自踏上窄木，走到深涧对面，在岩石上题下了"苏轼章惇来"几个大字，将苏东坡看得心惊不已。待章惇轻松自如地走回来时，苏东坡断言，章惇日后必能杀人，因为一个敢于自判性命之人，自然也能取他人的性命。说这话的苏东坡没有想到，日后他会与章惇成为政敌，对方几次三番想要取他的性命。

事后，苏东坡写诗云：

清潭百尺皎无泥，山木阴阴谷鸟啼。

蜀客曾游明月峡，秦人今在武陵溪。

独攀书室窥岩窦，还访仙姝款石闺。

犹有爱山心未至，不将双脚踏飞梯。

——《留题仙游潭中兴寺，寺东有玉女洞，洞南有马》

由此诗可见苏东坡至情至性的可爱性格，心中不敢，就直言出来。爱山是真的，但不会为了在朋友面前"逞英雄"，就将自己的生死置之度外，也不怕被朋友嘲笑胆小。

二人行至南寺分别，苏东坡还至岐山，与文同相遇。文同乃一妙人，苏东坡赞他有四绝，即诗、楚辞、草书和画。尤其是画竹，文同自成一派，备受当时文人墨客的推崇。苏东坡也好画竹，画风方面受文同影响颇深。苏东坡与文同志趣相投，见面便有说不完的话。不同的是，苏东坡为人直爽，对朝政时事畅所欲言；文同则谨慎得多，甚少谈及朝廷之事，但这并不妨碍他们成为彼此信任的人。

文同认为，在这个世界上真正了解他的，只有苏东坡一人。苏东坡认为，自己与文同亲密无间，一日不见便思念不已。但这对好朋友常年各地为官，相见的次数少之又少，大多数时间都靠着书信来往。

与文同分别后没多久，西夏又举兵进犯。一时间，西北地区人心惶惶，风声鹤唳，大批军队驻扎在西边准备迎接大敌。凤翔作为边军的粮秣供应中心，苏东坡整日忙着运送粮草，疲惫不堪，但依旧无法解决粮草不足的问题。不久后朝廷下令，从老百姓中抽丁，充军十四万人，籍为义勇军，不必供应粮草。

令下之日，苏东坡就得巡回所属各县，亲自提举壮丁。这于国家而言，是守卫，是职责；但于百姓而言，就如无妄之灾，非但得不到俸禄还可能搭上性命。苏东坡所到之处，无不愁怨载道，哭声震天。他既担忧国家命运，又心疼百姓生命，陷入两难之境，痛苦不已。

宋英宗对苏东坡有所耳闻，即位后打算重用苏东坡，破格提拔他。宰相韩琦得知后，劝英宗慎重考虑。苏东坡确实是大器之才，日后也必定能够担天下之重任，但"宝剑锋从磨砺出"。苏东坡太年轻，还需要历练，若贸然委以重任，怕天下之人不能服，这对苏东坡而言未必是好事。

宋英宗考虑良久后，认为韩琦说得很有道理，决定给苏东坡一个修注的官职。这个官职轻易不能许人，属于皇帝的贴身要职。苏东坡有了近臣的名号，将来再提拔，就容易许多。

在凤翔的任期满三年后，苏东坡经过政绩考核，名正言顺地升为殿中丞，掌奉天子玉食、医药、服御、幄、舆辇、舍次之政。此官职可以自由出入宫禁，并且可以遍阅皇宫中的藏书，这对于苏东坡来说实在是莫大的喜讯。所以调令一下来，苏东坡就立即携家眷启程回京了。

时值隆冬，天寒地冻，道路泥泞难行。行至华阴（今隶属于陕西省渭南市）时，实在难以继续前行，无奈之下苏东坡只好携家眷暂住在旅舍里。在凤翔三年日日念家，如今走在回家的路上，却迟迟难以行进，苏东坡忍寒苦吟道：

三年无日不思归，梦里还家旋觉非。

腊酒送寒催去国，东风吹雪满征衣。

——《华阴寄子由》

写罢，便将此诗寄给了苏辙。在苏东坡的生命中，弟弟苏辙是手足，更是挚友，或喜或悲，他都会将之写与弟知。

一舟两棺，护丧回乡

苏东坡刚在官场上迎来新的际遇，生活中就遭遇了两大打击。回到京师不久，王弗便病倒了，于治平二年（公元 1065 年）五月不幸离世。

王弗十六岁嫁给苏东坡，与他相伴十多年，感情甚笃。如今长子苏迈才六岁，王弗就撒手离去，苏东坡难以接受这个现实。这么多年来，在苏东坡读书时，她红袖添香；在苏东坡迷茫时，她指点迷津；在生活中，她对苏东坡体贴入微。想到以后下朝回家，再也看不到妻子出门迎接的身影，孩子再也没有母亲的爱护时，苏东坡心痛难忍。然而，斯人已逝，生活还得继续。苏东坡只能将这份悲痛掩埋在心中，让它随着岁月的尘埃，渐渐落入心底。多年后，苏东坡外任密州，梦中又见到王弗，醒来后怅然不已，做下了一首传诵千古的悼亡词。

十年生死两茫茫，不思量，自难忘。千里孤坟，无处话凄凉。纵使相逢应不识，尘满面，鬓如霜。

夜来幽梦忽还乡，小轩窗，正梳妆。相顾无言，惟有泪千行。料得年年肠断处，明月夜，短松冈。

——《江城子·乙卯正月二十日夜记梦》

苏东坡刚办理好王弗的身后事，苏父就一病不起，没几天便离世了，他独自撰写的《易传》还未完成。一连遭受两重打击，苏东坡内心的动荡可想而知。英宗得知苏父的死讯后，诏赐银一百两、绢一百匹，欧阳修、韩琦等朝中重臣都亲携重礼前来吊唁。苏东坡婉拒了物银赏赐，只求皇帝能够给父亲追赠官爵，最后苏父被追赠六品上光禄寺丞一职。故人已逝，徒有官爵又有何用呢？不过是聊以慰藉苏父在世时的不得志罢了。

父亲去世，苏东坡和苏辙依例回乡守制。英宗专程派船护送苏父的灵柩回乡，苏东坡兄弟含泪扶柩上船。他们自安徽走水路，再顺长江逆流而上，次年四月抵达故里。

将苏父和王弗安葬以后，苏东坡在墓地周围种下了上万棵松树。自己离开家乡后，不知道何年何月才能再次回来，他希望这些松树能够代替他守着妻子的坟墓，守着父母的坟墓。苏东坡沉默地度过了丧期，他静心等待着时间把一切归零，等待着内心的悲伤平息。

与此同时，为了纪念苏父，苏东坡兄弟俩在家乡为苏父修建了一座庙。建庙花费了白银千两，兄弟二人共出一半，剩余一半由和尚筹募。庙中正殿悬挂着苏洵遗像，还有四张极宝贵的吴道子画的佛像。这四张佛像是苏东坡在凤翔时，专门为父亲寻得的。

守制期一过，苏辙和亲朋好友便为苏东坡张罗起了续弦之事。苏东坡从前忙于公事，家中的一切事务都由妻子王弗操劳。如今妻子不在了，苏东坡才知道操持一个家有多么不容易。苏迈思念母亲，时常啼哭，苏东坡只能揽子入怀，暗自垂泪。幸好有苏辙一家扶持，否则日子将过得苦不堪言。

即便此时苏东坡的心中依旧未放下对王弗的思念，但为了生活，为了幼子，续弦之事不得不做。他只期盼续弦的夫人能够善待苏迈，操持好家事。王弗生前的族兄因与苏东坡交好，便想将妹妹王闰之许配给他。对于苏东坡，王闰之早就有所耳闻，内心对这位仪表堂堂、才华横溢的姐夫钦佩不已。因此，王闰之几乎不假思索，就应下了这门亲事。王闰之虽然没有王弗的才华和智慧，但天性纯良，品格高尚，性情柔和，事事以苏东坡为主，对苏迈更是视如己出。

苏东坡的婚事刚刚定下，朝廷的任命就下来了。此时宋英宗已逝，宋神宗上位。年轻气盛的宋神宗早已看出朝中沉积已久的弊政，对祖辈们因循守旧的做法难以认同。他一心想要富国强兵，励精图治，因此一上位，就准备掀起风浪，大干一场。

苏东坡兄弟返京前，在眉山苏家的老院里亲手栽下了一棵树苗，约定树苗茁壮成长、果实累累之际，便是他俩衣锦还乡之时。亲朋好友纷纷前来相送，在亲朋好友、父老乡亲的祝愿声中，苏东坡兄弟二人携带着家眷踏上了回京的路程。

又是数月过去，朝中已是暗潮涌动，一场政治斗争正悄然拉开序幕。此后，苏东坡兄弟的命运将紧紧地与朝政联系在一起，一生因朝政起起伏伏，再也由不得自己做主了。

神宗变法，朝分两派

随着社会矛盾日渐凸显，变革成了迫在眉睫之事。宋神宗数次在朝堂上试探着提起变革之事，但大臣们不是让他先学会修身养性，就是让他广布恩泽，不要轻易言兵。面对众多的反对意见，宋神宗失望至极。就在宋神宗一筹莫展之际，一个人引起了神宗的注意，此人就是王安石。

王安石于庆历二年（公元 1042 年）中进士后，几乎一直在地方做官。他建堤筑堰，改革学校，创农民贷款法，政绩斐然，深得百姓爱戴。朝廷多次召他入京，授予官职，都被他拒绝了，大有沽名钓誉之嫌。但实际上，王安石只是在等待一个机会。少年时期的他，就已拥有经世济民的大志，并且认为想要改变社会现状，唯有变革。这一想法，几乎与宋神宗不谋而合。

熙宁二年（公元 1069 年）二月，宋神宗启用王安石为副宰相，主导变法之事，因为这一年的年号是"熙宁"，因此又称"熙宁变法"。与此同时，苏东坡兄弟二人回到了京师。

早在科举考试之前，苏东坡就与王安石有过一面之缘。当时欧阳修介绍苏父与王安石相识，但苏父认为王安石不近人情，不可与之交，遂拒绝了欧阳修的好意。而王安石也对"三苏"的为学抱有很深的成见。当初苏辙参加制科考试后，被任命为商州推官，需要王安石为其撰制词，但王安石不认同苏辙的才能，对此事置之不理，导致苏辙羁留京城，不能赴任。

此时的朝堂之上，王安石已身居要职，并很快颁布了保甲法、将兵法等强军的整军法，还有青苗法、免疫法等富国的理财法。新法一经颁布，在朝中"一石激起千层浪"。因为这些"新法"并不仅仅是针对具体事务的局部性措施，其整体的指向是全面改革汉唐以来的体制，所以牵涉面甚广。大臣们一看，这是要动摇祖宗们几百年来打下的根基，怎能不人心惶惶呢？

以司马光为首的保守派极力反对变法。司马光认为老祖宗留下来的法制，纵然有它的弊端，但是已经维持这么多年，哪里有问题就解决哪里，怎么能全部推翻呢？况且，大规模的变法还会引起民心动摇，引发暴乱之事。但在王安石看来，老祖宗留下来的法制，就好像一栋摇摇欲坠的老房子，再怎么修补也改变不了即将坍塌的事实。想要一个更加稳固的房子，只能推倒重盖。两个饱学之士，经常因为变法之事，在朝堂上争得面红耳赤。

随着对新法的反对声越来越大，最初的朝堂争论渐渐演变成了"党争"局面。朝廷一分为二，朝臣们分裂为支持变法和反对变法的"新""旧"两党。这样严重的负面效应是王安石始料未及的，但王安石坚信新法会使国家变得富强，甚至成为世界霸主。因此，为了使新法推行下去，王安石选择忽略这些细枝末节，并且极力打压反对的声音。

朝中的老臣范镇、张方平、韩琦、富弼、欧阳修等均站在了司马光这边，这样一来，宋神宗为难起来。一边是"祖宗"这座大山，一边是他渴望已久的新政，考虑良久后，神宗决定力排众议，全力支持王安石。朝中位高权重的大臣们，看到神宗如此庇护王安石，自忖无法争得过他，担心日后被打压，便纷纷产生退隐之意。

首先向宋神宗请辞的，是三朝元老富弼。富弼称疾求退，宋神宗不舍，再三挽留，但富弼去意已决。神宗只好请富弼再推荐一人选。富弼推荐了文彦博，宋神宗默然不语。后神宗又问："王安石如何？"富弼听后也默然不语。

张方平曾在神宗面前极言新法之害，然神宗听信王安石之言，认为所有的反对者皆流俗之辈，未采纳张方平的进言。张方平心中悲痛，不忍看着朝局如此发展，遂请求外放。宋神宗多次挽留，但张方平坚持己见，遂被派往陈州（今隶属于河南省周口市）。

苏东坡眼看朝中贤良的大臣们一个个离去，心中愁闷不已。他并不是一个保守的人，曾不止一次在文章中表现出革新的意思。然而，当真正的革新到来时，苏东坡还是被王安石的"大刀阔斧"吓到了。

苏东坡认为，变法是必行之事，但不可急于求成，而王安石的变法就过于激进，苏东坡担心后果不堪设想。只是，王安石位居副宰相之位，苏东坡自知人微言轻，不足以撼动王安石，便去求见宰相曾公亮。当初曾公亮在宋神宗面前极力举荐王安石，现在王安石的变法令朝廷动荡不安，苏东坡希望曾公亮能够挺身而出，救国救民。曾公亮只知王安石是个人才，却没有想到他如此"胆大妄为"，如今悔不当初，但也无法公然忤逆皇帝的意思，因此他也无可奈何。

同年，苏辙也离开了京师，他跟随张方平前往陈州为学官。弟弟的离去，让苏东坡心中倍感孤独，他作诗道：

旧隐三年别，杉松好在不？

吾今尚眷眷，此意恐悠悠。

闭户时寻梦，无人可说愁。

还来送别处，双泪寄南州。

——《和子由初到陈州见寄二首次韵》

苏东坡说，弟弟走后，他连诉说心中愁苦的人都没有了，因此常常怀念故乡，不知道何年何月才能还乡。

苏辙走后，宋神宗欲任用司马光为枢密副使。司马光拒绝，因此遭到贬降，从此专心编写《资治通鉴》。

三番进言，神宗悚然

五月，王安石提出科举改革。这项改革中最重要的一点，就是将过去的"诗赋取士"改为"经义取士"。在王安石看来，国家设科取士，应以经学为主，诗词歌赋没有实际用途，死记硬背还会浪费时间；并且文章写得再好，也不过是"纸上谈兵"，不见得真懂治国之道。考生只要略通文辞，浅尝诗赋即可。因此，王安石主张不再考诗赋，只考经义策论，以通经有文采者为合格。

宋神宗并不反对考经学，但要废黜明经等科，不再考《春秋》与《仪礼》等，又觉不妥。一方面，宋神宗本人酷爱读书；另一方面，老祖宗们几百年来都是这样选拔人才的，选拔出来的才能之士不计其数，就连王安石也是通过这样的考试选拔出来的。在拿不定主意时，宋神宗便广泛征求馆阁学士的意见。

这一次，苏东坡的机会来了，他正好在馆阁工作，于是立刻写了一篇《议学校贡举状》，表达反对意见。苏东坡认为，朝廷取士，最重要的就是德行与文章两项。就德行来说，考试是考不出来的，若非要用考试来衡量，那只会让人学会作伪，这样哪能治理好国家呢？就文章来说，的确是策论较为有用，而诗赋无用。但从政事来说，策论和诗赋皆无用。然而，自老祖宗以来，以诗词成为名臣的人数不胜数，如此，何必大费周章去废黜这项考试呢？更何况，若是对方只懂经学，为人却粗鄙大意，那能将治国的重任托付给他吗？

宋神宗早就听闻过苏东坡的才气，读罢这篇文章，惊叹苏东坡果然名不虚传，于是便想多听听苏东坡对变法一事的见解，当日便召见苏东坡，希望他能够指出自己的不足之处。身为一国之君，让臣子坦白指陈个人的过失，可以说神宗十分有气量了。

而苏东坡也毫无隐瞒，直指："陛下生知之性，天纵文武，不患不明，不患不勤，不患不断。但患求治太急，听言太广，进人太锐。愿镇以安静，待物之来，然后应之。"

意思是，皇帝为人明智，文武双全，所以不用担心不明察，不用担心不勤政，不用担心不决断。但不要急于求成，什么人的话都听，什么人都用。希望能以安静来治理国家，等待事物的出现，然后加以处理。苏东坡恳切地表达了凡是更改法制，须审时度势，按需逐渐推行，切不可操之过急。

苏东坡的话语，可谓直指要害。新法推行太快，朝廷进人太锐，以至于整个朝廷的政治人事结构，在这一两年间面目全非。当初那些敢于直言进谏的忠臣陆续离朝，现下只有苏东坡还敢直言，敢真言。

听了苏东坡的一番进言，宋神宗原本就不够坚定的心逐渐发生了动摇。王安石担心变法就此失败，竭力劝说宋神宗"独断"，同时心里对苏东坡生出忌惮之意。

在科举改革一事上，宋神宗最终还是采纳了王安石的提议，同对苏东坡更加器重，几次三番想要提拔苏东坡，但都被王安石阻拦下来。苏东坡接二连三地对新法提出异议，让王安石认为他是反对派领袖司马光幕后的智囊人物，所以绝对不允许苏东坡成为皇帝身边的近臣。

没过多久，馆阁校勘刘攽（bān）被王安石斥为泰州（江苏省泰州市）通判。刘攽与王安石曾是旧友，现与苏东坡来往密切。他因反对青苗法，在朝堂上多次提出反对意见，引得王安石大怒。苏东坡对刘攽因言论获遣十分不满，在刘攽临行前，写了一诗相赠。

少说话，多饮酒；君不见，阮嗣宗，臧否不挂口。莫夸舌在齿牙牢，是中惟可饮醇酒。读书不用多，作诗不须工。海边无事日日醉，梦魂不到蓬莱宫。

看似苏东坡在以诗宽慰刘攽，又怎知不是在宽慰他自己呢？此诗一经写出，就传诵开来。这令王安石对苏东坡的成见更深了一层，认为他就是一个可恶的游说之士。

所谓"道不同，不相为谋"，受儒家思想影响的苏东坡看不上自信执拗的王安石，而王安石也看不上个性洒脱的苏东坡。苏东坡和王安石两个少年得志，且都有宰辅之能的栋梁之材，在当时的政治环境下，因政见不同，注定无法成为惺惺相惜的朋友。

熙宁三年（公元1070年），吕惠卿知贡举，苏东坡被任命为编排官。此时，王安石的科举改革已落实。从这一年起，皇帝御试不再考诗词歌赋，专考策问。考生们均知皇上赞同新法，重用王安石，于是在考试中极尽谄谀，言新法之好，斥旧法之弊。

有一考生直接在文中说："祖宗法度，苟且因循，陛下当与忠智豪杰之臣，合谋而鼎新之。"身为考官的苏东坡认为此考生实在荒谬，诋祖宗以媚时君，欲将此卷黜落，而作为主考官的吕惠卿却认为此文极佳，将其列为第一。

此事令苏东坡气愤不已，若是让这样的人大魁天下，将来何以正风化？苏东坡的担心果然成真，许多考生得知此事后，纷纷追随，自此科考所选拔的人才，大多为迎合时势，媚上欺下之辈。这边苏东坡还在为国运担忧，那边一场围绕着他的阴谋已经悄然展开。

横遭龃龉，请求外出

当初，吕惠卿、李定等人迎合王安石除旧推新的心思，极力主张变法，这让在朝中缺乏支持者的王安石轻信于他们，并予以要职，这才使得他们有"一飞冲天"的机会。对于他们来说，只要皇帝一直支持变法，他们的地位就能得以稳固。苏东坡屡屡与新党对立，批判新法，就等于动摇他们的地位，他们早就对苏东坡恨得咬牙切齿了，因此一直在找机会迫害他。但苏东坡一心为国，为人又光明磊落，吕惠卿等人实在找不出弹劾之处。

时逢朝廷要推举谏官，宋神宗有意任命苏东坡担当。如果苏东坡担当了这一职位，新党人士的日子必定不好过。这时，王安石的妹夫谢景温提议："凡被举官，移台考劾，所举非其人，即坐举者。"也就是说，凡是被举荐的官员，要把名单拿到御史台考核，如果这个人不合格，推举的人要被连坐。这个建议看似没有什么不妥，却暗藏玄机。

一来，因为连坐责任，官员们便不敢随意推举他人；二来，对被推荐之人进行调查，方便引祸上其身。因为当时负责调查的御史台奉行"风闻言事"，只要有所"听说"，不管事情真假，都可以上书弹劾，甚至可以不提供任何证据。所以，即便是什么也调查不出来，随意捏造个罪名，都能令苏东坡当不成谏官，还有可能遭遇牢狱之灾。谢景温此举，明摆着就是针对苏东坡。

当时推荐苏东坡的人是同乡长辈范镇，推荐信一递上去，谢景温就开始调查苏东坡。没过多久，就调查出一个"结果"，称苏洵去世的时候，苏东坡兄弟借运送苏洵灵柩回乡的时机，在四川和开封之间贩卖私盐。官员贩卖私盐，相当于"知法犯法"，轻则罪加一等，重则还会引来杀身之祸。而举报人正是苏东坡曾经的亲戚，苏八娘的丈夫程正辅。当初苏八娘嫁入程家，备受虐待，以至于年纪轻轻就丢了性命。苏父爱女心切，当着众多族人的面，细数程家各种不是，并与程家断交，让程家丢尽了脸面。程正辅此举，大有打击报复之意。只是，御史台才不会去调查这些陈年旧事，他们只认为这是程家"大义灭亲"之举，事实更加真实可靠了。因此，弹劾苏东坡的奏章一封接一封地出现了宋神宗的面前。

范镇等大臣纷纷为苏东坡鸣冤，说苏东坡三年前丧父，欧阳修、韩琦等赠送了许多礼金，但都被苏东坡退了回来。苏东坡若是想要钱财，直接收取礼金不就可以吗？为什么要去贩卖私盐呢？毕竟，利用运丧的官船贩卖私盐所获取的薄利，根本无法跟先帝与大臣们赠予的银两相提并论。

司马光更为直接，直指当察其情：王安石向来不喜苏东坡，谢景温又与王安石是亲家，王安石于他又有知遇之恩，怎知谢景温不是为了王安石攻击苏东坡呢？就算苏东坡不佳，那也比李定强，李定为了做官，竟不服母丧，禽兽都不如。这样的人，王安石还极力推举他，为何独独抓住苏东坡丧父一事不放呢？

司马光就差直接对神宗说，苏东坡贩私盐的事简直子虚乌有，就是新党人士在污蔑苏东坡。

谢景温为了尽快坐实苏东坡的罪名，便威逼当年服役的士兵和船夫一同诬陷苏东坡，为此不惜进行严刑逼供。但当年的士兵和船夫不愿污蔑忠良，宁死不屈，谢景温等人查无实据，只能就此作罢。

苏东坡自知此罪名纯属污蔑，也不急于为自己辩解，只是对此十分心寒。等到事情水落石出时，苏东坡便自请外出。对于苏东坡的去向，神宗有意授他杭州知州。但由于新党人士从中作梗，最后任命苏东坡为颍州（今隶属于安徽阜阳）通判。通判这个职位事务繁杂，新党人士希望以此牵扯苏东坡，让他没有精力阻挠新政的执行。后来神宗认为苏东坡名满天下，望重士林，任颍州判官有些委屈，便改为杭州通判。

离京在即，苏东坡环顾四周，想到自己苦读数十年，一心追求的政治生活竟如儿戏一般。好不容易到达了权力中心，一腔热血还未来得及泼洒，就被人泼了一身墨。如今，苏东坡只剩下梦想幻灭的悲哀，内心不禁怅然若失。

而此时坐在高堂之上的宋神宗，亦心有戚戚焉。苏东坡还未登第制科时，就已经名震九州。宋神宗初见苏东坡的文章，就极喜其文字，后召见又甚喜苏东坡那明快的言论，一直欲提拔至左右，委以修注官，无奈总是遭到王安石的阻挠。现苏东坡被逼外任，神宗自有痛失所"爱"之感。

只能说，苏东坡幸得帝知，却悲无其遇。是幸，也是不幸。

低 谷 与 政 绩

　　离开京城的苏东坡，似乎瞬间挣脱了束缚。从杭州到密州，再从密州到徐州，苏东坡所到之处，政绩卓然，他的才华再一次得到了印证。他不仅仅是会读书作文的书生，还是一个为官一任，造福一方的好官员。苏东坡得到更多人的敬仰，同时也遭到了更多人的嫉妒。

启程杭州，见六一翁

在当时，杭州**乃江南第一大都会**。由于长江的冲击作用，江南地区土壤肥沃，**农桑发达**，**物产富饶**。在唐代，杭州就已经是国家财政的重要支柱。**到了宋代**，已有"苏常熟，天下足"之称。这一地区农田收成的好坏，往往代表民生经济的宽裕或贫乏，左右着国家的财政，故被称为"天下谷仓"。

熙宁四年（公元 1071 年）四月，朝廷调令下来，苏东坡便开始在家慢慢打点行李。**他的心境与第一次离京赴任凤翔时已经大为不同了**，此时的他身心俱疲，**对于未来也不再抱有幻想**，因此并不急着赴任。

好友文同听**说苏东坡外任杭州**，千里迢迢写信给他："北客若来休问事，西湖虽好莫吟诗。"告诫他不要再打听朝堂上的事情了，西湖美景虽好，也不要吟诗了。文同深知苏东坡的脾气，在信中劝他少言，以免再惹祸上身。苏东坡为好友深深的关切之情感动不已。

七月，苏东坡带着夫人王闰之、长子苏迈、次子苏迨等乘舟离京。他们先抵达**陈州**，拜访了张方平，并在苏辙家中住了下来。其间，苏辙将张耒引荐给了**苏东坡**。张耒可以说是神童一枚，"十有三岁而好为文"，**苏东坡十分喜欢**，便收作徒弟。一直到了秋高气爽的九月份，**苏东坡一家才继续**前行，苏辙一路送到颍州。

此时，欧阳修已致仕，就定居在颍州，自称"六一居士"。一到颍州，苏东坡兄弟俩便一同前去拜访他。欧阳修经历了政海的波澜翻覆和政敌的攻击与污蔑后，已是白发丛生，老态龙钟了。苏东坡兄弟的到来，让欧阳修浑浊的双眼再度闪烁起兴奋的光芒。这两个他亲手挖掘出来的人才，这两个自始至终不辱师门、尊师重道的弟子，让欧阳修心中欢喜不已。

其间，欧阳修带着苏东坡兄弟游山玩水，饮酒作诗，好不快活。一日，欧阳修忽给苏东坡出一难题，让苏东坡为他的石屏风赋诗一首。这咏物之作最难写，不过苏东坡算是个中高手，曾在凤翔作的那首《石鼓歌》已经成为诗歌中的典范。可眼下这座石屏风并无特别之处，既不像石鼓一般经历了千年，也没有奇异多变的外形可以描述。苏东坡细看之，发现上面有些高低错落的纹路，很像一棵傲然挺立在绝壁之上的古松，一幅想象的画面瞬间在他眼前展开，不多时他便奋笔疾书起来。

　　何人遗公石屏风，上有水墨希微踪。不画长林与巨植，独画峨眉山西雪岭上万岁不老之孤松。崖崩涧绝可望不可到，孤烟落日相溟濛。含风偃蹇得真态，刻画始信天有工。我恐毕宏、韦偃死葬虢山下，骨可朽烂心难穷。神机巧思无所发，化为烟霏沦石中。古来画师非俗士，摹写物象略与诗人同。愿公作诗慰不遇，无使二子含愤泣幽宫。

　　　　　　　　　　　　　　——《欧阳少师令赋所蓄石屏》

在这长短不一、错落有致的句子中，隐藏着苏东坡这几年在京城积累下的愤懑。"独画"一句一气呵成，长达十六字，此乃苏东坡独创，欧阳修读之忍不住击节称叹。

在欧阳修家住了二十多日后，苏东坡再次启程了。谁也没有想到，这是他们与欧阳修的最后一次见面。第二年，欧阳修就离世了。当时苏东坡忙于公务，没能亲自前去吊唁，怀着悲痛的心情写下《祭欧阳文忠公文》，以此来寄托自己的哀思。此后，苏东坡一直对恩师欧阳修念念不忘，秉承着欧阳修提携后辈的精神，培养了一大批优秀的文学家。

离开欧阳修家后，苏东坡与弟弟苏辙也到了分别的时候，这是他们之间的第三次分别，比之前任何一次都更为凄凉。苏东坡想到过早老去的欧阳修，想到自己才三十多岁，头上竟也生了白发，内心苦涩不已，对苏辙说道：

> 语此长太息，我生如飞蓬。
> 多忧发早白，不见六一翁。
>
> ——《颍州初别子由二首其一》节选

人生有聚就有散，悲欢离合，往复循环。面对暗淡的前景，苏东坡再一次陷入了对人生的思考。

杭州越来越近，京城越来越远。自苏东坡离开以后，朝堂之上终于平静了。所有对新政存有异议者，要么遭到撤职，要么被贬官议罪。现在神宗身边，只剩一群庸才，这是宋神宗始料未及的结果。

柔情杭州，无人说愁

熙宁四年（公元 1071 年）十一月，苏东坡一家终于抵达杭州，暂住在西湖孤山。初到杭州时，正遇天色灰暗，似有雪意，西湖笼罩在一片迷蒙之中，仿佛一位遮着面纱的娇羞少女，苏东坡刹那间就被杭州的湖光山色迷住了。晚上住在寺院僧舍的竹屋里，听鸟语闻花香，他的心情变得无比舒畅，暂时忘记了朝堂上发生的那些不快。

时任杭州太守的沈力，是一个精勤吏事的好官。苏东坡正式入职后，与沈力相处还算不错。至于其他官员，多是浮沉利禄的俗吏，苏东坡与他们话不投机，却又不得不做出敷衍的态度，这时常让苏东坡感到烦恼，于是吐苦水道：

> 我本不违世，而世与我殊。
>
> 拙于林间鸠，懒于冰底鱼。
>
> 人皆笑其狂，子独怜其愚。
>
> ——《送岑著作》

苏东坡原以为远离朝堂，就能避免一切纷争，然而总是事与愿违。曾经他站在朝堂之上反对新法的推行，现如今成了地方官，也成了新法实施者，他若不从，那便是渎职之罪。

杭州作为东南第一大都市，自然是推行新法的重要之地。自打来到杭州，苏东坡就马不停蹄地奔走于辖属各县之间，一路上的所见所闻，令他对老百姓的生活体会至深。

就理财富国而言，王安石制定的新法，在一定程度上抑制了地方豪强的势力，有利于农业的生产，为国家带来了一定的经济收益，充盈了亏空的国库，使得宋军在与西夏军的交战中取得了十年间的第一次胜利。从这一点来说，王安石的改革是成功的，并且是超前的。

但在当时的社会条件下，生产力不够先进，人们即使没日没夜地劳作，也无法创造更多的财富。这样一来，要使国库充盈，就不可避免地要扩大和加深对底层百姓的剥削与压迫。加之封建官僚机构的腐败，使这剥削和压迫变本加厉。

苏东坡刚到杭州不久，就赶上秋冬时期阴雨连绵，稻谷还未来得及收割，就被雨水淹没。百姓好不容易等到雨停，连忙抢收所剩无几的稻谷，然而市场上的粮价却被压得很低。以前国家规定，纳税是任从民便，纳米交钱都可以。新法颁布后，钱荒米贱，因此官府只要钱不要米。百姓为缴税，只能用米换钱，等于缴了两倍的税款。苏东坡看着政府横征暴敛，百姓们被胥吏压迫，被豪强侵凌，却只能咬紧牙关忍受饥饿与贫困，他的内心时刻在滴血。

　　身为地方官的苏东坡，此时已经不能言说朝廷政策。虽然他看到新法为国家带来了一些好处，但他无法做到对百姓的遭遇视而不见、充耳不闻。尽管亲朋挚友们再三劝他少言、慎言，但他还是拿起了手中的笔。

> 今年粳稻熟苦迟，庶见霜风来几时。
>
> 霜风来时雨如泻，杷头出菌镰生衣。
>
> 眼枯泪尽雨不尽，忍见黄穗卧青泥！
>
> 茅苫一月垅上宿，天晴获稻随车归。
>
> 汗流肩赪载入市，价贱乞与如糠粞。
>
> 卖牛纳税拆屋炊，虑浅不及明年饥。
>
> 官今要钱不要米，西北万里招羌儿。
>
> 龚黄满朝人更苦，不如却作河伯妇！
>
> ——《吴中田妇叹》

　　诗文借一个农妇之口，诉说了百姓之苦，对新政、对朝廷的不满跃然纸上。后来，这首诗被有心之人利用，成为苏东坡"讥讽新政"的证据。如果说农事还可以在风调雨顺之际有所缓息，那么盐业的变革简直令百姓无法生活。

　　盐业本就是江南地区的主要经济来源，而朝廷为了谋利，规定江南一带的食盐为国家专营物资，禁止私卖。可是食盐的官价高得离谱，贫苦的百姓根本无力购买。苏东坡在外出巡视之际，发现一些偏远的山村之中，百姓竟数月不识盐味。一个七旬老翁，背着镰刀独自上山挖鲜笋，鲜笋味道甘甜，但老翁却尝不出鲜美的滋味，不是因为他吃惯了美味佳肴，而是因为他很久没有吃过盐了。

在这种情况下，一些胆大之人不惜以身犯险，成群结队，持刀佩剑，贩卖私盐。地方政府无力管制，只能睁一只眼闭一只眼。百姓见地方政府不加管制，便有更多人加入贩卖私盐的行列，渐渐地，越来越多的田地因无人耕种而荒废。

然而，当贩卖私盐的行为影响到官府的收入时，官府就不会放任不管了。很快朝廷就派遣专员来督导盐务，对贩卖私盐者严刑重罚。一时间，牢房里关满了犯人。苏东坡的职责包括问囚决狱，他对这些囚犯充满同情之心，却不得不穿戴整齐，坐在高堂之上，看着衙役们用力鞭打着穷苦的百姓，然后在百姓的号哭声中签署冰冷残酷的判词。

除夕夜，苏东坡坐在狱中，将囚犯一一提出来点名。看着囚犯们戴着脚镣从他面前走过，苏东坡的良心隐隐作痛，在狱中提笔写下一诗。

除日当早归，官事乃见留。

执笔对之泣，哀此系中囚。

小人营糇粮，堕网不知羞。

我亦恋薄禄，因循失归休。

不须论贤愚，均是为食谋。

谁能暂纵遣，闵默愧前修。

——《除夜直都厅囚系皆满日暮不得返舍因题一诗于壁》

苏东坡觉得自己与囚犯们没有什么不同，囚犯们是为了吃饭才犯罪，而他也是为了吃饭才做着这违心丧志的差事。那一刻，他内心有种冲动：放了这群犯人，让他们回家过年；卸下这官职，归隐田园。然而，他最终还是没有这"不为五斗米折腰"的勇气，不禁暗自惭愧。

醉心山水，尽写诗篇

公事上"无人说愁"，苏东坡只能将情感寄托在山水之间。杭州府衙正处在紧靠西湖南岸的凤凰山麓，苏东坡忙完公事，凭窗眺望，便可见美丽的西湖景色。有时候，苏东坡会将桌子搬至西湖边上，一边欣赏风景，一边办理公务。才思敏捷的他，在谈笑之间就能将一桩桩公务办理妥当。

在苏东坡眼中，杭州最美的地方莫过于西湖，他曾说："杭州之有西湖，如人之有眉目。"西湖一年四季都风景如画。苏东坡作诗赞道：

> 夏潦涨湖深更幽，西风落木芙蓉秋。
>
> 飞雪暗天云拂地，新蒲出水柳映洲。
>
> ——《和蔡准郎中见邀游西湖三首》节选

夏天西湖涨水，湖水幽蓝，妩媚深邃；秋天凉风送爽，莲花次第开放；冬天白雪茫茫，水天一色；到了春天，新浦山水，垂柳映湖。西湖的美好，让苏东坡忍不住想，如果就这样住在西湖边上，也是美事一桩。

每日游西湖的人络绎不绝，贤愚不一，所能领略到的美景也有深有浅。能够像苏东坡这样与湖水融为一体的，恐怕千百年来再无他人了。静静流淌的西湖，仿佛等到了知己一般，这位知己不愿错过她任何美丽之处，也懂得她所有的美好。

通判这个职务有一个好处，就是有巡视辖属各县的职责，苏东坡正好可以利用职务之便游山玩水。有一次，苏东坡去余杭县巡视，夜宿法喜寺。第二日，又从余杭前往临安的净土寺。到时已是正午，苏东坡又累又饿，顾不得参禅念经，就坐下来吃起了斋饭，之后躺在僧舍里，伴着微风竹叶香，睡了一个午觉。

休息过后，苏东坡来到了径山之上，登高远眺，只觉天地间如此辽阔，为何人与人之间还要相互猜忌，自相残杀呢？虽然没想明白，但心情却变得舒畅很多，瞬间想起自己只知四处游乐，已经有十多天没有归家了。

即便如此，回到杭州时，苏东坡也没有立即回家，而是住到了望湖楼上。他本想着邀请一诗友一起夜游西湖，但对方未能赴约。他便独自一人，乘坐小船，泛舟西湖之上。从月色初上，到夜深露重，苏东坡静静欣赏着月色下的西湖。直到东方微白，才停船靠岸，一首五绝倾吐而出。

> 三更向阑月渐垂，欲落未落景特奇。
> 明朝人事谁料得，看到苍龙西没时。
> 苍龙已没牛斗横，东方芒角升长庚。
> 渔人收筒及未晓，船过惟有菰蒲声。
> 菰蒲无边水茫茫，荷花夜开风露香。
> 渐见灯明出远寺，更待月黑看湖光。
>
> ——《夜泛西湖五绝》

六月中，苏东坡独上钱塘门外昭庆寺前的望湖楼，临湖饮酒。忽然风起云涌，刹那间大雨倾盆而至。雨中的西湖别有一番风味，苏东坡醉情其中，连写五首绝句，此处将其中之一奉上。

> 黑云翻墨未遮山，白雨跳珠乱入船。

卷地风来忽吹散，望湖楼下水如天。

——《六月二十七日望湖楼醉书》节选

雨中的西湖美，雨后的西湖更美。一日，苏东坡饮酒湖上，起初天还是晴朗的，没过一会儿就下起了蒙蒙细雨。短短几个时辰之内，苏东坡就看过了晴时的西湖和雨中的西湖，忍不住再次赞美道：

水光潋滟晴方好，山色空蒙雨亦奇。

欲把西湖比西子，淡妆浓抹总相宜。

——《饮湖上初晴后雨》

此诗一出，其他所有描写西湖的诗词瞬间都失去了颜色，尤其是"欲把西湖比西子，淡妆浓抹总相宜"这一妙手偶得的取神之喻，从此人们提到西湖，就能想到美丽的西子，美景与美人再也分不开了。

当然，杭州之美，并不仅在西湖。如果说西湖是苏东坡最喜欢去的地方，那杭州内的古刹便是苏东坡的第二处心头爱。杭州寺庙林立，共有三百六十个寺院，自古便有"东南佛国"之称。这些古刹大多建在山中，苏东坡游历一次，往往要花上一天时间，但他依旧乐此不疲。古刹中的高僧们学问极高，苏东坡与他们交谈后，能够受益良多。渐渐地，苏东坡也开始练习参禅打坐。

杭州安国坊吉祥寺的守璘和尚养了上千种牡丹花，每当花开时节，便有盛会。男女老少纷纷涌上街头，百姓们还会选出代表，献花给官吏们，吏民同欢，一片祥和。就连素来不饮酒的人，都会在此时节喝得醉醺醺。苏东坡看着人们头上戴着花，脸上洋溢着笑，内心满足不已，遂写诗一首：

> 人老簪花不自羞，花应羞上老人头。
>
> 醉归扶路人应笑，十里珠帘半上钩。
>
> ——《吉祥寺赏牡丹》

这个时候苏东坡也不过三十七岁，还算不上老头儿，但人生的阅历却让他生出迟暮之感，自嘲已经苍老得不配戴花了。

西湖的灵动与古刹的幽静形成鲜明的对比。前者为苏东坡驱赶了"独在异乡为异客"的落寞与孤寂，后者让他参透了人生的价值，让其心灵获得了片刻的安宁与慰藉。

才德高尚，引人折腰

杭州人杰地灵，才子佳人层出不穷。苏东坡来到杭州后，很快就结交了一群意气相投的朋友。每当有各种各样的宴会，大家总是喜欢叫上苏东坡，一起游湖作诗，谈天说地。在当时，酒筵公务之间与歌伎相往还，是官场生活的一部分。因此，游湖时也会携妓上船，或是让她们为大家斟酒，或是唱歌跳舞助兴。

有一次，苏东坡受邀与众人游湖赏春，同船的人士有杭州的官员，还有才色俱佳的歌妓。其中有一位叫作秀兰的歌妓迟迟没能赴约，这让在座的一位官员十分恼火。等秀兰赶到时，官员认为秀兰一定是有什么私情隐私，所以才不愿赴约。秀兰极力辩解，官员就是不信，甚至还出口侮辱秀兰。秀兰进退两难，唯有低头垂泪。

苏东坡对这些才高命薄的女子向来十分同情和怜惜，此刻见秀兰凄楚的模样，又了解到秀兰是因为身体抱恙才来迟，心有不忍，便叫人递来文房四宝，写下了一首《贺新郎》：

乳燕飞华屋，悄无人、桐阴转午，晚凉新浴。手弄生绡白团扇，扇手一时似玉。渐困倚、孤眠清熟。帘外谁来推绣户？枉教人梦断瑶台曲。又却是，风敲竹。

石榴半吐红巾蹙，待浮花、浪蕊都尽，伴君幽独。秾艳一枝细看取，芳心千重似束。又恐被、秋风惊绿。若待得君来向此，花前对酒不忍触。共粉泪，两簌簌。

写罢便拿给秀兰，叫她唱给众人听。秀兰只觉词意婉转缠绵，不禁想到自己悲凉的身世，遂擦干泪水，慢捻琵琶，歌声缓缓流转出来。船上众人皆被这清丽的歌声、耐人寻味的歌词所打动，之前的那位官员顿觉羞愧难当。

苏东坡豁达的胸怀和俊发的才情，为他赢来了无数人士的倾慕。他的诗词一经写出，便会在街头巷尾传诵。许多人以见过苏东坡为荣，甚至有人为一睹苏东坡的风采而想方设法接近他。

有一次，苏东坡和几位朋友相约临湖亭中，谈笑之中只见一艘船缓缓开来。待到亭前时，苏东坡才看到船上坐着几位女子，她们旁若无人地弹曲低吟，先是一曲《长相思》，接着是一曲《高山流水》，琴声婉转，令人如痴如醉。

琴终曲毕后，一位女子起身对苏东坡行礼，并说道，她自幼便仰慕苏东坡的才华和为人，对其诗文更是爱不释手，只叹一直无缘相见，幸得知苏东坡到杭州任职，渴望见上一面，又苦于已嫁为人妇，不便抛头露面。终于听说苏东坡今日要来游湖，便特意等在湖心，特地为他献上一曲，略表心意。说完，就回到了船舱之中，不一会儿小船便消失在湖山深处。

望着平静如初的湖面，耳畔还隐约飘荡着袅袅的琴声，苏东坡心中忽有一种怅然若失之感，提笔作下一首《江城子》。

凤凰山下雨初晴，水风清，晚霞明。一朵芙蕖，开过尚盈盈。何处飞来双白鹭，如有意，慕娉婷。

忽闻江上弄哀筝，苦含情，遣谁听！烟敛云收，依约是湘灵。欲待曲终寻问取，人不见，数峰青。

还有一个叫李颀的人，用白绢画了一幅春山图，并题诗一首，却不落款，然后用一百吊钱托一山野樵夫将此绢送到了苏东坡手中。苏东坡看了诗和画，却唯独不见作者大名，遂心中好奇不已。派人多方打听后，才得知了李颀其人。原来这个李颀少年中举，却辞官不做，整日游历在山川湖海之间。这少年意气，令苏东坡赞叹不已，遂与相交，并对他的才学和人品极尽推荐。

一些青年学者，更是想尽了办法，希望拜在苏东坡门下，晁补之便是其中之一。晁补之为了拜师苏东坡，可谓花了不少心思。先是绞尽脑汁给苏东坡写了一篇《上苏公书》，表达了想要拜师的意向。或许是因为晁补之太急于表现自己，在文中暴露了自己不够成熟的思想。因此，苏东坡看后，并没有给予回应。

这可急坏了晁补之，但他并没有因此放弃，反思了一番后，又写了一篇《再上苏公书》。文中，晁补之实事求是地说了自己读苏东坡文章的感受，同时十分诚恳地表达了拜师的意愿。最后，还十分委屈地"抱怨"了苏东坡不回他的信。这一次，晁补之用真实又自然的文风打动了苏东坡。没过多久，晁补之便成为苏东坡的弟子。在苏东坡影响下，晁补之也渐渐在文坛展露出头角。

苏轼以才学闻名，以德行深入民心。从初到杭州时的形单影只，到后来的高朋满座，是苏轼人格魅力的最好证明。

奔波忙碌，向往宜兴

熙宁五年（公元 1072 年）八月，苏东坡受命主持州试，以选拔进京应试的举人。他需提前一个月入闱，完全与外界隔绝。从前苏东坡作为考生，欧阳修为考官，那一年欧阳修力创变革，令文风始振，当时还有人肆力诋斥。现在苏东坡为考官，学生答经论，文章粗糙，令人读之不快。想到当初欧阳修为了重整文风而付出的种种努力，苏东坡感到愤愤不平，却又无能为力。

十一月，朝廷颁布了新的指示，杭州的仁和县（今浙江省仁和镇一带）有一处盐场，为了运盐方便，朝廷征召农民千余人，打算开凿一条运河。苏东坡受命前往督导工程进度。

朝廷有命，民不敢不从，百姓纷纷丢弃自己的农事，赶去开凿河道。当时天气已逐渐转凉，老天又久雨不歇，路上尽是泥淖，百姓被淋得浑身湿透，在泥沼中劳作，就如在泥浆中打滚的猪鸭一般。苏东坡见之，不忍直视，对朝廷十分失望，遂作《汤村开运盐河雨中督役》一诗，为百姓叫屈。

> 盐事星火急，谁能恤农耕。
>
> 薨薨晓鼓动，万指罗沟坑。
>
> 天雨助官政，泫然淋衣缨。

人如鸭与猪，投泥相溅惊。

　　　　　　——《汤村开运盐河雨中督役》节选

　　十二月，湖州水患，苏东坡又受命前往湖州（今浙江省湖州市）监管提督工程。在湖州，苏东坡有一好友孙觉。得知他来此，孙觉设宴款待。二人久别重逢，心中蕴藏着千言万语。为了不使这短暂的相聚被世俗之事所烦扰，二人约定谁也不提朝堂之事，苏东坡还为此写诗立证。

　　嗟予与子久离群，耳冷心灰百不闻。

　　若对青山谈世事，当须举白便浮君。

　　　　　　——《赠孙莘老七绝》之一

　　可让苏东坡闭嘴，实在太难。当不平和不满涌上心头时，苏东坡便认为"使某不言，谁当言者"。因此，当苏东坡看到劝农专使仗势凌人，对地方官吏百般挑剔，动辄以检举"奉行新法不职"来威胁时，就将与孙觉的"约定"抛之脑后了。为泄心中不平，苏东坡写诗道：

　　天目山前绿浸裾，碧澜堂上看衔舻。

　　作堤捍水非吾事，闲送苕溪入太湖。

　　　　　　——《赠孙莘老七绝》

诗中看似坐赏美景，实际暗含了苏东坡对朝廷此举的不满，同时也体现了他未尽心监督此事。写这诗时，他并未想过会带来怎样的后果，只是单纯地想要发发牢骚而已。如若牢骚都不能发，那比砍头还让他难受。

苏东坡本该是一匹畅游原野的麋鹿，现在却不得不做一匹被金鞍玉勒装饰起来的"立仗马"。这是令他感到痛苦、反复撕扯却又理不清、剪不断的现实。他只知道，若是让他当一匹不能嘶鸣的"立仗马"，那他宁愿去做拉盐车的马。

熙宁六年，严重的水旱灾害导致东南大部分地区发生严重的饥荒，朝廷调集了数万担的粮食赈济灾民。苏东坡奉命前往常州（今江苏省常州市）、润州（今江苏省镇江市）发放赈灾粮。整整七个月的时间，苏东坡都在常州和润州两地，勤勉地处理着繁杂的赈灾事务。

又是一年除夕夜，苏东坡将行船停靠在常州城外的水岸边上。江边的灯火和远处的孤星，令苏东坡感到十分孤单。他对着船内的烛火思念着远方的亲人，久久无法入睡，于是干脆坐起身来，提笔作诗一首：

> 行歌野哭两堪悲，远火低星渐向微。
>
> 病眼不眠低守岁，乡音无伴苦思归。
>
> 重衾脚冷知霜重，新沐头轻感发稀。

多谢残灯不嫌客，孤舟一夜许相依。

——《除夜野宿常州城外二首》

　　无尽的不安和迷茫从诗句中流出，二十多岁的苏东坡意气风发，踌躇满志，视造福苍生为己任，一心想要为君解忧，共同开创太平盛世。然而，此刻的他却眼睁睁地看着百姓在苛政下受苦，实在是讽刺至极，心中不禁升起隐退之意。

　　之后，苏东坡又去了一趟常州管辖内的宜兴（今江苏省宜兴市）。宜兴是著名的鱼米之乡，境内有三湖九溪，风景如画。当初苏东坡还是风头正劲的新科进士，在皇帝御赐的琼林宴上，与来自宜兴的蒋之奇相识。席间，蒋之奇绘声绘色地描述着家乡之美，令苏东坡向往不已。

　　如今苏东坡终于有机会来到宜兴，当他泛舟溪上时，一种亲切、安宁的感觉顿时涌上心头，似乎让他那漂泊的灵魂找到了归宿。苏东坡当下便决定，致仕以后就隐居在宜兴，随即拿出多年的积蓄，在宜兴购置了一处田产。此后多年，命运沉浮，宜兴一直是苏东坡心之所向。

　　从常、润二州赈灾归来后，知州陈襄即将离任。苏东坡与陈襄不仅政见相同，而且配合默契，他们经常同游西湖，感情十分深厚。如今面临着分别，苏东坡心中万分不舍，写下了一首《虞美人·有美堂赠述古》作别陈襄。

湖山信是东南美，一望弥千里。使君能得几回来？便使樽前醉倒更徘徊。沙河塘里灯初上，水调谁家唱？夜阑风静欲归时，惟有一江明月碧琉璃。

陈襄启程离杭时，苏东坡一路追送到临平，二人在舟中依依惜别，看着陈襄的船渐渐消失在视线中，苏东坡心中无限惆怅，写诗道：

回首乱山横，不见居人只见城。谁似临平山上塔，亭亭，迎客西来送客行。

归路晚风清，一枕初寒梦不成。今夜残灯斜照处，荧荧，秋雨晴时泪不晴。

——《南乡子·送述古》

送别陈襄两个多月后，苏东坡在杭州的任期也要满了。在此之前，苏辙已经离开陈州前往济南任职，距离上一次分别，兄弟俩已经有三年没见了。苏东坡请奏朝廷，希望能够被派往靠近济南的州县，方便与苏辙经常见面。

密州蝗患，忍极复书

新法自实施以来，反对之声络绎不绝。监安上门的小官郑侠，目睹新法给人民带来的弊害，仗义执言，绘制了一幅《流民图》，进呈天子御览。图中百姓老幼杂沓，形容憔悴，衣衫褴褛。其中还有身披锁械、被押解入京的犯人，他们身上背着从家里拆下来的屋瓦和木材。宋神宗看后，坐立不安。

熙宁七年（公元 1074 年）四月，宋神宗罢免了王安石宰相之务。王安石为继续推行新法，推荐其拥护者吕惠卿担任要职。如果说王安石实施变法是一心为国，毫不为己，那吕惠卿则极具个人野心。

吕惠卿当权后，创行了不少新法。其中有项手实法，苏东坡极其反对。此法要求百姓自报财产，然后以财产的多少来定户等的高低，官府依次来分摊各户应缴纳的役钱。此法令从表面上看，并没有什么不妥，甚至是有利于民的。但为了让百姓如实上报，法令中还规定，对揭发少报财产的知情者予以奖励。这样一来，必定会令社会风气败坏。

以苏东坡当时的地位，他所提出的反对意见，自然无法受到更多的重视。但苏东坡自有一套办法，他认为新法中有害无益的政策，便拒不执行；他认为可以执行的政策，就根据百姓的需求来执行。有时，为了坚守自己的原则，苏东坡还会对朝廷派来监督的官员拍案斥责。

九月份，苏东坡升任太守，被派往距离济南不远的密州（今山东省诸城）。闻此消息，杭州的好友纷纷设宴相送。此次一别，不知何时才能再见，这令苏东坡伤怀不已。

密州位于北国偏僻之地，气候远不及杭州宜人。一路上的景色逐渐萧条，苏东坡的心情也越来越沉郁。原本计划由海州（今江苏省连云港市）绕道济南去探望苏辙一家，没想到海州通往济南的青河因冰冻而停航，苏东坡只能作罢，冒着寒风，直接奔赴密州。

快到密州城时，苏东坡看到了一个奇怪的现象：沿途的百姓三五成群地聚在路边，有的翻土，有的铲树皮，有的烧草成灰……奔忙不已。走近一看，才知百姓在处理蝗虫。而沿途百余里，已随处可见蝗虫。苏东坡预感到，此次蝗灾不容忽视，如果不尽快采取措施，那百姓一定会深受其害。

无论是在凤翔还是在杭州，苏东坡所任皆是通判一职。通判的职责是辅助太守，只能出谋划策，没有决策权。到了密州则不同，苏东坡已是太守，他可以展开拳脚，施展政治才能了。

一进入密州，苏东坡就开始查看灾情。灾情比他预计得更加严重，光是百姓上报给官府的捕杀蝗虫数量，就已经高达三万多斛，而官吏们却漠然处之。苏东坡查问，他们还辩解说，蝗虫数量不多，不足为患。甚至还有人说，蝗虫飞来，能够为百姓除草。

治理蝗灾，苏东坡可不是毫无经验。他在杭州时，就曾到各个属县治理过蝗灾。当时蝗虫就已经呈遮天蔽日之势，令人惶然了。如今看来，杭州的蝗虫，不过是密州的余波而已，密州才是蝗虫的源头。情况已如此危急，官员们竟然还说灾害不够严重，简直就是信口雌黄！

苏东坡来不及安顿家人，就来到田间地头，走进村落民舍。调查之后得知，此地旱蝗已经相续数年，庄家颗粒无收，百姓们只能靠吃草根、食树皮为生，饥寒交迫的贫民遍野都是。而老天爷似乎也在捉弄贫苦的百姓，从夏天到秋天，一滴雨都没有下过，百姓们好不容易盼来一场雨雪，可土地已冻，根本无法耕种。夏季无粮，冬季无种，到了来年开春，将又是一场饥荒。许多饥民已经被迫离开家乡，到别处讨生活去了。

看到百姓流离失所，苏东坡痛心不已。自从被谢景温一党栽赃陷害后，苏东坡已经很多年不再上书朝廷了。心中不吐不快时，就写些诗词来发发牢骚，陈述下百姓不易而已。这一次，作为一州之守，作为百姓的父母官，面对岌岌可危的社会局势，苏东坡无法再"沉默"下去了。

上任不到两个月，他就接连上书。先是将蝗灾的严重情形予以报告，请求朝廷豁免秋税，或暂时停止回收青苗钱，以资救济。同时，还花了大量的篇幅评说新法，如"手实法"的流弊和方田均税之患等，并极力反对朝廷在密州垄断盐产销售的打算。同时，苏东坡也是一个实事求是的人，对于新法中一些可行的政策，他也表示了赞同。可见，苏东坡对待新法的态度，在他深入地方后发生一些改变。

这一封奏章传到京城，新党见之怒不可遏。他们原本以为把苏东坡赶出京城，他便再也无法对新政指手画脚，没想到虽然远离京城，但他还是要指斥新党新政。这让新党人士意识到，仅仅让苏东坡远离京城是不够的，只要他还有官位，对于新党来说就是隐患。而此时的苏东坡，还不知道自己的"仗义执言"已经得罪了人。

朝中内乱，撰文暗讽

苏东坡来到密州后的第一个春节在病痛中度过，为此闭门谢客了多日，直到上元节，身体才好了些。在古时，上元节是非常重要的节日。每到上元节，家家户户张灯结彩，老少妇孺都穿着喜庆的衣裳出门看灯，到处都是一片热闹的景象。

苏东坡曾在京师和杭州过过上元节。京城和杭州都是大都市，平时就热闹非凡，上元之夜更是分外迷人。鼓乐齐响，烟花齐放，人们在街上流连忘返，欢庆至通宵达旦。苏东坡初来密州，只知密州荒凉，还不知密州的中元节是什么样的，于是大病初愈的苏东坡打起精神出了门。没想到密州的上元节冷冷清清，人影稀疏，偶见灯影。苏东坡乘兴而去，败兴而归，回家提笔作诗道：

灯火钱塘三五夜。明月如霜，照见人如画。帐底吹笙香吐麝，更无一点尘随马。

寂寞山城人老也！击鼓吹箫，却入农桑社。火冷灯稀霜露下，昏昏雪意云垂野。

——《蝶恋花·密州上元》

苏东坡是一个喜欢热闹的人，喜欢过呼朋唤友的生活。可密州既没有杭州的湖光山色，也没有凤翔的人文古迹，身边还缺少志同道合的朋友，这让苏东坡心中倍感落寞。

此时，京中又发生了人事变动。王安石被罢相后，朝廷任命韩绛为相。韩绛出身官宦世家，只会墨守成规，是个标准的官僚。而吕惠卿专横跋扈，不但无法与韩绛友好配合，还加大力度排除异己，任人唯亲。变法之初，吕惠卿是王安石最忠实的伙伴和最坚定的支持者，对此王安石曾心怀感激。但在权力面前，人往往会暴露出心里最阴暗的一面。为了巩固自己的权利和地位，吕惠卿陷害王安石的弟弟王安国入狱，并在宋神宗面前极力挑拨，破坏神宗与王安石之间的信任关系。吕惠卿的所作所为，让王安石看清了他的为人，两人就此决裂。

韩绛自知无法压制住吕惠卿，便秘密上书给宋神宗，请求复职王安石。王安石虽已罢相，但并未做到"两耳不闻窗外事"，对于吕惠卿拟定的一些新政，内心无法苟同。仍旧心系国运的他，在接到宋神宗的任命后，马不停蹄地赶回了京城。

王安石回归，韩绛、吕惠卿遭罢黜。

与此同时，宋神宗下令废止了多项新法。然而，新法尤可废，人心再难收。在这次朝廷动荡中，又有一些投机分子趁机而入，朝堂之上鱼目混珠，变法与反变法之间的政见之争，逐渐演变成了排斥异己、夹私报复的无原则斗争。

远在密州的苏东坡听闻此事，感觉荒唐不已。国家政法，朝令夕改，这怎么能令众生信服呢？遂写文《盖公堂记》一篇。

　　始吾居乡，有病寒而咳者，问诸医，医以为蛊，不治且杀人。取其百金而治之，饮以蛊药，攻伐其肾肠，烧灼其体肤，禁切其饮食之美者。期月而百疾作，内热恶寒，而咳不已，累然真蛊者也。

　　又求于医，医以为热，授之以寒药，旦夕吐之，暮夜下之，于是始不能食。惧而反之，则钟乳、乌喙，杂然并进，而漂疽、痈疥、眩瞀之状，无所不至。三易医而疾愈甚。

　　里老父教之曰："是医之罪，药之过也。子何疾之有？人之生也，以气为主，食为辅。今子终日药不释口，臭味乱于外，而百毒战于内，劳其主，隔其辅，是以病也。子退而休之，谢医却药，而进所嗜，气全而食美矣。则夫药之良者，可以一饮而效。"从之，期月而病良已。昔之为国者亦然。

文中借"三易医而疾愈甚"之事讽刺了朝廷朝三暮四的人事变易，比喻朝廷"病急乱投医"的治国方式。当政者以为自己是国家命运的掌控者，实际上，国家的危亡，不在政客之手，而在于百姓之心。清静无为而民自定，才是真正的治国安邦之道。而朝令夕改的新政，只会给百姓带来更多的灾难。

一次又一次公然违抗朝廷命令，还写文嘲讽新政，苏东坡明知这些不可为，却依旧为之。一是因他性格刚直，实事求是，不会曲意逢迎；二是因密州的百姓实在太可怜了，他不忍心雪上加霜。因此，即使成为当权者们的眼中钉、肉中刺，苏东坡也无怨无悔。

蝗灾难除，《庄子》解忧

当时密州的百姓过得有苦呢？地里尽是蝗虫，蔬菜无法播种，粮食颗粒无收，百姓只能靠挖野菜勉强度日。苏东坡心有不忍，便与百姓同甘共苦。一日，他在挖野菜时，竟发现一个弃婴。原来很多家庭已经养不起孩子了，只能选择丢弃。苏东坡四处搜查，不到十天，竟找到了四十多名弃婴。面对这四十多个嗷嗷待哺的孩子，苏东坡的心里压抑极了。若不是真的生活困难，有谁会舍得丢弃自己的亲生骨肉呢？

不得已之下，苏东坡只能先将这些孩子养在自己家中，然后日夜思考解决良策。没多久，苏东坡就想出了办法。他设法拨出百担粮食，单独储存。之后在各处张贴告示：凡是愿意收养孤儿的家庭，官府每月会补助六斗米。很多家庭起初为了粮食补助，收养了孩子，然而在养大的过程中渐渐产生了感情，之后便不舍得遗弃了。此举让数以千计的婴儿免死于路边。

根据苏东坡的经验，在无衣无食的困苦之中，总会有强悍之人铤而走险，作奸犯科。他未雨绸缪，提前制定了周密的缉盗方案。在苏东坡的努力下，尽管灾情一直不断，但社会基本维持了稳定状态。然而，这种"稳定"终归是暂时的，朝廷一天不采取宽政利民的举措，百姓的境遇就一天不能得到改善。

苏东坡曾言，这是让他最难过、最沮丧的一段时光，他心中的苦闷无处抒发。一日，苏东坡从府衙回家，三岁的小儿子苏过见到父亲归来，十分开心，拉着他的衣角，求他陪玩儿。苏东坡正值心烦之际，对儿子的撒娇不予理睬。几次三番后，他被吵得有些气恼，便对着儿子发起火来。

这一幕正巧被走进来的王闰之看到，王闰之忙上前柔声劝慰，称孩子还小，不要跟孩子置气。说罢，便转身出去，给苏东坡温了一壶酒，端到了他的案前。不要小看这一壶酒的力量，它立刻冲走了苏东坡内心的烦躁。冷静下来后，苏东坡顿感羞愧，提笔写下：

> 小儿不识愁，起坐牵我衣。
> 我欲嗔小儿，老妻劝儿痴。

儿痴君更甚,不乐愁何为。

还坐愧此言,洗盏当我前。

大胜刘伶妇,区区为酒钱。

——《小儿》

对苏东坡而言,他少年得志时,需要一位聪颖能干的夫人在旁时时提点,以免他得意忘形。现如今他官场不顺,失意落寞之际,正需要王闰之这样的贤妻良母在旁温柔以待,在他得意时陪着他笑,在他忧郁时为他斟上一壶酒。王夫人的陪伴,给予了苏东坡很多安慰。他渐渐不再钻"牛角尖",而是重新捧起《庄子》,读了起来。

早在少年时期,苏东坡就十分沉迷《庄子》,那时只觉得书中内容新奇有趣,自己十分向往那逍遥自在的生活。而今再读《庄子》,他开始从书中寻求超脱世俗的方法。按照庄子所说,人之所以有众多烦恼,皆是因为各种欲望太多。若是能够做到知足,那便可常乐。

这富有哲理的文字,令苏东坡豁然开朗。之后,只要闲下来,或是心中有烦恼时,他便会拿出《庄子》来读一读。随着对书中思想领悟越来越深,苏东坡思想上的桎梏逐渐消除,精神也放松了下来。他终于有心思修理一下破败的官舍,以做长久之用了。

修葺官舍的过程中,苏东坡发现官舍北面有一处废旧的城台,便顺便修整了一番,使此处成为登高远眺的休闲之地。高台修好以后,苏东坡写信给苏辙,让他给这"高台"起个名字。不久,苏辙回信，取名"超然台"，这个名字正合苏东坡当时的心境，于是一篇《超然台记》自笔下流出。

凡物皆有可观。苟有可观，皆有可乐，非必怪奇伟丽者也。

哺糟啜醨皆可以醉；果蔬草木，皆可以饱。推此类也，吾安往而不乐？

夫所为求福而辞祸者，以福可喜而祸可悲也。人之所欲无穷，而物之可以足吾欲者有尽，美恶之辨战乎中，而去取之择交乎前。则可乐者常少，而可悲者常多。是谓求祸而辞福。夫求祸而辞福，岂人之情也哉？物有以盖之矣。彼游于物之内，而不游于物之外。物非有大小也，自其内而观之，未有不高且大者也。彼挟其高大以临我，则我常眩乱反复，如隙中之观斗，又焉知胜负之所在。是以美恶横生，而忧乐出焉，可不大哀乎！……

自此，与世无争、随遇而安的超然思想便根植于苏东坡的性格之中，伴随着他后半生的起起伏伏。

豪放诗词，自成一家

为消灭蝗灾，苏东坡日夜奔忙田间，巡察督视。在与百姓交谈的过程中，苏东坡得知，天降大雨会令蝗虫大批死亡，而到了桑蚕初眠的时候，蝗虫便不会再生长。苏东坡将百姓的话牢牢记在了心里。

回家后，苏东坡便沐浴焚香，素食斋戒，时常前往密州境内的常山虔诚祷告，苦口婆心地劝说山神解救百姓于苦难之中。有一日，苏东坡又去常山求雨。在求完雨下山时，山中就刮起了风，不多一会儿，大雨便倾盆而至。苏东坡大受鼓舞，为了感谢山神，他决定将山神庙重新修葺一番。

历经数月，山神庙终于修好了。苏东坡带领府衙的官员和当地的百姓上山祭祀了一番，然后一行人浩浩荡荡地下了山。那日天高云阔，层林尽染，苏东坡心中不禁升起一股豪情，当下决定去狩猎。只见他一身戎装，英姿勃发，策马扬鞭，拉弓引箭，一直到日落才满载而归。酒酣之余，苏东坡挥笔写下一首词：

老夫聊发少年狂，左牵黄，右擎苍，锦帽貂裘，千骑卷平冈。为报倾城随太守，亲射虎，看孙郎。

酒酣胸胆尚开张。鬓微霜，又何妨！持节云中，何日遣冯唐？会挽雕弓如满月，西北望，射天狼。

——《江城子·密州出猎》

整首词气势恢宏，以出猎开始，却以将利箭射向敌人这种出人意料的结局收尾，自然而然地表现出他志在杀敌卫国的政治热情和英雄气概。一首生活随笔式的小词，就这样在苏东坡笔下成了充满爱国激情的作品，一洗前词绮罗香泽之态，读之令人酣畅淋漓，耳目一新。

一种新的词风就此产生，与传统的婉约词风呈分庭抗礼之势，人们称之为"豪放派"。这令苏东坡颇为自豪，在给朋友写的信中，他得意地称：

> 近却颇作小词，虽无柳七郎风味，亦自是一家。呵呵！数日前猎于郊外，所获颇多；作得一阕，令东州壮士抵掌顿足歌之，吹笛击鼓以为节，颇壮观也。

苏东坡在信中说自己的词没有柳永的风味，是自谦的说法。实际上，此时苏东坡的词与柳永的词已是完全不同的风格，可谓各领风骚。而苏东坡特意跟柳永比较，是因为当时柳永在词坛占据着举足轻重的地位，一句"衣带渐宽终不悔，为伊消得人憔悴"被流传至今。苏东坡一直深受儒家思想影响，积极用世的精神在他心中占据着主要的地位，因此苏东坡的作品以诗歌、论文为主，几乎很少涉猎词创作。

苏东坡到了杭州后，江南特有的风土人情，为他的词创作提供了天然的温床。然而，从一种文体向另一种文体转变，并不是一件轻松的事情。即便天才如苏东坡，也需要向前人学习。在这方面，苏东坡可是一个好学生，他以高度的悟性深刻地理解和把控词的特质，虚心地学习前辈们的经验。其中对苏东坡影响最大的就是张先。

张先是东南地区词坛的中心人物，与苏东坡相差近五十岁，二人可算是忘年之交。张先对苏东坡聪颖好学的品质十分赞许，二人经常聚在湖光山色之中，探讨辞令创作的艺术和技巧。张先的词作题材偏重生活化，笔调冷静，语境雅致，给了苏东坡很多创作的启发。苏东坡最早的词作风格几乎与张先如出一辙。

密州的风土人情与杭州大为不同。如果说杭州的诗情画意使苏东坡性格中的细腻浪漫得到了充分的发挥，那么密州的豪放强悍则将苏东坡性格中狂放不羁的特质激发了出来。因此，这首《江城子·密州出猎》就成了苏东坡词作的分水岭，也为北宋词坛开创了新风。从这以后，辞令不再是歌女口中的靡靡之音，也可以是言志和载道的文学形式，让文人们用来表达自己的理想和志趣。

后世将苏东坡归为豪放派词人，但准确地说，苏东坡并不能完全算作豪放派词人。他的词，既有婉约风格的，也有豪放风格的。但他是豪放派词人的鼻祖，却是名副其实。

与此同时，苏东坡在杭州写下的诗篇被集印成册，取名为《苏子瞻学士钱塘集》，这直接奠定了苏东坡作为一名诗人在当时文坛举足轻重的地位。只是，这本象征着荣耀的诗集，最后被奸党利用，成了苏东坡的"罪证"，影响了苏东坡整个后半生。

熙宁九年（公元 1076 年），中秋佳节之际，苏东坡想起与弟弟苏辙已经分别六年之久，如今两人相隔不远，却因事务繁多而不能相见，心中不禁感慨万千，写下一首《水调歌头·明月几时有》，全词如下：

> 明月几时有？把酒问青天。不知天上宫阙，今夕是何年。我欲乘风归去，又恐琼楼玉宇，高处不胜寒。起舞弄清影，何似在人间？
>
> 转朱阁，低绮户，照无眠。不应有恨，何事长向别时圆？人有悲欢离合，月有阴晴圆缺，此事古难全。但愿人长久，千里共婵娟。

这首词让苏东坡的词创作达到了又一高峰。当时甚至有人评说此词一出，余词尽废。词中苏东坡望月怀人，将孤高旷远的孤独境界表达得淋漓尽致，又有遗世而独立的超凡脱俗之感，一连串对月追问，让词多出一分天人合一的哲学意味。"但愿人长久，千里共婵娟"一句，更是成为"前无古人，后无来者"的千古名句，被后世传颂。

身披蓑衣，抗洪徐州

时至年底，苏东坡在密州的任期已满，他将离开密州前往河中府（今山西省永济县蒲州镇）任职。即将到任密州的新知府在路上给苏东坡寄来诗篇，表达敬意。对于继任太守的赞扬，苏东坡愧不敢当，在赠答诗中回复道：

> 秋禾不满眼，宿麦种亦稀。
>
> 永愧此邦人，芒刺在肤肌。
>
> 平生五千卷，一字不救饥。
>
> ——《和孔郎中荆林马上见寄》

苏东坡在密州任职期间，密州连年天灾，他饱读诗书，却不能救百姓于水火之中，因此称自己愧对密州百姓。其实，苏东坡已经尽了最大的努力去挽救灾情，帮扶百姓了，天灾人祸非他所能改变。

在赴任河中府的途中，天降大雪，举步维艰，苏东坡记得百姓曾说"霜凇打雾凇，贫儿备饭瓮"，这一场春雪，正是来年丰收的兆头。在他离开之际，密州终于等到了生机，苏东坡内心被欣喜充斥着。赴任密州时，苏东坡未能与苏辙见上一面，现将赴新职，他再次绕道济南，没想到苏辙已于月前进京述职，还未归来。雪中，只有好友李常和三个侄子相迎，即便如此，也令苏东坡无比欢欣。在济南逗留了一月有余，苏东坡才再次启程，终于在郓城一带，与专门从京城赶回来的苏辙相会。

早春的寒风扑打在他们兄弟二人的身上，但他们丝毫不觉得冷。苏辙原本打算陪苏东坡一同前往河中，结果半路上苏东坡收到了朝廷的诏令，让他改任徐州，于是二人又改道徐州。

　　苏辙陪着苏东坡在徐州住了三个多月，兄弟二人形影不离，白天携手同游，夜晚秉烛夜谈。有苏辙陪伴的日子，苏东坡总有说不尽的快乐与适意。然而，相聚的时光总是短暂的，苏辙到南京赴任的日子越来越近了，他们再一次面对分离。离别的愁绪涌上心头，苏东坡作诗数首。想到兄弟二人十七年前在怀远驿站的"旧约"，苏东坡道：

　　　　不见便同千里远，退归终作十年游。

　　　　　　　　　　　　　　——《次韵答邦直子由五首》其四

进一步想到同归故里后的情形，苏东坡道：

　　　　我醉歌时君和，醉倒须君扶我，惟酒可忘忧。一任刘玄德，相对卧高楼。

　　　　　　　　　　　　　　　　——《水调歌头·安石在东海》

分别前夜，正是中秋佳节，圆月照离愁，苏东坡道：

　　　　此生此夜不长好，明月明年何处看。

　　　　　　　　　　　　　　　　　——《阳关词·中秋月》

　　第二日，苏辙乘舟离去，苏东坡因公事繁忙，不能陪送。当时正值黄河逞凶之际，澶州曹村的黄河大堤决口，洪水淹没了沿途四十五个州县，三十万顷良田。徐州位于黄河下游，若是水势得不到控制，那徐州定不能幸免。所以一上任，苏东坡就开始组织民众采取防洪措施。一个多月过去了，徐州城内的汴河一直平静如常。就在人们放松了警惕时，八月间暴雨倾盆而至，不多时洪水便从北面席卷而来。

　　苏东坡忙登上城墙查看水情，发现城外已是一片汪洋，水位高达两丈八，超过城中平地一丈多，眼看着洪水就要漫入城中。在这紧要关头，苏东坡果断调集来五千民众，带领着他们夜以继日地加固城墙。屋漏偏逢连夜雨，就在苏东坡忙得不可开交时，有人来报，说城中的有钱人纷纷收拾好钱财聚在城门口，要求打开城门，出城避难。

　　此时若是打开城门，那必定人心大乱。为了安抚百姓，苏东坡站在城墙上向徐州百姓保证，只要有他在，洪水就绝对进不了城，他已经做好了与徐州共存亡的打算。逃难百姓被苏东坡的一番演讲所打动，渐渐散去。

　　几天过去了，洪水的势头依旧不减，苏东坡意识到仅凭几千百姓，不一定能守住城。于是他冒雨前往军营，打算借助军队的力量来抗洪。在当时，军队由皇帝统帅，地方长官不能轻易调动军队。但徐州危在旦夕，百姓的身家性命都系在苏东坡一人身上，他无法顾及自身的安危了。

到了军队，禁军首领看着浑身湿透、言辞恳切的苏东坡，内心十分感动，当即集合了全体士兵，一起前去抗洪。在军民共同努力下，终于赶在最大洪峰来临之前，筑好了长提，加固了堤坝。

人心渐定，但苏东坡依旧繁忙。他每天身披蓑衣，脚踩草鞋，视察每一个危险的地方，夜晚就住在城墙之上，随时处理突发事件。古有大禹治水，三过家门而不入；现有苏子治水，同样过家门而不入。苏东坡把百姓的安危放在了第一位，在城内本就物资紧缺的情况下，依旧设法匀出粮食，救济城外被洪水冲来的灾民。

尽管治理水患让苏东坡身心疲惫，但面对百姓时，他永远都是一副积极乐观的模样。有这样一位父母官在前，百姓们也坚定了胜利的信心。历时七十多天，洪水终于散去，徐州城保住了。

苏名远扬，门庭若市

此次治理水患成功，使苏东坡勤政爱民的形象深入人心。人们为庆祝这一胜利，在城中载歌载舞，纷纷向苏东坡表达敬爱之情。

稍作休整后，苏东坡忍不住为未来谋划起来。若是想百姓不再遭受洪水之患，那就必须修筑大坝。经过一番精心的考察后，苏东坡做出了预算，然后拟订了一份工程计划，并上报给了朝廷，请求朝廷拨款，以助徐州修坝。

之后，苏东坡便日日等待朝廷的回复，然而他的上书如石沉大海一般，让他十分心急。日夜思索后，苏东坡猜想或许是经费太多，给朝廷造成了压力，于是修改计划，将经费减少。再次上报后，还委托京中的朋友从中斡旋，这才等来了朝廷的回复。朝廷拨款二万四千贯，并允许动用地方财政六千贯，用工七千余人。拿到拨款，苏东坡就紧锣密鼓地开工了。一直到八月中旬，一座高十丈的楼台正式落成，苏东坡为其命名"黄楼"。

元丰元年（公元 1078 年），九月九日重阳节，苏东坡与徐州的知名人士以及城中的百姓齐聚黄楼之下，载歌载舞，觥筹交错，好不热闹。去年水围徐州，重阳佳节之际，正是洪水肆虐之时；而今年黄楼已筑，洪水已退。此情此景，令苏东坡感慨万千，挥笔写道：

去年重阳不可说，南城夜半千沤发。

水穿城下作雷鸣，泥满城头飞雨滑。

黄花白酒无人问，日暮归来洗靴袜。

岂知还复有今年，把盏对花容一呷。

莫嫌酒薄红粉陋，终胜泥中事锹锸。

黄楼新成壁未干，清河已落霜初杀。

朝来白露如细雨，南山不见千寻刹。

楼前便作海茫茫，楼下空闻橹鸦轧。

薄寒中人老可畏，热酒浇肠气先压。

> 烟消日出见渔村，远水鳞鳞山齾齾。
>
> 诗人猛士杂龙虎，楚舞吴歌乱鹅鸭。
>
> 一杯相属君勿辞，此境何殊泛清雪。

——《九日黄楼作》

诗中，苏东坡经历忧患后的喜悦之情跃然纸上。后来，苏东坡又将此次治水的经过，记为《奖谕敕记》，然后连同皇帝的诏书，一起刻于黄楼之上。苏东坡的大名，也随着他的诗词、他的政绩被越来越多的人知晓。

欧阳修已经不在人世，文坛学者们几乎公认苏东坡传承了宗师地位，不仅徐州本地的名人志士愿意与他交往，就连外地人士也纷纷向他靠拢。前辈中，有如司马光一样的人，每当有新作，总是不远万里寄予苏东坡；后辈中人，更是争先恐后，纷纷以拜入苏东坡门下为光宗耀祖之事，其中不乏一些天资非凡者，如远在大名府（今北京市）的黄庭坚。

黄庭坚少年出名，久仰苏东坡的大名，只是一直没有机缘与苏东坡相识。后来经过其岳父孙觉的介绍，才鼓起勇气给苏东坡写了书信一封和诗词两首，希望能拜在苏东坡门下。

苏东坡看过黄庭坚的诗作后，大赞不已，认为能写出这样的好文章，想不出名都难，根本用不着他来扬名。于是郑重其事地写了首《答黄鲁直》，称黄庭坚如此尊重他，敬爱他，让他既欢喜又羞愧。两个相互欣赏的人，就这样确定了师徒关系。在苏东坡外任期间，他们一直通过书信交往，从未见面，但师徒情感却异常深厚。

苏东坡另一个名气较大的学生是秦观。秦观乃扬州人士，他一直非常崇拜苏东坡，为此还说过"生不愿封万户侯，但愿一时苏徐州"这样的话，只是他一直无缘与苏东坡结识。后来秦观在进京赶考途中偶遇李常，李常将他引荐给了苏东坡。秦观特地前往徐州拜师，苏东坡读了他的作品后，认为秦观有屈（原）、宋（玉）之才，诗文如美玉一般无瑕。就这样，秦观顺利地成为苏东坡的正式弟子。苏东坡爱才，不忍秦观只做他的门生，便鼓励秦观继续参加科考。黄楼建成之际，秦观专门赶来道贺，但因为还要进京赶考，逗留不多日就离开了。

在提携后辈这件事情上，苏东坡可谓不遗余力。在徐州期间，他十分赏识王适（yù）和王适兄弟，对他们关爱有加，并让他们住在官舍之中。王适贤而有文，朴实厚重，与苏辙十分相似，苏东坡认为其是可靠之人，便将苏辙的一个女儿许配给了他。

没多久，同乡张师厚进京赶考，特地来徐州拜谒苏东坡。当时正值庭院中杏花盛开，苏东坡月下置酒，邀王氏兄弟同饮。席间，王氏兄弟吹箫助兴，苏东坡作诗《月夜与客饮杏花下》一首。

杏花飞帘散馀春，明月入户寻幽人。

褰衣步月踏花影，炯如流水涵青苹。

花间置酒清香发，争挽长条落香雪。

山城薄酒不堪饮，劝君且吸杯中月。

洞箫声断月明中，惟忧月落酒杯空。

明朝卷地春风恶，但见绿叶栖残红。

诗中本描绘了与友人相聚，其乐融融的画面，岂料话锋一转，写出"明朝卷地春风恶，但见绿叶栖残红"这两句诗，使得这温馨和乐的气氛中多了些许不好的预示。

亲朋好友，往来不绝，苏东坡沉浸其中，不亦乐乎。其中最令苏东坡难忘的，要属老友王巩来访那次。当时，二人约定一起到百步洪游玩。不料约定的日子到来时，苏东坡被公务缠身，只能让下属代陪。等到苏东坡处理完公务，天色已晚，他连忙奔赴黄楼，准备了一桌上好的酒菜，换上一身羽衣，等着王巩归来。

不多时，一叶载着才子佳人的扁舟，伴随着悠扬的笛声，出现在苏东坡的视线里。夜色朦胧间，一阵江风拂过，苏东坡衣袂飘飘，似有乘风归去之感。苏东坡忽然想起，李白也曾身穿锦袍，与友人月夜游湖，一时间，感到自己也有几分仙人的风采，遂心中得意不已，久久难以忘怀。

蒙冤与被贬

"乌台诗案"是苏东坡人生的转折点。在这之前，他尚可主宰自己的人生，选择自己的去向，他所经历的是人生旅途的轻松和欢乐。而在这之后，他开始了漫长的贬谪生涯，所经历的是真实的苦闷和艰难，他开始明白人生不过梦一场。他豪放与乐观的天性中，从此多了一分厚重。

离徐赴湖，遭小人妒

元丰二年（公元 1079 年）三月，苏东坡被任命为湖州知州。离开徐州那天，道路两旁站满了从四面八方赶来的百姓，他们拉着苏东坡的马缰不忍其离去。苏东坡又何尝舍得离开这片土地呢？徐州的每一个角落都有他洒下的汗水，如果可以，他多么希望能够永远跟百姓一起守护这片土地，滋养这片土地啊！

但是朝廷的命令不能违抗，苏东坡不得不离开了。百姓眼含泪水献上鲜花，端上美酒，为苏东坡纳福请寿，他们用最简朴的方式表达着对苏东坡的感激与祝愿。苏东坡不敢居功，他认为所做的一切皆因职责所在，能够得到百姓的厚爱，那是因为百姓纯朴善良，于是写诗答谢百姓。

父老何自来，花枝袅长红。

洗盏拜马前，请寿使君公。

前年无使君，鱼鳖化儿童。

举鞭谢父老，正坐使君穷。

穷人命分恶，所向招灾凶。

水来非吾过，去亦非吾功。

古汴从西来，迎我向南京。

东流入淮泗，送我东南行。

暂别还复见，依然有余情。

——《罢徐州往南京马上走笔寄子由五首》

笔停上马，再次回首时，徐州城已消失在黄土尘烟中。苏东坡带着对徐州的眷恋，踏上了重游江南之路。从熙宁三年外任杭州开始，至今已过去了八年，这是他第三次走在这条路上，每走一步，都让苏东坡思绪万千。

路过扬州时，苏东坡第三次来到了平山堂。平山堂还是欧阳修任扬州知州时所修建的名胜，如今堂前还有欧阳修亲手栽下的柳树。站在堂前，苏东坡追忆往昔，发出物是人非的感慨，提笔写下一首《西江月》。

三过平山堂下，半生弹指声中。十年不见老仙翁，壁上龙蛇飞动。

欲吊文章太守，仍歌杨柳春风。休言万事转头空，未转头时皆梦。

——《西江月·平山堂》

世事无常，万事皆空。苏东坡意识到，自从踏上仕途的那一刻起，他的生命就不再属于自己，唯有将自身置于荣辱之外，才能忘却世俗的负累，得到心灵的超脱。

四月下旬，苏东坡一家到达湖州。此时苏迈已经成家，并育有一子，苏东坡当上了爷爷。王遹、王适兄弟依旧跟着苏东坡求学，同时也给苏东坡的次子苏迨当老师。苏东坡对眼下的生活十分满足，平日里忙于公务，为湖州百姓谋福祉。空闲之时，或是在外游山玩水，或是在家享受天伦之乐。然而，这样平淡而幸福的日子并未维持多久，一场突如其来的政治打击险些让苏东坡命丧狱中。

此时王安石变法已经持续了十年之久，早已违背了初衷，演变成了党争。曾经变法与反变法的核心人物皆已不在。新党中，王安石辞官隐退，韩绛和吕惠卿被罢相，罢执政。旧党的核心人物韩琦、欧阳修等去世已久，司马光闭门写书，不问政事。

放眼朝中，尽是新贵小人。当今宰相王珪（guī）是一个善于使用政治手腕的政客，他表面上和颜悦色，从不在言语上得罪人，但背地里却极擅"借刀杀人"。自变法以来，朝中风起云涌，他却始终一帆风顺，靠的就是"面善心狠"。对王珪而言，他的敌人不是反对变法的旧党人士，也不是支持变法的新党人士，而是一切挡住他仕途的人。

物以类聚，人以群分。朝中的李定、蔡确等人，均是靠着新法扶摇直上，同样害怕自己的权力地位会受到威胁，所以与王珪一拍即合。几人暗中联手，势要将反对变法的人一网打尽。其中让他们最为忌惮的人，就是苏东坡。

苏东坡虽一直未能得到朝廷的重用，但神宗对苏东坡的喜爱之情众所周知。每每遇到苏东坡的文章，神宗总要阅读多遍，还经常在临朝听政时向文武百官夸赞苏东坡。苏东坡在密、徐二州的政绩传到京城后，更是令神宗满意不已。王珪担心，苏东坡终有一日会凌驾于他。

然而想要除掉苏东坡，并不是一件容易的事情。一来，老祖宗曾留下规矩——"不能杀士大夫和上书谏言人"；二来，在为人上，苏东坡正派刚直，少有风花雪月之事，王珪等人找不到可以指摘之处；在公事上，苏东坡勤政爱民，政绩卓越，受民爱戴，王珪等人也找不到可以弹劾之处。

唯一能够让他们做文章的地方，就是苏东坡的诗词，因为苏东坡经常借诗讽今，在一些诗中表达对朝政的不满。若是能够从中找出一两处来，那就能治苏东坡的罪。于是，王珪等人找来了苏东坡的诗词文集，埋头研究了起来。

祸从口出，被押回京

按照规定，官员新赴任，须给朝廷写一份谢表，并在官报上发表，供群臣传阅。苏东坡的《湖州谢上表》发表后，李定立刻逐字逐句地读了起来。

李定读完后，既怒又喜。怒的是，苏东坡在谢表中写到"知其愚不适时，难以追陪新进；察其老不生事，或能牧养小民"，意指朝中的人都在惹是生非，而苏东坡则是"老不生事"，大有贬低侮辱朝廷百官，抬高自身之意。喜的是，终于找到了苏东坡的破绽，他们准备以这篇谢上表为突破口，一步一步地击垮苏东坡。

六月间，新党何正臣以一本苏东坡的诗集为罪证，上书弹劾苏东坡，对诗集中的句段妄加分析，指责苏东坡的谢上表有"愚弄朝廷，妄自尊大"之嫌，还说他将水旱之灾、盗贼之变归咎于新政，现在诗集集印成册，传阅者甚众，造成了极为不良的影响，所以要求对苏东坡公开惩罚。

次月，舒亶、李宜之同时进奏，呈上苏东坡的诗集作为罪证，还煞费苦心地找了一段"谤讪君上"的文字给宋神宗看，以期激怒神宗。苏东坡指出新政流弊的那些诗句，在此皆被说成了对皇帝的大不恭之意。就连苏东坡追求的"不必仕，不必不仕"的人生境界，也被解读为教天下之人不要有进取之心。

最后李定上奏，言之凿凿地称苏东坡有四大该杀之罪，一为不学无术，偶得功名，却屡嘲群儒，不知悔改；二为将大逆不道之言论传于市井；三为以那些充满毁谤性的诗文蛊惑人心，使民不信帝言；四为知事君有礼，却为泄私愤，明知故犯。李定指出苏东坡的四宗罪，将他定义成了一个心中怨恨神宗，所以讥讽神宗、毁谤神宗之人。

　　短短数十天，宋神宗就收到了四份状纸，若是宋神宗肯明察，或许苏东坡就不必蒙冤。但宋神宗只觉舆论沸腾，应予以重视，并轻信了小人之言，在震怒之下传下圣旨，将苏东坡革职，并交由御史台查办。李定等人生怕再生变故，立马找了一个铁面无私的皇甫遵前往湖州拘捕苏东坡。

　　此时的苏东坡完全不知道危险正在向他靠近，正捧着好友文同的画作，沉浸在对文同的怀念当中。文同去世已有半年，他生前擅画竹，每每画得一副得意之作，总是在画边留白，让苏东坡题诗。在当时，文同的画加上苏东坡的字和诗，是千金难得的珍品。文同去世，苏东坡悲痛至三天三夜无法入睡。如今半年过去了，苏东坡想起挚友，依旧难掩心中的悲伤。

　　苏东坡在京城中的好友王诜率先得知了消息，第一时间派人赶往南都通知苏辙。好在皇甫遵一行人因病在路上耽搁了几日，王诜派去的人才得以提前向苏辙报了信。苏辙闻之，如五雷轰顶，但也顾不得细问详情，立即派人奔向湖州，给苏东坡通风报信。

　　苏东坡得到消息后，匆忙向府衙内告假，并移交了公务事宜。他还未走出官府，皇甫遵就来到了眼前。苏东坡虽不知自己犯了什么罪，但见皇甫遵等人穿着官服，手拿笏板，个个凶神恶煞的样子，仍不免心中发虚。想到自己经常写诗抨击时政，此去或许死罪难逃，遂请求皇甫遵让自己回家跟妻儿道个别。皇甫遵冷冷地告知他，只是革职查办，还没有到死罪的地步。苏东坡这才松了一口气。

看着苏东坡被五花大绑地带走时，王夫人和孩子们被吓得哭作一团。苏东坡不忍夫人担惊受怕，便与她开玩笑说："你何不像杨处士[4]的妻子一样，写首诗送我？"王夫人一听，随即被苏东坡逗笑。百姓不知道苏东坡为何会被带走，但他们知道苏东坡是个好官，纷纷围在官府旁哽咽相送。一时间，整个府衙笼罩在一片阴森恐怖的气氛中。

平日里在苏东坡面前殷勤备至的官吏们，此刻生怕惹祸上身，谁也不敢前去相送，只有掌书记张师锡赶到郊外为苏东坡斟酒，与他告别。王氏兄弟也是一路追随到郊外，苏东坡将家人托付给了王氏兄弟，拜托他们帮忙将家人送往南都苏辙家中。

按照皇甫遵的意思，苏东坡要像罪犯一样被押解回京；途中休息时，得关押在地方的监狱中。宋神宗否定了这一提议，认为不过是调查一下吟诗之事，不必如此。因此，苏东坡才得以坐船前往京城，儿子苏迈获准陪同前行。中途，船舱需要修理，便停靠在太湖边上。苏东坡望着平静的江水，心乱如麻。眼下生死未卜，审理起来不知道要牵连多少人，不禁想要一死了之。但随即想到一家子老

4　杨处士，这里指杨朴。宋真宗下令访隐求贤时，有人推荐杞人杨朴，说他善作诗。真宗召见后，令杨朴当场作诗一首，杨朴连说不会。宋真宗便问道："临行前，可有人作诗相送？"杨朴说："没有，只有臣的妻子写了一首诗：且休落魄贪杯酒，更莫猖狂爱咏诗。今日捉将官里去，这回断送老头皮。"这个故事王夫人早就听过，夫妻二人还经常用来相互取笑。其中，处士指未仕或不仕的士人。

老小小，又不忍辜负家人，遂又打消了这个念头，沉吟道：

晓色兼秋色，蝉声杂鸟声。

壮怀销铄尽，回首尚心惊。

——《吴江岸》

诗虽不长，饱含的悲剧色彩却异常浓烈。与此同时，皇甫遵为了找到更多"罪证"，派人前去搜查苏东坡的家。得知苏家人已启程前往南都，他们立刻扬鞭追赶，在半路上拦住了苏家的船，登上船后便翻箱倒柜，大肆搜查，吓坏了苏家老小。搜查无果后，这群人才悻悻离去。王夫人知是诗词惹了祸，担心所留诗词越多，产生的祸害就越大，忧惧之下将家中残余的手稿全都付之一炬。

关押乌台，受尽折磨

八月间，苏东坡被押解到京师，关押在了御史台牢房中。御史台的牢房与一般建筑不同，它坐南朝北，本就终日不见阳光，四周还种满了松柏，使牢房阴暗无比。加之树上常有乌鸦栖居，故被称为"乌台"。

李定等人为了治苏东坡死罪，可谓煞费苦心。他们到处搜集苏东坡的文集，甚至还张贴告示，若家中藏有苏东坡尚未刊登的诗词歌赋，务必一一上缴，哪怕是只言片语他们也不放过。有的人为求自保，只要是跟苏东坡有关的文字便不敢私藏。

御史台拿到这些"罪证"，便逐一分析，凡是有问题的内容都要拿出来审问苏东坡。有的内容确实跟新政有关，有的根本毫无关系，但为了给苏东坡定罪，他们竟然罗织诬陷。起初苏东坡只肯承认《山村五绝》有讽新政之意，其余一概没有。但仅凭一首诗怎么能给苏东坡治罪呢？御史台自然不肯就此罢休，他们轮流上阵，不是威逼利诱，就是辱骂恐吓；白天审不完，晚上接着审，非要苏东坡承认他们的刻意曲解才肯罢休。

审完了诗词，他们还要审人，凡是跟苏东坡有过诗词往来的人，都要苏东坡一一供认出来。苏东坡不愿连累他人，宁愿承受百般拷问，也一口咬定绝无他人。御史台见从苏东坡口中得不到有力的供词，便将与他有密切往来的人一一传唤到官府。

照这样下去，苏东坡担心更多无辜之人受到连累，不得已之下，只能如实交代他都与谁有过书信往来。御史台一查，朝廷中与苏东坡交往密切，并也写有讽政文字的官员达数十人。御史台越审问题越多，气焰也越发嚣张。一时间，苏东坡的名字成了朝廷中的禁语，无人敢提，生怕被殃及。直到李定等人认为搜集的"罪证"足够多了，才停止了审问。然后，他们就将所谓的"罪证"上呈给了宋神宗。

自被关押以来，苏东坡已知自己凶多吉少，只是不知那一天何时来临。为了解案件进展，苏东坡便与苏迈约定，若是他被判了死刑，就让苏迈给他送一条鱼来，好让他有个心理准备；若是还没有判决，就照常送饭。

一日，苏迈身上的盘缠用尽了，只能暂且离京前去筹钱。临行前，苏迈将送饭的任务委托给了亲戚。亲戚不知他们父子二人之间的约定，只想着给苏东坡改善下伙食，便送了一条鱼进牢中。苏东坡看到鱼后，以为判决已下，顿觉万念俱灰，遂做好了赴死的准备，只是心中担忧亲人，便在狱中写了两首绝命诗给苏辙。

圣主如天万物春，小臣愚暗自亡身。

百年未满先偿债，十口无归更累人。

是处青山可埋骨，他年夜雨独伤神。

与君世世为兄弟，又结来生未了因。

柏台霜气夜凄凄，风动琅珰月向低。

梦绕云山心似鹿，魂飞汤火命如鸡。

眼中犀角真吾子，身后牛衣愧老妻。

百岁神游定何处，桐乡知葬浙江西。

——《狱中寄子由二首》

这两首凄楚哀怨的绝命诗，闻之令人忍不住落泪。苏东坡已然后悔自己时常口无遮拦，心中满是对世间的留恋和对家人深深的牵挂与歉疚。起初苏东坡让苏辙随便找一青山埋葬自己的尸骨，后听闻杭、湖两州的百姓自发组织起来为他祈福消灾，内心感动不已，便又决定埋骨杭、湖一代，以表对百姓的感激。

百姓都如此不舍苏东坡，亲朋好友更不必说了。在当时人人自危的情况下，朝中依旧有人冒着被累及的风险，站出来为苏东坡说话。

接到王诜的报信后，苏辙就连夜拟好了奏章，请求用自己的官职换取哥哥的性命。已经致仕的三朝元老范镇，虽已成为御史台盘查的对象，仍旧不顾一切上书请奏，希望皇帝能赦免苏东坡。身为变法派的章惇，为了替苏东坡辩解，在朝堂上将王珪怼得哑口无言。

还有对苏东坡一家有知遇之恩的张方平，在得知此事后，愤然上书营救。但年近七十的他已经致仕，主事官员不敢将其奏疏附在公文中呈到皇帝面前，张方平便让儿子张恕亲自进京去敲登闻鼓鸣冤。然而张恕生性懦弱，人到了京城，却不敢敲响登闻鼓。

时逢神宗祖母曹太皇太后病重，神宗日日前去请安。太皇太后得知苏东坡被捕入狱，便将仁宗在世时幸得苏东坡、苏辙两人才的事情告知了神宗，说仁宗当时年事已高，没有机会重用苏氏兄弟，但还是很高兴为子孙后代发现了人才。神宗闻之，心生动摇。后来，太皇太后病势加重，神宗打算大赦天下来为太皇太后请寿，太皇太后却坚持只放苏东坡一人即可。

此时，王安石也托人带话给神宗，说："岂有圣世而杀才士者乎？"这让神宗终于下定决心，赦免苏东坡。只是谗言听多了，也不免有所怀疑，为了确保苏东坡没有不臣之心，神宗派了一个小太监前往乌台，与苏东坡同住。神宗以为，若是苏东坡真有不臣之心，此时他必定寝食难安。

结果小太监进了牢房后，只见苏东坡神色坦然，夜晚睡得呼声四起。小太监便知苏东坡心中坦荡，遂在离开前将其叫醒，恭喜他逃过了一劫。苏东坡睡眼蒙眬，都不知对方何出此言。收到小太监禀报的神宗也松了口气，他确实爱惜苏东坡的才华，但又气恼他恃才狂傲，若真要处死他，神宗也断然不舍。

在多方营救下，被关押乌台一百三十多天的苏东坡终得释放，被判贬官黄州（今隶属于湖北黄冈市），任团练副使。身为有罪的官员，他不能擅自离开黄州，不得签署公文。而与苏东坡有关联的一干人等，也均受到了不同程度的惩罚。

王诜因为通风报信，被判泄密罪。同时，由于他与苏东坡来往最为密切，所收诗词最多，被革除一切官职爵位；苏辙代兄受过，被贬筠州（今四川宜宾市筠连县）；王巩没有具体罪状，却受牵连最深，只因与苏东坡交往密切，被贬宾州（今广西宾阳县境内）；其余收有讥讽诗词，却不主动上缴的二十余人，均受到了罚铜处分，张方平、李清臣各罚铜三十斤，司马光、范镇、陈襄、李常、孙觉、黄庭坚等各罚铜二十斤。

至此，"乌台诗案"终于尘埃落定。

劫后余生，贬至黄州

出狱后的苏东坡，所做的第一件事便是作诗。

百日归期恰及春，余年乐事最关身。

出门便旋风吹面，走马联翩鹊噪人。

却对酒杯浑是梦，试拈诗笔已如神。

此灾何必深追咎，窃禄从来岂有因。

平生文字为吾累，此去声名不厌低。

塞上纵归他日马，城中不斗少年鸡。

休官彭泽贫无酒，隐几维摩病有妻。

堪笑睢阳老从事，为余投檄向江西。

——《出狱次前韵二首》

苏东坡因诗入狱，出狱便吟诗，这倒不是他死不知悔改，而是他真正面临过死亡后，心中已经无所畏惧。连死亡都不怕了，难道还怕作诗吗？但不可否认的是，"乌台诗案"在他心中留下了很深的烙印。

元丰三年（公元 1080 年）的大年初一，当人们都沉浸在新年的喜悦中时，苏东坡在漫天风雪中，踏上了通往黄州的路途。古代官员的被贬之地，均是荒凉之州，黄州就是一个遥远又偏僻的小城。苏东坡的人生，从天堂掉到了地狱。那时的他，一身鲜血，遍体鳞伤，只觉前途渺茫，还未曾想到这天高地远的黄州将成为他人生的转折之地。苏东坡二十岁一举成名，前半生活在荣耀与尊重之中，但"乌台诗案"改变了他的命运，让他此后的人生路越来越曲折。

对于连累弟弟一同被贬，苏东坡内心充满了愧疚。身为罪臣，苏东坡无法到南都与家人相聚，只能捎信给苏辙，叫他前往陈州（河南省周口市淮阳县）会合，共同商量一下两家人的安排。另外，苏东坡还有一桩心事未了。文同在陈州去世，身后凄凉，无法送灵柩回乡。之前苏东坡已经写信给李常，获得了李常的一些帮助。现下苏东坡还打算去文家，帮助料理他的身后事。

苏辙接到信后，匆忙赶往陈州。兄弟俩在陈州匆匆议定了家事，便又要各奔东西，依依不舍之情溢于言表。苏辙看着在狱中饱受折磨的哥哥，陷入悲伤无法自拔。苏东坡不忍看到亲人因为自己生活在阴影之中，反过来安慰苏辙：

夫子自逐客，尚能哀楚囚。

奔驰二百里，径来宽我忧。

相逢知有得，道眼清不流。

别来未一年，落尽骄气浮。

嗟我晚闻道，款启如孙休。

至言虽久服，放心不自收。

悟彼善知识，妙药应所投。

纳之忧患场，磨以百日愁。

冥顽虽难化，镌发亦已周。

平时种种心，次第去莫留。

但余无所还，永与夫子游。

此别何足道，大江东西州。

畏蛇不下榻，睡足吾无求。

便为齐安民，何必归故丘。

——《子由自南都来陈三日而别》

苏东坡说，他已经吸取了教训，将来一定会谨言慎行，让苏辙不必为他担心，即便这辈子都住在黄州，也没有什么大不了。

陈州一别后，苏东坡继续前行。行至岐亭（今隶属于湖北省黄冈市麻城市）以北时，苏东坡远远地看见一个人骑着白马从密林中奔驰而来。待走近一看，两人都不禁大呼起来，此人正是苏东坡的老友陈慥。陈慥的性格与其父陈希亮截然相反。陈慥好饮酒耍剑，视金钱如粪土，被陈希亮视为逆子。苏东坡也不知陈慥为何会出现在此地，但陈慥向来行事奇异，苏东坡便也没有问及。在陈慥家中住了五日，苏东坡又匆匆上路。陈慥骑马远送，约定以后要常来往。

　　此时，离黄州城已不远，又走了两日，苏东坡便到了黄州城内。

　　苏东坡在黄州无权参与公事，所有的官衔不过是挂名，说简单点，他就是一个由黄州看管的犯官罢了。虽然境遇有些凄惨，但苏东坡想到自己作为一名闲散官员，既无须做事还能领着俸禄，又有什么不知足呢？更何况，苏东坡早在进城时，就发现黄州不缺鱼鲜和香笋，这让爱好美食的他更产生了"既来之则安之"的想法，遂作诗道：

　　　　自笑平生为口忙，老来事业转荒唐。

　　　　长江绕郭知鱼美，好竹连山觉笋香。

　　　　逐客不妨员外置，诗人例作水曹郎。

　　　　只惭无补丝毫事，尚费官家压酒囊。

　　　　　　　　　　　　　　　　　——《初到黄州》

　　苏东坡说自己"平生为口忙"，既形象又贴切，可谓一语双关。他这一生，因为一张嘴而获罪，也因为一张嘴而忙碌。自嘲过后，苏东坡父子便寄居在了寺院，因为犯官没有官舍可住。日子虽过得清苦，但好在僧人们对苏东坡很是敬重，让他在颠沛流离之中感受到了一丝温暖。

闭门却扫，深自省察

初到黄州，苏东坡人地两生，身边除了苏迈，再无其亲人朋友。热闹惯了的苏东坡，此时感觉万分凄凉，因此常常独自一人居于屋中，不愿见人。只有晚上人烟稀少的时候，他才会悄悄出门，或一个人在月下散步，或自斟自饮，在孤独中体味着别样的人生。

偶尔苏东坡也会到未打烊的酒馆买上一壶酒，细细品味，但不敢多喝，怕自己酒后失言。"乌台诗案"让他深深地意识到，这个世界处处是陷阱，稍有不慎，便会招来祸端，累及亲朋。在这种惶恐的心理作用下，他在给朋友们写信时，末尾总要加上一句"此诗不过记录一件小事，不必拿给他人看"，或是"看完此信后，一定要烧掉，否则被不了解我的人看到，又以为我在发牢骚了"。

一天夜晚，苏东坡走着走着，便走到了长江之畔。在夜深人静的时刻，江水潮起潮落之声分外响亮，一轮残月挂在空中，忽然一只鸿雁从苏东坡眼前飞过，轻轻地落在了江心中的沙洲之上。那孤寂高傲的剪影，让苏东坡不禁想到了自己，一首《卜算子·黄州定慧院寓居作》脱口而出。

缺月挂疏桐，漏断人初静。谁见幽人独往来，缥缈孤鸿影。

惊起却回头，有恨无人省。拣尽寒枝不肯栖，寂寞沙洲冷。

这首蕴含着凄凉意味的词，深刻地反映出了苏东坡当时的处境。他的身边一个朋友也没有，许多过去与他关系密切的亲人朋友，因为"乌台诗案"对他避之唯恐不及，已经完全不与他联系了。苏东坡一方面以他宽大的胸怀理解和尊重亲朋好友的选择，另一方面则在孤独中深自反省。

在静默自观中，苏东坡认识到，当初不应仅凭自己的学识、才华和意气，就轻易发表不利于国家和社会安定的言论，同时也体会到"锋芒外露"是为人的一大毛病，他在给朋友写的书信中说道：

> 谪居无事，默自观省，回视三十年以来所为，多其病者。

此时此刻，苏东坡终于明白了老父亲苏洵当年的一片苦心，他今日所遭的灾祸，不都是自己不懂得收敛锋芒而导致的吗？他从前不知，还把这锋芒当作自己的优点，结果得罪了别人，损害了自己，还连累了朋友。

数月后，苏辙护送嫂侄赶到了黄州。家人们的到来，终于为苏东坡灰暗的生活带来了一丝光亮。在老友朱寿昌的帮助下，苏东坡一家住进了紧靠长江的临皋亭。临皋亭本是官府的水上驿站，因此房屋不算宽敞，二十几口人住在一起，显得十分拥挤，好在一家人总算安顿了下来。妻子与孩子的陪伴，让苏东坡沉寂许久的心渐渐敞开了。

心灵上的逐步放松，使苏东坡渐渐改变了昼伏夜出的生活习惯，回归了正常的生活。不过很快，苏东坡为生计发起愁来。他虽然才华横溢、远近闻名，一首诗、一幅画、几个字都价值不菲；但同时他也是一个出手豪爽、不善理财的人，俸禄所得，随手就散尽了。苏东坡还自认不喜奢华，崇尚节俭，实际上他早已习惯了每日小酌三杯，餐餐有鱼有肉的生活了。

身为犯官，苏东坡的俸禄少得可怜。从前只有他与苏迈两人，勉强可以过活，现在一家子上上下下二十几口，仅凭这点俸禄，根本无法糊口。好在苏东坡家中还有一点存款，与王夫人精打细算了一番后，二人决定今后每天的花费不得超过一百五十钱。为了避免超支，他们每月初一取出四千五百钱，将其分成三十份，一一挂在房梁上，每天早晨用长竿挑取一份下来。一日过去，若是有结余，便存在一个大竹筒里，等着来日招待客人用。

即便如此精打细算，手中的积蓄也只够支撑一年左右。苏东坡忍不住想，若是能有一块方田，就能过上男耕女织、自给自足的生活了。好友马正卿得知苏东坡这一想法后，积极四处奔走，终于为他争取到了一片废旧的营地。这片营地约五十亩，荆棘丛生，瓦砾遍地，极为贫瘠，但苏东坡仍旧十分欢喜。

生活上渐渐安定下来，苏东坡的心也逐渐平静下来。然而，"树欲静而风不止"，苏东坡已被贬偏远之地，并且无法再插手朝廷之事，但政敌们依旧不打算放过他，仍旧在到处搜罗他的罪证，企图再次给予苏东坡沉重的打击。幸得神宗庇护，苏东坡才又逃过一劫。

经过此事，苏东坡行事更加谨慎了。他一直十分喜欢武昌寒溪西山的山水，陈慥极力建议他在那里购置田产。起初苏东坡还跃跃欲试，随即又害怕此举被有心之人利用，给他加上一项擅自离开管辖之地的罪名。衡量再三后，苏东坡不得不放弃了这一想法。

人间有味，处处清欢

第二年春天，苏东坡便带着全家老少早出晚归，开荒种地。由于此田地位于一片小山坡上，又在黄州的东门之外，让他想到了唐朝大诗人白居易的《步东坡》，便自号"东坡居士"，这也是"苏东坡"这个名号的由来。

经过数日的劳作，这片地终于有了一些起色。苏东坡看着"初具规模"的田地，心中谋划起来：一片种水稻，一片种麦子。旁边再开辟一处菜园，菜园里中上各种瓜果蔬菜。最后再盖上几间茅屋，茅屋后种上竹林……

苏东坡越想越兴奋，耕起地来也分外有力。要说做学问，苏东坡是个中翘楚；但要说到种地，那他可就是门外汉了。从播种到施肥，再到除草、浇地，苏东坡都得一一向农人请教。由于苏东坡虚心好学，头一年瓜果蔬菜便长势喜人。待到丰收时，苏东坡终于过上了"自给自足"的日子。

　　然而，苏东坡的运气也不是总这样好。农民都是靠天吃饭的，若是老天爷不高兴，那农民的日子就不好过。收成不好的时候，苏东坡就只能节衣缩食度日。为此，他还特地写了一篇《节饮食说》，贴在了墙壁上。

　　　　自今日以往，早晚饮食，不过一爵一肉。有尊客，盛馔则三之，可损不可增。有召我者，预以此告之，主人不从而过是，乃止。一曰安分以养福，二曰宽胃以养气，三曰省费以养财。

　　文中说，他每顿只饮一杯酒，吃一道荤菜。有宾客来访，最多三道荤菜。若是别人请客，也要按照这个标准来，如果对方不同意，那就干脆不去赴宴。这样做的好处是，一可以安养福分，二可以宽胃养神气，三可以省钱养财气。

　　明明是囊中羞涩，却被苏东坡说出了人生的大智慧，并且还将此"智慧"分享给不少朋友。而关于"吃"的智慧，苏东坡的领悟可不仅于此。为了满足自己的口腹之欲，苏大学士还做起了厨师，研究起做菜来。

　　黄州临江，盛产鱼虾，苏东坡自然不会放过这天然的美食。不过他吃鱼，不局限于一般人家的烹饪方法，他更愿意根据食材的特质，独创一种烹饪方式。苏东坡吃鱼时，将现宰的活鱼放入冷水中，然后往鱼肚子里塞上白菜心蒸熟。出锅前放入调味料，鱼的味道无比鲜美，朋友们吃完赞不绝口，苏东坡给这道菜起名为"东坡鱼羹"。

除了鱼以外，猪肉也是苏东坡极爱的美食之一。在黄州，富人不愿意吃猪肉，穷人又不会吃。因此，猪肉的价格十分便宜，甚至不如菜价。经济拮据的苏东坡便买来，经过一番研究，做成了美味的红烧肉，并命名"东坡肉"。随后觉得这样美味的菜肴不该自己独享，又写了一篇《猪肉颂》，将做"东坡肉"的方法步骤一一写明。这样，越来越多的人学会了做"东坡肉"。

没钱吃"大鱼大肉"时，苏东坡也能将一锅素菜做出美味。东坡羹就是苏东坡独创的一种美食。这道菜里主要有芥菜、白菜、大头菜、萝卜等，都是十分常见且便宜的食材，凡是吃过之人都对其味道称赞不已。

苏东坡曾说自己"平生为口忙"，但他的"吃"，不仅仅是为了满足一时的口腹之欲，他会将自己的思考融入其中。在《於潜僧绿筠轩》一诗中，苏东坡就写道：

> 宁可食无肉，不可使居无竹。无肉令人瘦，无竹令人俗。
> 人瘦尚可肥，士俗不可医。旁人笑此言，似高还似痴。若对此
> 君仍大嚼，世间那有扬州鹤？

这首富有哲理，富有情韵的诗歌，写出了物质与精神、美德与

美食的对比。在苏东坡看来，一个人最重要的是思想品格和精神境界。只要有了高尚的情操，就会有松柏的孤直、梅竹的清芬，不畏强暴，直道而行，卓然为人；反之，就会汲汲于名利，计较于得失，随权势而俯仰，视风向而转移，俗态媚骨，丑行毕现。

这便是苏东坡在追求美食的过程中，从一粥一饭中习得的学问、修炼出的心境，以及品味出的人生智慧。

谈笑鸿儒，往来白丁

"日出而作，日入而息"的生活让苏东坡感到十分自在与闲适，他逐渐敞开心扉，真正沉浸在黄州的生活中。一直以来，苏东坡都是一个爱热闹，爱交友的人，"乌台诗案"让他领略了人情冷暖、世态炎凉，但天性善良宽厚的他，在走出这片黑暗后，依旧用一颗赤诚的心面对这个世界。

每日醒来，若是家中无人来访，苏东坡便"主动出击"。当时他非常喜欢去樊口，樊口有一尺多长的芋头，遍地都是柿子、橘子，米才要二十文一斗，鹿肉的价格也十分便宜……最重要的是，樊口有一家小酒馆，酒水的味道非常不错。酒馆的老板叫潘丙，是个屡试不第的书生。一来二去，苏东坡就与潘丙成了好朋友，他们时常边喝酒边高谈阔论。

有时候，苏东坡还会带着自己另外两个朋友到潘丙的酒馆喝酒，他们分别是郭遘和古耕道。郭遘是唐代名将郭子仪的后代，经营着一家药铺；古耕道颇有侠义心肠，为人十分热情。潘丙、郭遘和古耕道虽然都是市井小民，但是豪爽又讲义气，还十分敬仰苏东坡的才华。苏东坡生活困难时，他们常常不遗余力出手相助。为此，苏东坡专门写了一首诗，纪念这三位朋友。

> 潘子久不调，沽酒江南村。
>
> 郭生本将种，卖药西市垣。
>
> 古生亦好事，恐是押牙孙。
>
> 家有十亩竹，无时容叩门。
>
> 我穷交旧绝，三子独见存。
>
> 从我于东坡，劳饷同一飧。
>
> 可怜杜拾遗，事与朱阮论。
>
> 吾师卜子夏，四海皆弟昆。
>
> ——《东坡八首》其七

偶尔，苏东坡也会到住在长江对岸的王齐愈家中做客。苏东坡被贬黄州没几天，王齐愈和王齐方兄弟二人便上门拜访。他们与苏东坡同是蜀地之人，老乡见老乡，似乎有说不完的话。留置半日后，兄弟俩乘船回家，苏东坡一直站在江边相送，直到那艘小船消失在烟波之中。自此以后，他们之间就经常来往。每次苏东坡在王家留宿，王家总是盛情款待。

不过，与苏东坡交情最深的，还要属陈慥。自从二人在岐亭相遇后，同样的人生际遇，让他们之间的来往更加密切了。苏东坡一家在临皋亭安定下来后，第一时间就邀请陈慥来做客，但是家中地方太小，只有一间向西的空屋。而那时正值夏日，屋中酷暑难耐，苏东坡不忍委屈陈慥，心里盘算着在寺院借一间僧舍让陈慥居住，或是让陈慥住在江边停泊的旧船上。

苏东坡还没想好具体的安置方案，陈慥就来了。陈慥的到来在黄州引起不小的轰动，他平时爱行侠仗义，在黄州城可是"威名远扬"。很多人仰慕他的为人，纷纷邀请他去家中做客，但均被陈慥谢绝了。他只愿住在苏东坡家的西房内，每日大汗淋漓地与苏东坡高谈阔论，这让苏东坡心中既愧疚又得意。陈慥此举，让黄州人士对苏东坡都另眼相看起来。

有时，苏东坡也去陈慥家中做客。有一次，两人相谈甚欢，不知不觉就到了深夜，吵醒了陈慥的夫人。陈夫人推门对着他俩呵斥了一顿，吓得陈慥拐杖都掉到了地上。后来苏东坡还在一首诗中写出了陈慥"惧内"一事。

东坡先生无一钱，十年家火烧凡铅。黄金可成河可塞，只有霜鬓无由玄。龙丘居士亦可怜，谈空说有夜不眠。忽闻河东狮子吼，拄杖落手心茫然。

——《寄吴德仁兼简陈季常》节选

陈慥的夫人是河东郡人士，苏东坡便以"河东狮吼"来形容她。许多年后，这首诗被一个南宋诗人挖掘出来，还改编成了家喻户晓的小说。从此，陈慥在中国历史上，就留下了一个"惧内"的名声。苏东坡这张嘴，还真是"害己又害人"呀！

不去拜访朋友的日子里，苏东坡也会去"串串门"。有一次，苏东坡到邻居家做客，邻居家做了一种糕饼招待他。苏东坡尝之，十分酥脆，便问人家这是什么糕点。农人家的糕点随意做之，哪里会起什么名字呢？苏东坡得知此糕点没有名字，便发挥他的所长，给这糕点起名"为甚酥"。还有一次，苏东坡到邻居家喝酒，那酒入口极酸，苏东坡便说人家的酒是醋加水酿成的，并给这酒起名"错著水"。

苏东坡这喜欢开玩笑的性格，让他在短时间内就交到了不少新朋友。不过有了新朋友，苏东坡也没有忘记老朋友。范镇、司马光、张方平、李常、王巩、章惇等，与苏东坡书信往来密切，时常在信中开解他，并劝他谨言慎行。李常更是利用调任之便，两次前往黄州看望。杭州的朋友们，因为前往黄州路途遥远，便凑钱雇人前往黄州探望苏东坡，还给他带去杭州的特产，这让苏东坡十分感动。苏东坡的学生黄庭坚、秦观等人也依旧如故，他们逢人便讲苏东坡。在他们的影响下，又一批学子拜在了苏东坡门下。

最值得一提的是苏东坡二十年前结识的老友马正卿。与苏东坡相识时，马正卿在太学为官，但由于性格耿直，学生不喜欢他，同僚们也排挤他。一日，苏东坡前去拜访，等了很久也不见马正卿回来，便提笔在墙壁上留下了杜甫的《秋雨叹》。写者无心，看者有意。马正卿看到后，将诗意与现实处境联系到了一起，顿觉官场索然，第二天就辞了官，并立誓终身不再为官。别看马正卿性格古怪，却是性情中人。苏东坡被贬黄州后，马正卿千里迢迢赶到黄州，与苏东坡同吃同住，为他被贬的生活带来了许多帮助和乐趣。

在经历了"乌台诗案"这场大风波后，这些来之不易的友情显得弥足珍贵。曾经苏东坡是名满京城的新科进士，是京中达官贵人的座上宾，现在的他如普通人一样，混迹在渔樵之中。正如苏东坡自己所言："吾上可陪玉皇大帝，下可陪卑田院乞儿，眼前见天下无一个不好人。"没有了功名利禄的牵绊，苏东坡感到前所未有的轻松。

读书会友，不亦乐乎

古往今来，苏东坡能够一直受到人们的喜爱，除了因为他的诗词，更因为他的为人。困顿绝望的处境，很容易造就自怨自艾的弱者。而苏东坡却能够借着这痛苦，脱胎换骨，让自己变得更加强大。这正是他身上最让人佩服的一点。

从前，苏东坡将完善自我人格、履行社会责任和创造文化视为自己的人生目标，可他在仕途中屡屡受挫，在文化创造上受到重击，一腔抱负无处施展。但他并未因此怨天尤人，也未因此萎靡不振。经过短暂的调节后，他重新确定了人生方向，为官并不是报国的唯一途径，著书立说一样能够有补于世。

为了找一僻静之处读书学习，苏东坡趁着农闲之时，在自家田园里找了一块开阔的高地，打算修建一处农舍。农舍在一个冬日里建成，那日的雪纷纷扬扬，格外壮观。于是，苏东坡在正厅的四壁画满雪景，并给农舍取名"雪堂"。

坐在雪堂之中，南对四望亭，北临山泉，举目远眺，风景如画，这令苏东坡不禁想到了陶渊明。在黄州居住越久，苏东坡越仰慕陶渊明，并觉得自己的雪堂就像是陶渊明的斜川，遂作新词一首。

> 梦中了了醉中醒。只渊明，是前生。走遍人间，依旧却躬耕。昨夜东坡春雨足，乌鹊喜，报新晴。
> 雪堂西畔暗泉鸣。北山倾，小溪横。南望亭丘，孤秀耸曾城。都是斜川当日景，吾老矣，寄余龄。
>
> ——《江城子》

苏东坡喜欢陶渊明那"不为五斗米折腰"的志气，他向往陶渊明，却自知不如陶渊明，便以陶渊明为志，愿做第二个陶渊明。

雪堂建成后，苏东坡一天中的大半时间都留在那里。他白天在东坡耕种，晚上在雪堂读书。最初他只读佛经，后又开始读史书和前人的文集。一天夜里，苏东坡读杜牧的《阿房宫赋》读了很多遍，每读一遍都要唉声叹气一番。门外侍奉他的两个老兵都已困倦不堪了，其中一个听不出这文章有什么好，不理解苏东坡为何读了一遍又一遍。另外一个老兵却觉得其中"天下人不敢言而敢怒"一句说得非常好。就连目不识丁的老兵跟在苏东坡身边，都能在耳濡目染之中学习到一些人生哲理。

有一次，黄州教授朱载上前来拜访苏东坡，在前厅等了许久也不见他出来，正欲离开之际，苏东坡才匆匆出来，并解释说自己在做功课。

朱载上很不解，苏东坡已过不惑之年，又不考取功名，又不在朝为官，还要做些什么功课呢？苏东坡也毫不隐瞒，说自己在抄写《汉书》。这个答案让朱载上更加不解了，以苏东坡的天资，书看一遍即可记住，怎么还需要抄写呢？事实上，苏东坡抄写《汉书》不止一遍，起初每篇文章他提炼三字为题，第二遍提炼两字为题，第三遍只提炼一字为题。现如今，只要随便举出题中的一个字，苏东坡便能将那篇文章一字不差地背诵出来。

朱载上自然不信，便拿出一册《汉书》，随手翻到一页，挑出一字，苏东坡果然一字不差地背诵了出来。朱载上佩服得五体投地，回到家后，便将此事讲给了自家孩子听，让他们向苏东坡学习。

在诵读经典的过程中，苏东坡深感这些文章对人裨益良多，便决定将自己的心得体会一齐编入其中，装订成册，让更多的人能够从中获益。他用了一年的时间研究《论语》，并编成了《论语说》五卷；又将父亲生前未著完的《易传》一书续写完毕；还将苏辙平时读《易》的笔记拿来，又加入了自己的心得体会编纂成书。

在孜孜不倦读书学习的过程中，苏东坡的精神世界更加丰富了，思想也更加成熟了，"精神食粮"帮助他度过了难熬的贬谪时光，使他在人生的低谷中迎来了思想艺术的第一个高峰。与此同时，聚集在苏东坡身边的朋友也越来越多了，雪堂成了苏东坡用来接待远道而来的朋友的专属场所。当时久居雪堂的远客中，有杨世昌、巢谷、崔贤等人。

杨世昌是一个擅长画画吹箫，精通天文地理的全才，苏东坡跟他在一起，不但经常吟诗作画，还学会了酿酒。巢谷则是苏东坡的老乡，因受人牵连浪迹江湖，落魄之际前来投靠苏东坡。他学识渊博又为人仗义，苏东坡就热情地留他住在了雪堂。崔贤是一名琴师，琴艺十分高超，苏东坡闲时常与崔贤探讨琴艺。

雪堂之中，可谓高朋满座，三教九流，如百川归海般，齐聚于苏东坡的门下。他们常常一起坐在雪堂之中，有人吹箫，有人弹琴，有人吟诗，有人绘画……

有一次，苏东坡与朋友在雪堂饮酒，酣畅淋漓之间竟忘记了时间，等到醉醺醺地走到临皋亭时，家里的门童早已鼾声如雷了。苏东坡叩了半天门，也没人来开，他索性站在江边欣赏起了月下的江景。月光冷清，江面平阔，水天相接之处仿佛就是极乐永生的世界。苏东坡不禁羡慕起范蠡 [5] 来，若是能像范蠡一样，乘一叶扁舟，消失在江海之中，也不失为一件乐事。想到这里，苏东坡对着江面高歌道：

夜饮东坡醒复醉，归来仿佛三更。家童鼻息已雷鸣。敲门都不应，倚杖听江声。

长恨此身非我有，何时忘却营营？夜阑风静縠纹平。小舟从此逝，江海寄余生。

——《临江仙·夜饮东坡醒复醉》

这高亢的歌声，随着江波飘进了千家万户。第二天人们都在讨论，说苏东坡唱完此歌后，便乘船而去了。此话传到徐君猷的耳中，徐君猷连忙带人前往临皋亭查看，他怕苏东坡真的不见了，那他就有了失职之罪。结果到了苏东坡家一看，苏东坡正睡得香呢！徐君猷这才松了口气，不由得失声大笑。

其实，若是徐君猷对苏东坡足够了解，便会知道他不是这样的人。在最难熬的日子里，他都没有想过逃离黄州；现在有诗有酒，有朋有友，如此乐哉，他又怎么会逃跑呢？

---

5 范蠡，春秋末期政治家、军事家、谋略家、经济学家和道家学者，越国相国、上将军。曾献策扶助越王勾践复国，兴越灭吴，后隐去。

虽为犯官，更胜从前

在黄州住久了，苏东坡的生活渐渐归于平静。他已经将个人得失看得十分淡薄，对朝廷的复用几乎不再抱有希望，只是还要为全家人的衣食奔波忙碌。苏东坡考虑到现在的居所和田地都是官府的属地，官府一旦收回，他们一家就要居无定所，所以生出了购置田地的打算。

经过多方打听，苏东坡得知黄州东南三十里处的沙湖一带，土质肥沃，适合耕种，于是便带上几位朋友一同前往查看。众人出发时，天气还十分晴朗，岂料走到半路，风云突变，豆大的雨点霎时倾盆而下。朋友们边跑边寻找能够避雨之处，只有苏东坡不紧不慢地走在后头，一边唱着歌，一边吟着诗。在苏东坡看来，大雨已下，跑也是被雨淋，走也是被雨淋，那还不如慢慢走着，顺便体味一下雨中的风景。

不多一会儿工夫，天边便晴了起来，苏东坡被淋得十分狼狈，但他却浑然不觉，还作诗道：

> 莫听穿林打叶声，何妨吟啸且徐行。竹杖芒鞋轻胜马，谁怕？一蓑烟雨任平生。
>
> 料峭春风吹酒醒，微冷，山头斜照却相迎。回首向来萧瑟

处，归去，也无风雨也无晴。

——《定风波·莫听穿林打叶声》

这首《定风波·莫听穿林打叶声》就像是苏东坡的人生写照，无论世事如何变化，无论经历多少风雨，他都拥有与逆境斗争的勇气。"一蓑烟雨任平生"是他对自己的期许，他希望自己能够超脱于世俗之外，那人生便"也无风雨也无晴"了。

苏东坡"收获"了这首好诗，却因为种种原因，没能买上沙湖的田地。回到家后，还因为淋雨生了病。幸得有一位神医，"针到病除"。从此两人便结为好友，时常一起出游，一起探讨养生之术。

没过多久，寒食节到来。阴雨连日不停，苏东坡无法出去游山玩水，也无法出门会友，这让他的心情十分低落。他将心中的愁绪洋洋洒洒写满了好几张纸，著名的《寒食帖》就这样产生了。《寒食帖》全篇行书，气势奔放，被列为天下第三行书。前两名分别为王羲之的《兰亭序》和颜真卿的《祭侄文稿》，这两位最响亮的头衔是书法家，而苏东坡最响亮的头衔是诗人，足以见得《寒食帖》艺术成就之高。

寒食节过后，一个人的到来，驱散了苏东坡内心的苦闷，这个人就是米芾。米芾善作画，书法造诣也高，此时他刚二十出头，却已是名扬四方的书画家了。在苏东坡的朋友中，不乏能书会画的文人墨客，但像米芾这样的大师没几个。所以，米芾的到来，令苏东坡十分激动。

为了招待远道而来的米芾，苏东坡特意拿出了压箱底的"宝贝"——吴道子的真迹。米芾看后，称赞不已，遂将此画记录在了《画史》中。苏东坡对于米芾，总有一种相见恨晚的感觉。米芾将要离开时，苏东坡心中十分不舍，不但为他设宴饯行，还亲自画了一幅竹子送给米芾。苏东坡画竹与常人不同，常人都是一节一节地画，苏东坡则是一笔画成竹竿，然后点上竹节，画风十分清奇。米芾还是第一次见人这样画竹，不禁细细品味起来，越品越觉得韵味十足，同时为得到这样一幅珍品欣喜不已。

当时苏东坡的作品是很多人梦寐以求的，只是苏东坡对自己要求较高，除非是特别得意的作品，否则不会轻易送给朋友。但对他人而言，即便苏东坡自认为不怎样的作品，也属上乘之作。王齐愈的儿子王禹锡仗着离苏东坡较近，时常"近水楼台先得月"，只在三年的时间里，就收藏了两大箱子苏东坡的作品。这两箱作品被王禹锡视为至宝，后来他到京师读书，便将这两箱子宝贝交给父亲保管，临走前还郑重其事地给箱子上了锁。

虽说苏东坡如今只是个犯官，但他的影响力却丝毫不减。只要有新的作品出来，就会在第一时间被人传诵。他的名声不但没有下降，反而更胜从前。

赤壁三咏，绝唱千古

苏东坡向来喜爱山水古迹，黄州也不乏这样的好地方。要说苏东坡最喜欢去的地方，那非黄州赤壁莫属。在江汉之间，称赤壁者有五处，皆是崖石屹立如壁，颜色赤红。其中最著名的是三国时期的，也就是赤壁之战中的赤壁。苏东坡所去的黄州赤壁，非三国赤壁，但他认为二者有相通之处，便借以凭吊古迹。

苏东坡第一次去赤壁，还是他刚到黄州不久时。当时，他收到了好友参廖的信，信中参廖细数了他与苏东坡、秦观几次出游时的经历。此信让苏东坡忆起了往事，心情大好，立刻叫上儿子苏迈一同前往赤壁一游。之后，苏东坡便成了赤壁的"常客"。

有一次，他独自前往赤壁。看着开阔的江面，滚滚东流的江水，乱石穿空，惊涛拍岸，苏东坡不禁浮想联翩。不多时，千古名篇《念奴娇·赤壁怀古》便自他笔下流出。

> 大江东去，浪淘尽，千古风流人物。故垒西边，人道是，三国周郎赤壁。乱石穿空，惊涛拍岸，卷起千堆雪。江山如画，一时多少豪杰。
>
> 遥想公瑾当年，小乔初嫁了，雄姿英发。羽扇纶巾，谈笑间，樯橹灰飞烟灭。故国神游，多情应笑我，早生华发。人生

如梦，一樽还酹江月。

诗中，苏东坡将自己置于三国时期，历史长河里淘尽的千古风流人物都在向他走来。运筹帷幄的周瑜、横槊赋诗的曹操、骑马射虎的孙权、联吴抗曹的诸葛亮，他们如夜空中的星星一样闪耀，流芳千古。然而从虚幻回归到现实后，苏东坡不禁自嘲多情。他已过不惑之年，却在黄州蹉跎岁月，看时光如水般流走，却毫无办法，只能举杯敬明月，自我安慰一番。

还有一次，苏东坡和杨世昌一起夜游赤壁。他们携酒上船，泛舟江上，看着一轮满月挂在天上，白茫茫的雾气弥漫江面，水光接天。杨世昌吹箫，苏东坡唱曲，一曲又一曲，往事涌上心头，曲调中不经意间就多了些许愁绪。杨世昌似乎也觉察到了苏东坡曲调中的愁闷，洞箫声也如泣如诉起来。苏东坡不解为何箫声如此凄凉。

杨世昌说："月明星稀，乌鹊南飞，不正是曹孟德的诗吗？这里不就是当初曹孟德被困之地吗？想当初，他破荆州，下江陵，舳舻千里，旌旗蔽空，是何等的英雄人物。可如今，不也死了吗？时间就像这江水流逝一样，你我也终将化为灰烬。在这天地间，人太渺小了，什么也改变不了。"

苏东坡听了，回答说："虽然江水一直在流逝，但它流逝的状态是不变的。月有阴晴圆缺，看似在变化，但亿万年来，它一直如此，不曾增加也不曾减少。如果只看到事物变化的一面，那世间万物都在变化中，无可挽留。但若从不变的角度来看，那万物都是永恒存在的。况且，万物皆有主宰，对于不属于我们的事物，我们也强求不来。不如就静静地欣赏这江上的清风、这山间的明月，它入了你的耳朵，便有了声音；它入了你的眼睛，便有了形色，这就是大自然赐予我们的宝藏，因此不必伤感。"不得不说，苏东坡在那个年代，能有了这样的认知，可谓十分超前。

苏东坡这番话，既是在回答朋友，也是在面对过去的自己。此番经历，被苏东坡写进了《赤壁赋》中，开头虽有些伤感，但随着苏东坡的自我开解，内容逐渐明朗。此时的苏东坡已不再是初入黄州的那个苏东坡了，返璞归真的生活让他的心灵获得了宁静，让他从自我安慰走向了更加旷达的人生，使他的世界观变得更加广阔和超脱。

十月的一天夜里，苏东坡和两位客人从雪堂回城内。当晚月色如水，人影斑驳，众人心情愉悦。苏东坡不忍辜负这样好的夜晚，遂准备好酒和菜，再次前往赤壁。距离上次游赤壁，才过去三个月，但赤壁的景色已完全不同了。

苏东坡在夜色中上岸，攀登上险峻的山石，拨开浓密的草木，站在大树上俯瞰夜里的长江。忽然一声长啸，苏东坡看到一只仙鹤从江面飞过，草木随之震动，山谷中回荡着鹤的鸣叫声，鹤尾如车轮那么大。苏东坡有些害怕，便回到了船上。回到家后，苏东坡在睡梦中看见一个身披羽衣的道士，道士问他："此次赤壁之游是否高兴？"苏东坡连忙问他是不是在赤壁看到的那只白鹤，道士笑而不语。苏东坡惊醒，立刻开门寻找，却不见道士的踪影。

这究竟是现实还是梦境，就连苏东坡自己都分不清楚。他连忙铺纸磨墨，写了一篇《后赤壁赋》。这篇文章颇有庄子之风，全篇无一句伤感之言，只剩下心神的解脱和宁静。经此一游，苏东坡通过虚妄看到了现实，加之磨难给予他的智慧，他走进了一片更为光明广阔的精神世界。

赤壁三咏，记录了苏东坡被贬谪黄州后的心路历程，是苦难之中开出的一朵绚丽的花，也是苏东坡文学创作上的又一高峰。从此，黄州赤壁经由苏东坡的笔名扬天下，拥有了永不褪色的魅力，丝毫不逊色于三国赤壁。

神宗悔悟，不忍弃才

元丰六年（公元1083年），正月刚过，苏东坡的身体就极为不适，先是患了疮疖，浑身疼痛不已，后竟至卧床不起。此病延续了两三个月，苏东坡的眼睛又被火毒侵入，红肿胀痛，几近失明。因此一入夏，苏东坡就借来一间僧舍，每日在里面打坐静养，除了陈慥等几位极为亲密的朋友外，其余人等一概不见。

黄州人早已习惯苏东坡每天出入东门，时时畅游赤壁。后来隐约听说他病了，又许久不见他出门，于是坊间便渐渐流出"苏东坡病逝"的传言。此谣言很快便传入京师，传到了宋神宗的耳朵里。

为了确定消息是否真实，神宗连忙将苏东坡的同乡兼远亲蒲宗孟召至宫内，打探详情。蒲宗孟与神宗一样，也是刚刚听闻此消息，但不能确定消息的真假。后神宗又问其他大臣，得到的回复也都是"听说了苏东坡病逝"。每个人的回答都一样，似乎坐实了传言。于是，神宗以为苏东坡真的病逝了，郁郁不乐多日。

而"上当"的人，不止神宗一个。范镇听了这个传言，竟也信以为真。他想到苏东坡身在黄州，贫病交加，身后凄凉，心中疼痛万分，当即伏案大哭。哭毕，便叫人准备好银两，打算派人前去黄州吊唁。还好范镇的儿子比较镇定，劝说老父亲，黄州地处偏僻，消息闭塞，此事还不知真假，不如先派人去打探清楚。如若消息属实，再前往吊唁也不迟。

范镇觉得儿子说得很有道理，便立刻修书一封，派人快马加鞭到黄州打探。当所派之人赶到黄州时，苏东坡已经痊愈了。看到范镇的书信，得知了这一乌龙事件，苏东坡大笑不已，同时也十分感动，连忙回信一封，表达了对范镇的感激之情。

至此，谣言不攻自破。神宗得知此消息后，心中宽慰不已。其实，神宗将苏东坡贬至黄州，只是想挫一挫他的锐气，让他别再恃才傲物，并未打算就此放弃他。否则普天之下，荒凉之地数不胜数，为何只贬到距离京师不算太远的黄州呢？

事实上，苏东坡刚到黄州不久，神宗就有意重新任命他为翰林大学士。然而当这份拟诏被王珪看到后，王珪表面上波澜不惊地领旨，背地里却开始谋划如何让神宗打消这个念头。与蔡确等人商量过后，他们打算通过战事来拖延此事，将西边接连不断的小规模军事冲突扩大成了战争。果然，神宗的注意力放在了战事上，复用苏东坡一事就这样被搁置下来。

此时远在黄州的苏东坡还沉浸在失意当中，根本不知这一场使国家蒙受巨大损失，给人民带来巨大痛苦的战事，竟是因他而起。不久之后，朝廷商议修撰国史，神宗再一次想到了苏东坡。但看到大臣们个个面露难色，神宗也不好坚持，便启用了曾巩。后又一次，神宗想任命苏东坡为著作郎，并打算在战事告捷之时宣布此事，结果等来的却是宋军惨败的消息，任命的事宜只好继续向后推移。几个月后，新的任命名单上，苏东坡的名字已经被王珪等人神不知鬼不觉地画去了。

直到神宗听闻苏东坡的死讯，起初信以为真，悔不当初；后又得知是谣传，遂有种失而复得的喜悦之情。一悲一喜之间，更加坚定了神宗复用苏东坡的决心。在神宗心里，能够与苏东坡比肩的人才，只有唐朝的李白。然而，李白有苏东坡的才气，却没有苏东坡深厚广博的学识。这样的人才，若不能为己所用，则是一大遗憾。

于是，在元丰七年（公元1084年）正月的一天，神宗亲手写下"苏轼黜居思咎，阅岁滋深；人才实难，不忍终弃"。

这一道圣旨下来，苏东坡在黄州的生活就此结束，他被改派汝州（今河南省豫西的平顶山市汝阳县以东），任团练副使。与在黄州时一样，在本州安置，不得签署公事。可见，神宗为了复用苏东坡，可谓煞费苦心：既然没有撤销原本的处分，王珪等人就无法提出反对的意见；但又亲手御笔把苏东坡调往离京城更近的州郡，这意义便非同寻常，等于是在告诉天下人，神宗十分重视苏东坡，复用他指日可待。

沉浸在黄州悠闲生活中的苏东坡，在拿到诏令的那一刻，可谓百感交集。他并不贪恋做官，只是看到神宗那句"人才实难，不忍终弃"时，他感到自己那颗"忠君爱国"之心得到了回应。

相逢一笑，泯却恩仇

苏东坡要离开黄州的消息一经传出，朋友们纷纷来与他话别，有人还请他题字留念。苏东坡本就不惜墨宝，自然一一应承了下来。左邻右舍也不舍苏东坡离开，送来特产表达情谊。想到在黄州居住这些年，父老乡亲对自己的帮助和照拂，苏东坡无限感慨，作诗道：

归去来兮，吾归何处？万里家在岷峨。百年强半，来日苦无多。坐见黄州再闰，儿童尽楚语吴歌。山中友，鸡豚社酒，相劝老东坡。

云何，当此去，人生底事，来往如梭。待闲看秋风，洛水

清波。好堂前细柳，应念我，莫翦柔柯。仍传语，江南父老，
时与晒渔蓑。

——《满庭芳·归去来兮》

在词中，苏东坡说自己还会回来，或许在他心中，早已将黄州
当作自己的第二故乡，并打算在此终老一生。只可惜苏东坡对百姓
许下的诺言未能兑现，他这一次离开黄州，就再也没能回来。

过江路过王家，苏东坡在王家小住了两天，就赶紧上路了。一
路上山清水秀，美不胜收，但苏东坡无心欣赏。在黄州这几年，苏
辙的三个女婿经常轮流去看望苏东坡，彼此问候之间，苏东坡得知
苏辙在筠州（今江西省高安市）的日子并不好过，同僚们对他排挤
打压，经济上也捉襟见肘，这些让苏东坡心疼不已，而他只能写诗
安慰弟弟，并借怀远驿站中那段往事激励弟弟坚持下去。因此，眼
下苏东坡只想尽快赶到筠州，去见日思夜想的弟弟。

距离筠州越来越近，苏东坡也越来越激动。他早早就写信发往
筠州，告诉苏辙自己快到了。苏辙收到信后，就带人出城二十多里
迎接。兄弟相见，执手相对，不禁湿了眼眶。只可惜苏辙公务繁忙，
苏东坡在筠州的日子里，苏辙并没有多少时间陪伴他。但他们见彼
此并未因仕途坎坷就放弃自身立世的原则，也没有失去济世报国的
理想，遂放心不少。

离开筠州后，苏东坡在庐山住了几日，就继续前行，六月底来

到了金陵（今江苏省南京市）。连续奔波数月，苏东坡已疲惫不堪，与王夫人皆病倒了，便决定在金陵逗留些日子。王安石听说苏东坡到来，骑着驴前往迎接。曾经的政敌再次相见，已没有了朝堂上的针锋相对，只有惺惺相惜之情。

当初，王安石为了使变法能够在曲折中进行下去，忍辱负重，极力维持变法阵营的稳定，却没想到最后被自己最信任的吕惠卿倒戈相向。吕惠卿的背叛给了王安石致命的一击，令他的精神和身体都受到了重创，此时已然老态龙钟了。

苏东坡被贬谪黄州这些年，王安石一直十分关心他。一方面，他真心欣赏苏东坡的才华；另一方面，他觉得苏东坡坎坷的际遇多少与他有关，尽管他从未打击迫害过苏东坡。因此，只要碰到从黄州来的人，王安石总要问一句："子瞻近日有何妙语？"凡是得到苏东坡的文章，他总要一遍一遍地细细品读，边读边赞："子瞻，人中龙凤也！"苏东坡那不怨天尤人的旷达心境，让王安石佩服不已。

有一次，王安石读到苏东坡的《胜相院经藏记》，读罢，认为其中"如人善博，日胜日负"一句有一字用得不妥，不如改成"如人善博，日胜日薄"。此话传到苏东坡耳朵里，他不禁抚掌大笑，将王安石视为他的一字之师。从那以后，便将"如人善博，日胜日负"写为"如人善博，日胜日薄"。

此次见面以后，苏东坡便经常出入王安石所居住的半山园，两人谈古论今，讲佛说道，评诗议史，无所不谈。随着了解的加深，苏东坡对王安石的敬佩之情也越来越浓。王安石确实是胸怀天下的伟大人物，同时他也体会到了王安石推行变法、实行改革的良苦用心。他们二人虽已远离朝堂，但仍旧心系国家。看着国家这些年来穷兵黩武，冤狱连连，苏东坡希望王安石能够通过自己的政治地位上书谏言，防止事态进一步恶化。

王安石又何尝不为朝廷担忧呢？只是他已不在其位，还要谋其政，怕惹人非议。苏东坡却不这么认为，"不在其位，不谋其政"是臣下事君的常理，但神宗一向非常敬重王安石，早已超越了君臣关系，因此，只要是利国利民利君之事皆可行。

苏东坡的一番话，将王安石说得热血沸腾，保证一定会向皇上进言。随后，王安石又略带担忧地嘱咐苏东坡，此事只可他二人知道，切不可说与第三人。可见，吕惠卿曾经的恶意中伤，仍旧令王安石心有余悸。苏东坡自然十分理解，毕竟他也曾遭人陷害，经历过九死一生。

至此，友谊取代了旧嫌，倾慕化解了对立。

在金陵的日子，因为有了王安石等朋友的陪伴，苏东坡过得十分快乐。然而没过多久，不幸的事情就发生了——苏东坡的小儿子苏遁因病夭折。苏遁是苏东坡的侍妾王朝云所生，对于这个晚来之子，苏东坡十分爱护，专门作《洗儿》一诗，表达对幼子的无限期望。诗曰：

> 人皆养子望聪明，我被聪明误一生。
>
> 惟愿孩儿愚且鲁，无灾无难到公卿。

苏东坡对孩子的期望，仅仅是无灾无难地长大，然而这一愿望却未能实现。幼儿的离世，让苏东坡和朝云悲痛不已，尤其是朝云，终日以泪洗面。苏东坡在诗信中也反复提及此事。

> 我泪犹可拭，日远当日忘。
> 母哭不可闻，欲与汝俱亡。
> 故衣尚悬架，涨乳已流床。
> 感此欲忘生，一卧终日僵。
>
> ——《去岁九月二十七日在黄州生子名遁小名干儿顾》

字里行间，尽是年轻母亲失去孩子的悲痛，以及苏东坡对王朝云的心疼。或许是丧子之痛给王朝云留下了阴影，此后她再未生育。

八月间，苏东坡将要离开金陵，特地前往半山园向王安石辞别。王安石感到此次一别，此生怕是再无相见之日，伤感不已。苏东坡走后许久，王安石都沉浸在这种情绪当中，时常与人说，不知要等几百年，才能再出一个苏东坡一般的人物。

苏东坡行至金山时，秦观等人特地赶来相见。朋友们都劝苏东坡上书给神宗，请求更换一个安置所。苏东坡本就不愿赴汝，现下内心更加动摇了。思虑再三，他选定了常州宜兴，并于十月上《乞常州居住表》给神宗，希望能够得到神宗的恩准。

巅 峰 与 超 脱

经历过黄州的磨砺后，苏东坡俨然已经看破了这世间的虚妄。功名利禄，财富地位，不过都是过眼云烟。他从一个高高在上的朝廷官员，变成了一个普通百姓。只是，黄州磨去了苏东坡身上轻狂的傲气，却没有带走他刻在骨子里的一身正气，他依旧是那个忠君爱国、爱民如子的苏东坡。

哲宗登基，神宗留憾

直到来年三月，朝廷的诏令才下来，神宗恩准苏东坡常住宜兴。此时苏东坡正住在南都（今江苏南京市）张方平家，这个消息让他一半欣喜，一半感慨。欣喜的是，他终于能够长久地居住在美丽富饶的宜兴了。感慨的是，他曾经打算致仕后归隐宜兴，却没有想到这一天来得这样早，他的心中还有许多未酬的壮志，遂写诗表达了这一心情。

归去来兮，清溪无底，上有千仞嵯峨。画楼东畔，天远夕阳多。老去君恩未报，空回首、弹铗悲歌。船头转，长风万里，归马驻平坡。

无何，何处有？银潢尽处，天女停梭。问："何事人间，久戏风波？"顾谓同来稚子："应烂汝腰下长柯。"青衫破，群仙笑我，千缕挂烟蓑。

——《满庭芳》

就在苏东坡沉浸在未报君恩的遗憾之中时，一个噩耗从京城传来。

元丰八年（公元1085年），年仅三十八岁的神宗带着满腔的遗憾离开了人世。苏东坡听闻此讯，悲痛万分。曾经苏东坡只看到了百姓的疾苦，因而他不理解变法。如今苏东坡经历过磨难和反思后，已然理解了神宗锐意改革的苦心和功绩。尽管还未得复用，但苏东坡报效朝廷的心却从未改变过。令人惋惜的是，苏东坡和神宗都没等到再次相见的一天。

怀着悲痛的心情，苏东坡乘舟继续前行，于初夏赶到了宜兴。此时距离神宗驾崩已过去了两个月，哲宗即位，年仅十岁，太皇太后高氏垂帘听政。百姓们对新君十分赞赏，这让苏东坡心里特别欣慰。

高氏的政治态度一直十分鲜明，那就是反对变法。因此，哲宗即位不久，高氏便传下诏书，批评熙宁、元丰年间的政治，随后复用司马光为相。司马光上任以后，只做了一件事，那就是全面废除新法，贬斥新党人物，恢复和提拔旧党人物。这意味着朝堂要再次掀起动荡。以司马光为首的旧党人士和以蔡确、章惇等人为首的新党人士，相互制衡，前者以废除新党为目的，后者则竭尽全力组织反抗。

朝堂上的风起云涌，丝毫没有影响到苏东坡在宜兴的肆意生活。苏东坡到宜兴后的第一件事，就是买房产，毕竟全家几十口人，需要一个落脚之地。朋友们热心地帮苏东坡到处物色，终于找到一处不错的房子。苏东坡看后很喜欢，便拿出全部家当，买下了这座宅子。之前曾在宜兴买过一片地，现在又有了宅院，苏东坡感到满足不已。

可是这满意的日子并没有过几天，苏东坡在一次散步中偶然碰到了以前的房屋主人。得知房屋主人因为房子卖掉十分伤心，苏东坡心有不忍，便将房子还给了人家，结果落了个财房两空，只能租下一处民宅，暂时安住下来。

朝堂中发生的一切，苏东坡也有耳闻，只是他不再轻易发表言论了。就这样置身于朝堂的旋涡外，做一个旁观者，苏东坡觉得也挺好。这时，又一个噩耗传来，王安石去世了。

王安石主张变法并不是为了一己之私，而是看到了社会发展的必然趋势，逼不得已之下的选择。新法实施，他从未贪污受贿，也无腐败堕落，别人送他一小妾，他都原封不动将人送还家中。想到王安石为国家殚精竭虑的一生，苏东坡无限唏嘘，悲痛不已。

这不是一个人的悲剧，而是一个时代的悲剧。在当时的历史环境下，苏东坡也好，王安石也好，抑或是欧阳修和司马光，他们都曾如明星般璀璨地照亮过这个世界，但终究无法掩盖住夜的黑暗，只能在历史的洪流中留下刹那的光辉，而这刹那的光辉就足以被后人敬仰。

王安石去世的消息传到朝中后，司马光以宰相之名发出命令，阐明王安石人并不坏，只是过于刚愎自用，其死后朝廷应予以厚葬。在政治上，司马光和王安石各执己见，是政敌；但抛开政治，他们都是胸襟宽广、耿介正直的真君子。

苏东坡在宜兴安顿下来没多久，就陆陆续续传出他将被复用的消息。王巩最先得到消息，连忙寄书相报。没多久，苏东坡就接到了朝廷的诏令，以朝奉郎起知登州（今山东省蓬莱县）军州事。

心已隐退，又得官职

时隔多年，再次得到官职，苏东坡心中没有太多的喜悦，反而涌现出一丝惆怅。从个人角度而言，年轻时那争强好胜的心思和对功名利禄的欲望，早已变得十分淡然了，他并不在乎有无官职。但从国家角度而言，新帝年幼，需要可以辅佐之人，朝廷需要苏东坡，那他义不容辞。只是几年前的那场风波，已经在苏东坡的心里留下了烙印，让他至今想起，仍有余悸。

将宜兴的一切委托给朋友照看后，苏东坡便携家人启程了。途经密州时，百姓夹道欢迎，纷纷奉上美酒为他请寿。带着满心的感动，苏东坡赶到了登州，登州的百姓早就对这个名扬天下的新知州翘首以盼了。然而，刚到登州，苏东坡还未开展工作，就接到了新的诏令，他被授以礼部郎中，需要即刻回京赴任。

于是，在登州还未站稳脚跟，苏东坡就再次启程。沿途所经之处，早有官员设宴等待。人人对待苏东坡都是一副逢迎的笑脸，就连在"乌台诗案"中恨不能将苏东坡打入十八层地狱的李定，也特地设宴招待他。无论是谁设宴欢迎，苏东坡一概淡然处之，他既没有纠结过去的恩恩怨怨，也没有因此而沾沾自喜。

抵达京城后不久，苏东坡又升为起居舍人，参与朝中所有大小事务。对于这个人人争当的机要职位，苏东坡不知其是福还是祸，一连写了两道辞免状，但均被驳回。没过多久，苏东坡再一次获得荣升，被任命为翰林学士知制诰。在苏东坡之前，欧阳修、王安石、司马光等都曾任过此职，并由此职升为副宰相。

短短十七个月内，苏东坡提升了五个品级，十二个官阶，一跃成为朝廷三品大员。没过多久，苏东坡被任命为宋哲宗的老师，苏东坡对这个官职十分满意。自古以来，传统的知识分子都以"致君尧舜"为莫大的荣耀。为了尽心尽力地辅佐年幼的哲宗，苏东坡变得异常忙碌，他常常在学士院工作到深夜，繁忙的公务令他连写诗的时间都没有了。

这一连串的升迁，与司马光的提拔不无关系。苏东坡一方面对司马光十分感恩，另一方面又惶恐不已。苏东坡深知"物极必反"的道理，他的官位升得太快了，容易招惹是非。实际上，从苏东坡离开黄州那一刻起，就注定了他无法逃离这些是是非非。

在高太后强有力的支持下，旧党的势力迅速扩大，尽管蔡确、章惇等依旧身居高位，但也抵不住高太后对司马光言听计从。从某种程度上讲，司马光与王安石是同一种人，他们都志在执行自己的政策。这也意味着，司马光上任以后，会如王安石一样。王安石如何打击旧党，司马光此时就会如何抨击新党。

相较于王安石和司马光，苏东坡看待问题则较为辩证。经过了岁月的洗礼，苏东坡也渐渐看到了王安石变法为国家带来的好处。变法在很大程度上改变了北宋积贫积弱的局面，充实了政府财政，提高了国防力量，对封建地主阶级和大商人非法渔利也进行了打击和限制。

因此，当苏东坡看到司马光在朝堂之上将新政批判得一无是处时，心中开始存异，忍不住站出来说："要衡量新法的利害得失，选择那些对国家、对百姓确实有利的政策继续实施。"他认为新法有弊端，但不可一概而论，要去其糟粕留其精华。

苏东坡这话可把司马光气坏了。其实，旧党中的吕公著、李常等，跟苏东坡持有相似的观点，也曾在朝堂上表达过，然而被司马光无视后，他们便不再提了。但苏东坡做不到，他认为对的事情，就一定会坚持到底，一如他当初反对王安石一样。

苏东坡向来对事不对人，也从未想过讨好谁。他的心中有一把尺，当初他用这把尺来衡量王安石，指出他的错处；现在他也会用这把尺来衡量司马光，指出司马光的错处。他不会因为王安石是他的政敌，就全盘否定新法；也不会因为司马光提拔了他，就盲目维护司马光错误的观点和做法。

一次公开议政时，苏东坡又与司马光吵了起来。论吵架，苏东坡还没有输给过谁。尽管司马光一再使用自己强大的气场去压制苏东坡，但苏东坡依旧不慌不忙地表达自己的观点，并说起司马光做谏官时，与韩琦争论朝政得失，韩琦已经生气，司马光还在滔滔不绝。现在司马光做了宰相，难道就不允许他苏东坡说话了吗？司马光表面上被说得不好意思了，内心却依旧不认同苏东坡的观点。

苏东坡费了一番口舌，却没起到任何作用，气得回家后大骂司马光是"司马牛"。意思是，司马光就像牛一样倔强。不过争吵归争吵，在苏东坡心中，他仍旧很尊重司马光的为人。他在给朋友写的信中，曾说道："昔之君子，惟荆（荆国公王安石）是师；今之君子，惟温（温国公）司马光是随。所随不同，其为随一也。老弟（苏轼自称）与温相知至深，始终无间，然多不随耳。"

另一个跟司马光吵得不可开交的人，是苏东坡的好友章惇。章惇是坚定的变法派，他与司马光的主要矛盾，在新法的废除上。章惇认为，新法既已颁布，就不能随意废除。无论是旧法变新法，还是新法变旧法，变来变去，都会引起社会动荡。而司马光则认为，新法已被证实失败，应该尽快回到变法前的样子。

吵到最后，章惇急了，当着高太后的面，说了对司马光大不敬的话语。恰逢御史台弹劾章惇，太后便借此机会，将章惇赶出了朝堂。章惇离开后，纷争并没有就此停歇，反而有愈演愈烈之势。

深陷旋涡，无力自拔

就在苏东坡为国计民生跟司马光据理力争时，朝中那些竭尽全力媚上邀宠之徒，已经获得了司马光的青睐。蔡京就是其中的一位，他惯会见风使舵，随波逐流。有蔡京这样的"得力干将"，司马光废除新法的大业进行得十分顺利。

因为司马光的重用，蔡京的地位变得越来越高。同时，新党人士逐渐被排挤出权力中心，首当其冲的便是宰相蔡确。早在旧党人士陆续回朝时，蔡确就坐不住了。可能是因为亏心事做多了，害怕遭到报复，因此蔡确决定先下手为强。

蔡确使用的是"离间计"，到处散布"高太后想要废掉哲宗"的谣言，以此离间皇帝与太后。这样做的好处是什么呢？皇帝虽小，但总有一天会亲政。到时候皇帝与太后离心，那就是蔡确乘虚而入的好机会。不得不说，蔡确下了很大一盘棋。结果还未等真正对弈，太后就把蔡确贬到了陈州做官。

从相位到地方官员，其中的落差自不必说。蔡确将自己烦闷的心情记录在了诗歌之中。天道好轮回，他曾经制造"乌台诗案"陷害苏东坡，现在，蔡确的诗歌被他的死对头看到了，对方也制造了一起"文字狱"，蔡确因此被贬到岭南新州（今广东省云浮市）。旧党人士立刻借机捕风捉影，对新党人士进行毁灭性的打击，所有新党人士被一贬再贬。他们所受的惩罚，远比苏东坡在"乌台诗案"中受到的惩罚更加严重。章惇就连在父丧期间，都没能躲过被贬至岭南的命运，同时还被扣上了"奸臣"的帽子。新党人士就此怀恨在心。

元祐元年（公元1086年），已经年过花甲的司马光没等到新法完全废除便病逝了。他怎么也没有想到，他对蔡京的重用，会给朝廷埋下祸根，日后北宋几乎断送在蔡京的手中。

司马光病逝后，高太后十分悲痛，同时发愁该由谁继续担任宰相之职。本来苏东坡是最合适的人选，但自从回京后，苏东坡屡屡反对废除新法，跟高太后政见不一致，因此高太后不放心让苏东坡做宰相。朝中呈"群龙无首"之势，高太后认为新党已不成气候，不如就先将宰相之位空着，等到有合适的人选时，再进行任命也不迟。

结果高太后想错了，山中无老虎，猴子们都想称霸王。宰相之位悬空，怎么可能无人觊觎呢？由此旧党内部又产生了分歧，分裂为洛、蜀、朔三个党派。三党名称，皆由其领袖籍贯而来。洛党领袖为程颐，朱光庭、贾易等为追随者；蜀党领袖为苏东坡，吕陶等为追随者；朔党以刘挚、王岩叟、刘安世为领袖，追随者甚多。

洛党的政见，与王安石相似，主张以理想来改造现实。朔党则恰恰相反，朔党中多为实务派官员，他们较重经验，主张通过权衡汉唐的利弊，来进行逐步的改良。蜀党更像是中立党派，言事论理不执于一端，也不强调某种理念，更不认为某种制度独胜。

　　三党政见不同，只是因反对王安石变法而走到了一起。维护新法的王安石一派被驱出朝廷后，他们便不能相安于一朝。洛党的代表程颐，十分讲究规矩，其弟子们也深受他的影响。但适度的规矩可以规范人的行为和思想，过度的规矩就成了迂腐。

　　司马光去世，葬礼由程颐主持。当时恰逢哲宗率领百官迁神宗灵位入太庙，因此整整六天，司马府都十分冷清。祭祀大典一结束，百官就准备到司马府吊唁，却被程颐以"哭则不歌"给拦住了。因为祭祀大典刚刚唱完歌，因此不能再去哭司马光。众人认为不必这么固守成规，程颐却坚持己见。

　　苏东坡听了半天，终于忍不住爆发，站在人群中说道："真是枉死市的叔孙通。"叔孙通是一个十分懂礼法的人，但同时十分懂得变通。相比较之间，程颐只懂礼法，却不懂变通，说白了，就是死脑筋。于是，苏东坡便骂程颐是冒牌货。此言一出，哄堂大笑，程颐十分没有面子。

　　苏东坡再一次因为"说话"得罪了人，百官中不少都是程颐的弟子，他们十分敬重程颐，因此在心里暗暗恨上了苏东坡，誓要找机会打击报复他。很快，机会就"送"上了门。苏东坡奉命主持进士候选馆职的考试，他出的考题精准地概括了仁宗、神宗两朝施政方针的不同特点。程颐的学生谏官朱光庭抓住这一点，故意扭曲其真实意思，上表弹劾苏东坡，说他"谤讪先朝"，要求朝廷予以处罚。朱光庭打算复制"乌台诗案"，将苏东坡拉下马。

然而，高太后不是宋神宗。她虽是女流之辈，但是历经三朝，早已看透了朝堂上的那些阴谋诡计。高太后不相信苏东坡有不臣之心，但又担心会阻塞言路，不能公然反驳朱光庭的意见。因此，看过谏章后，高太后只是下令对苏东坡免罪。

朱光庭自然不肯善罢甘休，他继续上表谏书，攻击苏东坡。而按照朝廷规定，对待谏官的弹劾，苏东坡只能辩白，不能反驳。这令苏东坡的朝中好友们颇为不平，纷纷上书弹劾朱光庭假公济私。高太后对此闹剧，采取的态度不偏不倚，本不会引起更大的纷争，岂料突然传出谣言，说朝廷欲罢朱光庭谏官的职位。

一石激起千层浪，苏东坡既得罪了洛党，也得罪了朔党，现下两党合力围攻他，元祐党争由此展开。司马光在位时，没有因为政见不合就开罪苏东坡，反而因为他在朝，苏东坡的仕途十分顺遂。司马光死后，苏东坡就像失去了"保护伞"一般，所有的"风雨"都向他倾泻而至。苏东坡深陷其中，无力自拔。

海不择流，有容乃大

在这纷纷扰扰之中，唯一能够给予苏东坡安慰的，就是家人团聚、朋友常在了。苏东坡回京后，苏辙也以秘书省校书郎的官职被召回。不久后，苏迈也被调往离京城不远的地方为官，能够经常回家。

　　因为苏洵在世时所购买的那处宅院已经在落魄时卖掉了，因此一家人团聚之后，兄弟二人便在京中置办了一处房产，一大家子人住在了一起。虽然没能回到眉山老家，但能和弟弟一家天天相见，苏东坡感到十分满足。

　　此时苏东坡已身居高位，府上来往的人络绎不绝。为了公务应酬，苏东坡在府上养了一群歌姬舞女，专供政客和同僚来访时助兴。来客以为这是苏东坡的盛情款待，心中自得不已。实际上，真正的朋友到访时，苏东坡从不唤歌姬舞女，他们只是相对而坐，随意地喝酒聊天罢了。岁月的磨炼，让苏东坡终于学会掩饰自己。

　　要说来苏府最勤的人，王诜算是其一。王诜本是驸马爷，在"乌台诗案"中，王诜因为通风报信和拒不上缴苏东坡的文章而被严重责罚。公主受不了这样的打击，抑郁成疾。神宗见公主病重，忙恢复了王诜的官位，但公主还是因病去世。失去了驸马这层身份，王诜再次遭到贬谪，直到哲宗即位，才得以回京。

　　即便如此，王诜也从未因此而怪罪过苏东坡，反而对他的字画深爱成癖。其实王诜本身出身贵胄，在书画方面造诣极高。平日里他仗着与苏东坡关系密切，随时求取。但他不满足于此，凡是让他知道谁手里有苏东坡的字画，他总要想方设法得到，甚至不惜重金求购。

　　苏东坡在黄州赠画给米芾的事情，不知道怎么被王诜知道了。王诜便找米芾借此画一看，米芾也不疑有他，痛快地借给了王诜。

然而，借时容易要时难，米芾几番讨要，都被王诜以各种理由搪塞了回来。米芾无奈，只能在《画史》里记上一笔："后王诜借去不还。"

还有一次，苏东坡在黄州喝醉了酒，作了一首《黄泥坂词》，因为是醉中所作，所以字迹极为潦草。后来苏东坡将原稿找了出来，仔细回忆，补缀成文，重新抄写一遍后，送给了张耒。王诜知道后，故技重施，想要借来一看。有了米芾的前车之鉴，张耒说什么也不肯借给王诜，王诜只得找苏东坡抗议。苏东坡一边觉得可笑，一边誊写了一份，送给了王诜。

除了王诜等人，苏东坡的学生们也是苏府的常客，如黄庭坚、秦观、晁补之、张耒、李廌（zhì）、陈师道等。

苏东坡回京后，黄庭坚、秦观、晁补之、张耒也先后会聚京城。这些年，在苏东坡的影响下，他们各自成就非凡。黄庭坚成了文学领域里的翘楚，秦观的词篇传遍了大江南北，晁补之、张耒的文章议论名震朝野，因为他们四人均在馆阁中担任职务，因此人们称他们为"苏门四学士"。李廌和陈师道未曾在朝中担任职务，所以人们又将他俩和"苏门四学士"合称为"苏门六君子"。

对于这些"得意门生"，苏东坡毫不吝啬自己的夸奖，不遗余力地利用自己的影响力帮助他们扬名。

李廌初到京城时，有些急功近利，他时常拿着自己的诗文穿梭于权贵之间，此行为被人轻视，惹人白眼。苏东坡认为李廌十分有才气，但不赞成他攀附权贵的做法，便告诫李廌，轻浮冒进只会有辱他的人格，只要他懂得循序渐进，以他的才华，早晚会有出头之日。

李廌进京以后，苏东坡是第一个这样真诚关心他的人。因此，他对苏东坡十分感激，此后时常用苏东坡的这句话来警示自己。后来，李廌科考连年不中，经济上日渐窘迫，苏东坡便常常接济他。有时为了顾及李廌的自尊心，苏东坡还要绞尽脑汁，让自己的措辞婉转含蓄。

在这些学生心里，苏东坡如一代宗师，他们对苏东坡充满了感激、敬仰之情。苏东坡对他们的培养，也从不夹带私心，并不将自己的文学喜好强加于学生身上。有一次，苏东坡作了一首诗，其中有一句"身形万里半天下，僧卧一庵初白头"，黄庭坚见了，提笔将"初白头"改成了"初日头"。张耒不解，黄庭坚解释说："岂有用白对天乎？"黄庭坚作诗十分严谨，一字一词都讲究出处，这跟苏东坡随心所欲的表达方式甚为不同。张耒对此不以为然，苏东坡则说："若是黄九（黄庭坚）要改作日头，也不奈他何。"先不说黄庭坚改得如何，单说作为老师，苏东坡对学生的宽容态度，就十分难得。

苏东坡认为，只有尊重每一位学生的性格和特点，任由他们发挥所长，国家、民族的文化才能百花齐放、异彩纷呈。因此，他对晚辈的培养和提携，不仅仅是因为个人情感和志趣相投，更多的是出于对国家和民族文化深深的责任感。

苏东坡与这些朋友、弟子之间的情感，不是建立在地位、官爵、利禄之上，而是以其强大的人格魅力为凝聚力，所以坚固无比，经得起岁月的考验。即便苏东坡后来深受政治迫害，他们也从未远离，更无一背叛，这实属难得。

为报皇恩，死而后已

苏东坡作为翰林学士，经常要草拟奏章。政敌们就从奏章入手，无论苏东坡说什么，他们都要想办法分析出其"不臣之心"。苏东坡有没有不臣之心，他自己还不清楚吗？恐怕这个世界上再也没有比他更加忠君爱国的人了。起初苏东坡还为自己辩解一番，但次数多了，他也懒得辩解了。政敌们不过是想要他的官位而已，而这恰恰是他最不在乎的东西。这高官厚禄，苏东坡随时可以放弃，他早就怀念黄州那单纯快乐的生活了。为此，他连写了两首《如梦令》。

> 为向东坡传语，人在玉堂深处。别后有谁来？雪压小桥无路。归去，归去，江上一犁春雨。
> 手种堂前桃李，无限绿阴青子。帘外百舌儿，惊起五更春睡。居士，居士，莫忘小桥流水。

苏东坡十分怀念他的雪堂、他种下的桃树李树，就连从前在门前聊天的人都成为他怀念的一部分。回到京师后，他一直与黄州的潘丙、郭遘、古耕道等朋友保持着密切的联系，陈慥还专门来京师探望过他。这些朋友的侠义忠厚，让苏东坡愈发厌恶官场上的尔虞我诈。为了不在这场无谓的纷争中纠缠下去，苏东坡以身患疾病为由，接连写了四道奏章，请求离朝外任。高太后自然不相信他是真的病了，便将他传唤至宫中，劝慰他不要在乎他人的言论。

高太后的恩德，让苏东坡不忍再拒绝。承命准备告退时，太后问他，是否知道为何有今天的地位。苏东坡以为是太后和司马光的赏识与提拔，但被太后否定了。就在他惊讶不已，百思不解时，太后告诉了他真相。

这一切，是为了完成神宗的遗愿。神宗在世时，喜欢在用餐的时候读奏章，每当读着读着停下筷子时，旁人就知道，一定是读到了苏东坡的奏章。有时候读着读着，神宗会忽然说：“奇才！奇才！”旁人就知道，那一定也是读到了苏东坡的奏章。神宗发自内心的赏识苏东坡，只是遗憾没来得及重用他，就撒手而去了。

回忆起往事，高太后声音哽咽，悲伤不已，而苏东坡早已忍不住失声痛哭。过了好一会儿，高太后才如托孤般，请求他一定要尽心侍奉官家，不要辜负了先帝的知遇之恩。

苏东坡带着满心的感动，离开了皇宫。高太后命侍从撤御前金莲花烛，送他回翰林院。这金莲花烛的意义可不一般，晚唐时期的令狐绹也是翰林学士，一天深夜，皇帝召见他商议政事，回去时令狐绹的蜡烛燃尽了，皇帝便命人以殿前金莲花烛送还。

此次高太后特地命人用御前金莲花烛相送，就是在告诉苏东坡，不久的将来，他将会升任宰相。

而这一切，皆被朝中之人看在眼中，那些不满苏东坡的官员，那些与苏东坡有着私仇旧怨的官员，怎么可能眼睁睁地看着他登上高位呢？若是苏东坡登上高位，以他刚正不阿、实事求是的执政态度，朝中还会有他们的立足之地吗？因此，无论如何，哪怕是编造杜撰，他们也要将苏东坡拉下马。

苏东坡知道前路坎坷，甚至布满荆棘，但他认为，为报皇恩，死不足惜。他心中那本就强烈的社会责任感和使命感，再一次被强化。因此，他更加无所顾忌，在朝堂上直抒己见。而这，恰恰是为官者的最大忌讳。对此，苏东坡不是不知。

有一日，苏东坡饭后百步走，家里的婢女们正忙着收拾晒了一天的书籍。苏东坡走着走着，忽然拍着肚子问婢女们："你们说，这里装的是什么？"

婢女们有的说："装的是文章。"

苏东坡听了，笑着摇了摇头。

有的说："装的是学问。"

苏东坡还是摇头。

这时侍妾朝云说："学士肚子里，装的都是不合时宜。"

可谓一语中的，苏东坡不禁哈哈大笑。

苏东坡也知道，他的一言一行，皆是危言危行，但他又不愿做一个为了仕途而放弃自我原则的人。然而，这场政治斗争，远比苏东坡预计的残酷。苏东坡一方面要应对洛、朔两党的攻击，另一方面还要受吕惠卿、章惇等人的栽赃陷害。

说起章惇，他和苏东坡也曾是十分要好的朋友。在"乌台诗案"中，章惇还曾不顾个人安危站出来为苏东坡求情，但他们的友情最终也没有抵过"道不同不相为谋"的结局。他们因政见不同，渐渐疏远。而苏辙在担任谏官时，又曾弹劾过吕惠卿、章惇、蔡确等人。但苏辙为人小心谨慎，他们抓不住苏辙的小辫子，只能将矛头对准豪放不羁的苏东坡。

而遭殃的不光是苏东坡，还有他身边的朋友、门生，如王巩、黄庭坚、秦观、晁补之等人，也接连受到弹劾。尽管这些朋友对此毫无怨言，他们一如既往地敬爱苏东坡，但苏东坡却不愿看着朋友们因他而受到连累，这让他内心无比痛苦，这痛苦远胜于他自己遭受侮辱和迫害。

为了不连累朋友，苏东坡只能再次递上辞呈，并表示如果他不离去，那朝堂必将大乱。面对苏东坡的一再请求，高太后尽管不舍，但也没有其他办法，眼下只有让苏东坡暂且离开朝堂才能平息这场争端，于是让苏东坡以龙图阁学士的身份，出任浙西路兵马钤辖兼任杭州知州。

复理杭州，苏堤留香

一到杭州，苏东坡就面临着极为严重的旱灾，庄稼收成不好，又有传染病流行。熙宁八年（公元1075年），杭州曾闹过一次旱灾，第二年便饥荒严重，一斗米从六十钱涨到了二百钱，吃不起饭的人比比皆是，城中有一半人被饿死。为了避免再次发生这样的惨剧，苏东坡上任后第一件事就是上奏朝廷，陈述灾情，请求免除上供米的三分之一。

朝廷准奏后，苏东坡就将救济款连同之前预备用来修葺官舍的费用，全部用来从外地购买粮食，然后储存起来，以便饥荒来临之时有计划地放粮，平抑物价。所以尽管此次灾荒并不亚于熙宁八年，但杭州的物价始终稳定，米价也没有飘涨，城中无一人饿死。

与此同时，苏东坡还组织了一批精通医术的僧人，由官吏带领着走街串巷，为民治病；并自费购买了一批药材，在街头架起大锅，命人熬煎一种名叫"圣散子"的药方，免费发放给行人。说起这个"圣散子"，还是苏东坡在黄州时，软磨硬泡地从老友巢谷那里得来的。巢谷十分在意这个药方，就连自己的亲儿子都舍不得传授。但经不住苏东坡的百般恳求，只能千叮咛万嘱咐，让他一定不可外传。苏东坡当面答应得很好，得到药方后就将此承诺抛之脑后。在他看来，这样好的药方就应该公开，让更多的人摆脱疾病的困扰。

在苏东坡有条不紊地布局和指挥下，一场可怕的瘟疫总算过去了。因为得到了及时的医治，数千名百姓保住了性命，人们对他感激不尽。

苏东坡考虑到杭州乃重要的交通枢纽，商客往来频繁，若是有疫情，那传播速度肯定比其他地方更快，造成的影响也更为广泛。因此，他从官府中拨出一部分公款，自己又捐出黄金五十两，建立了一所方便民众看病的医坊，取名为安乐坊，请精通医术的僧人坐诊。对于医术高明的僧人，还会上报给朝廷，让朝廷给予恩赐。

在建立医坊的同时，苏东坡还着手兴修水利，疏通河道，治理西湖。杭州地处江海之间，农业、工业都要倚仗水源。解决了水的问题，就能从根本上解决旱涝灾害，同时能够保证航运畅通，对稳定物价也有十分积极的作用。

经过了一番考察之后，苏东坡决定先疏通盐桥和茅山两条河。这两条河在城北相接，被内河航运和海运连成了一片，海水涨潮时，泥沙倒灌，会造成河道阻塞，导致官船和私船都无法通行。

苏东坡调集了一千多名地方军，对河道进行疏通，仅用了半年多时间，河道就可以通船了。为了巩固这一治理成果，苏东坡听从苏坚的建议，在两河交汇处建造大坝水闸，涨潮时就关闭水闸，将泥沙拦住；潮平之后再将水闸打开，使清水流入。

西湖的问题则在于葑草日盛，水面日减，如果再不进行清理，恐怕西湖之水就被水草代替了。经过一番详尽的调查，苏东坡利用手中剩余的赈灾款项，趁着梅雨时节葑草浮动之际，调集了一些民工，对西湖中的葑草等水草进行全面的治理。

没过多久，葑草就处理得差不多了，但新的难题接踵而至：挖出的淤泥堆积如山，该如何处置呢？苏东坡灵机一动，想出了一个两全其美的办法，那就是用淤泥、湖草等，在湖中筑起一道长堤，横贯南北。这样一来，以后游人们欣赏西湖美景，就再也不用绕湖三十里了。长堤筑成之后，苏东坡又命人在长堤两岸种植芙蓉、杨柳，景色如画，杭州人将它称为"苏公堤"。

为了防止葑草再一次肆虐生长，苏东坡听从了徐敦仁的建议，将西湖岸边的湖面租给百姓种植菱角，这样不但官府可以收到租金，每年湖中的葑草还会得到一次处理，同时也能提高部分民众的收入，可谓一举三得。

治理了河湖后，只剩一个问题了，那就是西湖六井。很早以前，杭州的水味咸苦，难以下咽，居民很少。唐代刺史李泌为了解决百姓的用水问题，引西湖的水做成六个井，供百姓饮用。白居易任杭州知州时，又疏通西湖，引水入运河，再由运河取水灌溉农田，广达千顷，杭州才渐渐成为富庶之地。苏东坡第一次出任杭州时，曾与知州陈襄一起疏通过六井，现如今已经过去了十年，湖中尽是水草淤泥，湖水混浊多淤塞，六井几乎废弃无用。从前六井使用毛竹为水管，所以极易损坏。苏东坡在之前治井僧人的建议下，将毛竹改为瓦筒，然后嵌入石槽中。后来还新挖了两口井，置于较为偏远之处，使住得远的百姓不必再远行挑水了。

仅仅一年的时间，苏东坡就为杭州百姓做了一件又一件实事。从前的官员对朝廷只报喜不报忧，以显示他们治理州郡有方。苏东坡却与他们不同，连连上奏，请求朝廷拨款用以建设。这一方面让苏东坡声名更旺，另一方面也让那些只想拿着俸禄混沌度日的官僚妒恨不已。

时光如梭，转眼间，苏东坡在杭州的任期已满，朝廷命他以翰林学士承旨召还。苏东坡不愿回京，他对朝堂之争心有余悸，不愿再陷入其中。况且苏辙此时已是副宰相之位，如果兄弟二人均身居高位，恐怕要遭到更多人的妒恨。于是，在收到诏令当天，苏东坡就写了一道辞免状，请求继续外任。

太后病逝，政局翻覆

高太后执意召苏东坡回京，一方面是真心赏识他的才能，另一方面是一种政治策略。朝中最忌讳的事情就是"一人独大"，需要各方势力相互制衡，才便于皇帝牵制众臣。而苏东坡，恰恰就是这颗牵制他人的"棋子"，有他在，就能够对那些极具个人野心的政客产生威胁。

因此，高太后几乎当下就驳回了苏东坡的外任请求。无奈之下，苏东坡只能启程回京。然而，他刚刚落脚京城，政敌们就开始制造事端，以一些莫须有的罪名弹劾他。

对于这些诬陷指控，苏东坡深感疲惫，他一再上书，请求外任，终于获准以龙图阁学士的身份出任颍州知州。苏东坡希望颍州能够是他仕途的终点，从颍州卸任后就归隐田园，远离朝堂的纷争。想到致仕以后的生活，苏东坡很想跟弟弟苏辙说说自己的打算，然而走到苏辙门前时，发现苏辙早已睡下了。苏东坡不免叹息，苏辙已居高位，到时恐怕不容易求去。想起在怀远驿站时二人立下的誓言，苏东坡再一次忍不住叹息，作下一首《感旧诗》。

> 新秋入梧叶，风雨惊洞房。
>
> 独行惭月影，怅焉感初凉。

作完这首诗后，苏东坡又为这首诗写了一个小序，然后将此诗留给弟弟，第二天便启程赴任颍州了。

相比于杭州，颍州比较小，因此官闲事少。更可喜的是，同僚中大部分是苏东坡的至交好友，如赵德麟、陈师道等。欧阳修的两个儿子因送欧阳太夫人的灵柩回颍州，也暂时在颍州闲居守制。他们几人时常聚在一起，欧阳兄弟不喜作诗，陈师道不胜酒力，每每聚会，苏东坡和赵德麟二人都会使出浑身解数逼迫欧阳兄弟作诗，引诱陈师道喝酒。这些快乐，让苏东坡时常产生已经退隐归乡的错觉。

苏东坡原本打算在颍州干个一年半载，就俟机求退。没想到还未等他找到合适的理由，朝廷便命他以龙图阁学士充淮南东路兵马钤辖知扬州军州事。短短两年，从杭州到颍州，现又从颍州到扬州，他感到疲惫不已。然而，皇命难违，苏东坡只得收拾行李，继续上路。

到达扬州时，已是阳春三月，一年一度的芍药花会正在如火如荼地准备着，这是蔡京任扬州知州时定下的规矩。然而这一规矩，却是妥妥的劳民伤财之举，百姓对此怨声载道。苏东坡虽然喜欢热闹，却不愿为了自己一时的快乐，让百姓承担痛苦，于是便下令终止举办芍药花会。

这一道命令下来，百姓欢呼雀跃，但那些打算借此机会发财的贪官、奸商却在心里暗暗地记恨上了苏东坡。不过没过多久，苏东坡就被朝廷的一纸诏令召回了。理由是皇帝已经十八岁了，即将亲自主持朝政，在此之前要举办各种大礼，太后命苏东坡回京掌管皇帝出驾时扈从的仪仗队。此事非同小可，是年轻皇帝第一次独自参与这些大典，因此苏东坡不敢耽误，收到诏令后，就匆匆卸任启程了。

回京后，苏东坡得到了新的官职——礼部尚书，这是苏东坡一生中最高的官位了。果然如他预计的那样，兄弟二人均身居高位，势必引来他人的妒恨。不久，一封封弹劾的奏章就出现在了皇帝和太后的眼前。政敌们所用之术，依旧是从他的文章中找出只言片语，断章取义后，再加以杜撰，给他安上莫须有的罪名。这些拙劣伎俩，就连朝中向来不偏不倚的老好人吕大防也看不下去了，他直接指出了这些人的用意不善。最后，弹劾苏东坡之人被降职贬黜，一场闹剧终于得以告一段落。

只是苏东坡实在已经不安于朝了，一方面，他对这种无休止、无下限的党争已经厌倦至极；另一方面，他对哲宗失望至极。苏东坡自认为做帝师时尽心尽力，努力让皇帝学习为君之道。然而这么多年过去了，皇帝在成长的过程中，性情越发暴躁，既贪恋酒色，又懒于朝政。对于祖母的一番教诲，他早已心生不满，就等着亲政那一天的到来。

苏东坡在朝一天，就要尽一天为人臣子的责任，他仍旧竭力劝谏，希望将皇帝拉回正道。就在他深感无力回天，禁不住心灰意冷的时候，一个沉重的打击袭来——王夫人因病去世，享年四十六岁。

多年来，王夫人饱受磨难，苏东坡对此一直深感愧疚。本想着老了以后，能够跟王夫人一起归隐田园，没想到王夫人却早他一步离开。苏东坡心中悲痛不已，忍不住想，今后的人生路，谁来陪伴自己继续前行呢？然而逝者已去，生者只能通过诗词来寄托自己的哀愁。

> 我日归哉，行返丘园。曾不少须，弃我而先。孰迎我门，孰馈我田？已矣奈何！泪尽目干。旅殡国门，我少实恩。惟有同穴，尚蹈此言。呜呼哀哉！
>
> ——《祭亡妻同安郡君文》

　　王闰之在苏东坡身边陪伴了二十五年，突然撒手归西，怎能不令他肝肠寸断呢？然而，苏东坡丧妻的悲痛还未纾解，又一噩耗传来——高太后病逝，哲宗亲政。这预示着，政局又将迎来一次动荡。

流放与晚年

　　对当政者极度失望的苏东坡，再一次离开了权力的中心。苏东坡的晚年在颠沛流离中度过，直到去世的那一刻才安定下来。他终究没能实现与弟弟雨夜对床的愿望。他带着唯一的遗憾离开，将无限的悲痛与唏嘘留给了世人。

接连被贬，骨肉分离

高太后离世前，苏东坡获准以端明殿学士、翰林侍读学士充河北西路安抚使兼马步军都总管，知定州军州事。按照惯例，朝廷要员出守重要边郡，须入朝面辞，与皇帝共商军政大计。然而哲宗竟找借口不予接见，这令苏东坡十分气愤。

但气愤归气愤，他依旧恪守着为人臣子的本分，在离开之前，留下一篇《朝辞赴定州论事状》，对年轻的哲宗做最后的忠告。在文中，苏东坡劝说哲宗要小心急进好利之徒的言论，不要轻易下结论做改变，力求安稳执政。哲宗不愿意接见苏东坡，无非就是不愿意听他的劝诫，因此，又怎么会重视他的这篇论事状呢？

离开京城时，苏辙前来相送。适逢深秋，秋雨萧瑟，苏东坡听着雨打梧桐之声，内心有种不祥的预感。他此去定州后，朝中就剩苏辙一人了。尽管苏辙向来行事小心，但欲加之罪，又何患无辞呢？恐怕从前"雨夜对床"的约定难以实现了。想至此，苏东坡心潮起伏，提笔写下了《东府雨中别子由》一诗。

庭下梧桐树，三年三见汝。

前年适汝阴，见汝鸣秋雨。

去年秋雨时，我自广陵归。

今年中山去，白首归无期。

客去莫叹息，主人亦是客。

对床定悠悠，夜雨空萧瑟。

起折梧桐枝，赠汝千里行。

重来知健否，莫忘此时情。

前路茫茫，苏东坡不知道是否还有机会与弟弟相见，也不知道再经历一遭风波后，两人是否还能健朗地存于世上。带着满心的忧虑，苏东坡于十月下旬抵达定州。

一上任，苏东坡就采取强有力的措施整顿军纪，对贪污军饷的将领予以严厉的惩办，并严令禁止在军中赌博酗酒，同时加强操练，他亲自主持检阅。经过一番努力，定州的军队改头换面，军容整肃，军心渐渐稳定。

元祐九年（公元1094年）四月，哲宗改年号为"绍圣"，意为继承神宗时的方针政策。那些在元祐年间被逐出朝廷，但仍旧遍布朝野的新党人士纷纷蠢蠢欲动。苏东坡知道国事将变，内心异常沉痛。他预感到一场风暴将要来袭，时常在诗文中直抒"急流勇退，归隐田园"之意。

事情果然不出苏东坡所料，没过多久，吕大防、范纯仁罢职，章惇、安焘任宰相，这批重返朝廷的新党大臣，已然完全抛弃了王安石新法的革新精神和具体政策，他们只有一个目的，那就是打击在元祐年间执政的那些旧党人士，以此来发泄他们多年来被投闲置散的怨念。短短一两个月，就有三十多位高级官员被贬到边远地区。其中，就包括苏辙。

对于苏东坡，政敌们使用的还是老伎俩，利用诗词的只言片语对苏东坡进行弹劾。神宗时期，苏东坡虽差一点命丧黄泉，但神宗终归还是护着他的。高太后掌政期间，也屡屡袒护苏东坡。然而这一次，苏东坡再也没有"保护伞"了。

哲宗昏庸无能，听信谗言，苏辙去朝之后没多久，苏东坡就收到了朝廷贬谪的诏令。朝廷以他起草诏令时讥讽神宗为借口，取消他端明殿学士、翰林侍读学士称号，撤销他定州知州的职务，命他以左朝奉郎的身份任正六品英州（今广东省清远市英德镇）知州。对此，苏东坡丝毫不感到意外，依例写了《谢上表》，没有说一句为自己辩白的话语，就收拾了行囊，启程向英州出发。刚刚启程，路上又接到第二道诏令，降低他的品阶，但仍任英州知州。

此时苏东坡已经年近六十了，虽然他十分注重养生，但身体也不再壮硕。此去英州，千里迢迢，途中所遇的艰难困苦不堪设想，一粥一饭都不易得到。但苏东坡并未自怨自艾，他看到的依旧是民间的疾苦。在自身难保的情况下，他还连续上书，为百姓请命。然而在当时朝局纷乱的情况下，没有人会在意他的奏章，更没有人会关注命如草芥的百姓。

　　途中，朝廷的第三道诏令又下来了，取消苏东坡续官的资格。根据宋制，官员每隔一段时间，如无重大过失，即可调职升官。这一道诏命，直接显露了执政者的险恶用心。苏东坡一心求退，并不在意官位。只是一路舟车劳顿，天气也越来越热，他渐渐感到体力不支，左臂肿痛的旧疾也在此时复发，令他痛苦不堪。雪上加霜的是，苏东坡随身携带的钱财也已用尽，连雇人买马的钱都没有了，可谓"道尽穷途"。

　　路过陈留时，苏东坡绕道汝州，跟苏辙话别，同时获得了经济上的帮助，得以让苏迈带领着大半家人前往宜兴居住，这便解决了苏东坡的后顾之忧。兄弟俩只相聚了短短三四天，就不得不匆匆分别。到了雍丘，米芾带病出城相见，追随了苏东坡三十四年的老友马正卿不愿再拖累他，便留在了雍丘，由米芾代为照拂。

　　至金陵时，苏迈带着妻儿和老弱的奴仆前往宜兴，苏东坡与其他人继续赶往英州。十多天后，朝廷的第四道诏令下来，苏东坡由颍州知州降为建昌军司马，惠州安置，不得签署公文。瞬间，苏东坡从被外放的官员变成了听候地方安置的罪人。

　　到此地步，苏东坡为了不再牵连家人，打算独自承受来自政敌的残酷迫害，而朝云执意陪伴他前往惠州。最后，苏东坡决定只带小儿子苏过和侍妾朝云前往惠州。其他人等，均由苏迨带领回宜兴。

　　骨肉分离，是痛苦，也是解脱。没有了亲人的牵绊，苏东坡"轻装"进发，一路上游山玩水，写诗作赋。到达庐陵后，苏东坡收到了朝廷的第五道诏令，他被撤销建昌军司马职务，降为宁远军节度副使，惠州安置。

颠沛流离，济世爱民

惠州，位于岭南地区，现在的广东省东南部。在宋朝，岭南地区尚未开发，属蛮夷之地，瘴气严重，气候与北方截然不同，生活条件极为艰苦，通常只有罪大恶极之人才会被流放至此。北方人到岭南，往往因为受不了这里的气候而无法生还。

翻越过韶关的大庾岭后，即便是踏遍了祖国大江南北的苏东坡，也很难再看到一张熟悉的面孔了。初秋时节，苏东坡赶到了惠州。当时惠州太守詹范久仰苏东坡大名，佩服其人格才华，便安排他居住在只有高级官员到此才能居住的合江楼。

合江楼位于东西两江交汇之处，登楼远眺，只见云水相接，青山远黛，风景十分优美。苏东坡赏之，诗兴大发，吟道：

海山葱昽气佳哉，二江合处朱楼开。

蓬莱方丈应不远，肯为苏子浮江来。

江风初凉睡正美，楼上啼鸦呼我起。

　　我今身世两相违，西流白日东流水。

　　楼中老人日清新，天上岂有痴仙人。

　　三山咫尺不归去，一杯付与罗浮春。

——《寓居合江楼》

　　在这样好的环境下，苏东坡多日来疲惫的身体得到了休养。但仅仅住了十多天，就无法再住下去了，他只能移居佛寺，在简陋的僧舍中暂且安身。

　　惠州四面环水，城中数座小青山，可谓山清水秀。苏东坡一到惠州，就被这里的山水吸引，经常独自去爬山，每次他都一口气爬到山顶，举目远眺。有一次，爬到半山腰，他便觉得十分疲倦，正发愁时，转念一想，爬不到山顶又如何呢？爬得上就爬，爬不上就原地休息，只要自己愿意，站在哪里都能看到美好的风景。

　　这就是苏东坡。换作其他任何一个人，在享受过荣华富贵之后，被投放蛮荒，垂老之际，亲人、朋友都不在身边，内心都无法承受如此大的落差。然而苏东坡与常人不同，他总能随时随地自我开解，总有办法解脱自己的心灵，让心灵超脱出这现实的苦难。

　　因此即便惠州经济文化落后，生活条件艰苦，苏东坡也总有办法让日子过得"有滋有味"。惠州的羊肉极为稀少，因而十分昂贵。作为被贬斥的罪官，苏东坡买不起羊肉。不过他很快发现，有钱人家只买羊肉，不买羊骨，而羊骨上还有许多没有剔尽的羊肉。

苏东坡便跟卖羊肉的小贩商量好，杀羊剔肉后，将无人购买的羊骨头廉价卖给他。买回羊骨头后，苏东坡先将羊脊骨彻底煮透，再将酒浇在骨头上，点盐少许后，放在火上烘烤，等待骨肉微焦时食用。骨头上肉少，苏东坡往往啃上半天，才能吃到一点肉。可就是这一点肉，让他吃出了海鲜的感觉。他还专门写信给苏辙，在信中大谈这种辛苦吃法的乐趣。

意甚喜之，如食蟹螯。率数日辄一食，甚觉有补。

——《与子由书》

信的末尾还建议苏辙也试一试此吃法，并自我调侃道，因为肉剔得太干净，狗吃骨头时都不高兴了。

这样洒脱乐观的性格，让苏东坡在惠州也寻得了不少好友，他们之中有官有民，有僧有道，还有隐居在深山老林的奇人异士。他们时常陪苏东坡游山玩水，还经常送一些吃喝接济这个患难的老人。荒凉的贬地，又变成了苏东坡的乐土。

在惠州熟悉了以后，苏东坡那颗济世爱民的心就藏不住了。他先是将在黄州时见过的插秧工具介绍给当地官员，大大提升了惠州百姓的劳动效率；然后又写信给朋友，让他们多多寄药材给自己，收到药材后他再转施给当地百姓，帮助他们防治疫病。

而这些只是小事，苏东坡还做了一件大事，改变了惠州百姓的饮水情况。惠州沿海，百姓饮的水苦而涩，到了春夏之际，还特别容易感染疾病。道士邓守安建议将城外十余里处的山泉水引入城内，供百姓饮用。苏东坡觉得这个建议非常好，立刻写信给广州知州，建议兴修这一引水工程。广州知州十分重视这一建议，多次前来勘察，并与苏东坡商定具体方案，之后筹措经费，开启了这项造福百姓的大工程。

"不在其位而谋其政"，苏东坡不当父母官却依然赢得了百姓的尊敬和爱戴。这一切被章惇等人得知后，他们想到自己曾经被贬谪时的痛苦，又怎能允许苏东坡过得这般快活呢？于是他们便派程正辅任广州提刑，企图利用"旧恨"让苏东坡与程正辅挟仇相对。

结果却没能如他们所愿。程正辅还未到惠州，便命人到苏东坡住处问候，这一行为表示他已抛却前嫌。而此时苏东坡也早已将尘世间的恩恩怨怨看淡，唯有亲情始终在他心中占据着重要的位置。当报信者带来程正辅的问候时，儿时相处的点点滴滴便涌现在苏东坡的脑海中，他连忙复书，表明自己愿意重修旧好。

不多日，程正辅就到了。他不但给苏东坡带来了丰厚的礼品，还命当地官员让苏东坡到合江楼居住。住了几日后，程正辅便返回了驻地。程正辅的到来，让苏东坡逐渐取得了惠州一带官员的信任，他的日子越发好过起来。

红颜早逝，知音难觅

绍圣二年（公元 1095 年）九月，哲宗大赦天下，然而元祐旧党诸臣却不在赦免之列，并且终身不得北徙。这一纸诏令，直接打消了苏东坡北归的念头。但他很快又振作起来，即使余生不长，苏东坡也要好好过。于是，买房置地便提上了日程。

经过一番筛选，苏东坡在白鹤峰买下了几亩田地。百姓听说他要盖房，纷纷赶来帮忙。人多力量大，简陋的屋舍很快便初具规模。然而苏东坡的爱妾朝云，未等新宅建成，就因病离世了，年仅三十四岁。

熙宁七年（公元 1074 年）朝云被买进苏家时，年方十二。她精通琵琶音律，容貌出众，常常在苏家的宴席上以其美妙的歌喉、精湛的琴艺博得宾客的赞美。苏东坡被贬谪黄州时，朝云才成为他的侍妾，此后她一直随着苏东坡辗转大江南北。在过去，妾室没有与主家同甘共苦的义务。苏东坡之前买来的歌姬舞女都在他失势时相继离去，只有朝云一直不离不弃。

自从进入惠州，朝云就承担起了主妇的职责。她细心地照顾苏东坡的饮食起居，精打细算地安排一家人的生活。她出身低微，没有两位王夫人的家世，但她恪守本分，从不逾矩。她虽然文化水平不高，但勤勉好学，悟性极高。多年来，朝云一直跟着苏东坡读书练字，听他谈禅论道。朝云了解苏东坡那一肚子的"不合时宜"，了解他那济世爱民的火热心肠，也了解他那善于自我安慰的乐观心态，更了解他那满心未酬的壮志。

有一次，苏东坡作了一首《蝶恋花·春景》，然后让朝云唱与他听：

花褪残红青杏小，燕子飞时，绿水人家绕。枝上柳绵吹又少，天涯何处无芳草！

墙里秋千墙外道，墙外行人，墙里佳人笑。笑渐不闻声渐悄，多情却被无情恼。

朝云唱着唱着，不禁悲从中来。朝云心疼苏东坡年近花甲还要颠沛流离，忠君爱国却屡屡被冤被害。尤其是那句"枝上柳绵吹又少，天涯何处无芳草"，令朝云联想到人生无常，她和苏东坡之间也终有一天要经历生离死别。一曲唱罢，朝云已泪流满面。

只有真正了解苏东坡的人，才能对他的诗词有如此深刻的领会。于苏东坡而言，朝云是他的伴侣，是他的挚友，更是他的红颜知己。朝云离去，从今以后，苏东坡便只能独卧床榻了。

尽管已经历了两次痛失所爱，但朝云的离去，还是让苏东坡内心悲怆不已。他眼含热泪，为朝云写下哀悼诗。

苗而不秀岂其天，不使童乌与我玄。

驻景恨无千岁药，赠行惟有小乘禅。

伤心一念偿前债，弹指三生断后缘。

归卧竹根无远近，夜灯勤礼塔中仙。

——《悼朝云》

苏东坡不祈求下一世能够跟朝云再为夫妻，他只祈祷朝云能够超脱生死轮回，升入天国，成为仙人。朝云死后，苏东坡不再听《蝶恋花·春景》。他走过山山水水，山山水水皆是朝云的身影；他看到一草一木，一草一木皆是朝云的笑颜，后他又为朝云作词一首。

玉骨那愁瘴雾，冰姿自有仙风。海仙时遣探芳丛，倒挂绿毛幺凤。

素面翻嫌粉涴，洗妆不褪唇红。高情已逐晓云空，不与梨花同梦。

——《西江月·梅花》

苏东坡相信朝云一定是天上的仙女，偶尔来到人间与他相识，所以朝云天生丽质、品质高洁、不同凡响。

朝云离世半年后，白鹤新居建成。苏迈带着家人经过一年多的艰难跋涉，终于来到了惠州。苏迨文采颇佳，苏东坡就让他留在宜兴科考。分别了三年再相聚，儿孙环绕，老有所依，苏东坡很久没有这样开心过了。

然而，快乐总是很短暂，坏消息一个接着一个传来。先是苏迈已经被授韶州仁化县令，但因谪官的亲属不能在与谪地相邻的地区为官，所以苏迈迟迟不能赴任。接着是苏东坡的俸禄屡请不得，而他的钱财又都用来造福惠州了，因此在经济上也陷入了困境。最后，朝廷再次传来不好的消息，元祐旧党诸臣再次遭到重罚，就连已经去世的司马光和吕公著都不例外，苏东坡又怎能逃得过呢？

果然，苏东坡在新居住了不到两个月，就收到朝廷的诏命，他被贬谪到比惠州更加偏远的儋州（今海南省儋州市）。儋州气候更为恶劣，天气极其炎热，被中原人士视为十去九不还的"鬼门关"。得闻此讯后，苏东坡自知垂老投荒，恐怕无望生还，便将全家人安顿在了惠州，只带着苏过一人前往海岛。

临别之际，苏东坡立下遗嘱"生不挈家，死不扶柩"，让后代们将他的尸骨葬在海南。全家人听后，在江边哭得肝肠寸断。苏东坡不忍家人伤心，用《礼记·檀弓下》中的典故宽慰子孙们，说延陵季子适齐的儿子在路上死了，就直接被葬在了异国。既然父可以施舍儿子，儿子为什么不能施舍父亲呢？说罢，便登船而去。

苏东坡在惠州这三年多，不仅改善了当地百姓的生活，更为惠州留下了宝贵的文化遗产。后人写诗赞曰："一从坡公谪南海，天下不敢小惠州。"

垂老投荒，老而弥笃

绍圣四年（公元 1097 年）五月，苏东坡抵达梧州（今广西壮族自治区梧州市），听说苏辙被贬雷州（今属广东省湛江市），此时刚到滕州（今广西壮族自治区梧州市藤县附近），两人相距不过二百五十里地，这让苏东坡十分惊喜，连忙赶往滕州与苏辙相见。这一次意料之外的相聚，又让他们兄弟二人回到了小时候。他们同吃同睡，形影不离，刻意放慢前行的脚步，让这相聚的时光能够长一点。

六月，苏辙抵达雷州，苏东坡还需继续前行。分别的那一刻，苏东坡心中五味杂陈，他还盼着有朝一日兄弟俩能够对床夜谈，只是没想到这一别竟成了永别。

此时苏东坡已经是个六十二岁的老人了，执政者将他贬到最偏远、最险恶的地方，就是希望他在海岛上自生自灭，此罪罚比满门抄斩仅轻一等。若不是宋朝有"不以言罪人"的祖训，恐怕他们早已将苏东坡杀之而后快了。

初到儋州时，苏东坡极为不适应，他经常梦到惠州，梦到家人。

他本以为惠州已经够苦了，没想到儋州更甚。他每天过的都是"食无肉，病无药；居无室，出无友；冬无碳，夏无寒泉；无书籍，无笔墨纸张；语言不通，习俗迥异"的生活，这让他颇有度日如年之感。

但苏东坡是何等达观、超脱、智慧之人？没有书可读，苏东坡便与苏过手动抄书，刚抄完了一本《唐书》，朋友就从惠州寄来了一批书。有了这批书，就可以满足苏东坡的精神需求了。此时他的空闲时间变多了，在创作诗词之余，他继续著书立说，还将在黄州时所著的《易》《书》《论语》修订了一遍。在苏东坡心中，这三套书代表了他学术的最高成就。每当看到这三套书，他便觉得此生没有虚度。

没有朋友，苏东坡便发挥他"上可陪玉皇大帝，下可陪卑田院乞儿"的人格魅力。在儋州交到的第一个朋友，就是儋州新任军使张中。张中久仰苏东坡大名，因此一到儋州就前往苏东坡借住的官舍拜访。当时正值雨季，官舍破陋不堪，外面下大雨，屋内下小雨。张中一看，便命人将官舍修葺了一番，此后便成了苏东坡家的常客。张中爱下棋，苏过也爱下棋。每当张中来找苏过下棋，苏东坡都会坐在旁边"观战"。张中和苏过下一整天，苏东坡便看一整天，两少一老，倒也不失为一道有趣的风景。

后来苏东坡又结识了黎氏兄弟。黎氏兄弟俩热情好客，时常邀请苏东坡和张中等人到他们家做客。黎氏兄弟的家面朝大海，周围草木深郁，十分恬然舒适，只是房子破败不堪。为了能够在黎氏兄弟家做客做得舒服些，苏东坡便提议凑钱把房子修缮一番。这个提议得到了大家的一致同意，很快陋室就焕然一新，苏东坡将之命名为"载酒堂"，因为他们经常在这里饮酒寻乐。苏东坡还在诗中将这快乐的时光记录下来。

> 临池作虚堂，雨急瓦声新。
>
> 客来有美载，果熟多幽欣。
>
> 丹荔破玉肤，黄柑溢芳津。
>
> 借我三亩地，结茅为子邻。
>
> 躲舌傥可学，化为黎母民。
>
> ——《和陶田舍始春怀古二首》节选

　　苏东坡努力成为黎族人民中的一员，学习他们的语言，适应他们的风俗习惯，而黎族人民也越来越喜欢这个落魄却乐观的老人。

　　绍圣五年（公元1098年）三月，朝廷派董必来海南督察，说是督察，实际就是找碴。张中因为帮助苏东坡修理房屋，被免职。张中原与苏东坡素不相识，被他连累却无怨无悔，更未因此而与他疏远。相反，他一再推迟行程，只因舍不下苏东坡父子。在临行前，张中在苏东坡家中坐了整整一晚，彼此再三互道珍重。张中走后，苏东坡被董必赶出了僧舍。无奈之下，苏东坡只好另寻他处，自己盖房。在朋友们的帮助下，五间茅屋很快盖好，取名为"桄榔庵"。这一下，本来就不富裕的苏东坡更穷了。

饿极的时候，苏东坡就"吃阳光"。阳光怎么吃呢？这其实也是苏东坡的养生之术——辟谷，即不吃五谷，只吃些蔬菜；再厉害一点，就什么都不吃。什么都不吃，只吸收"日月精华"，不就是"吃阳光"吗？

当地的渔民可怜苏东坡缺衣少食，便将生蚝送与他吃。苏东坡将新鲜的生蚝撬开外壳，用酒煮开或者用火烤制，熟后送入口中，顿时被外表丑陋粗犷、内里美味嫩滑的生蚝征服了。他一边向苏过传授烹饪经验，一边嘱咐苏过：

> 每戒过子慎勿说，恐北方君子闻之，争欲为东坡所为，求谪海南，分我此美也！

意思是，千万不要将这个秘密泄露出去，他担心北方人知道了会争相"求贬南海"，到时候生蚝就不够吃了。

要说在儋州最难过的事，要属生病。儋州缺医少药，一旦病了，就可能危及生命。为此，苏东坡自己琢磨出了一套养生术——梳头和沐浴。每天早晨起来，他就站在清风中，听着浪涛的声音，自上而下地梳理头发。在苏东坡看来，"一洗耳目明，习习万窍通"，所以这梳头有着不可言喻的妙处。

沐浴就没这么简单了。儋州没人会做澡盆，因此也买不到澡盆之类的器具。苏东坡便日日在睡前进行干浴，就是用双手拍打按摩全身，达到疏通筋络、驱寒散热的功效。然后再来一盆热腾腾的水，将脚泡入其中，享受着一天当中最为惬意的时刻。

除此之外，苏东坡还有一大乐趣，那便是"午窗坐睡"，即双腿盘坐在蒲团上，双肘随意搭在竹几上，然后闭上眼睛，让大脑进入"似梦非梦"的状态。

苏东坡将这三件事写成《谪居三适》，然后寄给了好友参廖。

无论在何时何地，苏东坡似乎总有一种让自己快乐起来的能力。从黄州到惠州，再到儋州，三次被贬，一次比一次惨烈，但他却一次比一次更加豁达，一次比一次更接近本真的自己。

奉献儋州，如愿北归

以苏东坡的性格，每到一处地方，他不做些贡献，那他就不叫"苏东坡"了。

到儋州不久，苏东坡就发现，儋州之所以落后，跟这里的人不读书、不识字有关。苏东坡身在其中，就像回到了原始社会。苏东坡作为犯官，没有权力干涉当地的教育，只能通过与当地的文人广泛交游获取知名度。很快，儋州的百姓都知道这里住了一位才高八斗的学士，附近的学子纷纷到他门下求教。苏东坡也毫不吝啬，作诗、题字、送画，还亲自编写教材。苏东坡的住处变成了学堂，每日听着孩子们琅琅的读书声，他感到由衷的喜悦。

苏东坡给这个蛮夷之地带来了文明的火种，不仅岛上的居民对他仰之如北斗，就连附近其他三州的有志之士也纷纷来向他请教，甚至远在广州的学子也不惜冒着惊涛骇浪到儋州一睹他的风采。

在苏东坡孜孜不倦的文化传播下，海南出了有史以来的第一名进士——姜唐佐。姜唐佐本是琼州人，因仰慕苏东坡的才学，跋山涉水前来求学，苏东坡十分喜欢敏而好学的他。两人分别时，姜唐佐请苏东坡赐诗一首，苏东坡提笔在他的扇子上写道："沧海何尝断地脉，珠崖从此破天荒。"然而，只写了两句就停下了笔，剩下两句他要等着姜唐佐高中进士后再题。

可惜的是，姜唐佐最终没能等到苏东坡的最后两句诗，因为他高中进士时，苏东坡已经去世了。后面两句，由苏辙代为完成："锦衣不日人争看，始信东坡眼力长。"后来，苏东坡的弟子们又陆陆续续考上功名，共计十二人。

除了著书、教学外，苏东坡还带领村民挖井，取水饮用。这一举动不但改变了当地人的饮水习惯，还使当地的传染疾病少了很多。儋州人民为纪念苏东坡的功劳，便将水井称为"东坡井"。

苏东坡就像一束光，他走到哪里，就把光明和温暖带到哪里。

他总有一种力量，超越于逆境和悲哀之上，把他乡变成故乡。不管是偏僻寒冷的黄州，还是炙热无比的儋州，在苏东坡的笔下，都能散发出异样的魅力。转眼间，苏东坡在儋州已有两年。又是一个新春，他发自内心地写了一首新春赞歌。

春牛春杖，无限春风来海上。便丐春工，染得桃红似肉红。
春幡春胜，一阵春风吹酒醒。不似天涯，卷起杨花似雪花。
——《减字木兰花·立春》

在苏东坡之前，也有很多文人墨客到过儋州，他们笔下的儋州只有飘零流落的悲凉色彩。只有苏东坡，真诚地赞美儋州绚丽的春光和充满生机的大自然，这是刻在骨子里的旷达和乐观。

苏东坡在儋州的日子越过越舒心之际，他的好友们也得知了他被贬儋州的消息。

陈慥想到儋州恶劣的生存环境，就心急如焚，立刻写信给苏东坡，打算前往儋州看他，但被苏东坡劝阻。还有他的僧人好友参廖，本想带着徒弟前往儋州探望，结果还未动身，就因被苏东坡牵连而被迫还俗，编管兖州。

最令人动容的是苏东坡的老友巢谷，他十八年前到黄州投靠苏东坡，帮他耕地建屋。后苏东坡被诏回朝，一路高升，巢谷便回到了眉山老家。直到听说苏东坡被贬蛮荒，已经七十三岁的他，拖着瘦弱多病的身体，从眉山徒步奔赴岭南。途中行囊被偷，他为了追回一点盘缠，奔波至新州，结果周途劳顿，客死他乡。苏东坡闻之，悲痛难忍，只能写信拜托好友，帮助巢谷的儿子护送巢谷的灵柩回乡。

"苏门六君子"等亲朋挚友，在苏东坡被贬谪时也受到了不同程度的贬谪，但他们却从未因此而怪罪苏东坡，反而经常与他书信来往，亲切问候。

元符三年（公元 1100 年）正月十二日。哲宗驾崩，其弟赵佶继位，是为徽宗，神宗之妻向氏以皇太后身份垂帘听政。章惇极力反对赵佶继位，因此赵佶继位后，就将章惇罢相并赶出了京城，蔡京等人也受到了牵连。苏东坡在大赦天下之际，得以琼州（今海南省海口市）别驾，廉州（今广西壮族自治区北海市廉州镇）安置，不得签署公文。

苏东坡在儋州待了三年，一纸调令跨越琼州海峡，使他终于得以离开这个曾经无数次想要离开的地方。儋州百姓不舍苏东坡离开，置酒相送，执手相泣。此时，苏东坡也对当地百姓万般不舍，遂作《别海南黎民表》表达别离之苦。

> 我本海南民，寄生西蜀州。
>
> 忽然跨海去，譬如事远游。
>
> 平生生死梦，三者无劣优。

知君不再见，欲去且少留。

苏东坡刚刚抵达廉州，还未来得及安顿，又得诰命，被授舒州（今安徽省安庆市）团练副史，永州（今湖南省永州市）安置，于是匆匆收拾行李，继续前行。路上一个噩耗传来——弟子秦观离世，苏东坡听闻秦观的家人在藤州为其料理后事，便日夜兼程赶往藤州。然而，等他赶到藤州时，秦观的家人已于半月前扶柩离开了。苏东坡只能独立在风中，泪洒藤州，内心无限伤感。

此时的苏东坡只想与家人团聚，一起过平常百姓的生活，永不分离。可能是老天爷听到了他的祷告，他再一次接到朝廷的诰命，恢复他朝奉郎的身份，提举成都府玉局观，外军州任便居住。

一路所到之处，许多慕名之人追随而至，一些想要得到苏东坡墨宝的人，更是早早打探清楚他的行程，沿途摆好书案，准备好笔墨纸砚。苏东坡对此无一推辞，挥笔书写，随手送人，有时从天明写到黄昏，笔下的纸只见厚不见薄。

朝中之人也纷纷看好苏东坡兄弟，毕竟就才能、声望而言，他们都是首屈一指的人物，甚至还屡屡传出苏东坡即将拜相的消息。章惇的儿子章生曾经是苏东坡的学生，他知道父亲章惇曾不遗余力地迫害过苏东坡，担心苏东坡回朝后会打击报复，便特地写信给苏东坡，问候恩师。苏东坡自然知道章生此次来信实乃"求和"之举，心胸宽广的他，不但没有为难章生，还托章生给章惇捎信。信中说，他与章惇相交数十年，就算曾有分歧，那也是君子之争。过去的事情，就让它过去吧，彼此都不要挂怀了。

世间以痛对苏东坡，他却报之以歌，这是何等广阔的心胸啊！方寸之心，却能容纳百川。一路将至金陵，苏东坡不得不考虑一个问题了，那就是究竟选何处为归老之地。

忧患余生，溘然而逝

在得知苏东坡可以"任便居住"时，已经定居颍州的苏辙，就来信极力劝说哥哥定居在颍州。而苏东坡的好友李公麟之弟李公寅又极力劝说苏东坡定居舒州，说舒州的环境优美，民风淳朴，说得苏东坡也颇为心动。而他自己首先想到的是回宜兴，一是宜兴有房有地，还有大半家人；二是宜兴山好水好，一直是他理想的居住之地。

苏东坡带着这样矛盾的心理一路向前，始终难以做出决断。

他时而给朋友写信说：

> 度岭过赣，归阳羡，或归颍昌，老兄弟相守过此生矣。
>
> ——《与孙叔静》

一会儿又写信跟朋友说：

> 偶得生还，平生爱龙舒风土，欲卜居为终老之计。
>
> ——《与李惟熙》

没过几天，又改主意道：

> 此行决往常州居住，不知郡中有屋可僦可典买者否？
>
> ——《与钱济明》

直至金陵后，苏东坡彻底放弃了卜居舒州的打算，只在宜兴和颍州之间做选择。他一方面想要与苏辙朝夕相处，完成当年"夜雨对床"的夙愿；但另一方面又考虑到苏辙一家人口众多，苏辙的经济又不宽裕，自己前去只会给苏辙增添负担。再三思量后，苏东坡越来越倾向于回宜兴，并写信给苏辙的亲家，说：

> 行计屡改，近者幼累舟中皆伏暑，自愍一年在道路矣，不堪复入汴出陆。又闻子由亦窘用，不忍更以三百指溷之。已决意旦夕渡江，过毗陵矣。

苏辙左等右等，等不到苏东坡的回信，心急如焚。他们兄弟已到暮年，能够朝夕相处的日子屈指可数。于是苏辙又来信一封，进行催促，信中说："桑榆暮年，岂忍再长相别离？"言语间的酸楚，令人不禁泪下。怕苏东坡仍有顾虑，苏辙还动用身边的朋友，一起写信给他，加以规劝。

苏东坡不忍辜负弟弟的一番好意，遂决定定居颍州。但是他的心中隐隐觉得不安，颍州距离京城太近了，朝中若是有什么变动，颍州难免会被卷入旋涡。一生因为政治动荡飘零的他，实在不愿去这是非之地。此时的他依旧忧国爱民，却不再执着仕途，不再贪恋官位。

五月间，程德孺和钱济明赶来与苏东坡相聚，三人决定前往金山游玩。一路上他们高谈阔论，开怀畅饮，悠然乐哉。行至金山寺时，苏东坡在寺中看到了李公麟藏画，画中正是苏东坡本人。画中的他手按藤杖，身坐磐石。看到这幅画，往事涌上心头，苏东坡提笔题诗一首。

心似已灰之木，身如不系之舟。

问汝平生功业，黄州惠州儋州。

——《自题金山画像》

这首诗几乎总结了苏东坡的一生。黄州是他第一次被贬避难的地方，惠州是他第二次被贬荒凉偏远的地方，儋州是他第三次被贬几乎难以生存的地方。回首一生，苏东坡最怀念的，最想赞美的，不是他曾经高居庙堂的辉煌，而是他被贬谪的流离岁月。这些岁月在苏东坡的生命中留下了极其深刻的烙印，让他看透了世事的沧桑变化，悟透了人生的悲欢离合，让他的人生得以历练，所以这段时光十分珍贵。

这时，朝中发生的一件事，令苏东坡突然改变了定居颍州的想法。宋徽宗继位之初，头脑还算清醒，能够理性地看待朝中各党派之间的斗争。被排挤出朝廷的蔡京，靠着投宋徽宗所好，重新回到了中枢，并很快得任高位。

对政治已十分敏感的苏东坡，深知一旦卷入朝堂之事，他的人生就不再由自己说了算。思虑良久后，苏东坡终于下定决心改居常州。想到此生或许再也没有机会与弟弟风雨对床、畅谈人生了，苏东坡心中无奈又悲怆，写信寄予苏辙，信中说：

　　恨不得老境兄弟相聚，此天也，吾其如天何！然亦不知天果于兄弟终不相聚乎？

漂泊了大半生，苏东坡只想稳定下来，安享晚年。他不是不想与弟弟相聚，只是天意如此，他也无可奈何。再加上，此时苏东坡已是六十六岁的高龄，在岭南时已身染瘴毒，又在暑热天气中以舟为家一路颠簸，经常夜不能寐，现已形容枯槁、心力交瘁。最终，苏东坡因过度食凉，一病不起。

苏东坡预感到时日无多，挣扎起身，拖着病体给苏辙写了一封信，交代后事。

即死，葬我嵩山下，子为我铭。

——苏轼《亡兄子瞻端明墓志铭》引

此后，苏东坡的病情便时好时坏。六月间，船到了常州，钱济明早就等在岸边。船一靠岸，他就进船问候。苏东坡见钱济明进来，挣扎起身，此时他已病入膏肓，无力回天了。苏东坡没想到自己从艰险的海南万里生还，却是为了办理后事。他心中最牵挂的人，就是弟弟苏辙。自从被贬谪海南后，他们兄弟至今未能见上一面。想到自己将不久于人世，苏东坡便痛心不已。

他将在海外完成的《论语说》《书传》，还有《易传》委托给了钱济明，嘱咐他暂时不要公布于世，待到三十年后自会有人知道。说完，便要起身寻找箱子的钥匙，只是怎么也找不到。钱济明恐苏东坡太过劳累，忙劝他来日方长，不必急着交代后事。

下船后，苏东坡便住到了钱济明提前帮他租借的宅院中。之后的每一天，钱济明都会来拜访，坐在苏东坡床前，陪他说话，听他追忆往事。精神好的时候，苏东坡还会高兴地与钱济明一起赏析诗文字画。

大约过了一个月，苏东坡忽感身体轻松，起床书写《惠州江月五首》，并作《跋桂酒颂》一篇，为自己能够"近笔砚"而开心不已。就在大家都以为苏东坡会痊愈之际，他的病情又急剧恶化了。

感知到大限将至，苏东坡将儿子们叫到床前，立下遗嘱。他这一生无愧于国家，无愧于人民，无愧于本心，也无愧于天地，所以他不怕死亡，让孩子们不要为了他的离世而悲伤。

弥留之际，苏东坡的好友维琳长老在他耳边大喊："端明宜勿忘西方。"

端明是苏东坡的又一别号，维琳长老要他死后向着西方走，方能进入西方极乐世界。但在苏东坡看来，他早已经与西方的极乐世界融为一体了，因为他不负这一生，他用心度过每一天，每一天他都在极乐中。

建中靖国元年（公元 1101 年）七月二十八日，苏东坡于宜兴溘然长逝。

世赞"苏海"，盛名千年

苏东坡去世的消息，很快传遍了大江南北，一代奇才的人生就这样落下了帷幕。四方百姓自发组织起吊唁活动，山河万里，无处不是悲泣之声。

闻此噩耗时，黄庭坚大病初愈，举步维艰的他挣扎着前去参加当地民众举办的哀悼仪式。张耒在颍州一身白衣素帽，以此祭奠恩师。汴京城内，数百名太学生自发前往慧林僧舍，哀悼一代文学泰斗的不幸离世……更有无数文人志士，为苏东坡写哀悼之文，以纪念他这不凡的一生。

在苏辙为苏东坡写的近万字的悼文中，铭曰："我初从公，赖以有知。抚我则兄，诲我则师。皆迁于南，而不同归。天实为之，莫知我哀。"

在为官方面，苏辙比苏东坡要顺遂得多，曾离宰相只有一步之遥。但在苏辙心中，苏东坡永远是那个指引他的人，既是他的兄长，也是他的良师。对于苏东坡的离世，苏辙心中怀着难以向外人道的悲痛。

苏东坡去世第二年，苏辙与苏迈、苏迨、苏过一起将苏东坡安葬在汝州嵩阳峨眉山，并将他第二任妻子王闰之的灵柩由京师道院迁葬于此，实现了苏东坡与王闰之"死同穴"的遗愿。

然而，苏东坡被安葬后不久，时任宰相蔡京就下令捉拿元祐党人士，司马光、苏东坡、苏辙、"苏门四学士"等三百余人被定为"奸党"，由宋徽宗亲笔书写姓名，篆刻于汴京端礼门的石碑上，并规定此三百余人的子孙永世不得为官，皇家子女亦不得与碑上之人的后代通婚，如已订婚也要取消。同时，蔡京还下令焚烧摧毁苏东坡的诗词文章，企图将苏东坡的作品从历史中抹去，将他永远钉在"耻辱柱"上。

此时，苏东坡已深埋黄土，他无法再为自己辩白，或许他根本不屑于为此辩白，围绕着他的是非恩怨，终会随着时间的长河渐渐被湮灭。对于他的一生，世人自会有决断。

事实证明，蔡京没能将苏东坡钉在"耻辱柱"上，却因此让自己遗臭万年。徽宗崇宁五年（公元 1106 年）正月，天空出现异象，文德殿东墙上的元祐党人碑遭遇雷击，被一分为二。徽宗大惧，以为是上天的怪罪。他想将石碑毁坏，但又怕蔡京不许，便偷偷命人将其毁坏。蔡京听闻此事，气愤不已，但还是大言不惭地说道："此碑可毁，但碑上的人名则当永记不忘。"

蔡京一语中的，别人暂且不说，苏东坡的名字果真被世人永记。北宋朝廷越是禁止苏东坡的作品，他的作品流传得越是广泛，以至于人人都爱苏东坡。人们爱苏东坡的诗词，在他的诗词里，有旷世豁达的人生观，有壮丽旖旎的风土景色，有真切实在的百姓生活，有幽默讽刺的时政评论，还有缠绵悱恻的儿女情长。苏东坡的作品，就像一座永远不朽的丰碑，屹立在人世间。

在苏东坡长达四十多年的创作生涯中，他为后世留下了两千七百多首诗歌、三百多首词和四千二百多篇散文作品。他的作品不受空间的限制，不受时风的影响，想象绝妙，言语幽默旷达，极具个人色彩，被世人赞为"苏诗"。

在中国诗歌史上，能够获此殊荣的，只有陶渊明、杜甫和韩愈，他们的作品分别被称为"陶诗""杜诗"和"韩诗"。后人将韩愈和苏东坡并称"韩潮苏海"，意为苏东坡的文学作品波澜浩瀚、变化无穷。

后人称赞的，除了苏东坡的文学作品，还有他高洁的人格。在那个年代，无数能人志士怀着济世救民的思想，投身政治的浪潮，苏东坡是其中最为典型的一个。他的伟大，在于受尽命运的折磨，却始终保持"以天下为己任"的责任感和使命感；在于他历尽了人心险恶，却依旧不改心胸坦荡、正气凛然的男儿本色；在于他身处等级森严、权贵当道的封建社会，却从不向任何权势低头的一身傲骨。

更难能可贵的是，这样一个伟大的人物，不是不食人间烟火的佛祖菩萨，而是有血有肉、有悲有喜的普通人。正因为如此，苏东坡的魅力才能历经千年仍然不减分毫。

苏东坡去世二十多年后，北宋灭亡，南宋开始，宋高宗即位，追赠苏东坡资政殿学士，任用他的孙子苏符为礼部尚书，还将他的文章放在身边，不知疲倦地阅读，并赞这是文章的最高境界，还写了集赞，送给苏东坡的曾孙苏峤。

二百多年后，元朝郏县县长杨允在苏东坡和苏辙的坟旁，给苏洵建立了衣冠冢，使二苏坟变成了三苏坟。

四百多年后，明朝郏县官员王尚絧（jiǒng）在三苏坟前立下青石牌坊，上刻"青山玉瘗（yì）"四字，两边是苏东坡的诗句："是处青山可埋骨，他年夜雨独伤神。"

如今，苏东坡已去世近千年了，他的诗词依旧在代代人的指尖、心上流淌，温度不减。每当清明时节，苏东坡的坟前都会有人献上一束菊花，以此来寄托这横跨千古的哀思。

寒松 著

肩舟载酒扬轻风

苏氏三杰

苏辙 传

少年出川应试｜一时名动京华

中年宦海沉浮｜力阻回河东流

官至宰相｜为民立命

携手父兄｜文以载道

光明日报出版社

图书在版编目（ＣＩＰ）数据

肩舟载酒扬轻风：苏辙传／寒松著．--

北京：光明日报出版社，2023.10

（苏氏三杰）

ISBN 978-7-5194-7566-6

Ⅰ．①肩… Ⅱ．①寒… Ⅲ．①传记文学－中国

－当代 Ⅳ．① I25

中国国家版本馆 CIP 数据核字 (2023) 第 194531 号

前　言

　　苏辙，字子由，北宋著名文学家，"唐宋八大家"之一；北宋名臣，官至宰相，曾在王安石变法中起到重要作用。因为出色的文学成就，苏辙与父亲苏洵（自号老泉）、哥哥苏轼（号东坡居士）并称"三苏"，苏氏父子三人在中国古代文学史上造就了特有的"三苏文化"。因为"三苏"在文学上的贡献，使宋代文学成为我国文学史上继唐代之后又一个文学高峰。

　　提起苏辙，许多人首先想到的是"苏东坡的弟弟"。事实上，和才华横溢、光芒万丈的苏轼相比，苏辙的文学造诣并不逊于苏轼。即便是贵为文坛领袖的苏轼也不止一次由衷地赞美苏辙的文章。比如，苏轼在《书子由超然台赋后》中曾这样评价苏辙的文章："子由之文，词理精确，有不及吾；而体气高妙，吾所不及。"意思是，子由的文章，虽然在用词方面不如我精妙，但他的文章很有气势，是我所比不了的。而且，苏辙入仕后曾官至宰相，他的执政水平、理政才干都远远超越了父兄。纵观苏辙一生，无论是为文、为官，还是为人，都堪称典范。

在为文方面，据记载，苏辙存世的诗文就有近两千首，其诗风格清幽峻拔，都是流传千古的佳品。后人在总结"三苏"的文章风格时，精辟地概括为"凝练老泉，豪放东坡，冲雅颍滨"（颍滨是苏辙晚年的别号）。从中可以看出，苏辙的文章特色与父亲、哥哥有很大的不同。明代文学家茅坤在《苏文定公文钞》中评说："子由之文，其奇峭处不如父，其雄伟处不如兄，而其疏宕袅娜处，亦自有一片烟波，似非诸家所及。"

苏轼以斐然的诗词成就千古留名，而苏辙则在散文和策论上独树一帜，在北宋自成一家。《宋史》称苏辙的文章"论事精确，修辞简严，未必劣于其兄"。苏轼在赞誉苏辙的散文成就时也说道："汪洋澹泊，有一唱三叹之声，而其秀杰之气终不可没。"

苏辙与苏轼一道，继承和发展了北宋诗文革新运动，为宋词和古文运动开辟了广阔的道路。他提倡革新文风，反对文辞雕琢，强调风格要多样化，追求多样形式的艺术。

苏辙还与父兄一道，创立了苏氏蜀学。他与哥哥作为苏氏蜀学的集大成者，博通经史，遍采六经百家之说，吸取老庄道家学说和佛教思想，形成了"三教合一"的思想体系，创建了北宋中期具有重要影响的学术派别。

更值得一提的是，苏辙在文学创作上提出有名的"文气说"。他在著名的文章《上枢密韩太尉书》中写道："以为文者气之所形，然文不可以学而能，气可以养而致。"意思是，文章是一个人精神气质的体现，要想写好文章，就要增加阅历，提升修养。一个人的内在丰富了，写出来的文章才能宽厚宏博，有浩然之气。他将文学创作与生活实践密切结合的观点比韩愈提倡的"行之乎仁义之途，游之乎诗书之源"的观点又前进了一步。

在为官方面，"三苏"之中，苏辙曾官至宰辅，官阶远远超过父兄，即便是在唐宋八大家之中，他的官位也仅次于王安石，与恩师欧阳修并列第二。而苏洵是唐宋八大家中唯一没有中过进士的，只担任过秘书省校书郎等品级很低的官员；苏轼则仕途坎坷，最高职位是礼部尚书，相当于现在的正部级干部。

苏辙受父亲和母亲的影响，从小就有着治国平天下的远大政治抱负和忧国忧民的赤子之心。他少年得志，十八岁在科举考试中蟾宫折桂，名动京师。走上仕途后，无论是被排挤打压做地方小吏，还是飞黄腾达，成为一人之下、万人之上的宰相，苏辙始终无私无畏，为国家的前途和命运殚精竭虑，同情民间疾苦，敢于为民请命，直陈时弊。

苏辙所处的时代，正是北宋王朝由盛转衰、国弱民穷的时代，苏辙力主整饬边防，富国强兵，体恤百姓。在王安石变法、回河东流之争中，苏辙冒着被当权者打压和排挤的危险，真正从百姓的利益出发，主张理性变法、科学治理黄河，希望通过这些措施来改革宋王朝积贫积弱的状况，十分符合老百姓的愿望，具有历史的进步性。

在为人方面，苏辙深受儒、释、道思想影响，为人处世光明磊落，极富人格魅力。"三苏祠"就是后人因推崇"三苏"父子的高尚懿德而修建的，时至今日仍游人如织，前来瞻仰和凭吊的人络绎不绝。这正是苏辙及其父兄深受世人仰慕的最好明证。

而苏辙的故乡四川眉山今天仍以淳朴的社会风尚而闻名于世，这也是"三苏"父子留下的一笔宝贵精神财富。

苏辙与苏轼手足情深，兄弟二人为官之后聚少离多，常常诗书往来。在苏轼去世前，两人相互唱和的诗歌就多达几百首。苏轼因为性格豪爽耿直，在官场中常常被排挤甚至被诬陷；而苏辙性格沉稳内敛，每次苏轼有难，苏辙都首当其冲救哥哥。有人因此戏言"苏辙的一生只做一件事：不断捞哥哥"。

在著名的"乌台诗案"中，苏轼因言获罪，有杀头危险时，苏辙不顾个人安危，冒死向神宗皇帝提出辞去自己的一切官职，以保全哥哥的性命，神宗皇帝大为感动。最终，在苏辙多方奔走和朋友们的解救之下，苏轼最终免于死罪，重获自由。

苏辙十七岁与妻子史氏成婚，一生不曾纳妾。苏辙在六十五岁的时候，还情真意切地给妻子写情诗《寄内》："与君少年初相识，君年十五我十七。"

纵观苏辙的一生，一个来自眉山小镇的蜀中少年，因为过人的才华和远大的抱负，在浩瀚如烟的中国历史长河中找到了自己的一席之地。

无论是在宦海中载沉载浮，还是归隐田园后淡泊自守、著书立说，苏辙都是一个值得被铭记、被尊重的人物。

《肩舟载酒扬轻风——苏辙传》作为一本人物传记体读物，吸取了其他传记的精华，以传主的生平发展顺序为写作脉络，并以可靠的史料为蓝本，从中撷取最能体现传主苏辙人格魅力、文学成就、政治抱负的一些高光时刻。

同时，本书对苏辙生平中的关键事件进行特写，以点带面，为读者呈现苏辙不平凡的一生：蜀中少年出川应试，一举成名动京师—中年宦海沉浮，反对王安石变法，力阻回河东流，多次遭到排挤罢黜—官至宰相，为民立命—与父兄一道将北宋文学推向巅峰—手足情深，多次舍身救哥哥于困厄—终老颍州，参禅著书。

　　《肩舟载酒扬轻风——苏辙传》所参考的文本以官方认可的史书为主，如《宋史》、北宋几位著名学者的笔记体著作、苏辙及其父兄的书信和诗词，力争做到每一处文字都有据可依，有史可查，为读者朋友呈现一位可亲可信的苏辙。

目　录

父兄光芒下的宝藏男孩

　　放眼悠久辉煌的中国文学史，北宋眉山苏氏——苏洵、苏轼、苏辙三父子是非常耀眼的存在。没有谁能像他们一样，父子三人共同跻身唐宋八大家之列，占据了北宋文坛的半壁江山。这在整个中国文学史上可以说是前无古人，后无来者。

　　因为有了"三苏"父子的存在，使宋代文学成为我国文学史上继唐代之后的又一个文学高峰。虽然在世人眼中，"三苏"中的苏轼光芒最为耀目；但实际上，他的弟弟苏辙的才华与成就也不容忽视。现在，我们就跟随这本《肩舟载酒扬轻风——苏辙传》，走近苏辙。

苏氏两兄弟　大宋双子星

九百多年前的一个中秋之夜，已然年届不惑、时任密州（今山东诸城）知府的苏轼与同僚们在超然台上欢饮达旦。大醉之后，他提笔写下了这首千古名作——《水调歌头·明月几时有》。

水调歌头·明月几时有

明月几时有？把酒问青天。

不知天上宫阙，今夕是何年。

我欲乘风归去，又恐琼楼玉宇，高处不胜寒。

起舞弄清影，何似在人间。

转朱阁，低绮户，照无眠。

不应有恨，何事长向别时圆？

人有悲欢离合，月有阴晴圆缺，此事古难全。

但愿人长久，千里共婵娟。

后人评价这首《水调歌头·明月几时有》是中国诗词史上最好的中秋诗词。此词一出，其他歌咏月亮的诗词便全都黯淡无光了——"中秋词自东坡水调歌头一出，余词尽废。"

苏轼一挥而就之后，似乎意犹未尽，还特意在题注中写道："作此篇，兼怀子由。"令大词人在阖家欢乐的日子里魂牵梦绕的"子由"正是他的弟弟，也是我们这本书的主人公——苏辙，苏子由。

纵览北宋历史，无论是政治江湖，抑或是文学版图，苏轼都如一颗星辰，辉耀了整个北宋王朝，乃至后世近千年。但恰恰是这样一位恃才傲物、自负平生的大文豪，终其一生，内心深处真正激赏、常常牵挂的人不是父亲苏洵，也不是恩师欧阳修，而是他的弟弟苏辙。

苏辙之所以让苏轼如此欣赏和看重，并不仅仅源于骨肉亲情，更在于，在群星闪耀的大宋王朝，苏辙无论是文学才华、人品操守，还是政治抱负、理政能力，都不逊于大名鼎鼎的苏轼，有些方面甚至还远远超越了苏轼。以至有后人将苏辙、苏轼两兄弟称为"大宋双子星"。

苏辙的实力虽然和苏轼不相上下，但在后世的评价中，苏辙的声望和人气始终不如哥哥昭彰，以至后世的人们一提起苏辙，首先想到的就是"苏东坡的弟弟"，其中的原因有一大部分源于苏辙的性格。

虽然在为官、作文方面，苏辙立场鲜明、棱角分明，所持有的政见有时甚至比苏轼还要激进，是一个性格耿介的直臣和风骨文人，但苏辙在为人处世方面却"冲和淡泊，老成持重"。

举例来说，苏轼、苏辙两兄弟在同朝为官时，持有相同的政治主张，而且苏辙的观点比哥哥苏轼还要尖锐，还要激烈。在反对王安石变法的斗争中，苏辙所起的作用也要比哥哥苏轼大得多，但是苏辙后来所遭受的迫害却比苏轼要轻得多。

苏辙所在的元祐党派失势后，很多元祐党人都被流放、杀害，只有苏辙幸免于难。特别是当苏轼被谪海南，几乎被置于死地时，苏辙仅仅被贬官雷州。而且，据南宋文学家朱弁在《曲洧旧闻》中的记载，苏辙去世后被朝廷追赠为"大中大夫"，他的三个儿子也一并受朝廷的恩泽。这主要是因为当时的宰相蔡京"以子由长厚，故恤典独厚"，蔡京认为苏辙为人宽厚，所以给苏辙的抚恤和慰问也特别优厚。

又有《宋史》记载："辙寡言鲜欲，素有以得安石之敬心。"意思是，在王安石眼中，苏辙是一个言语不多，而且没有太大野心的人，所以王安石对他很尊敬。

由此可以看出，和苏轼豪放不羁、锋芒毕露、爱得罪人的性格相比，苏辙的性格更倾向于谨慎内敛、深藏不露。对于这一点，苏轼的一段评语可以进一步佐证。

苏轼在他的《记子由诗》中评价弟弟苏辙的文学成就时写道："子由诗过吾远甚。"意思是弟弟子由的诗比我写得强多了。"子由之文实胜仆，而世俗不知，乃以为不如。其为人深不愿人知之。"意思是，弟弟子由的文章其实胜过我很多，但一般人并不知道这一点，都以为他不如我。其实是我弟弟为人内敛，不肯张扬，不愿意让人知道罢了。

而苏轼、苏辙两兄弟所不知道的是，他们对照鲜明的性格，以及日后的人生际遇，已然昭示在了他们的名字当中。

苏洵在为苏辙、苏轼两兄弟起名字时，特意在《名二子说》中说明了这两个名字的由来和其中的深意：

> 轮辐盖轸，皆有职乎车，而轼独若无所为者。虽然，去轼则吾未见其为完车也。轼乎，吾惧汝之不外饰也。天下之车，莫不由辙，而言车之功者，辙不与焉。虽然，车仆马毙，而患亦不及辙。是辙者，善处乎祸福之间也。辙乎，吾知免矣。

意思是，车轮、车辐、车盖、车轸在车辆运行的过程各司其职，都有实际的用途，只有"轼"作为马车上的扶手好像并无大用。但一辆车如果没有轼，它就是不完整的。天底下的车辆都按辙印行走，而大家说起车子的用处时，不会想到车辙，遭遇翻车的灾祸时也不会怪车辙，所以车辙安稳地处于福祸之间。

从苏洵的"取名说"可以看出他精准地把握了两个儿子的性格特点。苏轼的"轼"是供坐车的人倚靠，或是扶着它向前瞭望用的，其特点是凸出外露，表明父亲苏洵看到了苏轼性格张扬、不会隐藏锋芒的一面；而苏轼字"子瞻"，是父亲苏洵希望大儿子苏轼具备长远眼光，懂得远瞻。这个名字充满了父亲苏洵对苏轼的期待和担忧。苏辙的"辙"字是车轮碾过时留下的痕迹，苏辙字子由，"由"有践行之意，依循着车辙行驶车辆的意思。苏洵认为车子都是因循着车辙来行驶的，虽然人们不会把走路的功劳算在车辙上面，但如果有车翻人伤的情况，也不会怪罪车辙。表明父亲苏洵认为苏辙性格沉稳，一生能够免于灾祸，很让人放心。

知子莫若父，纵观苏轼、苏辙两兄弟后来的人生命运和仕途际遇，的确像他们的名字一样：苏轼因为洒脱不羁而导致人生大起大落，有两次几乎陷入绝境；而苏辙虽然不如兄长那样光芒四射，却相对平顺安稳地过了一生。智慧如苏洵，在给两个儿子起名字时似乎已然对他们的命运做出了预判，使得兄弟二人一生的发展在冥冥之中似乎早已有了定数。

作为北宋文学史上最为耀眼的一对双子星，苏轼、苏辙两兄弟在文学领域可以说各有建树。他们的文学作品在风格和气质上都有很大的不同，但并没有高下优劣之分。苏轼的诗文豪放激荡，苏辙的作品含蓄内敛，他们的文学成就像他们的人生一样，各有千秋，不分伯仲。

苏家再添新男丁　文坛新星初长成

在蜀西南的峨眉山下、岷江之畔，有一座依山傍水的小城——眉山，眉山在古代又称眉州。在眉山市东坡区的纱縠行南段旧街有一座古祠堂——"三苏祠"。三苏祠正殿大门的两侧，有一幅清代名臣张鹏翮撰写的楹联——"一门父子三词客，千古文章四大家"。

"一门父子三词客"，盛赞苏氏父子都是古今少有的诗词大家；

"千古文章四大家"指唐代的韩愈、柳宗元和北宋的欧阳修、苏轼，这仍然是对苏氏的赞誉之词。

"三苏祠"在一千多年前曾是苏洵、苏轼、苏辙父子三人生活和居住的地方。后人为了纪念"三苏"父子便将苏宅改建为祠堂。我们这本书的主人公苏辙就出生在这里。

宋仁宗宝元二年（公元 1039 年）二月，正是蜀地草长莺飞的时节，空气里弥漫着醉人的春草和野花的香甜气息，春风浮荡，到处生机勃勃。二月二十日，眉州苏家上下喜气洋洋，苏洵迎来了他的第三个儿子。再为人父，苏洵还是喜不自胜，他高兴地给这位苏家三公子取名苏辙，字子由，一字叔同。就这样，几十年后将与父兄共同光耀北宋文坛的苏辙便诞生了！

苏辙出生时，苏家已经家道中落。在苏辙出生之前，他还有两个哥哥、两个姐姐，不幸的是，大哥和一个姐姐很早便夭折了，二哥便是比苏辙大三岁的苏轼，姐姐苏八娘比二哥苏轼还要大一岁。父亲苏洵因为早年在其父亲，也就是苏辙祖父苏序的影响下，喜欢四处游历，结交天下朋友，所以，即便已经是三个孩子的父亲，苏洵仍不善谋生之道，更不要说耕地务农这类营生，一家人的日子因此过得十分清苦。

好在苏辙的母亲程夫人非常善于持家。程夫人是眉州当地的名门之女，父亲程文应曾任朝廷大理寺丞，程家也位列眉山三大家族之首。程夫人从小就接受了很好的家庭教育，不但熟读诸子百家，学识渊博，而且见识不凡，很有志向。著名史学家司马光曾高度评价程氏："夫人姓程氏，眉山人，大理寺丞文应之女，生十八年，归苏氏。程氏富，苏氏极贫。夫人入门，执妇职，孝恭勤俭。族人环视之，无丝毫鞅鞅骄居可讥诃状。由是共贤之。"意思是，程夫人十八岁那年嫁给苏洵，程家富有而苏家贫困，但程夫人嫁入苏家后极尽妇道，孝顺长辈，勤俭持家。苏家的族人都非常认可她，认为她是一位非常贤良的女性。

苏家家境贫寒，有人曾劝程氏向富有的娘家求助，摆脱眼下的贫困。但程氏十分有志气，为了顾及丈夫苏洵的尊严和夫家的面子，她没有开口向娘家乞求资助，而是自己想尽一切办法补贴家用。她在眉州城的纱縠行租下了几间临街的店铺，做布帛生意。每天做完所有家务事，程氏便不辞辛劳，纺纱织布，再安排仆人在店铺里贩卖自己精心织成的布帛织物，以此来维持一家人的生计。

此外，程氏还用心良苦地鼓励夫君苏洵好好读书入仕。有一天，趁着丈夫苏洵闲居在家，程氏便找个机会在苏洵的书房墙壁上题了几句诗，借此劝勉丈夫早些立志求学：

童年读书，日在东方。

少年好学，日在中央。

壮夫立志，两山夕阳。

老来读书，秉烛之光。

人不知书，悠悠夜长。

嗟尔士子，勿怠勿荒。

　　看到夫人的这首题诗后，苏洵深感惭愧，此后便真的开始发愤读书，同时也承担起教育儿子的任务。父子三人常常"两耳不闻窗外事，一心苦读圣贤书"。

　　因为生活清贫，父子三人终日苦读，每日的餐饭只有一碗一碟，碗里盛的是白米饭，碟里则是一撮盐和几块白萝卜。白米饭、白萝卜、白盐粒，三父子以苦为乐，戏称这样的饭食为"三白饭"。直到今天，在"三苏"的故乡眉山市还流传着"三白饭"的典故。

　　物质的匮乏似乎更加激发了父子三人对精神食粮的追求。在此后的十年间，苏辙、苏轼在父亲的带领下，涉猎了经史子集等经典之学，还对儒家、道家、法家、墨家、纵横家等诸子百家的学说进行了钻研，可以说遍观百家之书。这样的学问积累为兄弟二人在后来的科举考试中蟾宫折桂奠定了坚实的基础。

　　成年后的苏辙曾在一首诗中这样描述自己的这段经历。

次韵子瞻和渊明饮酒二十首

　　　我性本疏懒，父母强教之。

　　　逡巡就科选，逮此年少时。

　　　幽忧二十年，懒性祗如兹。

　　　偶然践黄闼，俯仰空自疑。

　　　乞身未敢言，常愧外物持。

在苏辙的童年记忆中，能够围绕在父母身边，有哥哥伴读的这段时光总是那么美好。母亲每天从早到晚都守在织布机旁边辛勤劳作，嗡嗡嘤嘤的织机声不时回响在耳畔，听上去像一首旋律低回的歌谣；书房里，苏辙和哥哥苏轼在父亲的带领下，有时大声朗诵古诗文，有时热烈地讨论前人的政论文章，不亦乐乎。到了吃饭的时候，姐姐或是仆人会端来简单却可口的饭菜，还有夏日里消暑的甜汤……日子宁静而快乐。

当然，对年幼的苏辙来说，最快乐的时光还是跟着哥哥苏轼一起游山玩水。哥哥苏轼活泼好动，和沉稳持重的苏辙形成了鲜明的对比。苏辙曾在《武昌九曲亭记》一文中追忆兄弟二人在眉山度过的青少年岁月，他写道："昔余少年，从子瞻游，有山可登，有水可浮，子瞻未始不褰裳先之。"意思是，当我们都还小的时候，我随哥哥子瞻出去玩，只要有山可登，有水可游的地方，哥哥都会抢在我的前面去尝试。

幼年病弱不忘苦读　父兄伴学畅游书海

苏辙小时候体弱多病，尤其患有严重的肺病和胃病。苏辙在一首诗中追忆自己"少年即病肺，喘作锯木声"，每当肺病发作时就会整天咳嗽、气紧，急促的喘息声就像有人在锯木头一样。

小苏辙的巨大痛苦甚至引起了一向活泼乐观的哥哥苏轼的注

意。他在回忆弟弟小时候发病的情景时写道："忆子少年时，肺病疲坐卧。喊呀或终日，势若风雨过。"意思是，回忆你小时候，每次肺病发作时都会疲乏不堪，只能无力地坐着或躺着，整天费力地喘息不停，又不住地咳嗽，声音就像暴风雨过境一样。可以想象小小年纪的苏辙承受了多么大的病痛折磨。

但即便在这种情况下，苏辙也没有放弃读书。他始终坚持着跟随父亲和哥哥在书海中遨游，一刻也不曾松懈，如果没有顽强的毅力和决心是根本无法做到的。

苏辙曾在一篇回忆文章中说道："方其少时，先公、先夫人皆曰：'吾尝有志兹世。今老矣，二子其尚成吾志乎！'"意思是，年少的时候，我的父亲、母亲都说过，人生在世，他们曾想过要有所作为，要做一番事业，但是现在年纪大了，他们的两个儿子一定会继承他们的志向，建功立业。

虽然很多记载中都说苏洵年轻的时候曾四处游山玩水，无心向学；但实际上，苏洵到处游玩并非游手好闲，而是以游学的方式在积累阅历，增长见识，在研读"世界"和"社会"这本大书。

年轻时的苏洵其实是非常有激情、有远大志向和人生抱负的。他曾在《忆山送人》诗中这样写道："少年喜奇迹，落拓鞍马间。纵目视天下，爱此宇宙宽。"这个有着"纵目天下"的抱负、热爱广阔天地的年轻人，有一段时间也曾钻在书本中，想走一条千万人都曾走过的路——读书求学，科举及第，实现人生理想。

但是，年轻的苏洵发现自己作不来那种"学句读""对声律"

的应试文章，他觉得这些东西只能应付科举考试，并没有实际意义。相比较而言，他更喜欢钻研庄子、老子、荀子这些大家的经典之学。而且，在研读这些大家著作的同时，苏洵还在潜移默化中将作者的人格品行和治学精神内化于自己的精神血脉。

苏洵其实在早年时也曾参加过几次科举考试，但都以败北收官。屡次成为落榜生，这让苏洵从此对考试产生了抵触心理。同时，也让他认清了一个事实——真正的学问是圣贤之道，要靠勤奋的钻研和刻苦的淬炼才能得到，区区一个科举考试是无法检验真学问的。

于是，苏洵最终放弃了科举入仕这条路，他敏锐地意识到科举考试扼制人的聪明才智的弊病："人固有才智奇绝，而不能为章句、名数、声律之学者，又有不幸而不为者。苟一之以进士、制策，是使奇才绝智有时而穷也。"意思是，有些人非常聪明，但却不擅长章句、名数、声律这类学问，或者根本不想在这上面有所作为。如果以这种单一的方式来选拔人才，这就是聪明人的运气不好了。

苏洵决定不再把时间和精力浪费在不合理的科举考试上，但他并没有因为科举考试这条路走不通就放弃自我实现。他认为，大丈夫要立于天地间，不是只有求取功名这一条路可走，还可以通过著书立说来成就一番事业。

正是在这样的人生目标的指引下，苏洵开始沉下心，认真读书，从儒家经典到诸子百家，从古今治乱成败到圣贤穷达出处，苏洵一生读书不断，著述不菲，终成"大儒"，并且以此引导苏轼、苏辙两兄弟也终身以读书为乐、笔耕不辍。

　　苏洵不但立大志而且笃于行。他认真总结了自己科考失败的教训后，把这些经验用在了对苏轼、苏辙两兄弟的精心培养和教育上，并亲自带领两个儿子一起读书。

　　多年以后，苏辙在回忆和兄长共同读书的情景时，仍清楚地记得："予少而力学。先君，予师也；亡兄子瞻，予师友也。父兄之学，皆以古今成败得失为议论之要。以为士生于世，治气养心，无恶于身。推是以施之人，不为苟生也。不幸不用，犹当以其所知著之翰墨，使人有闻焉。"意思是，我年少的时候特别用心学习，我的父亲是我的老师，我的哥哥是我的老师兼朋友，父兄做学问都非常注重研究古往今来历朝历代治乱成败得失。在父兄的观点中，有志于读书治世的人，要先养成好的心性，尽量减少自身的缺点，不要苟且偷生，要把自己读过的书、知晓的道理分享出来，让大家都了解。

　　苏辙还追忆说："读是，内以治身，外以治人，足矣！"意思是父亲要我们两兄弟记住，从自身来讲，读书是为了修养心性，让自己具备高尚的人品和操守；从外部来说，是用自己所学的知识济世救民，为治国安民效力。

　　因为有了父亲的这种教诲，所以苏辙两兄弟在很小的时候就立下大志向，这种志向又成为他们勤学苦读的原动力。

　　苏辙在很多诗文中都记录了他和哥哥年幼时勤奋读书、刻苦学习的情景。在《再祭亡兄端明文》中，他回忆说："惟我与兄，出处昔同。幼学无师，先君是从。游戏图书，寤寐其中。"意思是，我和哥哥小时候没有拜师学习，父亲就是我们的老师。我们整天沉浸在书本中，睡着、醒着都在读书。可见，苏辙不但有志读书，更把读书当成一种乐趣——"游戏图书，瘗寐其中"。

在《张恕寺丞益斋》一诗中，苏辙回忆说：

> 人生不读书，空洞一无有。
>
> 羡君常斋居，散帙满前后。
>
> 开编试寻绎，阅岁行自富。
>
> 从横画图出，次第宫商奏。
>
> 汪洋畜江河，眇莽包林薮。
>
> 兴亡数千岁，络绎皆在口。
>
> 顾念今所知，颇觉前日陋。
>
> 我家亦多书，早岁尝窃叩。
>
> 晨耕挂牛角，夜烛借邻牖。
>
> 经年谢宾客，饥坐失昏昼。
>
> 堆胸稍蟠屈，落笔逢左右。
>
> 乐如听钧天，醉剧饮醇酎。
>
> 自从厌蓬荜，误逐功名诱。
>
> 初心一漂荡，旧学皆榛莠。
>
> 失足难遽回，抚卷长自诟。
>
> 幸君无事年，谓可终身守。
>
> 春耕不厌深，秋获当自受。
>
> 金玉或为灾，诗书岂相负。

其中，"晨耕挂牛角，夜烛借邻牖"一句，是借用了"牛角挂书""凿壁借光"两个讲述古人刻苦读书的典故。苏辙通过这两个典故，以古人克服困难做学问最终成就大业来自我激励。而"经年谢宾客，饥坐失昏昼"一句则是苏辙写实性地描述自己因为读书，常年谢绝应酬和交友，坐在书房读书甚至都忘记了饥饿和时间，可见苏辙读书用功之深。

虽然苏辙向往"晨耕挂牛角，夜烛借邻牖"的苦读境界，也曾"经年谢宾客，饥坐失昏昼"，但他并非像个书呆子一样死读书、读死书。从他后来所作的诗文以及为人处世来看，他是一个在父兄的引导下，有着强烈求知欲、善于独立思考的人。

独立思考的结果就是，他给自己总结了一套提高写作水平的方法——"养气说"。其观点就是，要想写出好文章，首先要提升修养、增长见识、丰富阅历，这样写出来的文章才会有气势、有见地。

他把这一观点形成文字并在给宰相韩琦的《上枢密韩太尉书》中系统地提了出来。从中可以看出，苏辙做学问，绝非死啃书本。他和天纵奇才的哥哥苏轼不同，他更善于在学习中思考和总结，在总结经验的基础上以勤补"拙"，积累自己的学问。

程母教子有方　为学先立宏志

在苏辙、苏轼幼年时期，眉山的私塾和官办学校都非常兴盛。

再加上蜀中地区处于和平繁盛时期，没有战乱的侵扰，经济得以发展，百姓安居乐业，读书求学之风很盛。对儿子们寄予厚望的苏洵当然也非常重视苏轼、苏辙的学业。

自苏轼、苏辙两兄弟三四岁起，苏洵便教他们识字、背诗。到了苏辙六岁这一年，苏洵便送他与哥哥苏轼一起入学天庆观北极书院，拜道士张易简为师，开始正式读书求学。

张易简在当地是一位非常有学问的人，他馆中的学童有上百人。张易简的启蒙教育也对苏轼、苏辙两兄弟产生了深远的影响。许多年后，苏辙在自己的《龙川略志》中还记录了这段求学经历，开篇就提到自己梦见小时候在天庆观读书，在学馆中与老子的画像进行对话。

而兄长苏轼则在《道士张易简》中写道："吾八岁入小学，以道士张易简为师。童子几百人，师独称吾与陈太初者。"意思是，在上百名学生中，张老师唯独夸赞了苏轼和另一位叫陈太初的学生。后来，苏轼成了一代文豪，而陈太初则成了一位道士。这样看来，张老师不但学问做得好，看人的眼光也非常精准。

遗憾的是，苏辙两兄弟仅仅跟着张老师学习了一年时间，就因为父亲苏洵外出游学而不得不辍学。虽辍学在家，但兄弟二人并没有因此荒废学业，而是由母亲程夫人承担起了教育之职，亲自教授他们读书明理。

在程夫人的教导下，苏辙两兄弟的学业又有了很大的长进。而且，程夫人在教授两兄弟读书时，并不是让他们死啃书本，而是教导他们要先立志、明理。在程夫人看来，孩子们只有先明理、立志，之后才能成大器。

所以，在程夫人的教导下，苏轼、苏辙两兄弟从小就对古圣先贤和品格高尚的杰出人物崇拜有加，并以这些人物为榜样，养成了开阔的胸襟和很高的精神境界，立志做正直、刚毅、利国利民的君子。

对苏辙来说，有一段记忆特别深刻，就是程夫人向两兄弟讲述《范滂传》的片段。范滂是东汉一位杰出的、受百姓爱戴的大臣，他为官时不畏奸佞，敢于为百姓的疾苦发声，甚至为了反抗当时贪污腐化的官场，不惜牺牲自己的生命。这位杰出人物在苏辙幼小的心灵里烙下了深深的印记，数年之后，在为兄长苏轼写墓志铭时，苏辙还提到了母亲教导他们学习《范滂传》的情景："公生十年，而先君宦学四方，太夫人亲授以书。闻古今成败，辄能语其要。太夫人尝读《东汉史》至《范滂传》，慨然太息。"意思是，哥哥十岁时，父亲到外地游学。母亲亲自教授诗书给我们，她谈论古今成败之事时总能一语中的。母亲在读《东汉史》中的《范滂传》时，曾非常感慨。正是在母亲程夫人的教导下，兄弟二人都立下了治国平天下的志向，也因此更加发奋读书。

家乡眉州的一草一木培养了苏辙博大的胸襟，而母亲程氏的教诲则使苏辙从小便养成了正直、善良的品性。

在苏轼、苏辙两兄弟的记忆中，都是母亲对他们的言传身教。比如，在《东坡杂记》中，记载了这样一个故事：

吾昔少年时，所居书室，前有竹柏杂花，丛生满庭，众鸟巢其上。武阳君恶杀生，儿童婢仆皆不得捕取鸟雀。数年间，皆巢于低枝，其鷇可俯而窥也。又有桐花凤四五（百），日翔集其间。此鸟羽毛至为珍异难见，而能驯扰，殊不畏人。闾里间见之，以为异事。此无他，不忮之诚，信于异类也。有野老言：鸟雀去人太远，则其子有蛇鼠狐狸鸱鸢之忧。人既不杀，则自近人者，欲免此害也。由是观之，异时鸟鹊巢不敢近人者，以人为甚于蛇鼠之类也。苛政猛于虎，信哉！

意思是，少年时，我的书房前种满了竹子、柏树和各类鲜花，很多鸟在树上筑巢。我的母亲武阳君反对杀生，严禁家里的小孩和仆人捕捉鸟雀。几年后，鸟巢筑得越来越低，我们弯下腰就能偷看到巢里的幼鸟。树丛中还有四五百只叫桐花凤的鸟在其间飞翔、栖息。这类鸟的羽毛十分罕见，容易驯养，很亲人。邻居们看了都觉得不可思议。其实这并不奇怪，如果人们能真诚友好地对待鸟儿，就能取得它们的信任。民间有一种说法，鸟雀筑巢离人太远，幼鸟就会被蛇、鼠、狐狸、老鹰所侵害。如果人类不捕杀鸟雀，它们自然就会和人亲近，就会远离蛇、鼠、狐狸、老鹰的伤害。所以，鸟雀之所以不敢近人筑巢，是因为人的行为比蛇鼠更为残暴。所谓"苛政猛于虎"，所言不虚啊！

还有一则《记先夫人不发宿藏》的小故事，讲的是发生在苏家老宅中的一件事。有一天，苏家的两个丫鬟正熨烫绸缎，一个丫鬟突然发现自己脚下的地面坍陷了一大块，下面还有一个瓮，丫鬟吓得尖叫起来，惊动了程夫人。一些闻讯赶来围观的人看到瓮以后纷纷猜测里面可能装有金银珠宝，建议把它挖出来。但程夫人却做了一个出人意料的决定，她让众人用土将瓮重新埋好，把塌陷的地面铺平。程夫人还告诫仆人和苏轼、苏辙两兄弟，不论瓮里装了什么，那都是之前的主人埋下的，不属于苏家，谁也不准占为己有。

程氏教育子女的方式深刻地影响了苏轼、苏辙两兄弟的为人行事。兄弟二人日后在仕途中，始终清正廉明，一身正气，从不以权势和声望谋求私利，他们所表现出的仁爱、宽厚、勤政爱民和提倡"爱民""仁政"的治国主张，都与母亲对他们的教育有着密切的关系。

家风淳厚福泽子孙　苏氏风骨百代流芳

苏辙和他的父兄之所以能够在中国文学史上书写传奇，成为千古佳话，除了他们天赋异禀外，也和苏氏一脉代代相传的良好家风密不可分。苏辙的父亲苏洵在《苏氏族谱》中曾说："苏氏出于高阳，而蔓延于天下，唐神龙初，长史味道刺眉州，卒于官。一子留于眉。眉之有苏氏自是始。"意思是，苏氏一族原本出自高阳，渐渐在全国各地开枝散叶。在唐中宗李显执政时，原来任秘书长的苏家祖先苏味道到眉州做刺史，结果在赴任的路上离世。他的儿子留在了眉州，眉州于是开始有了苏氏一族。

按照苏洵族谱中的这个说法，苏味道就是苏洵这一支的苏氏先祖。唐朝初年，苏味道因为文采斐然而闻名于当时，和同时代的李娇、崔融、杜审言并称为"文章四友"。武则天执政时，苏味道曾任凤阁鸾台平章事，相当于宰相。

武则天死后，苏味道被贬到四川眉州做了一名刺史，后来又被升调到益州做长史，但还没来得及就任便离世了。苏味道的后代因此留在了眉山，延续到苏洵这里，已然是第九代。

在这期间，苏氏一族再也没有出现过"大人物"，也没有人入仕做官，家族也不怎么显赫。但是，苏家却一直是眉山当地有名的三大家族之一，另外两家是程家和史家。

程、史两家因为家产殷实而成为当地望族，而苏家只是小康之家，之所以能够位列三大家族，一是因为先祖苏味道曾做过宰相，苏家仍算名门望族；二是因为苏家的家风非常好，历代苏氏子孙都有乐善好施的美德，被当地人所尊崇。

从苏洵的高祖苏釿到父亲苏序，都是非常豪爽的人。高祖苏釿"以侠气闻于乡间"，喜欢打抱不平。

苏洵的曾祖父苏祐有才干，人又机灵，被人们所称道。据说，有一次苏祐在成都遇到一位道士，对方想传授给他一种能用药变出各种物品的法术，被苏祐谢绝了。道士十分敬佩苏祐的为人，认为苏祐是一个不贪便宜、心中有大义的人。

苏洵的祖父苏杲秉承祖辈为人好善、讲究信义的品质，孝顺父母，对兄弟、乡邻、亲朋都非常友好。而且苏杲善于持家，苏氏家族在他这一代稍稍富裕起来，但他又从不聚敛财富。

后蜀被北宋攻破后，后蜀的高官们争先恐后变卖家产，迁居京城，这给眉山当地人一个低价收购产业的机会。稍微有点钱的人都趁机争相购置田产，唯独苏杲不为所动。他认为置业太多会贻害子孙。所以，苏杲一直到死，始终过着俭朴的生活，但他经常拿出粮食和衣物救济贫困乡邻，毫不吝啬，而且从不张扬。

到了苏洵的父亲苏序这里，豪侠仗义之风更是被发扬光大。苏洵说父亲苏序为人平易可亲，只要有人找他帮忙，他总是倾力相助。苏序胸怀开阔，为人平和厚道，深得乡亲们敬重。与人交往时，不论对方是读书人还是乡村野老，苏序都非常礼貌谦逊，十分顾及他人的感受。苏序最为人称道的还是他扶弱济贫的品德。

有一年，眉山闹灾荒，苏序把自家储存的谷物无偿地拿出来救济周围的乡民，帮他们渡过难关。等到情况好转后，乡亲们偿还粮食给他的时候，他还豪爽地说："那些东西本来就是多余的，哪里用还呢？"

苏序的这种性格也深深影响了他的孙辈——苏辙和苏轼。苏轼后来能和各阶层人士都打成一片，"上可陪玉皇大帝，下可陪卑田院乞儿"，定是受了爷爷潜移默化的影响。另外，苏轼在杭州为官时曾开办过一家慈善医院——"永安坊"，救了很多人的性命。这一善举又何尝不是在延续祖父苏序的遗风呢？

在苏洵撰写的《苏氏族谱》中，记述了苏氏先祖的这些美好言行，教育后代要继承和发扬先辈优良传统，孝悌忠信、和睦友爱。在《苏氏族谱亭记》中苏洵这样写道："少而孤则老者字之，贫而无归则富者收之。而不然者，族人之所共诮让也。"意思是，如果有幼小的孤儿无人照顾，族中的成年人就应该来抚育；如果有无家可归的人，族中的富裕人家就应该收养他。如果有人不履行这些义务，那么全体苏氏族人都应该谴责他。

一家一户的修为，一族一代的懿德，就这样慢慢传承了下来。

到了苏序这一代，开始有了读书入仕的想法，明代学者郑瑄在他的《昨非庵日纂》中记载过苏序的一段话："吾欲子孙读书，不愿富。"意思是希望子孙后代要读书做官，而不是经商致富。后来，苏序的一个儿子也就是苏洵的哥哥苏涣高中进士。

在哥哥的影响下，苏洵也开始把心思放在了入仕上——"窃有志于今世"。直到苏轼、苏辙两兄弟入仕，苏氏家族科举求仕的路途达到了顶峰。

在读书学习方面，苏洵引导苏轼、苏辙两兄弟的方法很独特，也很有效。这个方法就是抄书。苏洵常常让苏辙用抄书的方式来读书，他给两兄弟立下规定，古籍经典必须抄阅，就是抄一遍读一遍。这一学习方法为两兄弟打下了深厚的史学功底。

另外，苏洵还坚信"读万卷书不如行万里路"，喜欢通过游学来增长见识，锻炼品质。他也经常带着苏轼、苏辙两兄弟走访名师，开阔眼界。苏辙关于写文章要"养气说"的观点多半源自父亲的这一影响。

虽然苏洵自己一直科考失败，但他一直希望两个儿子能够应试成功。他了解到当时的文坛领袖欧阳修在大力改革文风，反感华而不实的风格，苏洵便将自己的写作心得倾囊传授给两个儿子：写文章千万不要模仿他人，要有自己的独到见解；写文章要能切中当今的时弊，就如同良药可以治病、五谷可以充饥一样，写文章要解决实际问题。

三苏父子不仅在文学上成就非凡，而且为人正直，不畏强权，一生都在坚守士君子的风骨，追寻济世救民的治世之道，真心实意地践行着"天下兴亡匹夫有责"的箴言。

苏洵曾经深受欧阳修的赏识，也被韩琦待若上宾。当时的韩琦掌管着北宋的兵马大权，他觉察到当时的北宋政府军务废弛，军队缺乏战斗力，便想进行治理，但是他又担心会引发军队哗变，就打消了这个念头。

苏洵知道后便写了《上韩枢密书》一文给韩琦，提醒他要从严治军，必要时可以杀鸡儆猴。这让韩琦心里很不爽，开始疏远苏洵。

但苏洵仍然坚持自己的原则，又上书给欧阳修，抨击朝廷办事效率低，揭露当时的统治集团内部因循守旧的官僚作风。结果可想而知，敢于直言的苏洵在当时腐朽的北宋权贵们的压迫与打击下，仕途充满了坎坷，死后才被追赠了一个六品官。

虽然苏洵的这些言行也直接影响了苏轼、苏辙两兄弟的仕途，但是苏轼、苏辙两兄弟却不曾有丝毫抱怨，反而像父亲苏洵一样，无论是在朝堂上还是在地方上为官，都能秉公办事，不随波逐流，甚至为了国家的长治久安和百姓的富足康宁而不顾个人的安危。这就是苏氏一门笃厚的家训、家风代代相传，润物无声的力量使然。而且，随着时间的淘洗，苏氏家风早已超越了一宗一脉，注入了大多数中国人的血脉。

百年文脉润眉山　苏氏父子续传奇

"三苏"父子的故乡四川眉山在古代被称为眉州，素有"千载诗书城""人文第一州"的美誉。眉山文化厚重，它曾是我国三大雕版印刷中心之一。在两宋年间，从眉山走出了上千名进士，其中有名有姓的就达886人，史称"八百进士"。

八百进士和"三苏"父子书写了眉山式的传奇，也给后人提出了一个特别值得深思的话题："眉山传奇"是机缘巧合还是历史必然？有专门研究"三苏"文化的学者给出的答案是，这是地理环境的必然和社会发展的必然。

从地理环境来讲，眉山介于青城山和峨眉山之间，山峦纵横，水网密集，气候温和，四季分明，是一块钟灵毓秀之地。优美的自然环境陶冶了"三苏"父子崇尚自然、热爱山川的情操，他们热爱生活，对人至诚至善。秀美的山川风物更激发了他们的诗魂和文才，铸就了他们伟大的人格品性，也奠定了他们文学创作的风格。

从经济上讲，"三苏"父子生活的时期正是蜀中社会安定、经济平稳发展的"承平"时期。眉山良好的水利设施有力地促进了当地农业生产的迅速发展，使这里的农桑耕作非常发达。

而且，因为得天独厚的地理位置，眉山也是蜀西南重要的物资集散地，所以这里的商业也非常繁荣。苏辙在《蚕市》一诗里描述了眉山的一个商业集市，我们从中可以窥见当时的繁盛。

蚕市

枯桑舒牙叶渐青，新蚕可浴日晴明。

前年器用随手败，今冬衣着及春营。

倾困计口卖余粟，买箔还家待种生。

不惟箱筐供妇女，亦有锄镈资男耕。

空巷无人斗容冶，六亲相见争邀迎。

酒肴劝属坊市满，鼓笛繁乱倡优狞。

蚕从在时已如此，古人虽没谁敢更？

异方不见古风俗，但向陌上闻吹笙。

这种"百年承平"的盛世使眉山的农业和商业都得到了迅速发展，为眉山百姓提供了安居乐业、热心向学的有利条件，是眉山民间崇尚教育的基础。

北宋时期，西蜀是全国文化最发达的地区之一。这里是古代巴蜀文化的发祥地。自秦统一中国以来，中原文化不断涌入，与当地文化交汇融合，孕育了灿烂的巴蜀文化。苏轼曾在他的《谢范舍人书》中描述过西蜀文化的盛况："盖相如唱其前，而王褒继其后，峨冠曳佩，大车驷马，徜徉乎乡闾之中，而蜀人始有好文之意。"寥寥几句，为我们列数了这块物阜民丰之地在不同历史时期所孕育出的文学、军事、政治巨星，他们是杰出的辞赋大家司马相如、扬雄；被尊为诗仙文化巨星李白……而这些大师和名家又以成都、眉山属地的最多。

大师辈出眉山，有其历史的必然。在唐末及五代十国时期，由于关中及中原地区发生战乱，当地百姓为避战祸，自发向蜀中移民。其中，"安史之乱"期间，唐玄宗就带着大批人马逃到成都。大诗人杜甫也紧随其后，他的诗中还有"二十一家同入蜀"之语。而唐末黄巢起义期间，唐僖宗也逃到蜀中避难，大批文武官员也随之入川。到了五代十国时期，中原依旧兵燹不断，西蜀之地更是成了战区人民的一方乐土，人们从四面八方涌向这里。其中，又数眉山接纳的移民最多，因为这里不但远离战乱，而且风景秀丽、物产富饶。三次大规模的移民为巴蜀文化的发展注入了巨大的活力。

移民当中，有不少人是"衣冠之族"，即知识分子和官宦世家，读书、应试、做官是这些家族的最大追求。在他们看来，只有通过读书应试进入统治阶层，家族才能持续地兴旺，子孙后代的生活才更有保障。这就决定了眉山当地非常重视教育，百姓之中形成了热心向学的风气。

在《眉州远景楼记》中，苏轼这样描述家乡人喜好读书的风气：

"吾州之俗，有近古者三。其士大夫贵经术而重氏族，其民尊吏而畏法，其农夫合耦以相助。盖有三代、汉、唐之遗风，而他郡之所莫及也。始朝廷以声律取士，而天圣以前，学者犹袭五代之弊，独吾州之士，通经学古，以西汉文词为宗师。"意思是，在我们眉山，有三种风俗比较接近古风。第一，这里的读书人比较重视研读经书，思考治理天下的策略，也非常看重宗族和亲戚关系；第二，眉山的老百姓尊重政府、敬畏律法；第三，眉山务农的百姓常常一起合作，互助耕种田地。这些传承自汉、唐时的优良传统，其他地方都比不上。

当初朝廷通过考核辞赋声律方面的知识来选取进士，在天圣年（宋仁宗的年号）以前，各地的读书人还模仿五代以来华而不实的文风，只有眉山的读书人研读经典，以西汉时期的文章为典范。西汉时期的文章多以社会现实为主题，具有强烈的忧患意识和积极担当的精神，文章极具个性，有丰富的情感表达。

百姓以读书向学为荣，使得眉山的图书印刷业非常繁荣。在宋代，眉山的出版印刷业和杭州、建州齐名，所刻印的内容不但有经史子集等典籍，还有唐宋时期许多文化名人的别集、总集，可以说门类俱全，为巴蜀甚至全国输送了大量的精神食粮。其中很多印品流传至今，价值不菲。

经济的发展，出版业的发达，使得眉山的藏书也非常丰富。其中，最具代表性的就是建于唐代，名扬四海的孙氏书楼。书楼始建于唐玄宗开元年间，之后在长达168年的时间里，孙家的藏书楼渐渐成了全国最大的私人图书馆，唐僖宗还曾为其亲题"书楼"二字以示褒奖。

宋朝初期，孙氏的后人重新修缮了书楼，并用北宋开国皇帝赵匡胤所赐的钱帛购买、置换了近万卷图书收藏在书楼内。孙氏藏书楼作为私家图书馆，在宋代被称为"万卷书楼"。书楼还开设有学馆，号"山学"，延请老师，招收学生，进行讲学。

有研究者在分析宋代眉山籍进士的资料时发现，这些上榜的进士主要来自程、孙、朱、史、苏等几个大家族。这些家族有的经济实力非常雄厚，有的自古就是读书世家，有着丰富的应试教育经验，使他们的后世子孙有着明显的应试优势，常常有父子、兄弟在科举考试中蝉联的现象。所以，这也是眉山成为西蜀甚至全国文化亮点的原因之一。

正是在这种百年文脉的熏染之下，苏家也非常重教育，苏轼、苏辙兄弟二人从三岁起就在父母亲的引导下读书、识字、背诗、讲史，之后，又先后前往天庆观、寿昌书院拜张易简、刘巨为师。两位启蒙老师都是远近闻名的饱学之士，不但文学功底非常深厚，而且都以做学问为乐，这就为苏辙两兄弟打下了坚实的文学基础，同时让他们养成了以读书为乐的良好习惯。

眉山，因为优越的地理位置和历史传承，成为一个文脉兴盛之地。在眉山的文人学子当中，最辉煌、最耀眼、历史地位最高的当数"三苏"父子，他们和前、后辈的大师们一起，构成了眉山人文版图的一座座文学主峰，让后人景行行止。

一门父子三词客　千古文章四大家

苏洵、苏轼、苏辙父子三人因为辉煌的文学成就一同位列唐宋八大家，被当时的人们称为"三苏"。"三苏"的称号最早出自北宋王辟之的笔记《渑水燕谈录》。文中写道："苏氏文章擅天下，目其文曰'三苏'，盖洵为老苏，轼为大苏，辙为小苏也。""三苏"是一种称谓，更是一种美誉。此后的历朝历代对"三苏"都有非常高的评价。

"三苏"之中，大苏即苏轼的文学成就最高，名气最大；小苏即苏辙官职做得最高，政绩不俗；三苏中的老苏即苏洵，虽然名气和官职不及两个儿子，但是在散文、兵法、政论、家谱方面的成就却不容忽视，他在当时的文学发展中起到了承上启下的作用。

苏辙的父亲苏洵，在文学造诣方面的主要成就是散文及政论，文章多以谈论古今、治乱得失为内容，行文逻辑缜密，气势如虹。苏洵早年的文章，如《衡论》《权书》《几策》等，受到当时文坛领袖欧阳修的激赏。

其中，仅《衡论》一篇论文就囊括了任命官吏、培养人才、法治建设、土地制度等很多治国理政的谋略。欧阳修读后盛赞《衡论》"博辩宏伟，可与刘向、贾谊媲美"，甚至亲自写推荐信，极力向朝廷推荐苏洵。

正是在欧阳修的赏识和力荐之下，苏洵的文章被当时京城的公卿士大夫们争相传诵，名气大盛。此外，苏洵还花了很多精力和时间写了一本兵书——《权书》，并创造了现代修写家谱的方法之一——苏氏谱例。时至今日，人们在写家谱时还会用到苏氏谱例。

苏辙的哥哥苏轼，世称苏东坡，作为大苏，在文学艺术方面堪称全才，其文学创作成就代表着北宋文学的最高水平，成为北宋时期和欧阳修齐名的文坛领袖，被后世称为"千古第一文人"。苏轼对中国文学史的贡献不仅仅是他留存后世、脍炙人口的优美诗词，更重要的是，苏轼继承和发展了北宋诗文的革新运动。他和恩师欧阳修、父亲苏洵、弟弟苏辙四人，是宋代古文运动的核心人物，为宋词和古文运动开辟了广阔的道路。

北宋的诗文革新运动主要是反对以西昆体为代表的浮靡文风。西昆体因《西昆酬唱集》而得名，是北宋初期非常流行的一个诗歌流派，片面追求形式美，辞藻华丽，对仗工整，但缺乏真情实感，思想贫乏，诗文的内容也极度脱离现实。

而当时北宋王朝的社会现实是，土地兼并加剧，社会矛盾凸显，以欧阳修、苏轼为代表的一些有远见的士大夫文人坚决主张革除时弊，提出文学要反映社会现实，推崇韩愈、白居易的反映现实的诗歌，反对靡靡之音的西昆体。

继欧阳修之后，苏轼作为新一代文坛领袖，他和恩师欧阳修一道，将诗文革新运动推向了高潮。苏轼强调，写文章必须有立意，也就是要有一定的思想内容，使文学真正成为反映现实生活的工具。作文要有感而发，作家要细致敏锐地观察生活，不断提高自身的艺术修养；主张写文章应该按内容的不同而采取不同的表现形式，文理要自然，要有章法。由欧阳修和苏轼主导的北宋诗文革新运动又一次促进了中国古代文学的发展，对后世产生了巨大的影响。

作为小苏的苏辙，深受父兄影响，在写诗方面极力效仿哥哥苏轼，风格纯朴无华，文采斐然。此外，苏辙最擅长的是散文，其次是政论和史论。明代茅坤在《苏文定公文钞引》中评价苏辙的文章"西汉以来别调也"，指苏辙的散文文风别具一格，自西汉以来绝无仅有，突出了苏辙在散文史上的地位。

苏辙不仅在诗文创作上表现出出众的才华，他的书法也颇有造诣。其书法笔力潇洒自如，工整有序。有评价说，苏辙的书法"点画丰腴，浑厚沉劲，书颇似东坡早年书"。他的行书风格沉厚拗峭，朴拙雄健。

苏辙传世的墨迹有《雪甚帖》《雪诗帖》《车马帖》《晴寒帖》《出京贴》《致子瑝秘丞贴》《致定国五札》《安君文字贴》《致定国三札》等，其中十一件藏于台北故宫博物院，一件藏于南京大学图书馆，还有一件拓本藏于天津市艺术博物馆。

苏辙的政论和史论同父兄一样，纵谈天下大事，针砭时弊，古为今用。他的文章就如同他的为人一样，怀抱一腔热忱，希望当时的北宋统治者能够从文章中总结前人治乱的经验，吸取教训，治理好自己的国家。

苏辙的史论代表作品是他晚年所作的《历代论》。内中文章在对历史人物进行评点时不拘一格，比如，他认为汉高祖刘邦能够灭秦是一种偶然，不是靠人为谋划的结果——"此天也，非人也"，这一观点和当时的正统史学家的观点大有不同。

在评价汉高祖和汉武帝时，苏辙非常认可汉高祖善于用人的优点，评价他虽然没什么才能，但是识人的本领很强，也善于用人；而汉武帝虽然文武兼备，却"专以一身任天下"，结果是"故东汉之治，宽厚乐易之风，远不及西汉"。由此，苏辙得出一个结论，高明的君王应该善于识人、用人。

在《六国论》中，苏辙用齐、楚、燕、赵等国不能和韩、魏等国一起团结抗秦来隐喻北宋王朝后方安乐腐败，前方受敌却得不到支援的残酷现实。

《宋史》评价苏辙的史论文章时写道："辙性沉静简洁，为文汪洋澹泊，似其为人，不愿人知之，而秀杰之气终不可掩，其高处殆与兄轼相迫。"意思是，苏辙的性情沉静简洁，写文章气势宏大而淡泊，和他的为人一样，不愿被人知道，而俊秀杰出之气终究不可掩饰，其文章的高妙之处和哥哥苏轼很相似。

苏氏父子不仅在诗词文章上成就斐然，光耀千古，他们为人处世也十分光明磊落，极受后世景仰。苏轼、苏辙两兄弟为官之后，一直心系国家，同情百姓疾苦，每到一处都造福一方百姓。今天的眉山人仍然以"三苏"父子为荣，人人交口称赞他们的美德。

　　时光倏忽而逝，一转眼已是千年。历经千年，苏门三父子，这个中国历史上最具传奇色彩的组合所创造的文坛佳话影响了一代又一代中国人。他们的斐然文采，他们的人格魅力，随着时间的淘洗越发璀璨夺目。

眉山才俊崭露头角

　　苏辙受父母双亲的影响，从小就有着治国平天下的远大抱负和忧国忧民的赤子之心。他十八岁便在科举考试中蟾宫折桂，名动京师，最为难能可贵的是，他小小年纪就能无私无畏，同情民间疾苦，敢于为了国家前途和百姓命运而向当朝皇帝直陈时弊。

娶妻史氏成家立业　少年出川赴京赶考

宋仁宗至和二年（公元 1055 年），这一年苏辙十七岁，已然到了谈婚论嫁的年纪。在父母的安排下，苏辙娶了比他小两岁的史氏为妻。史氏善良、贤惠，在持家方面一点也不逊于自己的婆婆程氏，苏家上下对她都非常满意。在苏辙成家的前一年，哥哥苏轼也娶了乡贡进士王方的女儿王弗为妻。短短两年时间，苏家便陆续添丁进口，夫妻和睦，姒娌相亲，一家人其乐融融。

古人常常以"成家立业"来衡量一个男人的世俗生活是否成功。对苏轼、苏辙两兄弟来说同样如此，他们幸运地娶到了贤妻，接下来就该好好"立业"。

兄弟二人早已为此做好了准备，他们此前十年寒窗苦读，正是为了有朝一日能够考取功名，步入仕途，为国、为民贡献自己的力量，实现人生价值。

宋仁宗至和三年（公元 1056 年）年初，父亲苏洵便带着十八岁的苏辙和他的哥哥苏轼离开了生养他们的故乡眉山，向东京汴梁进发，希冀在那里能够科考成功，为自己、为苏氏家族开辟一片新天地。此次离乡是苏辙第一次走出眉山，见识外面的广阔天地。自此以后，他就和父兄一道，开启了自己辉耀的一生。

父子三人进京的第一站来到了蜀中的文化、政治、经济中心——益州。在这里，苏洵见到了当地的行政长官张方平。张方平曾任翰林学士、知制诰等职。本来，仁宗皇帝还想请他出任宰相，但张方平却以身体有恙为由没有接受这一聘用，仅仅出任了蜀中的地方官。

博学多才的张方平刚刚在益州上任便到处寻访贤才。有人向他推荐了苏洵，张方平欣然接受。见到苏洵后，特别是阅读了苏洵的《几策》《衡论》《权书》《洪范论》等著述后，张方平大加赞赏。他高度评价苏洵的文章气势非凡，内容精深广博，兼有左丘明、司马迁、贾谊等人的文采："左丘明《国语》，司马迁善叙事，贾谊之明王道，君兼之矣！"二人纵论天下大事，品评风云人物，谈得十分投机。

而当张方平第一次见到苏辙时，更是眼睛一亮。眼前的苏辙长身玉立，形貌宛然，令张方平十分喜爱，二人从此结下了深厚的忘年交。苏辙后来在宦海中几番沉浮，张方平始终鼎力相助。苏辙在自己的一篇文章中追忆两人见面的情景时这样写道："予年十八，与兄子瞻，东游京师。是时，张公安道守成都，一见，以国士相许。自尔遂结忘年之契。"

见面寒暄之后，苏洵便将苏轼、苏辙两兄弟之前所作的文章呈给张方平，希望他能推荐自己的两个儿子参加乡举。

仔细阅读了苏辙、苏轼的文章后，张方平对苏洵说："从乡举，乘骐骥而驰闾巷也。六科所以擢英俊，君二子从此选，犹不足骋其逸力尔。"意思是，你的两个儿子此次应试乡举不过是小试牛刀，就如同千里马在小胡同里驰骋一样。即便是更高级别的六科考试，也不能充分展示他们的才能。

这里所说的"乡举"，是宋代科举制度中的一环，是指考生要由地方推举才能参加乡试，乡试及格再参加朝廷的考试。而"六科"则是指从才华、品行、智勇、见识、谋略等方面进行考核的考试。这一级别的考试往往由皇帝亲自策问，每次只录取几个人，一旦被录用，就会得到很好的官职。张方平高度评价苏辙两兄弟即便是参加最高级别的六科考试也绰绰有余，可见苏辙、苏轼的才华十分了得。

同时，为了考察苏轼、苏辙两兄弟的考场应变能力，张方平还在自家模拟考场，亲自出题考察苏轼、苏辙。待兄弟二人交上答卷后，张方平再一次激动地对苏洵说："二子皆天才，长者明敏尤可爱。然少者谨重，成就或过之。"意思是，你的两个儿子都是天才，大儿子聪明机敏，小儿子谨慎持重，以后可能会超过兄长。

从后来兄弟二人的发展来看，苏辙官至宰相，在仕途上的确超越了哥哥。之后，苏氏父子又得到了另一位地方官员雷简夫的赏识，并为他们写了推荐信。就这样，父子三人揣着张方平和雷简夫分别写给欧阳修和宰相韩琦等人的推荐信继续向京师进发。

对年轻的苏辙来说，去往京师的路途不仅是欣赏沿途风光的山水之旅，更是让他大开眼界，了解一路山川风物和各地风土人情的精神之旅。有些经历甚至影响了他此后的整个人生，比如，父子三人在青城山的经历。

　　青城山是历史上非常有名的道家修行之地，有着不少关于道人飞升成仙的传说。当父子三人沿着满目苍翠的山路登上青城山时，静谧清幽的山间小径让他们顿时忘却了世俗的纷扰，内心一片澄澈。山路上，三人碰巧遇到了一位须发皆白的道人。道人向父子三人介绍自己有一百多岁了，但走在山路上仍是健步如飞，苏洵便非常恭敬地向道人请教养生之道。

　　道人见苏洵父子非常谦虚和善，便将自己的养生之道和盘托出。他告诉苏洵，养生主要有两种途径，一种是炼内丹，也就是调养内在的精气神；另一种是炼外丹，即服食长生不老的金丹。

　　道人的话引起了一旁的苏辙的兴趣。他因为从小就受肺病和脾胃病的折磨，所以非常注重养生之道，听道人这样说，苏辙就更加入迷，他急切地问道人，是炼内丹重要还是炼外丹重要。

　　道人回答他：如果不能调养好内在的精气神，而执着于服食金丹，就是舍本逐末，再神奇的灵丹妙药都无法被人体吸收和消化。相反，如果能够调养好精气神，达到物我两忘的境界，人便能和天地相通，甚至能与天地齐寿。

　　苏辙听了大为震撼，频频点头，从此以后便和道家结下了深厚的缘分。终其一生，苏辙都坚持修习道家心法，调养身体。到了晚年，一直折磨他的肺病和胃病竟然神奇地消失了。不但如此，道家的宇宙观和哲学思想也拓展了苏辙的眼界和胸襟，使他拥有了更为坚实的精神内核，这为他抵御人生中的不幸和仕途中的坎坷及危难提供了丰厚的精神养料。

初出茅庐显峥嵘　高中千古第一榜

父子三人自眉山出发后，一路上过益州、阆中，经秦岭、咸阳，经过近两个月的舟车劳顿，终于到达了首都汴梁。

汴梁作为北宋的首都，它还有三个陪都，即西京河南府（今河南洛阳）、南京应天府（今河南商丘）、北京大名府（今河北大名）。北宋之所以要设立三个陪都，据史料记载，是因为中原地区自经历了五代十国的战乱后，历朝历代便都有了在首都之外另设陪都的传统，为的是防备战乱再起。北宋政府也不例外，所以设置了三个陪都。

父子三人到达汴梁后，在朋友的帮助下暂时租住于城内的兴国寺。在幽雅清静的寺院中，苏轼、苏辙兄弟俩每日潜心读书，积极备考。

中国的科举制度发展到北宋，已然相当完善，不但成为一项重要国策，同时还允许平民子弟通过科举考试出人头地，步入上流社会，为国家储备更多的人才。北宋的科举考试一共分为五个等级：县试、院试、乡试、会试、殿试。

苏辙兄弟二人在父亲苏洵的多方努力下，于嘉祐元年（公元1056年）九月得以直接参加第三个等级的考试——乡试，并顺利考中了举人。据史料记载，苏辙参加的这一届乡试，考生竟达上万人，创造了中国科举史上的先例，可以想象当时的竞争是何等激烈。

顺利通过乡试并没有让父子三人掉以轻心，因为他们知道接下来的会试和殿试才更见真章。而这两场考试要等到第二年的二月和三月才能举行。为了在考试中取得更好的成绩，父子三人决定留在京城汴梁，继续攻读，好好备考。

在这期间，苏辙除了与兄长苏轼深入研读大家经典之外，还花了不少时间和精力撰写《春秋传》。《春秋传》后来成为苏辙诸多著作中比较重要的一部，被列为四书之一，其余三部分别是《诗》《老子解》《古史》。

之所以要写作《春秋传》，苏辙后来解释说："平生好读《诗》《春秋》，病先儒多失其旨，欲更为之传。"意思是，苏辙特别喜欢研读《诗》《春秋》，发现之前的读书人并没有真正通晓《春秋》的真正要义，所以苏辙要写作《春秋传》，以表达自己对《春秋》的理解。

让苏辙万万没有想到的是，写作《春秋传》看似与备考无关，有些不务正业，但恰恰是这部《春秋传》让他机缘巧合地在接下来的会试中押对了题目，因为那场考试中就有《春秋对义》的内容。

嘉祐二年（公元 1057 年）二月，经过近一年的苦读，苏辙终于和哥哥苏轼一同走上了会试的考场。而他不知道的是，这将是一场史无前例的科举考试。

这场考试的地点设在汴梁秘阁，秘阁是当时北宋宫廷内的藏书阁。从如此高规格的考场设置来看，这次考试是相当重要的。有多重要呢？首先，来看看这次考试的主考官，他就是当时的文坛领袖、大名鼎鼎的欧阳修，后来又跻身唐宋八大家之列；而阅卷老师则是宋诗的"开山祖师"梅尧臣；殿试主持是皇帝宋仁宗。其次，前来参加考试的考生有苏轼、苏辙、张载、程颐、程颢、曾巩、曾布、吕惠卿、章惇、王韶等。其中，张载、程颐、程颢三人同是理学创始人，他们的理学思想影响了一代又一代中国人；苏轼、苏辙、曾巩三人后来位列唐宋八大家，其文学成就前无古人后无来者；苏辙、曾布、吕惠卿、章惇四人后来都官至宰相；王韶，以《平戎策》被授予武官，率军收服西北五州，成为北宋名将。他们当中，有不少人后来成为中国历史上著名的哲学家、文学家、政治家、军事家，有二十四人被写进了《宋史》。可以说，通过这一届科举考试所选拔出来的人才不仅对大宋王朝，甚至对整个中国的历史走向都产生了极其深远的影响。所以，当时只有十九岁的苏辙所参加的这次北宋嘉祐二年（公元 1057 年）的科考被后世称为"千古第一榜"，可谓实至名归。

当时的宰相韩琦对这次考试也非常重视，他亲自到现场查看考场情况和考生名单。当这位宰相大人看到名单上有苏轼、苏辙两兄弟的名字时，便笑着对陪他前来的几个官员说："二苏在此，诸人亦敢与之较量？"据说，韩琦的这句话被传出去之后，考生"不试而去者十盖八九也"。可见，苏轼、苏辙的才华和名气在当时是很具有碾压威势的。

然而，事情还不止于此。为了这次考试，考生苏辙几乎通宵达旦，闻鸡起舞。过度的劳累，加上到汴梁后有点水土不服，所以很不幸的是，就在考试的前几天，苏辙病倒了。

宰相韩琦也听说了此事，他赶紧召集众人商量。大家认为，如果苏辙因病不能参加考试，国家有可能因此失去一个栋梁，但如果苏辙带病参加考试，难免会影响考试成绩，说不定还会影响哥哥苏轼，损失可就更大了。于是大家思来想去，建议延期考试。宰相韩琦考量再三，接受了这个建议，便向仁宗皇帝奏请此事。而求贤若渴的仁宗皇帝没有辜负大家的期望，竟然准奏了。

对于这件事，北宋文学家李廌在他的纪实文学著作《师友谈记》中这样写道："相国韩魏公知之，辄奏上，曰：'今岁召制科，诸士为苏轼、苏辙最有声望，今闻苏辙偶病，未可试。如此人兄弟中一人不得就试，甚非众望，欲展限以俟。'上许之。"

就这样，直到苏辙大病痊愈之后，考试才正式开始。可以毫不夸张地说，北宋的这次全国高考为了苏辙这位考生而延期了二十多天，这在大宋的历史上乃至整个中国的历史上都是绝无仅有的。

考试成绩揭榜之后，苏辙没有辜负众人的期待，他和哥哥苏轼双双报捷，都考中了进士。

得遇贵人提携　"三苏"名动京师

苏辙与哥哥苏轼参加了被称为"千古第一榜"的科举考试后，

不但金榜题名，更幸运的是，他还遇到了自己人生中一位非常重要的贵人——恩师欧阳修。

身为"千古第一榜"的主考官，欧阳修在当时是名震朝野的礼部侍郎兼翰林学士，同时也是北宋时期的文坛领袖。他力主诗文革新，反对文辞华丽、形式呆板、内容空洞的文风。为此，在阅卷时，欧阳修坚决淘汰了那些文风颓靡的考生。而苏轼、苏辙兄弟的文章文风朴实，言之有物，欧阳修大为激赏，使兄弟二人同时中榜。欧阳修也借此革新了科举考试的积弊，扭转了当时萎靡不振的文风。

值得一提的是，苏氏兄弟二人以无名小卒的身份金榜高中，引发了一些人的极大不满和恐慌。而使苏氏兄弟得以高中的考官欧阳修也因此遭到了非常激烈的谩骂。据《续资治通鉴长篇》记载："及试榜出，时所推誉者皆不在选，器薄之士，候修晨朝，群聚诋斥之，至街司逻吏不能止。或为祭欧阳修文投其家。"意思是，考试成绩出来以后，那些被主要推举的人没有中榜，他们当中一些心胸狭隘的人就在上早朝时围住欧阳修谩骂诋毁，甚至还写祭文送到欧阳修家中诅咒他。

面对此情此景，苏辙的父亲苏洵十分感慨，他洋洋洒洒地写了一篇《上欧阳内翰第一书》，表达了对欧阳修的仰慕之情，并将张方平、雷简夫的荐书和自己著述的《洪范论》《史论》等文章一同送给欧阳修。

欧阳修读后惊喜万分，立刻将苏洵推荐给朝廷，还特意写了《荐布衣苏洵状》，对苏洵的文章和人品给予了极高的评价，请求朝廷重用。

苏洵之所以在两个儿子被录用后才把张方平、雷简夫的推荐信交给欧阳修，这既是苏洵对儿子们充满信心的表现，也是苏洵有骨气、有操守的表现，他不愿以推荐信为"敲门砖"求取功名，也因此使欧阳修更为赏识。

得到欧阳修这位权威人士的褒奖和推荐之后，父子三人一时之间在京城声名鹊起，公卿们争相求见。父子三人的文章一出，便引得"公卿士大夫争传之"。

北宋的士人学子之中甚至流传有"苏文生，吃菜羹；苏文熟，吃羊肉"的说法，意思是把"三苏"的文章读熟了，就能在科举考试中金榜高中，做官吃肉；如果背不熟"三苏"的文章，只能在考试中名落孙山，吃菜喝汤。一时之间，苏门三父子成为当时人人推崇的现象级"国民偶像"。

十分赏识父子三人的张方平也高兴地记录了此事："自是名动天下，士争传诵其文，时文为之一变，称为老苏。时相韩公琦闻其风而厚待之，尝与论天下事，亦以为贾谊不能过也。"

话说回来，苏辙父子之所以能被欧阳修不遗余力地提拔，甚至让他甘愿冒着被一些权贵人身攻击的风险，也要向朝廷举荐父子三人，一方面，虽然源于欧阳修努力改革文风的决心；另一方面，更源于苏氏父子过人的才华，平易质朴的文风适应了当时文化革新运动的趋势。

对此，苏辙十分感念恩师欧阳修的恩情，在他的《欧阳太师挽词三首》中写道："念昔先君子，尝蒙国士知。旧恩终未报，感叹不胜悲。"同时，他还在《祭欧阳少师文》中深情地追忆自己与哥哥苏轼之所以能凭一介布衣之身而得到欧阳修的赏识和提拔，是因为他们的文章和写作风格十分符合恩师的心意，否则，他们父子三人也许只能终身被湮没在草泽之中。

正当苏氏父子在京城志得意满之际，家乡眉山传来噩耗——苏氏兄弟的母亲程夫人去世！这一消息犹如晴天霹雳，让父子三人一下子陷入了万分悲痛，但是，他们又不得不强忍悲痛，马不停蹄地赶往四川眉山老家，为程氏送葬。

程氏离世这一年才四十八岁，她为丈夫，为儿女，为苏家操劳半生，还没有来得及分享两个儿子金榜题名的喜悦便撒手人寰，上天对她实在是太不公平了。

程氏的死与女儿苏八娘的遭遇有着莫大的关系。女儿苏八娘在十六岁这一年嫁给了程氏的侄子程之才，这在当时看来原本是亲上加亲的一桩好姻缘；但是，苏八娘嫁到程家后，却受到婆家的虐待和折磨。丈夫程之才多次毫无来由地打骂苏八娘，婆婆不但不主持公道，反而还威胁苏八娘不准回娘家诉苦。苏八娘在婚后第二年生下一个儿子，她本打算带着幼子住回娘家，给孩子一个良好的成长环境；婆家却强行把孩子要了回去，苏八娘因思念、牵挂儿子而伤心过度，天天以泪洗面，不久便积郁成疾，一年之后便含恨离世，在十八岁的花季香消玉殒。

苏八娘的悲惨遭遇让苏洵夫妇受到了沉重的打击，苏洵自此便和程家公开决裂。他在悲愤交加之中写诗悼念女儿，同时也为女儿的死深感自责。他还编制家谱刻在石头上，并当着苏氏全族人的面，愤怒地指责他的妻兄即苏八娘的公公道德沦丧，并历数了他独霸家产、纵情淫乐、欺下媚上、嫌贫爱富的种种劣迹。苏洵这样做就是要为女儿打抱不平，与程家断绝亲戚关系。他还告诫苏轼、苏辙两兄弟，永远不要和程家的人往来。

这样一来，就使苏辙的母亲程夫人陷入了更大的痛苦与矛盾。在这场不幸的家庭冲突中，一边是她的娘家兄长和侄子，一边是自己至亲的丈夫和女儿，割舍哪一方对她来说都形同剔骨割肉。所以，这场风波过后，程氏的身体便每况愈下。

程氏的离去给苏氏父子带来的打击可想而知。苏洵精心为程氏选好墓地后，连夜写成了《祭亡妻程氏文》，悼念妻子。

呜呼！与子相好，相期百年。不知中道，弃我而先……子去不返，我怀永哀。反复求思，意子复回……有子六人，今谁在堂？唯轼与辙，仅存不亡。咻呴抚摩，既冠既昏。教以学问，畏其无闻。昼夜孜孜，孰知子勤？提携东去，出门迟迟。今往不捷，后何以归？二子告我：母氏劳苦。今不汲汲，奈后将悔……二子喜跃，我知母心。非官实好，要以文称。我今西归，有以藉口。故乡千里，期母寿考。归来堂空，哭不见人。伤心故物，感涕殷勤。嗟予老矣，四海一身。自子之逝，内失良朋。孤居终日，有过谁箴？……凿为二室，期与子同。骨肉归土，魂无不之。我归旧庐，无不改移。魂兮未泯，不日来归。

　　整篇祭文字字泣血，句句饱含深情，即便是现在读来也让人不
禁泪目。

　　父子三人安葬好程氏后，又在故居附近的老翁泉旁边修建了"忧
游亭"。苏轼、苏辙兄弟二人为母亲守孝的三年，经常到这里追悼
母亲和姐姐。除此之外，他们几乎足不出户，整日陪着父亲谈论诗
文，品评古今文章。似乎只有在畅游书山学海的时候，父子三人的
悲伤才稍微得以疏解。

上书当朝宰相　直抒凌云壮志

　　嘉祐二年（公元 1057 年），苏辙和哥哥一起考中进士后，为
了更好地展示自己的才能，得到更多重要人物的关注，苏辙上书当
朝宰相韩琦，希望能够得到他的赏识和推举。作为一个年仅十九岁
的青年，苏辙为了自己的理想和前途，敢于直接给当朝宰相写信，
主动为自己找伯乐，这需要多么大的勇气！而苏辙所崇拜的这位宰
相又是何许人呢？

　　前面我们说过，苏洵父子在赴京赶考路过益州时，曾得到两位
贵人即张方平和雷简夫的推荐信，其中有一封就是写给韩琦的。这
里不得不说，苏氏父子除了才华了得之外，运气也是相当好的。因

为这位韩琦可不是一般人。

韩琦，文采斐然，十九岁参加科举考试就高中榜眼，之后历任仁宗、英宗、神宗三朝老臣。而且，韩琦文武双全，在军事和政治上都很有建树。军事上，他曾与范仲淹一起，参加过北宋与西夏的战争，虽然最后的战果不佳，但韩琦的所作所为可圈可点。做文官时，韩琦曾积极参与庆历新政和熙宁变法，为改革出谋划策，地位与宰相相当，非常受皇上的器重。后人对韩琦的评价是人品好、能力强、资历深，无愧于宋朝第一相，甚至在整个中国历史上都没有几个人能与他比肩。

更重要的是，韩琦很有"星探"的特质，喜欢为朝廷物色人才，两位非常有名的北宋宰相范仲淹和杜衍就是他举荐的。

或许是因为上述种种原因，使苏辙鼓起勇气决定上书求见，写下了流传至今的《上枢密韩太尉书》。这份求见信后来被收录于苏辙的著作集《栾城集》，之后又被吴调侯、吴楚才收录于他们编撰的《古文观止》，吴调侯与吴楚才对这篇文章给予了很高的评价，称其为"绝妙奇文"。

信中，苏辙作为年轻后辈，他非常谦卑而认真地阐释了自己的成长历程和今后的志向。他提出了"为文养气"说，这也成为苏辙日后文学创作中非常著名的观点。

苏辙认为"文者气之所形，然文不可以学而能，气可以养而致"，意思是，一个人的文章写得好不好，关键取决于这个人的修养、气质和阅历，并以孟子和司马迁的文章为例。认为孟子的文章内容宽厚宏博，很有气势，是因为孟子"善养吾浩然之气"；而司马迁的文章风格疏放潇洒，跌宕多姿，颇有奇气，是因为司马迁遍游天下，见多识广，阅历深厚。

接下来，苏辙再以自己的亲身经历为例，进一步论述提升修养、气质和阅历即"养气"，对一个人文章风格的影响。

他写道：

> 其居家所与游者，不过其邻里乡党之人；所见不过数百里之间，无高山大野可登览以自广；百氏之书，虽无所不读，然皆古人之陈迹，不足以激发其志气。恐遂汨没，故决然舍去，求天下奇闻壮观，以知天地之广大。过秦、汉之故都，恣观终南、嵩、华之高，北顾黄河之奔流，慨然想见古之豪杰。至京师，仰观天子宫阙之壮，与仓廪、府库、城池、苑囿之富且大也，而后知天下之巨丽。见翰林欧阳公，听其议论之宏辩，观其容貌之秀伟，与其门人贤士大夫游，而后知天下之文章聚乎此也。

苏辙列举自己离开眉山前，交游不广，见闻不博，只能从书本上学习一些古人陈旧过时的东西；而当他走出眉山，游览过秦汉故都，眺望过黄河，到了京城，尤其是谒见了欧阳修后，才领悟到唯有游览天下名山大川，广交天下的文人学士，才能写出真正的好文章。

行文至此，苏辙一直都在强调增长见识和增加阅历对他提升自我、提高写作水平所起到的关键作用。接下来，笔锋一转，他说出了自己上书给宰相大人的真正目的——虽然我游览天下，开阔了眼界，认识了像欧阳修这样的大文豪，但是我还没有见过您啊，太尉大人！

> 太尉以才略冠天下，天下之所恃以无忧，四夷之所惮以不敢发，入则周公、召公，出则方叔、召虎。而辙也未之见焉。而犹以为未见太尉也。故愿得观贤人之光耀，闻一言以自壮，然后可以尽天下之大观而无憾者矣。

意思是，我听说太尉大人您的才华独步天下，因为有您，圣上和百姓不再担心有忧患；因为忌惮您的威名，周边的异族不敢对我国用兵。在朝堂之上，您辅佐圣上治理国家；在边境，您如周朝的中流砥柱方叔与召虎一样，为大宋开疆扩土、保国安宁。而我还一直没有见过您！我是多么希望能够一睹您的风采，听您说上一句话，以此来激发我的雄心壮志，这样就不会再有遗憾了！

接下来，苏辙马上又阐明自己拜见韩琦的目的："将以益治其文，且学为政。太尉苟以为可教而辱教之，又幸矣！"意思是，我要拜见您的目的主要是好好地研究写文章的方法，学习从政之道。如果太尉大人您觉得我还值得教诲而肯屈尊教导我，那将是我的幸运。

同时，苏辙也明确了自己的志向："向之来，非有取于斗升之禄，偶然得之，非其所乐。"意思是，当初来京城赶考，并不是为了博取官职和俸禄，后来碰巧得到了，也没有多少欣喜。以此向韩琦表明自己的远大志向不在于谋高官和荣华富贵，而是有着超越名利的更高理想。

从整篇求见信来看，苏辙不但文章写得好，而且情商也相当高。文章写得不卑不亢，内容委婉含蓄又不矫揉造作，有着青年人的豪迈之气又不过于张扬。

在求见信的开篇，苏辙先抛出自己写文章的心得，向韩琦展示自己的实力；之后写韩琦的名望之高，能力之强，自己之崇拜无以复加，仰慕之情溢于言表，但又没有阿谀奉承、溜须拍马之嫌；最后再向韩琦剖白自己的志向——我求见您并不是为了找靠山，谋求高官厚禄，而是想向您学习如何把文章写得更好，学习如何做好一个臣子，帮君主好好治理国家。话说得质朴而直白，既不像李白"生不用封万户侯，但愿一识韩荆州"的轻狂，也没有像孟浩然"坐观垂钓者，徒有羡鱼情"的清高哀怨，卒章显志之时流露出的率真和豪气让一个可爱、上进的年轻人形象跃然而出。

那么，这样一封求见信最终产生了怎样的效果呢？韩琦有没有接见苏辙呢？我们不得而知。但是之后发生的一件事，让我们有理由相信，韩琦肯定很器重这位年轻人。这件事就是，当苏辙被任命为商州军事推官后，负责起草委任状的王安石因为痛恨苏辙的父亲苏洵咒骂过自己，所以死活不肯为苏辙写委任状，一拖就是一年，最后还是韩琦另外找人为苏辙写了委任状。由此可以推断，韩琦对苏辙应该不是一般的赏识吧！

守孝期满再返京师　路见悲苦心生忧愤

嘉祐五年（公元 1060 年），苏轼、苏辙两兄弟为母亲程氏守孝期满后，和父亲再次从眉山老家前往京城，等待朝廷的委任。这一次赴京远行，父子三人带上了两个女眷，分别是苏辙的妻子史氏和苏轼的妻子王弗。这一次离开家乡，他们已然做好准备，不打算再回眉山了。

因为时间充裕，不必赶行程，一家人从眉州出发后先走了七百里水路：沿嘉州（今乐山）至戎州（今宜宾），再至江阳（今泸州）、渝州（今重庆）、涪州（今涪陵），最后到万州弃舟登岸，再走五百里陆路，到达东京汴梁。

返京的途中，虽然山川风物美不胜收，但苏辙更为关心的是当地百姓的生存状况。一路上的所见所闻，让他对当时的北宋朝廷充满了深深的忧虑，对北宋朝廷统治下的穷苦百姓充满了深切的同情。

船过戎州，苏辙眼中的这座小城乱山环抱，土地贫瘠，瘴气弥漫，豺虎等猛兽的足迹随处可见，生活在其间的百姓如同羚羊、麋鹿一样机敏灵活，只有这样才能避开猛兽的侵害。苏辙提笔写下《过宜宾见夷中乱山》一诗，表达了对山民们的担忧，同时也希望他们有朝一日能过上好日子。

过宜宾见夷中乱山

江流日益深，民语渐已变。

岸阔山尽平，连峰远非汉。

惨惨瘴气青，薄薄寒日暖。

峰峦若崖石，草木条干短。

遥想彼居人，状类麋鹿窜。

何时遂平定，戍卒从此返。

一家人乘船沿岷江而行，夜宿在一个叫泊牛口的地方。苏轼、苏辙两兄弟同时写下了《夜泊牛口》诗。所不同的是，在哥哥苏轼眼中，泊牛口如同一个世外仙居。这里的百姓一家人居在一处，相亲相爱，过着自给自足、怡然自乐的日子，虽然生活贫苦，却充实、有情趣。

夜泊牛口

日落红雾生，系舟宿牛口。

居民偶相聚，三四依古柳。

负薪出深谷，见客喜且售。

煮蔬为夜餐，安识肉与酒？

朔风吹茅屋，破壁见星斗。

儿女自咿嗳，亦足乐且久。

> 人生本无事，苦为世味诱。
>
> 富贵耀吾前，贫贱独难守。
>
> 谁知深山子，甘与麋鹿友。
>
> 置身落蛮荒，生意不自陋。
>
> 今予独何者，汲汲强奔走。

"谁知深山子，甘与麋鹿友。"如同走入了童话世界，泊牛口在苏轼眼中俨然就是传说中的世外桃源。

但苏辙所看到的泊牛口却是很多少数民族混居在一起，百姓的生活非常艰苦，甚至衣不蔽体、食不果腹。耳闻目睹之下，他极为痛心，也写下了一首《夜泊牛口》，表达了对当地百姓艰难求生的同情和无奈。

夜泊牛口

> 行过石壁尽，夜泊牛口渚。
>
> 野老三四家，寒灯照疏树。
>
> 见我各无言，倚石但箕踞。
>
> 水寒双胫长，坏裤不蔽股。
>
> 日莫江上归，潜鱼远难捕。
>
> 稻饭不满盂，饥卧冷彻曙。
>
> 安知城市欢，守此田野趣。

只应长冻饥，寒暑不能苦。

苏辙将当地民不聊生的现状描摹得淋漓尽致。如果不是对他们的疾苦感同身受，不可能有如此细微的观察和描写。

他们行到忠县时，在这里多逗留了几日，因为这是白居易当年被贬为忠州刺史时待过的地方。苏辙和父兄都非常崇拜白居易，所以想在这里凭吊一下。当他们弃舟登岸后，放眼所及的还是当地百姓为生计而苦苦挣扎的情景。苏辙的心情久久不能平静，提笔写下《竹枝歌》一诗。

竹枝歌

舟行千里不至楚，忽闻竹枝皆楚语。

楚言啁哳安可分，江中明月多风露。

扁舟日落驻平沙，茅屋竹篱三四家。

连春并汲各无语，齐唱竹枝如有嗟。

可怜楚人足悲诉，岁乐年丰尔何苦。

钓鱼长江江水深，耕田种麦畏狼虎。

俚人风俗非中原，处子不嫁如等闲。

双鬟垂顶发已白，负水采薪长苦艰。

上山采薪多荆棘，负水入溪波浪黑。

天寒斫木手如龟，水重还家足无力。

山深瘴暖霜露乾，夜长无衣犹苦寒。

平生有似麋与鹿，一旦白发已百年。

江上乘舟何处客，列肆喧哗占平碛。

远来忽去不记州，罢市归船不相识。

去家千里未能归，忽听长歌皆惨栖。

空船独宿无与语，月满长江归路迷。

路迷乡思渺何极，长怨歌声苦凄急。

不知歌者乐与悲，远客乍闻皆掩泣。

其中，"双鬟垂顶发已白，负水采薪长苦艰。上山采薪多荆棘，负水入溪波浪黑。天寒斫木手如龟，水重还家足无力。山深瘴暖霜露乾，夜长无衣犹苦寒"等句写尽了百姓生活的悲惨和凄苦，也表达了作者的愤懑。

耳闻目睹的景象让苏辙深深感受到，所谓的"仁宗皇帝开创了太平盛世"，其实只是在粉饰太平，底层百姓的生活根本没有得到改善。这激起了苏辙建功立业、做个好官、造福百姓的决心。

稍做停顿后，苏氏一家继续沿途北上，很快到达了襄阳。襄阳是京畿之地，但这里依然是一片荒凉和凋敝，使苏辙的心情更加沉痛。在游览呼鹰台古迹时，他忆古思今，愤然写下《襄阳古乐府·野鹰来》一词。

襄阳古乐府·野鹰来

野鹰来，雄雉走。

苍茫荒榛下，毵毵大如斗。

鹰来萧萧风雨寒，壮士台中一挥肘。

台高百尺临平川，山中放火秋草乾。

雉肥兔饱走不去，野鹰飞下风萧然。

嵯峨呼鹰台，人去台已圮。

高台不可见，况复呼鹰子。

长歌野鹰来，当年落谁耳。

父生已不武，子立又不强。

北兵果南下，扰扰如驱羊。

鹰来野雉何暇走，束缚笼中安得翔。

可怜野雉亦有爪，两手捽鹰犹可伤。

相传，呼鹰台由东汉时期荆州刺史刘表所建，在台上鼓琴作乐就会招来很多老鹰，因此得名。

苏辙借这首词以古讽今，表面上讽刺东汉刘表父子手握几十万大军，却无能至极、软弱至极，在曹军面前束手就擒。实则影射当时的北宋政府，徒有中原大国的虚名，却屈从于周边小国；朝堂百官歌舞升平，而底层百姓却生活在地狱之中。

苏辙十分忧心刘表的悲剧再次上演，担心国家的前途和百姓的命运。这样的担忧一直萦绕在苏辙心间，激发他急切地想要向朝廷进言，直陈时弊。

由此，我们也许就不难明白，苏辙在接下来的那场关乎一生命运的制科考试中，之所以能置个人前途，甚至是个人生死于不顾，慷慨激越地指斥仁宗皇帝声色犬马、宠信佞臣、荒废朝政、滥用民财、赋敛繁重，正是因为他心中承载了太多对老百姓的同情，对国家的担忧。

他这样做并非一时头脑发热，或年轻气盛不知分寸，实则是他一腔忧国忧民的热忱使然。苏辙这种心系家国、时刻关心国家前途和百姓命运的品格在此时便显露无遗了。

大胆耿直苏小弟　科举试卷骂皇帝

到达京城后，苏轼、苏辙两兄弟很快便收到了朝廷的委任状。苏辙被任命为河南渑池县主簿，主要工作内容是起草文件、管理档案等，相当于现在的秘书一职。苏轼被任命为福昌县主簿。兄弟二人还没来得及上任就听说朝廷正在筹备殿试，也称制科考试，这是全国最高级别的考试，考中的人可以有更好的施展才华的平台和实现人生价值的机会。所以，兄弟二个便放弃了去渑池和福昌的任命，潜心准备制科考试。

嘉祐六年（1061 年），一篇名为《御试制科策》的应试作文火爆京畿，在汴梁城上下引起轩然大波和广泛争议。这篇文章的作者正是当时只有二十三岁的苏辙，《御试制科策》正是他参加制科考试时的答卷。

嘉祐六年（1061 年）举行的这次制科考试，是为了选拔"贤良方正能直言极谏"的人才，考试的最后一关由仁宗皇帝亲自面试。苏辙和苏轼都参加了这次考试，兄弟二人还各自写了《御试制科策》的答卷。

苏轼自称他的《御试制科策》是"直言当世之故，无所委曲"。而事实上，相比苏轼自认为敢于大胆直言、"无所委曲"的答卷，苏辙的策论言辞则更加激烈，更加尖锐。

苏辙的答卷是一篇很长的策论。考卷中，年轻的苏辙面对当时已然五十二岁、对处理国家政事日益感到倦怠的仁宗皇帝，直陈政事得失，甚至在提到极为敏感、别人避之唯恐不及的边患和女宠之事时，苏辙更是言辞激切。在《宋史》中有相关记载："仁宗春秋高，辙虑或倦于勤，因极言得失，而于禁廷之事，尤为切至。"

苏辙甚至大胆指责、批判宋仁宗声色犬马、宠信佞臣、荒废朝政、滥用民财、赋敛繁重，要求宋仁宗"痛为节俭，以宽百姓"。

《宋史》中记载了苏辙的这份考卷：

……近岁以来，宫中贵姬至以千数，歌舞饮酒，优笑无度，坐朝不闻咨谟，便殿无所顾问。三代之衰，汉、唐之季，女宠之害，陛下亦知之矣。久而不止，百蠹将由之而出。内则蛊惑之所污，以伤和伐性；外则私谒之所乱，以败政害事。陛下无谓好色于内，不害外事也。今海内穷困，生民愁苦，而宫中好赐不为限极，所欲则给，不问有无。司会不敢争，大臣不敢谏，执契持敕，迅若兵火。国家内有养士、养兵之费，外有契丹、西夏之奉，陛下又自为一肼以耗其遗余，臣恐陛下以此得谤，而民心不归也。

意思是，近些年来，陛下您的后宫美女多达近千人，日日歌舞升平。在殿堂上，您无心和大臣们商议国事；殿堂之下，您又不思考治国之策。夏、商、周三朝的衰败，汉唐时期外戚和后宫祸乱朝政的害处，陛下都是十分清楚的吧！如果这种情形得不到遏制，我们国家的各种社会问题将由此而生。国家每年对内要养官吏、养兵将，对外要给契丹、西夏等国支付岁赐；而陛下在私下里却挥霍无度，大量耗费国家的钱财。苏辙作为臣子，担心陛下会因此遭受世人的诽谤，天下百姓也不会再拥戴您。

虽然苏辙所说句句属实，但是这样的文章如果直接上奏皇帝，会给作者招来杀身之祸！而苏辙却无所畏惧。一方面源自他初生牛犊不怕虎的耿直和大胆，另一方面也有他的智慧和自信在其中。

这次考试的主旨就是选拔"贤良方正能直言极谏"之士，他认为自己唯有敢于大胆直言才有可能脱颖而出。而他敢于指责、批判宋仁宗，也是基于他对当时朝纲不振、时弊频发的深刻了解，相信自己所说必定会击中仁宗皇帝和大臣们的痛处，引发君臣的共鸣和反思。同时，苏辙也相信自己对仁宗性格和行为的判断，认为以"仁厚宽和"著称于世的仁宗皇帝不会因为这份答卷而治罪于己。

事实上，这份答卷的确在朝堂之上引发了一片哗然。初考官胡宿看了苏辙的试卷后认为这位考生简直是大逆不道，不准备录用苏辙。另一位考官司马光却非常看好苏辙的答卷，甚至还想把这份试卷列为第三等。第三等其实就是最高等，前一、二等相当于虚设，苏轼在这次考试中就被列为第三等，被誉为"百年第一"。但司马光的想法遭到了胡宿的强烈反对。

苏辙的这份试卷使朝中大臣分成了好几个不同的派别，以司马光为首的一派认为苏辙为人正直，敢直言劝谏，文章言辞恳切、直指朝中弊端，在所有考卷中最为切直，应该进入第三等；而另一派靠溜须拍马上位的奸佞小人则指责苏辙的策论答非所问，不应录取，甚至还有人指出，苏辙的文章以乱世之君影射仁宗皇帝，对皇上出言不逊，蔑视、冒犯皇上，应该被治罪、杀头。一时间，苏辙这份措辞犀利的《御试制科策》引得朝野上下争论不休。

最后，持不同意见的大臣们将双方意见上报给了仁宗皇帝。一向以"仁德皇帝"为人设的宋仁宗看了苏辙的《御试制科策》后，沉思良久说道："其切，不可弃也。"又说："吾以直言求士，士以直言告我，今而黜之，天下其谓吾何！"意思是，（苏辙的答卷）言辞恳切，不能被弃用。我本来的出发点就是寻求能够大胆直谏的人才，现在这样的人出现了，我却要罢免他，天下人会怎么看我呢？随即，宋仁宗又兴致勃勃地阅读了苏轼的制科策，然后拿着两兄弟的考卷高兴地说道："朕今日为子孙得两宰相矣！"

最终苏辙通过了这次考试，只不过试卷被列为第四等。虽然苏辙被置于下等，不及哥哥苏轼，但作为父亲的苏洵十分骄傲，因为这次考试最终只有四人被录取，而他的两个儿子——苏轼、苏辙兄弟都位列其中！

对此，苏辙觉得仁宗皇帝对自己十分宽仁，他在之后的人生中都对这位皇帝心存感激。甚至在许多年后，再次提及此事时，他还对朋友说："我在早年间参加制科考试时，出言大胆，不知顾忌，得罪了朝中的一些大臣。幸亏仁宗皇帝以一己之力，力排众议录用了我，使我没有成为被弃之不用的人。这样的知遇之恩，一直以来我都铭记于心，总想报答仁宗皇帝的恩情。"

然最终，苏辙的任命还是受到了影响。他仅仅被朝廷任命为试秘书省校书郎兼陕西商州军事推官，这两个都不是重要的职位。苏轼则被任命为凤翔府签判，比苏辙的官职重要得多。

不满任命辞官不就　兄弟惜别写诗遣怀

被朝廷任命为试秘书省校书郎兼陕西商州军事推官后，苏辙的内心极度失望，面对朝廷的安排，他如遭晴天霹雳。要知道，秘书省校书郎一职，是北宋中央机构做文字校对工作的最低级科员，虽说这个职位是个不错的升迁跳板，日后可以做领导秘书，当大官；

但对有着雄心壮志，并且考到全国前四名的苏辙来说，这样的任命是不能接受的。而陕西商州军事推官也只是掌管助理军政，官阶品级仅为从八品。所以，年轻气盛的苏辙决定辞官不就。

赶巧的是，就在这个时候，父亲苏洵接到朝廷的委派，命他在京城修订《礼书》。苏辙灵机一动，便以哥哥苏轼即将离京赴陕西就任，而父亲只身在京修订《礼书》，无人奉养为由，请求朝廷准许自己留在京城照顾父亲，不去陕西商州赴任。而朝廷也批准了他的这一申请。于是，苏辙便留在京城，侍奉父亲。从这件事中，我们不难看出青年时期的苏辙在大是大非的问题上，是非常坚守原则甚至是有些倔强的。

苏辙辞官不就所传递出来的失意和愤懑，令与之心意相通的哥哥苏轼感同身受。他曾先后几次写诗给苏辙，含蓄地披露了苏辙辞官不就的隐衷。诗中写道："答策不堪宜落此，上书求免亦何哉。""辞官不出意谁知，敢向清时怨位卑。"字里行间透露出弟弟郁郁不得志的落寞和哥哥的惋惜之情。

1061 年 11 月前后，苏辙迎来了与哥哥苏轼的第一次分离。因为苏轼即将带着夫人王弗、儿子苏迈离开京城，远去陕西凤翔就任。兄弟二人依依惜别。苏辙在漫天大雪中送了哥哥一程又一程，到了不得不分手的时候，归去时苏辙一步三回头，苏轼则恋恋不舍地望着行走在雪地里的苏辙，感慨万千，咏出了一首诗——《辛丑十一月十九日既与子由别于郑州西门之外马上赋诗一篇寄之》。

辛丑十一月十九日既与子由别于
郑州西门之外马上赋诗一篇寄之

不饮胡为醉兀兀，此心已逐归鞍发。

归人犹自念庭闱，今我何以慰寂寞？

登高回首坡垅隔，惟见乌帽出复没。

苦寒念尔衣裘薄，独骑瘦马踏残月。

路人行歌居人乐，童仆怪我苦凄恻。

亦知人生要有别，但恐岁月去飘忽。

寒灯相对记畴昔，夜雨何时听萧瑟。

君知此意不可忘，慎勿苦爱高官职。

　　其中，"登高回首坡垅隔，惟见乌帽出复没。苦寒念尔衣裘薄，独骑瘦马踏残月"两句诗，短短二十八个字如同一幅意境深远的写意画，道出了哥哥对弟弟的不舍之情：我登到高处的陇坡回首看向弟弟的归处，风雪茫茫中，我只能看到弟弟头顶的乌帽在蜿蜒起伏的山道中时隐时现。想到弟弟穿着单薄的青衫，冒着苦寒，一个人骑着瘦弱的驴子在清冷的月光下独自归去，我便倍感凄恻。

　　而"寒灯相对记畴昔，夜雨何时听萧瑟"一句更是意远情深。这是只有他们兄弟二人才懂的约定。原来，二人在早年读书求学时，曾共同读到过唐代诗人韦应物的一句诗——"安知风雨夜，复此对床眠"，对这句诗都非常有感触，二人当时就立下契约，等到年老后就辞官归隐，找个清净的地方共度余生，饮酒论诗，对床听雨。

从此，在兄弟二人四十多年的人生岁月中，"夜雨对床听萧瑟"的约定无时无刻不萦绕在他们心头，成为他们一直念念不忘的约定和精神支撑，也成了兄弟俩诗词唱和的主旋律。

有后人曾做过统计，兄弟二人在一生当中，有过近百首的诗词唱和，其中有十六次提到过"夜雨对床"的约定。也是在这个约定的牵引下，兄弟二人在几十年聚少离多的宦海生涯中千方百计地寻找见面的机会，做促膝之谈、叙手足之情。

分别的悲伤久久无法平复的苏辙回到家后也写了一首诗——《怀渑池寄子瞻兄》，并寄给了哥哥。

怀渑池寄子瞻兄

相携话别郑原上，共道长途怕雪泥。

归骑还寻大梁陌，行人已度古崤西。

曾为县吏民知否？旧宿僧房壁共题。

遥想独游佳味少，无方骓马但鸣嘶。

如果说哥哥苏轼的《辛丑十一月十九日既与子由别于郑州西门之外马上赋诗一篇寄之》是一幅写意，那么弟弟苏辙的这首《怀渑池寄子瞻兄》就如同言简意赅的白描，寥寥几笔便勾勒了整个事件的始末：我和哥哥在郑原话别，哥哥此去前路漫漫，风雪交加，令我担心。与哥哥作别后，我原路返回，已然到了大梁（今河南省开封市西北）的地界，想来远行的哥哥此时已经翻过了渑池的西崤山。我曾经被朝廷封过渑池的主簿，不知道当地的百姓是否知晓。我和哥哥在渑池住宿的时候，曾在那里的僧房墙壁上一起题过诗。遥想哥哥独自一人远赴他乡，途中意趣索然，如同没有方向的千里马，只能嘶鸣怒吼。

诗中抒发了苏辙与兄长的依依惜别之情。"相携话别郑原上，共道长途怕雪泥"中的一个"怕"字双关意涵，一是指哥哥赴任的路上风雪交加，弟弟苏辙为之担心；二是道出了兄弟二人的人生之路道阻且长，令人迷茫而伤感。

"曾为县吏民知否？旧宿僧房壁共题"则在怀旧、在追忆，回忆当年和哥哥"僧房共题"的情景，往事依稀，倏忽而逝，不免令人感慨。

此番哥哥赴任独行，一入仕途深似海，我们的命运从此不再属于自己，如同可以驰骋千里的骓马，却迷失了自己，愤懑地嘶吼。从中，我们又可以体会到苏辙对兄弟二人前路未卜的隐忧以及对人生迷茫的感叹。

不久之后，收到这首诗的苏轼看到了弟弟的惶惑与感叹，于是和诗作答，写就了诗歌史上脍炙人口的一首七绝诗——《和子由渑池怀旧》。

和子由渑池怀旧

人生到处知何似，应似飞鸿踏雪泥。

泥上偶然留指爪，鸿飞那复计东西。

老僧已死成新塔，坏壁无由见旧题。

往日崎岖还记否，路长人困蹇驴嘶。

在诗中，苏轼以"雪泥鸿爪"比喻飘忽不定的人生。兄弟二人在渑池住宿，在僧房题壁就如同万里飞鸿偶尔在雪泥上留下的爪痕。如今，渑池的老僧已然作古，他的尸骸放入新的佛塔，你我兄弟曾经题过诗句的墙壁也已塌陷，字迹无从寻觅。

物非人也非，这是天地间的常态。但是，正因为人生无常，更显人生可贵。过去的东西虽已消逝，但并不意味着它不曾存在。就如同骑着瘦驴在崎岖的崤山道上颠簸的过往难道不是一种历练吗？

苏轼在"怀旧"中展望未来，既有对人生来去不定的无限怅惘，又有对前尘往事的殷殷眷念，更有珍惜当下勉励未来的豁达。诗人将艰难的过往化为温情的回忆，劝勉弟弟要珍惜当下，不要虚度人生。这种亦庄亦禅的人生哲学体现了苏轼积极的人生态度和乐观的精神，也为他在之后颠沛流离的人生中能一路达观地走下去埋下了伏笔。

就这样，尺素往来，诗文相和。兄弟二人在面对成长路上的第一次分别，面对前路难卜的人生时，将心中的惶惑与不安都倾泻在诗文中，以诗遣怀，相互慰藉思念之情和初入仕途的忐忑与迷茫。

初入仕途坎坷不断

　　苏辙的仕途相当坎坷。入仕的前二十多年，他一直在地方上做秘书、教育局局长之类的小官，最好的一次做到绩溪县令，成为掌管一方的父母官。无论担任多么低微的官职，苏辙都始终以国家安危和百姓福祉为重，尽心尽力地为国家、为百姓谋福。在他任职过的很多地方，都建有纪念他的祠堂，保存至今。这是当时的百姓为了感谢和怀念他而修建的，足见苏辙多么受百姓爱戴。

南园种菜种瓜　赋闲侍父著书

送别哥哥后，苏辙便陪在父亲身边，这样一过便是三年。此时的苏家，苏洵、苏轼都有官职在身，有了一定的俸禄，苏洵又向朋友借了一些钱，勉强在寸土寸金的汴梁买下了一处房产，取名"南园"。

苏辙赋闲在家的三年时间里，一边侍奉父亲；一边潜心读书、著书，间或和远在陕西的哥哥唱诗相和；同时，他还在南园开辟了一片菜园，种植蔬菜和瓜果，努力维持一家人的生计。

在南园赋闲的三年时间里，苏辙和父亲一起认真研读老庄之学的同时，还把自己在制科考试中的《进策》做了进一步完善总结，重新写了上、中、下三篇《新论》。

《新论》作为政论文章，纵谈当时北宋的国家治理，很多论断相当确切。在文中，苏辙提出："当今天下之事，治而不至于安，乱而不至于危，纪纲粗立而不举，无急变而有缓病……今世之弊，患在欲治天下而不立为治之地。"意思是，现如今的问题是朝廷在努力治理国家，有乱象又没到很危险的程度，国家的法纪纲常刚刚形成但还没有效力，社会没有急剧的变化但有一些不明显的问题在滋生……当下的弊端在于，想治理国家却没有完善的法律制度。

这段话对北宋时政的分析可谓直达要害，一针见血。苏辙旗帜鲜明地提出，要治理好一个国家首先要有"为治之地"，就是要有完善的法律制度；并且还要"居之以强力，发之以果敢，而成之以无私"，即在执行层面要强力、果敢、无私。

在谈论为政者时，《新论》提到"宽则得众，信则人任焉"，意思是身为统治者，要有宽仁之心，才能赢得民众的拥戴；要言而有信，人们才能信服。

《新论》写于嘉祐七年（公元1062年），在当时并没有引起朝廷的重视，却对后世的施政产生了很大影响。《新论》中的很多内容现在仍然是我国政府部门出台奖惩条例时的参考，也是我国公务员考试的辅导资料。

写作之余，为了一家人的生计，苏辙不得不把大部分时间都用于打理南园的蔬菜瓜果。汴梁一带的蔬菜瓜果和家乡四川眉山的有很大不同。苏辙遇到种菜难题时便向邻居老翁请教，他还写诗记下了这些生活小事："有用皆勿轻，吾师灌园老""邻翁笑我拙，教我种蓼草"……

远在陕西的苏轼听说弟弟在种园子，便给弟弟寄来了一包瓜蒌仁。因为他在陕西当地听说瓜蒌是入肺经、胃经的药物，可以治疗苏辙的哮喘和胃病，所以想让弟弟种植。苏辙也没辜负哥哥的良苦用心，把瓜蒌的种子种在了园子里，每当看到爬满墙头的瓜蒌藤蔓，就会想到哥哥的手足情意，于是作诗纪念：

吾兄客关中，果裸施吾宇。

兄虽未得还，我岂如妇女。

呦呦感微物，涕泗若零雨。

但爱果裸茎，屈曲上墙堵。

朝见缘墙头，莫已过墙去。

物生随年华，还日何足数。

从这些小细节，我们不难看出苏辙、苏轼两兄弟的感情之深厚。

他们兄弟二人虽然性格不同，苏轼性情豪放旷达，洒脱不羁；而苏辙则性情沉稳内敛，老成持重，寡言少语；却能够相吸相引，始终相亲相爱。正如《宋史·苏辙传》中所说："辙与兄进退出处，无不相同，患难之中，友爱弥笃，无少怨尤，近古罕见。"意思是，苏辙与哥哥一起，同出同进，患难之中更加友爱，这样的兄弟情深古来少有。

苏辙对哥哥满怀崇敬，提起哥哥，他会说："手足之爱，平生一人。兄敏我愚，赖以有闻。寒暑相从，逮壮而分。"意思是，我与哥哥手足情深无人能比。哥哥聪敏我愚钝，我跟着哥哥长了很多见识。我们小时候一直在一起，长大之后就分开了。

苏轼对弟弟赞赏有加，提起弟弟，他会说："我少知子由，天资和而清，岂独为吾弟，要是贤友生。"意思是，我很小的时候就知道弟弟的性情宽和，天资很高，他不仅是我的弟弟，更是我的贤友。"吾视今世学者，独子可与我上下也！"意思是，我看当今世上做学问的人，唯独弟弟子由与我不相上下。

走入仕途后，兄弟俩聚少离多，常常靠诗书传递思念和牵挂。我们只要看一看这些诗歌的题目，即可了解这对兄弟之间深厚的情意。

1062 年 9 月 20 日，陕西凤翔下了一场小雪，在纷飞的雪花中，刚刚在陕西凤翔上任不到一年的苏轼想念远在汴梁的弟弟子由，于是提笔写下了《九月二十日微雪，怀子由弟二首》。

九月二十日微雪，怀子由弟二首

岐阳九月天微雪，已作萧条岁暮心。

短日送寒砧杵急，冷官无事屋庐深。

愁肠别后能消酒，白发秋来已上簪。

近买貂裘堪出塞，忽思乘传问西琛。

江上同舟诗满箧，郑西分马涕垂膺。

未成报国惭书剑，岂不怀归畏友朋。

官舍度秋惊岁晚，寺楼见雪与谁登。

遥知读易东窗下，车马敲门定不应。

嘉祐七年（公元 1062 年）冬末，新年将近，苏轼一个人在凤翔，父亲和弟弟远在京都，父子三人分隔两地无法团聚，回想起故乡眉山在年终岁暮时的风俗，苏轼的思乡之情喷薄而出，奋笔写下组诗《馈岁／别岁／守岁》寄给弟弟，抒发思念之情。

馈岁 / 别岁 / 守岁

岁晚，相与馈问，为馈岁；酒食相邀，呼为别岁；至除夜，达旦不眠，为守岁。蜀之风俗如是。余官于岐下，岁暮思归而不可得，故为此三诗，以寄子由。

馈岁

农功各已收，岁事得相佐。

为欢恐无及，假物不论货。

山川随出产，贫富称小大。

置盘巨鲤横，发笼双兔卧。

富人事华靡，彩绣光翻座。

贫者愧不能，微挚出春磨。

官居故人少，里巷佳节过。

亦欲举乡风，独唱无人和。

别岁

故人适千里，临别尚迟迟。

人行犹可复，岁行那可追！

问岁安所之？远在天一涯。

已逐东流水，赴海归无时。

东邻酒初熟，西舍豕亦肥。

且为一日欢，慰此穷年悲。

勿嗟旧岁别，行与新岁辞。

去去勿回顾，还君老与衰。

守岁

欲知垂尽岁，有似赴壑蛇。

修鳞半已没，去意谁能遮？

况欲系其尾，虽勤知奈何！

儿童强不睡，相守夜欢哗。

晨鸡且勿唱，更鼓畏添挝。

坐久灯烬落，起看北斗斜。

明年岂无年？心事恐蹉跎。

努力尽今夕，少年犹可夸。

在这些诗里，兄弟二人交流琐碎的日常生活，分享彼此的喜怒哀乐，表达兄弟之间的思念之情。综观苏辙两兄弟所有的诗文，苏轼最好的诗词往往是为弟弟而写的。林语堂先生就曾说过："往往为了子由，苏东坡会写出最好的诗来。"而情感内敛的苏辙，也只在为哥哥写诗的时候才会真情流露。

大名府重镇任推官　兼顾刑狱治水边防

宋英宗治平二年（公元 1065 年），苏轼外派三年后回京任职。苏辙当初留京侍奉父亲的理由便不再成立了，于是苏辙只好上书朝廷申请官职。在宰相韩琦的帮助下，苏辙很快被任命为大名府推官，职责是审讯刑狱案件，没有什么实权。

大名府在今天河北大名县一带，东汉末年曾是曹魏的封地，所以又称魏都。北宋时期大名府是北方的军事重镇。当时的西夏、契丹对北宋王朝有觊觎之心，彼此剑拔弩张。为防止契丹渡过黄河，北宋朝廷便在黄河之北设立了大名府，作为防守之地。

大名府位于辽阔的平原地带。自唐朝安史之乱后，这里便战事不断。苏辙在《次韵王君北都偶成三首》一诗中写道："天宝乱已定，河壖兵更多。故城埋白骨，遗俗喜长戈。卧兽常思肉，奔鲸不受罗。纵横竟安在，谁见冢嵯峨。"直到北宋王朝建立后，特别是公元 1005 年，北宋与辽国签订"澶渊之盟"后，这里的战火终于平息。因而苏辙上任时，大名府的兵力并不多，防卫也很薄弱。

苏辙在大名府的上级领导叫王贶，掌管当地民政和军事。王贶非常欣赏苏辙的才干，每一项工作都让苏辙参与，比如办案、训练士兵，两人合作很愉快。但或许因为苏辙第一次入仕，也或许他不喜欢推官这种繁杂的案头工作，工作一段时间后，苏辙很郁闷。

第一层郁闷来自他讯问刑狱案件的工作。

大名府虽然靠近京城汴梁，又承平百年，但因为常年有洪灾和旱灾交替侵扰，所以这里的人民依然生活在水深火热之中。当地的老百姓为了一口吃的，为了能活下去，常常铤而走险，做违法的事情。这让苏辙感到非常无力，一方面职责所在，不得不惩罚犯人；另一方面体恤百姓为了生存被逼无奈走上犯罪道路，他不忍心用刑。

所以，他常常慨叹："而况旱气方退，流民未还，盗贼纵横，犴狱填委。是健吏厉精竭力而不足之日，非庸人偷安自便而能办之时。"意思是，旱灾刚刚好转，流落到外地的百姓还没有返回，盗贼就塞满了监狱。这种情形之下，即便是精力十足的办案人员也处理不过来，而不是有人想偷懒。

即便这样，苏辙和王觌也没有通过加重刑罚来威吓百姓。相反，对于那些为了生存而去偷盗，甚至抢劫的人，他们会宽容一些，基本上不给予严重的惩处。在苏辙的《龙川略志》中曾记载相关经历。

> 予在王公君觌大名幕府，尝有丐者，以大扇伤一妇人而盗其首饰，于法为强盗，当死。予讯之，盗曰："我乃学道者，且善相手，魏人多知我，我非盗也。"问之众人，信然。然盗状明白，不可讳。予言之君觌，君觌曰："道人勿加以刑。使来，吾自讯之。"即曰："此风狂人也，释之。"

意思是，苏辙在大名府任职期间，曾有一个乞丐打伤了一位妇人，并偷走了她的首饰。依照法律，这个强盗应该被判死刑。苏辙审讯他的时候，他说："我是修道之人，并且擅长看手相，魏县这边的人都知道我，我并不是强盗。"苏辙通过询问其他人，了解到他所说的的确是事实；但是这人的偷盗行为是明摆着的，没有办法替他开脱，于是去请教王觌。王觌说："这个道人不要判死刑。让他来，我来审问他。"随后，王觌便说："这是个疯子，放了他。"

可以想象，如果这类案例遇得多了，苏辙的内心得多么矛盾和煎熬，给他造成了不小的内耗。

而让苏辙深感郁闷的第二个原因是，过于繁重的案头工作让他没有时间读书做学问，这对苏辙来说非常难受。而且，他对这种案头工作实在不感兴趣，深感这样的工作有点浪费生命。

郁闷至极，一向沉默寡言、性情内敛的苏辙居然有点牢骚，还作了两首诗来疏解情绪。其中一首诗为《次韵王临太博马上》。

次韵王临太博马上

冬晚霜露重，城遥鞍马劳。

徒知事奔走，曾未补毫毛。

水旱嗟颠蹙，疮痍费抑搔。

莫归何暇食，堆按簿书高。

而另外一首诗为《次韵沈立少卿白鹿》，表达了他非常渴望摆脱簿书之累，重新获得自由。

次韵沈立少卿白鹿

白鹿何年养，惊猜未肯驯。

轩除非本性，饮食强依人。

照影冰浮水，飞毛雪洒尘。

独游应已倦，忽见乍疑神。

野色明幽步，烟芜荐卧身。

异姿人共爱，清意尔谁亲。

日暖山苗熟，风微涧草春。

何缘解缰絷，奔放任天真。

治平三年（公元 1066 年）四月二十五日，父亲苏洵病逝。苏轼、苏辙兄弟二人不得不辞去官职，护送父亲的灵柩回眉山老家进行安葬，同时为父亲丁忧三年。所以，苏辙在大名府仅任职短短一年，并没有什么政绩可言。但即便如此，苏辙还是在"为朝廷效力，为百姓谋福"的积极进取心态的驱使下，用心关注当地的水利和边地防务。

苏辙曾陪同王觌考察过大名府魏县的"大名决口"。"大名决口"是指黄河在仁宗庚子五年（公元 1060 年）于大名府魏县发生的一次决口。这次决口后，原来向北流的黄河一分为二，形成北流和东流两股，其中一股向东冲出了近二十丈宽的岔流，这支岔流流经沧州、乐陵、无棣等地，然后入海。

一路上，无论是新河道还是旧河道，经常泛滥成灾，给沿岸百姓的生命和财产带来了极大破坏，当地时常上演家破人亡的惨剧。跟随王岩考察几次后，苏辙了解到水患给百姓造成的巨大痛苦，他便多次和王岩讨论治黄的办法，给王岩提了不少有效防范黄河泛滥的建议。

大名府是京城汴梁的"北门重地"，承担着重要戍边任务，所以苏辙在任职期间经常陪着王岩视察士兵训练和边境的情况。在这个过程中，他留心观察邻国契丹的动静，并写有《次韵王君岩北都偶成三首》："……河转金堤近，天高魏阙新。千夫奉儒将，百兽伏麒麟。校猎沙场暮，谈兵玉帐春。关南知不远，谁试问藩邻。"

苏辙在大名府任职期间，认真办案，不滥伤无辜，主动关注黄河水灾、契丹动向，可以看出这个二十七岁的小伙子为民办事、为国分忧的胸怀和抱负。

小苏痛失怙　老泉归黄泉

苏辙进入仕途仅一年的时间，便遭遇了人生的第二次死别，痛失父亲兼导师苏洵。面对父亲的离世，苏辙的悲痛是无法形容的。

苏辙回想起自己幼年和少年时，一向喜欢无拘无束的父亲为了兄弟二人的学业，收敛了洒脱不羁的性情，开始谆谆教导兄弟俩读书、做学问。那时的父亲既和蔼又对他们教导有方，使苏轼、苏辙兄弟二人一直以读书为乐而不以之为苦。及至两兄弟成人后赴京赶考时，父亲为了让两个儿子能够顺利考取功名，还曾四处奔波，多方求见贵人。

虽然从长辈口中得知，父亲苏洵年轻时是个性格豪爽、喜欢游山玩水的人；但在苏辙看来，父亲是个有个性、有想法的人。苏辙非常认同父亲的人生信条：一个人要想在这个世上有所作为，就必须多见识外面的世界；即便想要跳出世俗之外，也要先入世好好修行，尝遍人世百味才能耐得住出世后的空寂。总之，一句话，人这一辈子，无论是出世还是入世，都得多长见识。

在读书、做学问方面，苏辙非常佩服父亲的见解。正是在父亲的正确引导下，苏轼、苏辙兄弟二人用十年时间研习中国历代经史子集百家之书，特别是关于朝代更迭的规律、治理国家的谋略、打仗用兵的方法之类的经典著述，并在父亲的教诲下，根据自己的研究心得写下了不少有见地的文章，为他们后来顺利参加科举考试奠定了坚实的基础。

通过真才实学步入仕途是父亲苏洵对自己的人生规划。最终，他也的确通过自己不凡的著述被求才若渴的张方平、欧阳修、韩琦发现，后两位极力把他推荐给朝廷；并最终实现了理想，谋得了一个比较理想的工作——秘书省校书。虽然职位很低，但可以发挥父亲的专长。

被任命为秘书省校书后不久，父亲苏洵又被任命为霸州文安县主簿，受命和陈州项城县令姚辟一起修订礼书《太常因革礼》一百卷。这个任务完成后，父亲苏洵便去世了，之后被朝廷追赠"光禄寺丞"一职。虽然官职不大，而且是死后追赠，但也算圆了父亲的一个心愿。苏辙的兄长苏轼为此还特意在《年谱》中写明："诏赠父洵光禄寺丞，并敕有司具舟载丧归蜀。"意思是，皇帝下诏追赠父亲苏洵为光禄寺丞，并安排有关部门提供船等交通工具，供我们扶父亲的灵柩回四川安葬。

在苏辙眼中，虽然父亲苏洵一生职位不高，但父亲的实力不容小觑。苏洵擅长写政论文章，对北宋社会的阴暗面进行毫不留情的揭露和抨击，他的这类文章往往论点鲜明，论据有力，笔势雄健，气势磅礴，极具鼓动性和说服力。

苏辙印象深刻的是，父子三人曾写过同题文章《六国论》。父亲苏洵的《六国论》借古讽今，通过分析六国相继灭亡的原因，告诫北宋当政者要汲取六国灭亡的教训，不要重蹈其覆辙。整篇文章脉络清晰，语言生动，气势恢宏，有如一篇战斗檄文，很有说服力和鼓动性。

苏辙还清楚地记得，父亲苏洵虽然是一介文人，却花了数十年时间和精力专门研究古代兵法和著名战争，并为后世留下了一本系统地研究战略、战术的军事专著——《权书》。同样讲用兵打仗，《孙子兵法》讲述的是兵法，是行军打仗的规律；而父亲苏洵的《权书》讲的则是"仁义之师采用的战术"。比如，将领如何提高自身的心理修养，如何修炼制下待敌之道，如何增加管理军队的权术谋略……与父亲感情深厚的苏辙非常明白，父亲以一介文人之身撰写兵书，并非一时心血来潮，也绝不是哗众取宠，而是出自为国为民的一腔热忱。

苏洵生活的北宋时代，政府重文轻武，为了防止武将拥兵自重，严令将帅不得专兵，规定将官定期轮换驻地，导致兵不识将、将不识兵。虽然避免了军阀割据，但也极大地削弱了军队的战斗力，以至北宋和契丹、西夏这样的小国作战都败多胜少，每年向两国上贡大量的银两、商品，加重了百姓的负担，引发了无穷的祸患。

苏洵正是看到了这一点，直陈弊端，可谓忧国忧民。在苏辙看来，父亲苏洵是一个有抱负的人，他著书立说也好，仕途上求取官位也好，都没有离开一个中心——济世救民。

苏洵在谱学方面也有很大贡献，令苏辙深感骄傲。他创立的"苏式家谱体例格式"是一种非常实用的修谱方法，流传于后世。苏洵的修谱格式吸收了苏辙的恩师欧阳修所编撰的另一套修族谱的方法，用表格形式记述先祖世系，强调从纵的方面注意诸多父子相继关系，主张五世则迁的小宗之法；从横的方面，对兄弟分支加以区别，推崇合各支谱为一编的大宗谱即大宗之法。其谱例以五世为表，主张宗族和睦、怜恤族中弱者……苏式家谱体例格式较欧阳氏更为严格，与欧阳修创立的另一谱例合称为"欧苏谱例"。

值得一提的是，在父亲苏洵离世后，苏辙的恩师欧阳修因为非常赏识苏洵的才华，亲自为他题作墓志铭。而另一位大文豪司马光则应苏轼、苏辙兄弟的请求，为他们的母亲程夫人写了《苏主簿夫人墓志铭》。

宋英宗治平三年（公元 1066 年）六月，苏轼、苏辙兄弟俩扶着父亲的灵柩，乘坐朝廷委派的官船回老家四川眉山。直到治平四年（公元 1067 年）四月，兄弟俩才终于回到眉山老家。他们按照故乡的礼仪重新祭奠父亲，并按父亲生前的遗嘱，在八月将父亲与母亲合葬。墓地两侧的石碑上，分别刻着欧阳修与司马光两大文豪撰写的墓志铭。

用心体察民情　直陈新法弊端

神宗熙宁二年（公元 1069 年），苏轼、苏辙两兄弟为父亲苏洵守孝三年后返回京城。此时，苏辙已然三十岁，从他二十三岁在制举考试中金榜题名到如今已经堪堪过去了七年时间！而七年之中，改变的不只是时间，还有朝中的局势。

苏轼、苏辙兄弟二人在眉山老家为父亲守孝期间，英宗皇帝驾崩，神宗即位。有着一腔雄心壮志的神宗面对的是一个国库空虚、疆土流失、民不聊生、朝纲废弛的大宋王朝。他决心励精图治，通过一场大的变革打破国家这种积贫积弱的局面，让北宋王朝在自己的手上强盛起来。所以，宋神宗即位后办的第一件事就是改革。与此同时，苏轼、苏辙兄弟二人回京待职。

看到新帝有所作为，自己也可以施展报国之志，苏轼、苏辙两兄弟非常兴奋。特别是苏辙，他甚至不顾自己当时仅是一个九品小吏，刚到京城便疾书一道《上皇帝书》奏神宗皇帝，表明他积极参与变法、支持新政的态度，并提出自己的革新主张："……夫今世之患，莫急于无财而已。财者，为国之命而万事之本，国之所以存亡，事之所以成败，常必由之……方今之计，莫如丰财，然臣所谓丰财者，非求财而益之也，去事之所以害财者而已。""……害财者三：一曰冗吏，二曰冗兵，三曰冗费。"

苏辙认为，当前改革的主要工作是改善国家的财政状况，其他的事情都要往后放。在他看来，北宋社会当下有害于财政改革的主要有三个方面：一是过多的官吏，二是过多的兵将，三是过度的开销。此观点，苏辙与宋神宗、王安石的看法不谋而合。

宋神宗之前就曾说过："今世之患莫急于无财而已。财者为国之命而万事之本。国之所以存亡，事之所以成败，常必由之。"而王安石变法是为了帮助北宋政府兴利聚财。所以，神宗非常高兴地说道："详观疏意，知辙潜心当世之务，颇得其要。郁于下僚，使无所伸，诚亦可惜。"神宗评价苏辙能够留心国家事务，所提出来的主张也切中时弊，非常符合变法的趋势，做个小官有点可惜。

于是，神宗破例亲自在延和殿召见了当时只是九品小官的苏辙，同时还任命苏辙为三司条例司检详文字一职，直接受王安石领导。

三司条例司是一个新成立的临时机构，由王安石主管。它抛开了原来的领导机构，其任务是制订财政改革的具体方案，统管全国的盐铁、度支、户部。但是，这个新成立的临时机构的权力比几个宰相的权力还要大，所有政事都由王安石直接奏请神宗裁定，宰相曾公亮等人只能旁听。所以，三司条例司俨然成了北宋政府一个新的权力中心。

之所以要设置三司条例司，主要是因为王安石在推行新法之初受到了非常大的阻力，遭到了朝中多数大臣的反对。由于王安石过于激进，极力排斥、打压与他持不同意见的人，使得朝中一些有威望的大臣如宰相韩琦、司马光、欧阳修等人都站到了他的对立面。孤立无援的王安石仍然一意孤行，在神宗的支持下居然使这些重臣要么被罢免，要么被逼隐退。

为了继续推行变法，王安石开始大量起用新人，而且招揽的都是比较"听话"的人，这就难免给一些投机者、钻营者可乘之机。一时间，像吕惠卿、李定、韩绛这样毫无主见、不讲原则、唯王安石是从的一批人纷纷粉墨登场。在这样一批人的主导之下，变法逐渐演变成了激烈的权力斗争、党派斗争，而变法最初的目标反而变得不重要了。

苏辙被安排在三司条例司任职。他首先接触到的是王安石变法中最重要的一条——青苗法。青苗法就是在青黄不接时，北宋政府以较低的利率（20%）将钱借贷给老百姓。秋收后，老百姓再连本带利一起还给国家。这个变法的出发点很好，但是在执行过程中，自愿借贷却变成了强迫贷款，并且成了官员的政绩考核指标。而且，农民如果在年初借十贯钱，到年末就要连本带息还十六贯钱。如果遇到荒年歉收，本利不能缴还，就会有牢狱之灾。苏辙认为这条青苗法是在与民争利，会引发一系列社会问题，如败坏社会风气、破坏社会秩序等。因此，苏辙由王安石变法的支持者变成了反对者。

盐铁法严禁私人贩盐贩铁，但屡禁不止。王安石坚持认为是执法不严造成的，便采用保甲法，一旦发现有人贩盐贩铁，便二三十家连坐，共同治罪，希望通过严法酷刑来禁止私人贩盐贩铁。而苏辙坚决反对，他认为这样的方式会导致社会不安定，甚至引发民变。

免役法废除了按户轮流当差的制度，但实际上增加了百姓的负担。一些贫苦的百姓本来可以出力，却被逼出钱免役；而原来那些获准免服劳役的鳏寡孤独者、和尚、道士，现在也要缴纳免役的费用。这样一来，虽然可以增加国家的财政收入，但也滋生了官员的腐败，更加重了百姓的负担。苏辙和司马光都坚决反对这一条变法，引来王安石等人的强烈不满。

随着变法的不断推进，苏辙与王安石的分歧越来越大。苏辙原以为变法能够循序渐进地推行，慢慢地实现国富民强。实际的变法却是政府一味与民争利，使百姓负担更重、生活更加困苦。苏辙担心，如果变法一直这样推行下去，虽然国库充实了，但老百姓更穷了，社会的不安定因素就会增加。

于是，在参与变法几个月后，苏辙向朝廷上书《制置三司条例司论事状》，对新法进行全面批评。苏辙以秦朝实施暴政，最终引发陈胜吴广起义的例子警告朝廷，如今的变法可能导致官逼民反。

苏辙作为一位以民为本的稳健改革派，他反对变法的声音并没有引起朝廷的重视。因为此时主持变法的王安石正如日中天，并且集聚在王安石周围的是吕惠卿、李定、章惇、曾布、蔡京这样的趋炎附势之流，在这些人眼中，百姓的生死根本不值一提，他们手中的权力、利益才是最重要的。苏辙自知很难再与之共事，于是又呈上《条例司乞外任奏状》，请求朝廷免去他在条例司检详文字的职务，允许自己从三司条例司离职，外放地方任职："陛下创制此局，将以讲求财利，循致太平，宜得同心协力之人以备官属。而臣独以愚鄙，固执偏见，虽欲自效，其势无由。……伏乞除臣一合入差遣，使得展力州郡。"

苏辙的直言不讳使王安石恼羞成怒，王安石想办法要治苏辙的罪。但此时宋神宗非常赏识苏辙，任命苏辙到河南府担任留守推官，负责审判罪犯。

外放陈州任教授　遭受冷遇志更坚

得到朝廷的批复后，苏辙并没有立刻去河南府上任，而是在京城闲居了四个多月。此时的他内心十分苦闷：自己好不容易在朝中担任了重要的职务，却因为和当权者政见不合而受到排挤；忠心耿耿地参与变革却成了被人诟病的保守派，一腔热忱被泼了冷水。

最重要的是，他担心任由变法推行下去，不知国家和百姓日后会遭受怎样的重创。心灰意冷的苏辙在四个月时间里闭门谢客，通过读书来自娱。

转眼间到了春节，望着窗外纷纷扬扬的大雪，苏辙触景生情，写下《南窗》，道出了内心的苦闷和哀怨。

南窗

京师三日雪，雪尽泥方深。

闭门谢往还，不闻车马音。

西斋书帙乱，南窗初日升。

展转守床榻，欲起复不能。

开户失琼玉，满阶松竹阴。

客从远方来，疑我何苦心。

疏拙自当尔，有酒聊共斟。

在苏辙上书请辞四个月后，当时担任殿中丞、直史馆、判官告院闲差的苏轼也上书反对王安石变法。苏轼在上书中劝告宋神宗不要"求治太急，听言太广，进人太锐"，并对王安石将"三经新义"定为科考的标准提出了明确的反对意见。两年后，苏轼也要求离京外任。从这一点来看，苏轼的政治眼光以及对变法的政治态度不像弟弟苏辙那样尖锐，也没有弟弟那样敏锐。

自从辞去三司条例司检详文字的官职后，苏辙一直赋闲在家，直到北宋熙宁三年（公元 1070 年）正月，事情才有了转机。这个转机来自苏氏父子三人共同的老朋友、苏辙的忘年交张方平。

当时张方平刚刚丁忧复职，但因为与王安石不合而被排挤，只好离开尚书省到陈州外任，陈州即今天河南淮阳。张方平了解到苏辙的情况后便奏请朝廷，请求改任苏辙为陈州教授，朝廷批准了奏请。

北宋时期，教授一职相当于现在的教育局局长。苏辙到陈州就任后，极力想从之前的阴影中走出来，并以唐代韩愈的经历激励自己要振作。韩愈也曾因为直言而被贬潮州，但韩愈没有因为个人的遭遇而抱怨，反而用自己的所学去影响、教化当地百姓。对照韩愈的作为，苏辙为自己之前的消沉和怠惰感到惭愧，决心以韩愈为榜样，并赋诗自勉。

初到陈州二首

其二

久爱闲居乐，兹行恐遂不。

上官容碌碌，饱食更悠悠。

枕畔书成癖，湖边柳散愁。

疏慵愧韩子，文字化潮州。

张方平非常理解苏辙此时的处境和心情，不断地开导他，并以杜甫的经历鼓励他。渐渐地，苏辙终于从三司条例司的阴影中走了出来，这一点在他所作的诗中都有所体现，如《柳湖感物》《送刘道原学士归南康》《次韵孙户曹朴柳湖》等。

次韵孙户曹朴柳湖

疏慵非敢独违时，野性颠狂不受羁。

犹有曲湖容笑傲，谁言与物苦参差。

水丁生草曾非恶，鹤舞因风忽自怡。

最爱柳阴迟日暖，幅巾轻屦肯相随。

从苏辙在此期间的诗作中可以看出，他不但对之前的遭遇逐渐释怀，甚至已然实现了自我超越，生出了旷达自适的心境。同时，也坚定了以后的选择——坚守自己内心的道义，绝不苟合于世，也更加坚定了他不惧个人安危也要为民请命的志向。

在此期间，苏轼也为苏辙的境遇感到忧心。他深知，正值壮年、雄心勃勃的苏辙此时空有一腔抱负却无法施展，心中的难过和落寞是旁人无法想象的。再加上在陈州这样一个穷困的地方任一个小官，甚至养活不了一家人，苏轼十分明了苏辙此时的郁闷、愁苦，便写诗逗弟弟开心，劝慰弟弟要看开。

戏子由

宛丘先生长如丘，宛丘学舍小如舟。

常时低头诵经史，忽然欠伸屋打头。

斜风吹帷雨注面，先生不愧旁人羞。

任从饱死笑方朔，肯为雨立求秦优。

眼前勃谿何足道，处置六凿须天游。

读书万卷不读律，致君尧舜知无术。

劝农冠盖闹如云，送老齑盐甘似蜜。

门前万事不挂眼，头虽长低气不屈。

余杭别驾无功劳，画堂五丈容旗旄。

重楼跨空雨声远，屋多人少风骚骚。

平生所惭今不耻，坐对疲氓更鞭箠。

道逢阳虎呼与言，心知其非口诺唯。

居高忘下真何益，气节消缩今无几。

文章小技安足程，先生别驾旧齐名。

如今衰老俱无用，付与时人分重轻。

诗的题目虽然是"戏"，其实是在安慰苏辙。后半部分还有苏轼的自嘲，虽然是在表达自己的不如意，但也有和弟弟声气相求的意思。实际是在告诉弟弟，哥哥和你的处境是一样的，你并不孤独。

看到苏辙为了一家人的生计辛苦奔忙，苏轼心生忧虑，在给友人的信中，苏轼这样写道："子由不住得书，必已出大江，食口如林，五女未嫁，比仆又不是易人，奈何，奈何！"短短几句家常话，却写尽了哥哥对体弱多病的弟弟的心疼。

这种心疼不只停留在口头上，也落实在行动中。因为苏辙出任的是低级官吏，收入低，难以维系一家人的生计，而苏轼的收入待遇相对好得多。为了减轻弟弟的负担，苏轼便把苏辙的子女接到自己身边照顾，视为己出。他不但负担起侄儿、侄女的饮食起居，甚至连他们的婚配问题也亲自过问。

熙宁四年（公元1071年），苏轼赴杭州上任。路过陈州，兄弟二人有了相聚的机会。两兄弟与老朋友张方平时常相聚，其乐无穷。闲谈放松之余，苏辙总要劝诫哥哥几句，提醒他在官场上说话要留心，不要太过直率，写文章也不要直抒胸臆，小心被人抓住把柄。

两个多月的相聚时光很快过去了，又到了临别的时候。苏辙一直将兄长送到颍州（安徽阜阳）。在颍州他们一同拜访了欧阳修。分别的前夜，苏轼、苏辙兄弟二人在颍河的船上彻夜长谈，吟诗论政，从孟子的言论一直谈到为官治国之道。苏轼写了《颍州初别子由二首》，表达自己当时的心境。

颍州初别子由二首

其一

征帆挂西风，别泪滴清颍。

留连知无益，惜此须臾景。

我生三度别，此别尤酸冷。

念子似先君，木讷刚且静。

寡词真吉人，介石乃机警。

至今天下士，去莫如子猛。

嗟我久病狂，意行无坎井。

有如醉且坠，幸未伤辄醒。

从今得闲暇，默坐消日永。

作诗解子忧，持用日三省。

其二

近别不改容，远别涕沾胸。

咫尺不相见，实与千里同。

人生无离别，谁知恩爱重。

始我来宛丘，牵衣舞儿童。

便知有此恨，留我过秋风。

秋风亦已过，别恨终无穷。

问我何年归，我言岁在东。

离合既循环，忧喜迭相攻。

悟此长太息，我生如飞蓬。

多忧发早白，不见六一翁。

　　苏轼用"飞蓬"比喻自己动荡漂泊的人生，也表达了对弟弟的不舍之情。此后，兄弟二人便如飞蓬、扁舟一般在宦海中浮沉，身不由己。

在陈州任教授期间，苏辙虽然不能为当地百姓解决实际的生活问题，没有突出的政绩；但仍心系百姓和国家。除了做好陈州当地的教育工作外，他还非常关心时事，密切关注朝局变化，特别是王安石变法给百姓带来的影响。甚至不顾位卑言轻，积极上书言事。在《陈州为张安道论时事》的上书中，他甚至不惧当权者的迫害，直斥变法派是一群奸佞之臣。

上任齐州掌书记　　兄长调密州相伴

熙宁六年（公元 1073 年），苏辙任陈州教授已满三年。在北宋的官吏任免制度中，官员在任满三年要回京述职，如果之前的工作没有什么过错会晋升一级。按照此规定，苏辙应该回京等待重新委任。恰在此时，朝中重臣文彦博因为反对王安石变法，申请离京外任。文彦博很欣赏苏辙的才学，邀请苏辙去他所管辖的地方任教授。苏辙很感动，但因身体原因无法适应北方的气候，未能应文彦博的邀请。最终苏辙到齐州任掌书记，主管文秘工作。

苏辙刚到齐州，当地便发生了严重旱情。苏辙在《送排保甲陈祐甫》中记录了这次严重的旱灾："谁言到官舍，旱气裂后土。饥馑费困仓，剽夺惊桴鼓。"苏辙到任后不仅要和州府其他人员一道想办法缓解旱情，还要忙着赈灾、救灾、防盗、捕盗，终日不得闲暇，虽然辛苦却很充实。

　　苏辙在齐州任职期间，交了很多志趣相投的朋友，其中不少官员是因为受到王安石一派的排挤而到地方任职的。这些人和苏辙政见相似，都有君子风范，所以在闲暇时，苏辙常和他们游览齐州山水名胜。

　　这几位朋友当中，有一位是苏辙的领导李师中。他很敬重苏辙的人品和学识，对苏辙非常欣赏。在《续资治通鉴》中记载，当李师中从齐州离任时，还给神宗皇帝上书，请求皇上"诏求方正有道之士……如司马光、苏辙辈，复置左右，以辅圣德"。俨然把当时只是九品小官的苏辙和三朝元老司马光相提并论！结果李师中因为这件事得罪了朝中的一些人，遭到了废斥。

　　苏辙在齐州任职期间，正值苏轼在杭州任命期满。为了离弟弟更近一些，苏轼上书神宗皇帝，希望把自己调任靠近齐州的地方。朝廷批准了苏轼的请求。

　　密州在当时是一个非常贫穷偏僻的地方，与富庶的杭州有着天壤之别。此时的苏轼已然厌倦了官场，对自由神往已久；但在他心中，他的弟弟苏辙比自由更重要。苏轼在给家乡的朋友杨济甫写信时说："官满本欲还乡，又为舍弟在京东，不忍连年与之远别，已乞得密州。"所以，为了弟弟，苏轼决定去密州任职。

　　在苏轼去往密州任职的路上，一想到马上可以见到暌违许久的弟弟，他感慨万千，文思泉涌，写下了《沁园春·赴密州早行马上寄子由》："当时共客长安。似二陆初来俱少年。有笔头千字，胸中万卷，致君尧舜，此事何难。用舍由时，行藏在我，袖手何妨闲处看。身长健，但优游卒岁，且斗尊前。"追忆兄弟二人年少时的美好时光。

到了密州，苏轼才发现，这里离弟弟还是很远；而且两个人都忙于公务，根本无暇见面。不过，苏轼还是安顿了下来。之后，他将住所附近一个废弃的土丘修建成了一座台子，并写信告诉了弟弟，让他为台子起个名字。苏辙在回信中为这座台子起名"超然台"，取《老子》"虽有荣观，燕处超然"的意思。苏轼欣然同意，还写了《超然台记》。

凡物皆有可观。苟有可观，皆有可乐，非必怪奇伟丽者也。哺糟啜醨，皆可以醉；果蔬草木，皆可以饱。推此类也，吾安往而不乐？

夫所为求福而辞祸者，以福可喜而祸可悲也。人之所欲无穷，而物之可以足吾欲者有尽。美恶之辨战乎中，而去取之择交乎前。则可乐者常少，而可悲者常多。是谓求祸而辞福。夫求祸而辞福，岂人之情也哉？物有以盖之矣。彼游于物之内，而不游于物之外。物非有大小也，自其内而观之，未有不高且大者也。彼挟其高大以临我，则我常眩乱反复，如隙中之观斗，又焉知胜负之所在。是以美恶横生，而忧乐出焉，可不大哀乎！
……

这篇文章传递了超然物外就可以无往而不乐的旷达，但也隐含着无所希求就不会有所挂碍和烦恼的无奈、失意之情。

苏辙在齐州任职期间，曾与哥哥在徐州有过一次短暂的相会。一个夜雨潇潇的晚上，兄弟二人同宿于逍遥堂。雨声潇潇，再次唤醒了兄弟俩昔日"夜雨对床"的约定，二人感念不已。苏辙伤感地作了《逍遥堂会宿二首》一诗。

逍遥堂会宿二首

逍遥堂后千寻木，长送中宵风雨声。
误喜对床寻旧约，不知漂泊在彭城。
秋来东阁凉如水，客去山公醉似泥。
困卧北窗呼不起，风吹松竹雨凄凄。

其中"误喜对床寻旧约，不知漂泊在彭城"一句让乐观豁达的苏轼听出了弟弟诗中的酸涩。

他作诗两首安慰弟弟，并在题注中写道："余观子由，自少旷达，天资近道，又得至人养生长年之诀，而余亦窃闻其一二。以为今者宦游相别之日浅，而异时退休相从之日长，既以自解，且以慰子由云。"其中，"今者宦游相别之日浅，而异时退休相从之日长"是在安慰弟弟：我们因为人在仕途，不得不过着漂泊的日子，但这样的时日毕竟还是短暂的，而我们退休后相守的日子还是很长的，一定会实现"夜雨对床"的约定。这样的劝慰让兄弟二人再次燃起了希望。

熙宁九年（公元1076年）中秋，苏辙两兄弟相携，在徐州湖上泛舟赏月，对酒吟诗，好不畅快。正是在这次游玩，让苏辙写下了脍炙人口的《水调歌头·徐州中秋》一词。

水调歌头·徐州中秋

离别一何久，七度过中秋。

去年东武今夕，明月不胜愁。

岂意彭城山下，同泛清河古汴，船上载凉州。

鼓吹助清赏，鸿雁起汀洲。

坐中客，翠羽峨，紫绮裘。

素娥无赖，西去曾不为人留。

今夜清尊对客，明夜孤帆水驿，依旧照离忧。

但恐同王粲，相对永登楼。

词中写尽了几年来兄弟二人聚少离多的无奈之情。虽然有欢聚的快乐，但离别紧随其后。离别思乡之苦、前途渺茫之苦、人生无奈之苦，令苏辙的这首词读来令人伤感。苏轼觉得弟弟的文字过于哀伤，便也和了一首《水调歌头》来安慰弟弟。

水调歌头

安石在东海，从事鬓惊秋。

中年亲友难别，丝竹缓离愁。

一旦功成名遂，准拟东还海道，扶病入西州。

雅志困轩冕，遗恨寄沧洲。

岁云暮，须早计，要褐裘。

故乡归去千里，佳处辄迟留。

我醉歌时君和，醉倒须君扶我，惟酒可忘忧。

一任刘玄德，相对卧高楼。

苏轼为弟弟描述了兄弟二人日后归乡隐居、相互扶持的快意生活，想极力帮助弟弟走出离别的哀伤。可惜的是，苏轼设想的美好场景一生都没有实现。

苏轼、苏辙两兄弟一生漂泊，甘苦与共，忧伤时相互慰藉，患难时相互扶持。二人叙写的骨肉情深充满了人性的光辉，使得他们的人格魅力和高尚情操历经千年，依旧熠熠生辉。

应天府出任判官　　俸禄微薄生计难

自从王安石变法以来，出台的改革不断加重百姓的负担，导致民怨四起，朝堂上争斗不断。熙宁七年（公元 1074 年），曾布、陈升之、韩绛、吕惠卿、章惇等人要么被罢免，要么辞官。王安礼、吕公著、张方平等人应时而动，上疏力诋新法。熙宁八年（公元

1075年)十月，王安石罢相。朝廷局势的变化让苏辙看到了一丝希望。

熙宁九年（公元1076年），苏辙在齐州的任期满三年后回京述职，等候新的任命。此时的苏辙对前景非常乐观，他满怀信心地给神宗进呈《自齐州回论时事书》，陈述自己在外任职期间的所见所闻，历数了青苗法、保甲法、免役法、市易法实施以来给老百姓造成的迫害："盖青苗行而农无余财，保甲行而权无余力，免役行而公私并困，市易行而商贾皆病。上则官吏劳苦，患其难行；下则众庶愁叹，愿其速改。"呼吁神宗皇帝尽快调整策略，废止变法。

苏辙把所有问题都归罪于王安石变法固然有其偏颇极端之处，同时，他也忽略了一个事实，就是他所说的这些问题都是在神宗支持变法的情况下才出现的。苏辙向神宗皇帝提出这些问题，相当于当面指摘皇帝的过错。

神宗虽然决心励精图治、有所作为，但同时也志大才疏、刚愎自用。《续资治通鉴》中有记载：有一次，神宗皇帝到高太后、曹太皇太后面前请安，因为曹太皇太后过问青苗法、免役法的事情，想保全王安石。神宗皇帝十分不悦又不好对着曹太皇太后发作，便迁怒于在场的同胞兄弟岐王颢，当着高太后和曹太皇太后的面向岐王颢发难。试想一下，这样的神宗皇帝又会怎样对待指责他的臣僚呢？

结果可想而知，苏辙接连两次上疏都遭到了神宗皇帝的冷落。神宗皇帝既不会承认自己有错，更不会废除自己批准的新法。一腔热血的苏辙被兜头泼了一盆冷水，感到极度失望和气愤。他慨叹自己一片忠心，却不及一味投机钻营的宵小鼠辈受重视，入仕以来白白浪费了二十年的光阴，真是让人伤感又愤懑。

熙宁十年（公元1077年），苏辙的老朋友张方平改任南京（今河南商丘，北宋时又称南都）留守，他再次向苏辙发出邀请："辟辙签书应天府判官。"四月，苏辙应张方平之邀离开京都汴梁到南京赴任。

去往南京赴任时，正值秋天天旱水枯，行船常常被搁浅，苏辙一家人一路走走停停，直到熙宁十年（公元1077年）九月初才到达南京。

在南京任职期间，苏辙虽然只是一个末流的小官，但他仍尽心做好本职工作，没有丝毫懈怠。因为收入微薄，苏辙在南京的日子过得非常艰难，以至朋友秦观和李公择来看望他时，他连买酒的钱都拿不出来。他在《次韵秦观秀才携李公择书相访》一诗中描述了这种窘境。

次韵秦观秀才携李公择书相访

济南三岁吾何求，史君后到消人忧。

君言有客轻公侯，扁舟相从古扬州。

致之匹马恨无力，千里相望同异域。

诵诗空使四坐惊，隐居未易凡人测。

史君南归无限情，鸿飞携书堕我庭。

此书兼置昔年客，袖中秀句淮山青。

老夫强颜依府县，堆案文书本非愿。

清谈亹亹解人颐，安得坐右长相见。

狂客吾非贺季真，醉吟君似谪仙人。

末契长遭少年笑，白发应惭倾盖新。

都城酒贵谁当换，尘埃污面非良算。

归来泗上苦思君，莫待黄花秋烂漫。

张方平知道苏辙的窘迫，担心他上下班走路太辛苦，便送了一匹马给苏辙作为交通工具。苏辙很感激，于是写了一首诗感谢张方平。

谢张安道惠马

从事年来鬓似蓬，破车倦仆众人中。

作诗仅比穷张籍，得马还从老晋公。

夜起趋朝非所事，晓骑行乐定谁同。

惯乘款段游田里，怯听骎骎两耳风。

张方平是苏氏父子的贵人、朋友，同时也是苏辙的恩人。两人相识几十年，张方平不仅屡次救苏辙于危难，而且时时关心体恤苏辙的生活，二人感情至深。特别是熙宁二年（1069年）到元丰二年（1079年），苏辙被贬谪外任的十年，大多数时间他都处在张方平的庇佑之下。

元祐六年（公元1091年）十二月，张方平薨于南京。临终托付后事时，张方平还"将属纩，问后事，但言伸意子瞻兄弟"，意思是嘱托身边的人照顾苏辙、苏轼兄弟二人。可见，张方平与苏氏兄弟感情之深厚。

苏辙曾多次写诗表达对张方平的感激之情，情感真挚，如《追和张公安道赠别绝句》。

追和张公安道赠别绝句

少年便识成都尹，中岁仍务幕下宾。

待我江西徐孺子，一生知己有斯人。

又如《宣徽使张安道生日》。

宣徽使张安道生日

从公淮阳今几年，忆持寿斝当公前。

祝公齿发老复少，岁岁不改冰霜颜。

扫除四海一清净，整顿万物俱安全。

今年见公商丘侧，奉祠太一真仙官。

身安气定色如玉，脱遗世俗心浩然。

> 幽居屡过赤松子，长夜亲种丹砂田。
>
> 此中自有不变地，岁阅生日如等闲。
>
> 门前贺客任填委，世上多故须陶甄。
>
> 秋风坐见蒲柳尽，岁晏惟有松柏坚。
>
> 斯人未安公未用，使公难老应由天。

苏辙对恩人张方平的崇敬之情溢于言表。

怀抱不世之才、以全国第四名的成绩高中皇榜的苏辙在将近二十年的时间里却一直怀才而不遇。潦倒至此，他内心的失落和忧愤可想而知。仕途的挫折，生活的困顿，多年为生计而劳碌奔波，长年身体抱恙，等等困境累加在一起，使刚刚四十岁的苏辙看上去比实际年纪要大很多，他自嘲像个衰翁。

然则，这一切并没有让苏辙消极颓废，志向泯灭。在南京府任职期间，他一直保持清廉自律。正是这种高洁的品行，再加上多年积累的深厚学养，身边有着很多追随者。他们倾慕苏辙的人品和学识，尊他为师长。其中最有名的便是秦观、张耒，后来他们与黄庭坚、晁补之并称为苏门四学士。

在物阜民丰、人才荟萃的南京，能有一批士林学子纷纷拜其门下，向其求学，这对落寞、失意的苏辙来说，是极大的慰藉。

乌台诗案受牵连　舍弃官职救兄长

由于苏轼与变法派政见不合，故遭受排挤，在熙宁四年（公元1071年）离开京城汴梁到杭州任通判。之后，苏轼又分别在密州、徐州、湖州、知州任职。所到之处，苏轼看到新法执行过程中的诸多弊端，心中极为反感，便把这些情绪写进诗词。而在当时，由于王安石罢相，变法的主导者变成了神宗皇帝，变法也成为国策，所以反对变法就是反对神宗本人，反对国策。因此，这些诗词给苏轼后来身陷"乌台诗案"埋下了隐患。

元丰二年（公元1079年），苏轼由徐州调任湖州知州。到任后，按照流程他向皇上进《湖州谢上表》表示感谢，其中写道："陛下知其愚不适时，难以追陪新进；察其老不生事，或能牧养小民。"公开表达了自己对新法的不满。结果，负责监察百官的御史台官员李定等人将这两句话作为把柄，弹劾苏轼"愚弄朝廷，妄自尊大"；又强调苏轼作为文坛领袖，如果任由他的诗词在社会上传播，会影响新政的推行。

这让神宗皇帝及改革派人物大为恼火，命人急驰湖州抓捕苏轼。抓捕的官吏到达湖州后态度十分强硬蛮横，粗鲁地将苏轼押解赴京。时任秘书丞的孔平仲在他的《孔氏谈苑》中记录了苏轼被捕的过程，他描述当时的情形为"顷刻之间，拉一太守如驱犬鸡"。意思是，推搡着湖州太守苏轼如同驱赶鸡狗一样粗暴。

收到哥哥被诬陷下狱的消息，苏辙便立刻把哥哥的家眷和仆从二十几口人接到家里照顾。他白天为营救哥哥到处奔波，晚上回到家还要安抚两家老老少少的情绪。更要命的是，原本苏辙家里就不宽裕，而且苏轼一家人口众多；但苏辙和他的夫人没有一点怨言，尽心款待了好几个月。

苏轼被逮捕后，被送进御史台监狱进行审讯。据《汉书》记载，汉代时，御史台外有数棵柏树，每天有上千只乌鸦栖居在柏树上，因此，御史台自汉代以来又被称为"乌台"，苏轼的案子也因此被称为"乌台诗案"。

根据《东坡乌台诗案》记载，御史台经过三个多月的审讯，获得了苏轼的供词。供词中牵涉了不少重要人物，包括当时的驸马王诜、司马光、黄庭坚等。苏轼和他们都有诗文往来，这些诗文被御史们搜罗出来，逼问苏轼其中是否含有讥讽朝廷和新法的内容，试图从中挖掘苏轼更多的"罪状"。

最初，苏轼只承认《山村五绝》里"赢得儿童语音好，一年强半在城中"一句是讽刺青苗法的、"岂是闻韶解忘味，迩来三月食无盐"一句是讽刺盐法的，其余文字都和时事无关。之后，御史台审问苏轼的《八月十五日看潮》里"东海若知明主意，应教斥卤变桑田"这句诗的用意，苏轼拖了几日之后才不得不承认是"讽刺朝廷水利之难成"。而御史中丞李定向皇帝报告时却说苏轼面对弹劾全都承认了。神宗大怒，命御史台严加审查。

最终，御史台抄获了苏轼寄赠他人的诗词一百多首，有三十九人受到牵连。我们无法揣测苏轼在审讯中遭受了怎样的折磨，才能使一向洒脱不羁、桀骜不驯的他承认这些莫须有的罪名。据记载，苏轼在这个过程中是有过自杀念头的，并做好了随时赴死的准备，可以想象当时刑讯的残酷。

御史中丞李定借着这些"罪状"，声称苏轼对朝廷极度蔑视，必须斩首。

在这样的情形下，苏轼每天都面临死亡的威胁，"一日数惊"。据记载，在等待判决的日子里，苏轼的儿子苏迈每天负责给他送饭。由于父子二人不能见面，就暗中约好，如果苏轼最终被判死刑，苏迈就送鱼肉报信，以便让苏轼早做准备。

有天，苏迈临时有要事便将送饭的事委托给亲戚代劳，却忘了告诉亲戚父子二人的约定。偏巧亲戚想为苏轼改善伙食，便给他送了一条熏鱼。苏轼大惊失色，认定自己凶多吉少，极度悲伤之余给弟弟苏辙写下了诀别诗——《狱中寄子由两首》。

狱中寄子由两首

其一

圣主如天万物春，小臣愚暗自亡身。

百年未满先偿债，十口无归更累人。

是处青山可埋骨，他年夜雨独伤神。

与君世世为兄弟，更结来生未了因。

其二

柏台霜气夜凄凄，风动琅珰月向低。

梦绕云山心似鹿，魂飞汤火命如鸡。

额中犀角真君子，身后牛衣愧老妻。

百岁神游定何处，桐乡知葬浙江西。

收到哥哥的绝命诗，苏辙心如刀割。在此之前，为了营救哥哥，苏辙曾多方奔走，找人求情，并冒死给神宗皇帝呈上《为兄轼下狱上书》，向神宗皇帝表示自己愿意被免去一切职务，来换取哥哥的性命。他在上书中写道："臣早失怙恃，惟兄轼一人，相须为命。臣欲乞纳在身官，以赎兄轼，非敢望末减其罪，但得免下狱死为幸。"意思是，臣苏辙早年失去双亲，只与哥哥相依为命。我愿意交还一切官位为兄长赎罪，只求陛下能免我哥哥一死。这篇上书写得情透纸背，但神宗皇帝不但没答应苏辙的请求，反而将苏辙降职处分，调往高安，任筠州酒监，五年内不得升迁。

但最终，苏轼还是非常幸运的。一来，北宋本来有不杀士大夫的惯例；二来，当时在朝廷中有很多人为苏轼求情。宰相吴充直言劝告神宗："陛下以尧舜为法，薄魏武固宜，然魏武猜忌如此，犹能容祢衡，陛下不能容一苏轼何也？"意思是，陛下您一直以宽宏大量的尧舜为榜样，而看不起生性多疑、狠毒残忍的魏武帝曹操；曹操虽然惯于猜忌他人却还是能容忍祢衡的出言不逊，难道陛下还不能容忍苏轼吗？

甚至连罢相后退居南京的王安石也给神宗皇帝上书说："安有圣世而杀才士乎？"即圣明的君主统治的时代怎么可以诛杀有才华的士大夫呢？最后，曹太皇太后也出面干预："昔仁宗策贤良归，喜甚，曰：'吾今又为吾子孙得太平宰相两人'，盖轼、辙也，而杀之可乎？"意思是，当年先帝仁宗的时候招纳贤良的人才，曾高兴地说"我如今为我的子孙找到了两位可以经营太平盛世的宰相"，这两个人就是苏轼和苏辙，而现在你要杀苏轼，这合适吗？

在苏辙的多方奔走之下，在众人的极力挽救之下，被囚禁了四个多月的苏轼终于得到赦免，被谪为"检校尚书水部员外郎黄州团练副使本州安置"。即苏轼被贬到黄州充任团练副使，不能擅自离开。团练副使一职在北宋时期常用来安置贬降官员，空有其名而无实权，相当于现在的地方武装部副部长一职。由此，轰动一时的"乌台诗案"终于结束。

元祐中流砥柱

　　苏辙入仕前二十年都奔波在各地任地方小吏；直到四十七岁这年，他才得到朝廷重用；之后九年，苏辙平步青云，官至宰相。在朝为官时，他七个月内就上书七十四篇奏疏，对当时的变法、官吏任免、边防、外交、治水都发表了自己的观点，多数被朝廷采用。他在王安石变法、治理黄河的过程中，从民生角度出发，坚持科学变法、科学治水，最终被证明是正确的，表现出他出色的政治才干和理政能力。

筠州小吏公务忙　黄州赏玩留名篇

元丰三年（公元 1080 年），"乌台诗案"后，经历了近半年牢狱之灾的苏轼最终被贬到偏远而荒凉的黄州，苏辙也因受牵连被贬到筠州。在苏辙前往贬所之前，张方平为苏辙饯行。两人面对面凄然无语，张方平哀叹像苏辙、苏轼这样的栋梁之材却如同漂萍一样或凋零或衰败，没有立足之地，可悲可叹。悲不自胜，张方平提笔写下《送苏子由监筠州酒税》，与苏辙这位命运多舛的老朋友作别。

送苏子由监筠州酒税

可怜萍梗飘浮客，自叹匏瓜老病身。

从此空斋挂尘榻，不知重归待何人。

遭逢"乌台诗案"的变故后，苏辙对仕途不再抱有任何幻想，反而有一种如释重负的解脱之感，心情也变得轻松起来，携一家老少去往筠州贬所，同行的还有哥哥的家眷——苏辙的嫂子和侄子、侄女。苏辙把家人留到贬所，便继续护送哥哥的家眷前往黄州。

在黄州，苏辙见到了大难不死的兄长，感慨万千。兄弟二人相聚十日后，苏辙便原路返回筠州。到达筠州时正值六月底，筠州刚刚经历了一场洪灾。他在《次韵王适大水》一诗中写道："高安昔到岁方闰，大水初到城如墟。"意思是大水过后，城市如同废墟一般。可见洪灾多么严重！

安顿好一家老少之后，苏辙便马上进入工作状态。因为他所在的部门人手比较紧，他一人负担了三份差事，繁重的工作让苏辙整日疲惫不堪。但是好在，他与上司毛维瞻相处得非常好。苏辙到达筠州时，之前为他准备的官舍已被大水冲坏，毛维瞻很快派人修整好，让苏辙一家人安心居住。同时，毛维瞻还及时补足了工作人手，减轻了苏辙的工作重负。二人在工作之余还偶尔一起饮酒畅谈。

对苏辙来说，虽然自己以贬官之身来到筠州，但回想起这段日子，他还是比较愉快的。一来，他已然看淡了官场的起伏遭际，从心灵上得到了解脱；二来，在筠州的这段时间，他有更多闲暇著书、做学问，拜访当地的僧道，和他们一起参禅悟道，探究养生之术。另外，在筠州仍然有一批士子聚集在苏辙周围。其中有一名学生叫王适，一直陪伴了苏辙五年。在筠州时，王适陪在苏辙左右，伴读、伴游，二人结下了深厚的师生情谊。

诗人黄庭坚也在这个时候频繁地和苏辙进行书信往来，畅谈文学。这些士子除了和苏辙畅谈文学，有时还相约一起游山玩水。苏辙的贬谪生活因为有了这些人的参与而变得丰富多彩、意气勃发。

苏辙所在的筠州贬所和苏轼所在的黄州相隔遥远，兄弟二人只能通过诗书彼此慰藉。有次，苏辙在筠州贬所，因为不小心喝多了酒，引发了小时候的顽疾——肺病，病痛的折磨使一向情感内敛的苏辙内心十分脆弱，他便将肺病复发的事情写成诗：《饮酒过量肺疾复作》，寄给了苏轼。

饮酒过量肺疾复作

朝蒙曲尘居，夜傍糟床卧。

鼻香黍麦熟，眼乱瓶罂过。

囊中衣已空，口角涎虚堕。

啜尝未云足，盗酺恐深坐。

使君信宽仁，高会慰寒饿。

西楼适新成，明月犹半破。

拥檐青山横，拂槛流水播。

雕盘贮霜实，银盎荐秋糯。

共言文字欢，岂待红裙佐。

惟知醍醐滑，不悟颇罗大。

夜归肺增涨，晨起脾失磨。

情怀忽牢落，药饵费调和。

衰年足奇穷，一醉仍坎坷。

清尊自不恶，多病欲何奈。

闻公话少年，举白不论个。

歌吟杂嘲谑，笑语争掀簸。

平明起相视，锐气曾未挫。

> 达人遗形骸，驽马怀豆莝。
>
> 不知逃世网，但解忧岁课。
>
> 不见独醒人，终费招魂些。

　　苏辙讲到自己因为纵酒引发肺病，甚至导致视力模糊，看不清东西。早上起来感觉肺都要炸开了，胃也疼得厉害。这突如其来的疾病让他情绪很差，回想半生沉浮，命运多舛，内心悲凉，这些情绪都在信中倾吐给了哥哥。

　　收到弟弟的来信后，苏轼赶紧回书一封，并附带《次韵子由病酒肺疾发》一诗应和弟弟的诗。字里行间，回忆弟弟小时候肺病发作时难受的样子，哥哥感同身受，恨不能替弟弟受罪。

次韵子由病酒肺疾发

> 忆子少年时，肺喘疲坐卧。
>
> 喊呀或终日，势若风雨过。
>
> 虚阳作浮涨，客冷仍下堕。
>
> 妻孥恐怅望，脍炙不登坐。
>
> 终年禁晚食，半夜发清饿。
>
> 胃强鬲苦满，肺敛腹辄破。
>
> 三彭恣啖啮，二竖肯逋播。
>
> 寸田可治生，谁劝耕黄糯。

（新法方田谓上腴为黄糯）

探怀得真药，不待君臣佐。

初如雪花积，渐作樱珠大。

隔墙闻三咽，隐隐如转磨。

自兹失故疾，阳唱阴辄和。

神仙多历试，中路或坎坷。

平生不尽器，痛饮知无奈。

旧人眼看尽，老伴余几个。

残年一斗粟，待子同春簸。

云何不自珍，醉病又一挫。

真源结梨枣，世味等糠莝。

耕耘当待获，愿子勤自课。

相将赋远游，仙语不用些。

同时又嘱咐弟弟一定要爱惜身体。"旧人眼看尽，老伴余几个。"意思是，你看看你身边的老朋友还有几个尚在人世，你还不知道爱惜自己的身体！半是吓唬半是嗔怪的语气体现着哥哥满满的疼惜，言语之间流露着对弟弟的无限怜惜与关爱。

元丰六年（公元 1083 年）冬，苏辙到黄州看望哥哥。兄弟二人一起拜访了同样被贬谪居在黄州的张梦得。张梦得在寓所西南筑了一个亭子，苏轼给这个六角亭起名为"快哉亭"。苏辙和哥哥应张梦得之邀，三人一同来到快哉亭叙旧、畅谈。苏辙写下了流传后世的《黄州快哉亭记》。

　　江出西陵，始得平地，其流奔放肆大。南合沅、湘，北合汉沔，其势益张。至于赤壁之下，波流浸灌，与海相若。清河张君梦得谪居齐安，即其庐之西南为亭，以览观江流之胜，而余兄子瞻名之曰"快哉"。

　　盖亭之所见，南北百里，东西一舍。涛澜汹涌，风云开阖。昼则舟楫出没于其前，夜则鱼龙悲啸于其下。变化倏忽，动心骇目。不可久视。今乃得玩之几席之上，举目而足。西望武昌诸山，冈陵起伏，草木行列，烟消日出。渔夫樵父之舍，皆可指数。此其所以为"快哉"者也。至于长洲之滨，故城之墟。曹孟德、孙仲谋之所睥睨，周瑜、陆逊之所骋骛。其流风遗迹，亦足以称快世俗。

　　昔楚襄王从宋玉、景差于兰台之宫，有风飒然至者，王披襟当之，曰："快哉此风！寡人所与庶人共者耶？"宋玉曰："此独大王之雄风耳，庶人安得共之！"玉之言盖有讽焉。夫风无雌雄之异，而人有遇、不遇之变；楚王之所以为乐，与庶人之所以为忧，此则人之变也，而风何与焉？士生于世，使其中不自得，将何往而非病？使其中坦然，不以物伤性，将何适而非快？今张君不以谪为患，窃会计之余功，而自放山水之间，此其中宜有以过人者。将蓬户瓮牖无所不快；而况乎濯长江之清流，揖西山之白云，穷耳目之胜以自适也哉！不然，连山绝

116

鍪，长林古木，振之以清风，照之以明月，此皆骚人思士之所
以悲伤憔悴而不能胜者，乌睹其为快也哉！

元丰六年十一月朔日，赵郡苏辙记。

《黄州快哉亭记》一文因其高超的艺术技巧被后人推崇备至，
被公认为一篇写景、叙事、抒情、议论紧密结合并融为一体的好文
章，是最能体现苏辙从容静淡、气度恢宏的文风的文章。文章的议
论始终带着情韵，文中虽有一股愤懑不平之气，却不显得面目可憎。

"风无雄雌之异……而风何与焉？""连山绝壑……乌睹其为
快也哉！"等议论近乎绘景，也近乎传情，无丝毫议论文常有的咄
咄逼人的气势。整篇文章词采飞扬，情怀浩荡，通过记叙快哉亭名
字的由来，劝慰谪居中的哥哥和张梦得，不以贬谪为怀，惟适自安。

《黄州快哉亭记》是苏辙最有代表性的散文作品。在苏辙所有
的诗词文章中，他最看重的是自己的诗词作品，但实际上，他的文
学成就却主要体现在散文上。尤其是他在被贬筠州期间所作的散文，
是他一生当中写得最好的文章。

这些散文包括名作《黄州快哉亭记》《东轩记》《庐山栖贤寺
记》《武昌九曲亭记》等。文章或抒发抑郁之怀，或描写自然、人
文之景，文风藏峰沉馨，汪洋淡泊自成一家，给人以很高的艺术享
受。正是这些佳作助他跻身于唐宋八大家之列。

朝局风云变幻　仕途迎来转机

元丰七年（公元 1084 年），宋神宗因为新法遭受了越来越多的挫败，开始反省新法的弊端，重新审视大臣们呈上的反对新法的奏疏。当他重温苏辙、苏轼两兄弟在上书中的见解时，似乎有了一些省悟，于是萌生了重新起用苏氏兄弟的想法。

不久之后，神宗皇帝下诏命苏轼调迁汝州任职，苏轼便趁着这个机会专程到筠州探望弟弟，兄弟两人在筠州小聚了十天。

元丰七年（公元 1084 年）九月，神宗再次下诏命苏辙任绩溪县令。虽然官职不大，但对苏辙来说也算升迁；而苏辙对这次升迁的反应却十分平淡。因为官场的升降荣辱在他眼中早已不算什么了，他当时更热衷于著述、做学问。但是皇命难违，苏辙拖延到了年末就不敢再耽搁，只好启程赴任。

元丰八年（公元 1085 年）二月，苏辙终于到达了绩溪——位于安徽东南部的一个不知名小县，苏辙在这里第一次成了号令一方的行政长官。让他哭笑不得的是，身为绩溪县令，他虽反对新法，却不得不亲自在绩溪百姓中推行新法，为朝廷敛财。

苏辙仅在绩溪任县令半年，但他想尽办法为当地改善民生，深得绩溪百姓的爱戴和拥护。后世的《新安志》中有记载："愚民嗜储积，至不欲多男，恐子益多，而赀分始少。苏公谪为令，与民相从为社，民甚乐之。"意思是，当地百姓喜欢存钱，而且不愿意生男孩，担心生儿子过多会分薄自己的家产，到老了以后反而没办法维持生活。苏辙在绩溪做县令后，劝导百姓成立新安社，将储蓄转为养老公积金，打消了百姓生育男孩分薄家产的顾虑，这种做法得到了百姓的认可。

王安石新法中的保马法在江南一带饱受诟病。因为江南很少养马，所以百姓被这项新法害得很苦。苏辙在绩溪时对保马法能拖就拖，想办法减轻百姓的负担。百姓为此深受感动。绩溪现在保存着很多纪念苏辙的遗迹，比如，他住过的地方被称为景苏楼，他在当地做官时经常走的桥被称为来苏桥，等等。

苏辙在绩溪任职二个月后，年仅三十八岁的神宗皇帝便驾崩了。随着宋神宗的离世，朝廷局势再一次发生了天翻地覆的变化。新即位的哲宗皇帝只有十岁，于是由神宗皇帝的母亲高太后垂帘听政。而高太后一向反对新法，更看重司马光等旧党人士。高太后也非常欣赏苏氏兄弟的才学和理政能力。当初在乌台诗案中，苏轼、苏辙两兄弟被贬谪使高太后一度非常痛心。此时，高太后重新启用苏氏兄弟。

元丰八年（公元 1085 年）五月，高太后下诏任命苏轼为登州太守；八月再次下诏直接将苏辙诏回朝廷，先授以秘书省校书郎的职位，等待朝廷调用。苏氏兄弟终于迎来了属于自己的时代。

接到还朝诏书的时候，苏辙的内心并没有掀起多大的波澜，多年的宦海沉浮已然让他学会了以一种平常心来对待突然发生的转变。而且，秘书省校书郎的职位是朝官当中爵次最低的，类似秘书一类的工作，这对想为百姓做实事的苏辙来说实在不算什么。他还为此写诗自嘲："奔走半生头欲白，今年始得校书郎。"戏谑之中更多的是无奈。

但让他没想到的是，他在赴京途中又接到一道诏令，擢升他为右司谏，这是个比较有实权的言官职位。亲友们都为他感到高兴，觉得他终于守得云开见日出，从此可以施展抱负，做一番事业了。令人想不到的是，苏辙在赴京途中生了一场大病，险些魂归天界。

这场病来势汹汹，把妻子和儿女都吓坏了。苏辙后来写诗描述了当时的情景：

答王定国问疾

五年窜南荒，顽质不伏病。

吸清吐浊秽，气练骨随劲。

澹然久忘归，寂寂就退屏。

国恩念流落，牵挽畀邻境。

叶舟溯长江，藤鞋过重岭。

峡深莒萝恶，山险崖石横。

恢台夏初发，氛雾秋愈盛。

菘薤食有时，豚羔讵曾省。

门开讼氓入，日晏鵙舌竞。

肝脾得寒热，冰炭迫晨暝。

俚医固空疏，蛮觋剧粗猛。

老妻但坐哭，遗语未肯听。

长子亦在床，一卧昏不醒。

思归未可得，即死副前定。

如如性终在，冉冉岁将冷。

筋骸稍轻安，冠服强披整。

余方厌苓术，日食禁醪茗。

发衰乱随栉，骨瘦空看影。

薄书勉复亲，环玦非所请。

马老固伏枥，槎流旧安井。

凌竞就轻车，邂逅出修绠。

此生诚梦幻，俯仰成吊庆。

故人枉新诗，万里慰孤耿。

赏音我非旷，斫鼻君真郢。

南迁昔所同，卧疾今亦并。

远行信由天，未死庸非命。

归舟正飘兀，斋舍念清净。

作书附鸿翼，去路瞻斗柄。

闸水渐安流，吴音未全正。

一樽对清言，及此冬夜永。

这场大病让苏辙更加"看淡生死"。在他看来，人的生死都很难预料，更何况官场上的贬谪升迁，朝局的风云变幻？一切的执着都是无用的，随缘就好。所以，苏辙对于此次的突然升迁抱着淡然的态度。

元祐元年（公元1086年）二月，苏辙终于返回京师，任右司谏。右司谏这一官职相当于现在的纪检监察一类的官员，在当时可以对朝政失误、百官任用、政府各部门的工作提出意见和建议。

这一职位似乎是为苏辙量身定制的。在此前多年任地方官的工作中，苏辙看到了太多新法害民的惨状，内心积郁了太多对于新法的不满。面对朝政弛废、百姓生活苦不堪言的现状，他忧心如焚。作为一位头脑冷静、爱憎分明的优秀政治家，苏辙一到任便抛开个人的荣辱得失，开始了大刀阔斧的工作。

元祐元年（公元1086年）二月至九月，苏辙作为右司谏就上奏了七十四道奏疏，平均每月上奏章将近十篇。苏辙首先提出严惩在推行新法过程中罪过深重的大臣，而对那些在推行新法过程中不得已而为之的小人物则给予改过自新的机会。同时，他明确反对司马光完全废除新法的主张，认为新法中好的部分要保留，有害的部分要废除，要区别对待；他还主张加强边防、稳定边境，促进社会政治、经济的稳定发展；等等。这些内容几乎涉及了当时所有重大的政治、经济问题，多数意见都被朝廷采纳并施行，对稳定元祐之初的朝政起到了非常重要的作用。

在朝官任免方面，苏辙在《乞选用执政状》中特别写道："左仆射蔡确憸佞刻深，以狱吏进；右仆射韩缜识闇性暴，才疏行污；枢密使章惇虽有应务之才，而其为人难以独任；门下侍郎司马光，尚书左丞吕公著，虽有忧国之志，而才不逮心。至若张璪、李清臣、安焘，皆斗筲小人，持禄固位……陛下新临天下，人才衰少，此数人者未可一朝而去也。则愿择其任最重而罪最大者去之，臣以为莫如蔡确、韩缜者也。"

苏辙主张一定要罢免宰相蔡确、韩缜和枢密使章惇这三个人，认为他们在之前的变法中欺瞒神宗皇帝，借变法之机窃取官位，如今又把所有过错推诿到离世的神宗皇帝身上，实在是厚颜无耻，留着他们只会贻害朝廷。高太后采纳了苏辙的意见，罢免了这三个人，任用司马光、文彦博、吕公著等人为宰相。

特别值得一提的是，在苏辙弹劾的大臣当中，章惇曾是苏轼的好友。在"乌台诗案"中，章惇曾对苏轼施以援手。但是，在司马光提出要废除免役法，恢复差役法时，章惇明明知道司马光的这一主张有害于百姓和朝廷，却不加评议，而是任其错下去；直到问题出现时，章惇才和司马光在朝堂当面对质，戏弄侮辱司马光。

苏辙认为章惇的这种做法是别有用心，是误国行为。他呈上《乞罢章惇知枢密院状》，坚决要求罢免章惇："差役之利，天下所愿，贤愚共知，行未逾月，四方鼓舞，惇犹巧加智数，力欲破坏……人命所存，社稷所系。使惇用心一一如此，岂不深误国计！"结果是章惇被贬外地任职，可见苏辙刚正不阿的品格。

发挥理政才能 一年连升三级

对于新法的存废问题，苏轼、苏辙两兄弟持有相同的政见，主张不必完全废除新法，认为有利于百姓和国家的新法要保留下来继续推行。而宰相司马光却主张废除所有新法，尤其坚决主张废除免役法，恢复原来的差役法；但苏轼则认为免役法和差役法各有利弊，不应完全否认免役法。

在这一点上，苏辙则有着更为理性的看法。他提出最好的方法就是"新旧二法采良处用之"，变法要慢慢来，不能采取疾风骤雨式的手法，而要让老百姓有逐渐适应的过程。

但刚愎自用的司马光却看不到这些，仍然一意孤行，坚持自己的主张，引起了苏轼、苏辙两兄弟的强烈反对。已然回朝担任翰林学士、知制诰的苏轼为此还和司马光大吵了一通。他认为司马光等人纯粹是为了否定而否定，并不考量其中的利与弊。

苏轼、苏辙兄弟二人与司马光有着二十多年的深厚情谊，他们视司马光为长辈，为恩师；但在朝堂之上，兄弟二人并没有因为私人交情而曲意逢迎司马光，而是从大局出发，坚持兼用新法所长，不能全面废止，兄弟二人的正直坦荡可见一斑。

苏辙还连上四次奏章，就新法的存废问题提出了具体的意见。尤其提到了和民生关系十分密切的废止免役法，恢复差役法方面的问题。苏辙主张一切都要从实际出发，差役法已然废止了二十年之久，如果现在恢复，不论是推行变法的官吏还是老百姓都会感到不习惯，在这个磨合的过程中会生出很多新的事端。

为此，他在《再言役法劄子》中言辞恳切地指出："妄意朝廷既行差役，凡百侵扰，当复如旧……顷者朝廷初革众弊，士怀异议，多被迁逐，睥睨新政，幸其不成者，非一人也。若此弊不除，使民有怨言，彼立异之人，他日必指以为事。"大概意思是，提醒新皇帝，执意恢复差役法很容易激起百姓和地方官吏对朝廷的怨愤，一旦这些怨愤被别有用心的人利用，制造事端，就会影响元祐新政的施行。

苏辙进而又提出，新法推行过程中，之所以产生种种弊端，并不全是新法的问题；如果执法的人是一些贪赃枉法、鱼肉百姓的污吏，那么再好的法规都会出问题。所以，他提出任用各级官吏时需加强考核，务必选用德才兼备、为政清廉的人，对那些为害百姓的官吏一定要严加惩处。

经过几个月的努力，苏辙"吏事精详"的理政才能终于得到了充分的发挥。元祐元年（公元1086年）九月，苏辙被晋升为起居郎，两个月后又被升为中书舍人。中书舍人一职是非常接近皇帝的重要官职，参与国家机密事务，已然进入了中央权力的核心层。中书舍人还负责包括宰相在内的所有官员任命书的书写。

任命书也叫撰词或制词。在北宋官吏任命中，任命书是非常重要的。它要对官员进行详细的评定，包括人品、道德、学识、才华、能力等。如果中书舍人拒绝为某位官员写任命书，或是在任命书中进行负面评价；那么这位官员可能就会被辞退，或是无法上任。当年苏辙任试秘书省校书郎、商州军事推官时，正是因为王安石拒绝为其写任命书，导致苏辙迟迟无法上任。

正因为如此，皇帝在任命中书舍人时也会特别注重候选人的思想道德品质，必须是为人处世刚正不阿、公正廉明的人，否则无法胜任。而像苏辙这样的人，能够被高太后选中也是情理之中的事。

元祐二年（公元1087年）十一月，苏辙由中书舍人改任为户部侍郎，成为掌握整个北宋土地、人户、钱谷、贡赋、征役等财政大权的重要大臣，责任更加重大。到了元祐四年（公元1089年）三月，苏辙顶替了哥哥的职位，升至翰林学士、知制诰。

苏辙在一年之内连升三级，这是他本人万万没想到的。苏轼也是一年之内连升三级。苏轼还朝时先被任命为七品服人，侍延和殿；仅过了半个月便升迁为起居舍人；之后又升迁为翰林学士、知制诰兼侍读。本来，苏轼、苏辙兄弟二人在神宗皇帝驾崩后便对各自的政治前途已然绝望；但出乎意料的是，高太后还记挂着他们兄弟二人。由此，苏氏兄弟二人创下了"曾未周岁，而阅三官"的中国古代官场奇迹。

自苏辙走马上任以来，在高太后的主导下，他与司马光、哥哥苏轼等人几乎完全颠覆了王安石的新法，这不仅使所有支持王安石的新党人物对苏辙恨之入骨，也使新即位的哲宗皇帝十分不满。

年仅十岁的哲宗皇帝，胸襟和眼光似乎被他的年纪局限住了，在乎的只是国库银两数目的多寡，小小的脑袋里还考虑不到民生、国运这么复杂的问题。特别是，当高太皇太后提倡厉行节约，杜绝浪费，要求所有皇室成员及朝中大臣都使用陶制的简朴器具时，哲宗皇帝更是嗤之以鼻。

让哲宗皇帝更为不爽的另一件事是与西夏之间的外交问题。

北宋与西夏之间时而开战，时而议和，由来已久。在哲宗皇帝即位前，宋神宗任用王韶推行《平戎策》：先是在河湟一带推行"市易法"筹集军费，继而稳定了北宋与西夏交界处的局势，扩大了北宋的控制范围。然后，王韶开始对西夏发动进攻，先后收复了河州、宕州、岷州、叠州、洮州等地，史称"军行一千八百里，收复五州，拓地二千里"。就在攻打西夏的宋军一路高歌猛进之时，王安石的辞官使这一局势急转直下，北宋对西夏的进攻最终以失败告终。

及至宋哲宗即位，高太后主政后，在西夏的外交问题上，苏辙的主张与高太后、司马光不谋而合。他们以澶渊之盟为先例，一致认为北宋与西夏如果继续斗下去只会两败俱伤，与其这样，不如北宋秉承儒家的"仁义礼智信"，行王道不行霸道，归还之前打下来的西夏土地，并继续给西夏岁赐，让百姓过上和平安定的生活，不再受战乱之苦。

然而，多数帝王的梦想都是开疆拓土，希冀"普天之下，莫非王土"，哲宗皇帝也不例外。苏辙和司马光等人的西夏外交政策击碎了哲宗皇帝开疆拓土的美梦，引发了哲宗皇帝强烈的不满，这也为苏辙后来被严酷打压埋下了祸端。

出使辽国不辱使命　"三苏"成大宋软实力

自北宋和辽国签订澶渊之盟后，两国经常在彼此的重大节日里互派使者表达祝贺或表示问候。比如正旦使，就是在每年的春节向对方的皇太后、皇帝、皇后道贺致礼的信使；生辰使，即在对方皇太后、皇帝或皇后过生日的时候前来致礼问候的信使；如果对方有国丧或是新皇即位，还会派告哀使、告即位使等。

元祐四年（公元 1089 年）八月，时任翰林学士的苏辙被任命为生辰使出使辽国，刑部侍郎赵君锡任副使，一同前往辽国庆贺辽道宗耶律洪基的生辰。因为苏辙是第一次出使外国，朝廷很体贴地派苏辙的长子苏迟随行照顾父亲。苏辙带领使团刚刚出发不久，就在路上收到了苏轼的信函，信中附带一首诗——《送子由使契丹》。

送子由使契丹

云海相望寄此身，那因远适更沾巾。

不辞驿骑凌风雪，要使天骄识凤麟。

沙漠回看清禁月，湖山应梦武林春。

单于若问君家世，莫道中朝第一人。

"单于若问君家世，莫道中朝第一人"这句诗是苏轼告诫苏辙，到了辽国要谦虚谨慎，不要因为我们父子三人在京城的名气而骄傲自满。苏轼为什么会给弟弟这样的忠告呢？

原来，辽国朝野上下很早就非常仰慕苏氏父子的大名。虽然辽国的文化不及北宋发达，但苏氏父子三人的名字在辽国家喻户晓。辽国的达官贵人往往以能背诵苏轼的几首诗词为荣。

早在元祐元年（公元 1086 年），辽国曾派使者耶律永昌、刘霄来汴京祝贺哲宗皇帝的寿辰，朝廷派苏轼做馆伴，负责招待辽国使者。宴会上，辽国使者刘霄在祝酒时说道："'痛饮从今有几日，西轩月色夜来新'，公岂不饮者耶？"刘霄所诵的"痛饮从今有几日，西轩月色夜来新"是苏轼《闻乔太博换左藏知钦州以诗招饮》中的诗句。这是刘霄在宴会上借用苏轼的诗来劝苏轼喝酒，这种有趣的互动让当时的场面非常热闹欢乐，苏轼也非常高兴。

不但如此，辽国首都上京的人还非常熟悉苏洵的文章和苏辙的《服茯苓赋》，并建议苏辙出版自己的个人文选。可见，苏氏父子在辽国是多么有影响力。当然，苏轼在诗里这样告诫弟弟，并不是真的认为弟弟会骄傲自满。因为他心里十分清楚，弟弟要比他这个做哥哥的老练沉稳得多。苏轼之所以寄这样一首诗给弟弟，其实是别有深意。

自澶渊之盟后，大宋朝身为中原大国却每年要向辽国进贡银两、绢匹，有卑事小国的屈辱。而作为大宋的使臣，为辽国的国主庆祝生辰，苏辙内心也认为这是一件屈辱的事。更为重要的是，辽国还经常有扣押宋朝使臣的不义之举。

所以，苏轼写诗为弟弟送别，其实既有劝慰之意，也有提醒之意；同时也是在为弟弟提气，壮爱国之行，足见二人兄弟情深。

怀揣着哥哥的这首诗，苏辙带领使团一路向北，经过滑州、相州、雄州。一路上，苏辙写下了不少诗句记录这次出使。当使团来到雄州时，便已然到了辽国与北宋的接壤之地。雄州的知州王崇拯热情地接待了苏辙一行人。苏辙以诗记事，在这里留下了《奉使契丹二十八首赠知雄州王崇拯二首》。

奉使契丹二十八首其二赠知雄州王崇拯二首

其一

城里都无一寸闲，城头野水四汗漫。

与君但对湖光饮，久病偏须酒令宽。

何氏沟塍布棋局，李君智略走珠盘。

应存父老犹能说，有意功名未必难。

"城里都无一寸闲，城头野水四汗漫"说的是当时的白洋淀水域辽阔，宾主双方就在白洋淀岸边把酒对饮。酒席过后，苏辙一行人便踏上了辽国的土地。

一入辽国境内，苏辙的内心便升腾起一股莫名的悲愤和屈辱。脚下的这片所谓辽土在汉唐时期原本是中原的土地，但是自从后晋皇帝石敬瑭割让燕云十六州后，这里便成了辽国所统治的地方。这片土地上的百姓饱受践踏和欺凌。想到这些，苏辙忍不住内心的激愤，奋笔写下《燕山》一诗。

燕山

燕山如长蛇，千里限夷汉。

首衔西山麓，尾挂东海岸。

中开哆箕毕，末路牵一线。

却顾沙漠平，南来独飞雁。

居民异风气，自古习耕战。

上论召公奭，礼乐比姬旦。

次称望诸君，术略亚狐管。

子丹号无策，亦数游侠冠。

割弃何人斯，腥臊久不澣。

哀哉汉唐余，左衽今已半。

玉帛非足云，子女罹蹈践。

区区用戎索，久尔縻郡县。

从来帝王师，要在侮亡乱。

攻坚甚攻玉，乘瑕易冰泮。

中原但常治，敌势要自变。

会当挽天河，洗此生齿万。

"割弃何人斯,腥臊久不澣。""从来帝王师,要在侮亡乱。"两句诗写尽了中原大国割地饲蛮夷的悲愤和屈辱。"中原但常治,敌势要自变。会当挽天河,洗此生齿万。"这两句诗是希望中原能够尽快强盛起来,改变敌强我弱的局面,早日收复失地,雪洗从前的耻辱,拯救百姓于水火。

伴随着这种复杂的心境,苏辙带着使团晓行夜宿两个多月,终于到达了辽国的中京。在中京,苏辙受到了空前的礼遇。从他写给哥哥的《神水馆寄子瞻兄四绝》一诗中可以知晓一二:"谁将家集过幽都,逢见胡人问大苏。莫把文章动蛮貊,恐妨谈笑卧江湖。"苏辙在诗中告诉哥哥,自己在辽国看到有人在读苏氏文集,还有辽国人问他"大苏"的情况。他还和哥哥开玩笑说,哥哥还是不要把名气传到这个异邦,不然名声太大会妨碍你日后归隐江湖。

使团在辽国安顿下来,不久后便迎来了辽道宗耶律洪基的五十九寿辰。寿辰庆典办得非常隆重,苏辙献上了宋朝的寿辰贺礼,辽道宗非常高兴。在接下来的三天宴席中,苏辙带着随从人员以贵宾身份相陪。住了十天后,一行人终于踏上了回国的路程。

返往四个月左右的时间,行程四千多里。苏辙在此次出使中对辽国的风俗民情进行了仔细的观察,并进行了细致的描述。以《虏帐》一诗为例。

虏帐

虏帐冬住沙陀中，索羊织苇称行宫。

从官星散依冢阜，毡庐窟室欺霜风。

春粱煮雪安得饱，击兔射鹿夸强雄。

朝廷经略穷海宇，岁遗缯絮消顽凶。

我来致命适寒苦，积雪向日坚不融。

联翩岁旦有来使，屈指已复过奚封。

礼成即日卷庐帐，钓鱼射鹅沧海东。

秋山既罢复来此，往返岁岁如旋蓬。

弯弓射猎本天性，拱手朝会愁心胸。

甘心五饵堕吾术，势类畜鸟游樊笼。

祥符圣人会天意，至今燕赵常耕农。

尔曹饮食自谓得，岂识图霸先和戎！

　　这首诗描绘了冬季来临时，辽国皇帝离开庆州伏虎林，前往广平淀的冬季行宫避寒，以及在行宫中召开国事会议，召见国外使臣，进行冬季游猎的场景。这类诗文让北宋政府进一步了解了辽国的风土人情。

身居要职任宰相　中流砥柱受荣宠

元祐五年（公元1090年）二月底，苏辙使团顺利完成出使任务，回到了京都汴梁。之后，苏辙将这次出使情况写成《北使还论北边事札子五首》，上奏朝廷。

在这份具体、翔实的出使报告中，苏辙提到辽国皇帝倾向于和宋朝友好相处，辽国的赋税徭役比宋朝轻，苏辙建议朝廷制定对外政策时参考这些情况。

另外，苏辙还在报告中建议对流出境外的书籍进行严格的内容审查。虽然宋朝的印本文字大量流出，可以促进与其他国家的文化交融；但国内很多粗制滥造的印本可能会"上则泄露机密，下则取笑夷狄"。有些印本上的内容涉及臣僚章疏及士子策论，会谈到朝廷治理国家方面的得失，还有军事方面的利害关系，这些内容会泄露国家机密。

报告中还建议严禁货币外流，严禁边境百姓私自铸造铜钱；继续保持宋辽友好，但备战和边境防务上也不能懈怠；等等。

苏辙此次出使辽国，不但进一步加强了双方的友好关系，苏辙及父兄的"文化品牌"也向对方展示了北宋的软实力，同时也进一步了解到辽国的相关情况，为北宋制定对外政策和边防策略提供了翔实的参考资料，是一次相当成功的出使。

元祐五年（公元 1090 元）五月，苏辙晋升为龙图阁学士兼御史中丞。御史中丞负责纠察、弹劾百官，权力很大。苏辙在这个职位上却感受到了从未有过的压力。由于苏辙竭力反对黄河治理中的引水东流措施，上奏的《乞罢修河司札子》一书言辞比较激烈，因而得罪了主张引黄东流的吕大防、刘挚等人；而这批人曾和苏辙一样，都是反对新法的元祐党人。这样一来，苏辙相当于在同一个阵营中给自己树敌了。

苏辙当然知道这样直言进谏会造成什么后果，但是他忠勇耿介的性格，忧国忧民的心，不允许他在面对与百姓利害攸关的问题时默不作声。这样一来造成的后果就是，在朝堂上和苏辙对着干或是暗地里掣肘他的人越来越多。比如，他上奏章推荐吕陶、吴安诗等几位御史辅助其工作，但另外几位宰相却一直把这件事搁置不议，对苏辙的提议采取消极对抗的态度。

苏辙的另一个主张也让他遭到了不少新党人的嫉恨。自从哲宗皇帝即位后，旧党官员复起，新法派官员被罢免，引发了新法派的强烈不满。新上任的宰相吕大防、刘挚担心这些新党人在外面惹是生非，搅乱朝局，便提出恢复几位新党派官员的职位，平息他们的怒火。苏辙旗帜鲜明地反对这种折中绥靖的主张。

他上书直言："君子小子，势同冰炭，同处必争。一争之后，小人必胜，君子必败。何者？小人贪利忍耻，击之难去；君子洁身重义，沮之则引退。"意思是，君子和小人就如同冰与炭火，如果让他们同处一室必然会导致争执，结果必然是小人获胜，君子失败。

因为小人为了利益可以不顾廉耻，赶都赶不走；而君子洁身自好、重大义，当君子发现道义行不通的时候自然就会隐退。

苏辙用这样的比喻提醒哲宗皇帝和高太后，用人一定要分别正邪，国君身边要多用君子，小人可以让他们做一些边缘的事情。苏辙的这种主张得到了高太后和多数朝臣的支持。而且，苏辙对于奸佞之臣也敢于直面揭露。他在陈述新党党首人员的罪状时，实事求是，罪证确凿，绝不徇私枉法。对于吕惠卿之流，苏辙七次上书弹劾其不耻行为。

吕惠卿曾任副宰相，他为了高官职，先是投靠王安石，在变法中百般维护王安石；当王安石罢相后，吕惠卿随即翻脸，百般诋毁王安石。苏辙认为这种背信弃义、投机取巧的行径猪狗都做不出来，而吕惠卿却能做得出——"犬彘之所不为，而惠卿为之"。苏辙自己在官吏的任用上，坚持德才兼备、赏罚分明的原则，使得高太后更加信任和倚重他，但也使苏辙自己成为众矢之的。

元祐六年（公元 1091 年）二月，朝廷擢升苏辙为尚书右丞，进入宰辅执政官行列，待遇上也进封开国伯，特加护军，食邑封二百户。随即，追赠苏辙的父苏洵为司徒，母亲程氏为蜀国太夫人，并在苏家祖坟附近修建庙堂以荐先福，可谓荣宠至极。

官至宰相，晋封开国伯，可以说在这一刻，苏辙已然走上了仕途巅峰。纵观他在官场上的一路沉浮，我们可以清楚地看到，于百姓而言，苏辙是一名史上罕有的"一心为民、铁骨铮铮"的清廉官员；于国于君而言，苏辙是一名"群而不党、贤良方正"的直臣和忠臣。

早年在制科考试中，十九岁的苏辙便以纸笔为刀戈为民请命，敢于言辞犀利地直斥当朝皇帝，列陈当时的诸多弊政。字里行间，充溢着忧国忧民的愤懑和关切之情。真正走入官场后，虽然几经沉浮，多次被严酷的现实历练、锉磨；但苏辙敢于直言不屈的品格不曾改变，反而由于为官一任，身上的责任更加重大，变得更加言辞激切。他希望能借助这样的方式警醒当政者真正关注民生，关心国家前途。

北宋时期的党派之争在整个中国历史上都是非常有影响力的。当时的北宋甚至一度形成了"朝中无人莫做官"的局面：任何一个普通官员要想在官场上站稳脚跟，都必须投靠一个党派才能保全自己。

而苏轼、苏辙两兄弟在这样的局势之下却如同一股清流。他们从来不因为自身的利益而去攀缘、依附某个党派。他们成为元祐党成员，是因为和元祐党人在治国理政的理念上同声相应、同气相求，而不是出于私人利益。

在王安石变法初期，王安石非常器重苏辙，任用苏辙为自己的机要文书。此时的苏辙如果能够依附王安石，一定会青云直上。但是，苏辙却从百姓利益出发，言辞激烈地对新法中的弊端进行了猛烈抨击，甚至不惜让自己陷入被贬官外任的境地。

同样，虽然苏辙与司马光私交很深，司马光在一定程度上对苏辙有知遇之恩、提携之情，并且当时在朝堂上司马光有着一呼百应的权威；但是在反对新法的过程中，苏辙同样敢于和司马光据理力争，把国家和百姓的利益放在第一位。

在同僚们眼中，苏辙谁都反对，谁都不拥护，他始终以国家和百姓的安危为重，就事论事，很少考虑党派立场和自身利益，这正是他"群而不党"的正直品格的体现。

苏辙之所以敢于为了百姓的利益而直言进谏，不惜得罪新、旧两党，主要源于苏辙从小在父母的教导下，接受孔孟思想的熏染，民生思想已然深深融于他的思想血脉。即便是在官场上被一贬再贬，仍能为了百姓和国家而提出自己的政见，这是他忧国忧民的本性使然。

也正因为如此，苏辙很难融入当时的北宋朝堂。所以，元祐八年（公元1093年）九月，在他晋升为尚书右丞两年后，也就是被后世称为"女中尧舜"的高太后离世后，苏轼、苏辙两兄弟的命运便随即发生了逆转。

力反回河东流　以民生为己任

黄河自古为患，几乎年年成灾，百姓苦不堪言。治理黄河也成为北宋王朝面临的重要问题。北宋的首都东京汴梁紧邻黄河南岸。就汴梁而言，黄河是一条天然的护城河，是阻止北方骑兵南犯的可靠屏障。但是在北宋初年，黄河却改道了——原本东流入海的黄河竟然在一次决口之后北上了。"河不东，则失中国之险，为契丹之利。"意思是黄河不往东流，大宋所能依恃的天险就没了，反而更利于契丹人的入侵。所以，北宋的几代执政者都想借助人力把黄河水引到原来的河道上，让它继续成为保护北宋的天险。

早在宋仁宗时期，黄河就多次决口，并在下游形成了北、东两条水道。将黄河水导向东还是导向北成为一个巨大的争议。在神宗、哲宗两朝，朝廷强行将黄河引回故道，史称"回河"。朝堂上的大臣们就"回河"一事分成两派，一派主张引回故道，一派反对。

在回河之争中，元丰五年（公元 1082 年），黄河决口。朝中一部分大臣提出"回河"东流，但苏辙和右相范纯仁等主张黄河北流。苏辙等人认为引黄东流的工程不但耗资巨大，而且根本解决不了水患，更谈不上抵御外敌。为此，苏辙接连三次上奏章给朝廷，竭力反对"回河"。

当时以高太后为主导的北宋朝廷始终主张东流，引黄东流的工程也是时而停歇，时而运作。直到元祐七年（公元 1092 年）十月，黄河水已大部分归于东部河道。绍圣元年（公元 1094 年），"回河"工程实现了"尽闭北流，全河之水，东还故道"。但是，黄河恢复东流仅仅五年，元符二年（公元 1099 年），黄河再次决口，东向河道断绝，主流又向北部河道流去，在乾宁军一带入海。由此，那些积极主张"回河"的大臣，如吴安诗、郑佑等人被朝廷治罪；苏辙等人的意见终于被朝廷采纳，回河之争也终告结束。

苏辙一直谨言慎行、言不轻发，但一旦看准了的事情就会坚持到底，绝不改辙。在反对"回河"过程中，苏辙便表现出了这一面。他在十三年中先后七次上书反对"回河"，其中有几次上书令人印象深刻。

元祐二年（公元 1087 年），朝廷再次启动"回河"工程。苏辙坚决反对，认为强行引黄河水向东流的做法严重违背了客观实际。虽然黄河东流是水的本性使然，但是向东的河道如今已然被淤泥填塞，河水已然改为向北流，往东流的本性已然不复存在。所以，再次修筑向东的堤坝，引水东流，纯粹是劳民伤财的做法，苏辙坚决主张停止这一工程。但当时主持朝政的吕大防等人并没有采纳苏辙的建议，仍坚持引黄东流。

元祐四年（公元 1089 年），哲宗皇帝继续"回河"工程。他总结了前几次改道失败的教训，认为之前的工程都是想把黄河往新形成的河道里引，但小河沟又容纳不了黄河水，这是导致失败的主要原因。在他看来，如果直接把黄河水引到之前的河道里就可以避免失败。但他不知道的是，黄河故道因为长年泥沙淤积，已经高出地平面很多，如果引黄河水进故道相当于打造了一条地上河。

为了劝阻朝廷的这一做法，苏辙特意到黄河故道进行实地考察。他通过开撅井筒的方法（当时测量地形水平高下的一种方法）得到了详细的、符合实际的数据，进而得出结论："东流高仰，北流顺下。"意思是水流向东是流向高地，向北流才是顺流而下。

于是，苏辙又上书《再论回河札子》《三论回河札子》陈说利害："引之复东，势如登屋。"意思是，东部河道高，如果引水向东，就如同引导河水登上屋顶一样，违反了水流"就下"的本性。他甚至言辞痛切地说道："方河水盛涨，其西行河道若不断流，则遏之东行，实同儿戏。"意思是，当河水大涨时，其向西的河道如果不断流就把它们堵住并引向东边的河道，就如同儿戏一样轻率！敢于批驳朝廷的决策如同儿戏，足见苏辙为国事民生忧心不已。

元祐五年（公元 1090 年）五月，朝廷再次派遣官吏调集民工，准备在大名府一带的孙村开河，再引黄河回流故道。苏辙急奏《乞罢修河司札子》一书，言辞激切。他在奏状中说："臣窃疾之……以为河北生灵，连岁灾伤，不宜轻有举动。"

他又提到在出使辽国途中的见闻："所过吏民，方举手相庆，皆言近有朝旨罢回河大役。命下之日，北京之人，欢呼鼓舞……上合天意，下合民心。"意思是，我路过的地方，那里的百姓听说朝廷最近停止了"回河"工程和徭役，都举手表示庆祝。命令下达的时候，京都一带的百姓更是欢欣鼓舞。但是，现在因为要迎合某些大臣的主张，又开始启动"回河"工程。苏辙尖锐地指出，这是"君权已夺，国势倒植"。意思是，这简直是臣子夺了君主的权力，本末倒置了！

苏辙这一番激烈的言辞狠狠地得罪了吕大防等人，无形中给自己树了不少政敌。但这就是苏辙，明知山有虎，偏向虎山行。

苏辙几次力反"回河"的言行只是他心系民生，敢于为百姓利益仗义执言的一个缩影。他在仕途中所表现出来的仁爱、宽厚、勤政爱民的思想言行和政治主张也体现在他多次被贬为地方官的岁月中。他虽遭贬谪，但每到一处都是先以当地百姓为念，一心为民、廉洁奉公，致力于启发民智，大力发展经济，努力为百姓谋福、为民生呼号。

宦海再度生澜

  随着高太后的病逝，元祐之治随之结束。十七岁的哲宗皇帝开始亲政。哲宗皇帝本来就倾向于变法，对高太后有着诸多不满，内心积郁了太多对祖母、对元祐党人士的愤懑。所以，他亲政后便不断推翻高太后之前的主张，全面指责元祐之政，大肆打压元祐党人。一直被高太后所倚重的苏轼、苏辙两兄弟成了新政权的牺牲品。

元祐党人再次失势　一年连遭三次贬谪

元祐八年（公元1093年）九月，高太后驾崩，刚刚成年的宋哲宗开始启用变法人士，如曾布、章惇等人，并很快将章惇升至宰相。

而章惇登上相位后的第一件事，就是攻击、迫害元祐党人。作为元祐党人的领头人和代表人物，司马光和吕公著首当其冲。章惇等人甚至在司马光和吕公著二人已然离世的情况下，仍然以泄愤的姿态，两次对司马光和吕公著给予降级处罚，剥夺他们的荣衔及爵位。

更为酷烈的是，章惇还正式上奏章给哲宗皇帝，提议掘开司马光的坟墓，鞭笞他的尸体，以便杀鸡儆猴，警告元祐党人。章惇这样做表面上是维系皇权，实际上却是他本人疯狂的复仇心理在作祟。他是想借皇帝之手报复那些曾经打压过他的元祐党人，巩固自己的地位。幸好，对于"挖坟鞭尸"这一有损阴德的行径，哲宗皇帝没有同意。

还有人别有用心地奏请朝廷销毁《资治通鉴》，就因为它是司马光所著！好在有人针锋相对地提出了反对意见，提醒哲宗皇帝，先帝神宗曾为《资治通鉴》作过一篇序言。这一理由劝阻了哲宗皇帝，救下了这部对后世意义非凡的历史巨著。

但是，哲宗皇帝还是下诏准许抄没司马光的财产，并取消了司马光后人的俸禄和官衔，拆除了朝廷之前给司马光之墓赐建的荣耀牌坊，甚至还磨平了高太后为司马光赐建的碑。可见，哲宗皇帝的叛逆心理有多么强烈。由此，我们也可以预见，高太后生前曾十分器重的苏轼、苏辙两兄弟将会遭遇怎样的灭顶之灾。

虽然朝局形势急转直下，对苏轼、苏辙兄弟二人非常不利；但是苏辙仍然坚持上书《论御试策题札子二首》，力劝哲宗皇帝对元祐时期的政策保持理性的态度。

上书中，苏辙列举了神宗时期的十多项善政，提醒哲宗皇帝对于神宗时期的政策可以恢复；但并不意味着元祐时期的政策就有问题，就要全部推翻，恳请哲宗皇帝三思而行。

但不幸的是，苏辙在这篇上书中将宋神宗比作汉武帝，终于被哲宗皇帝抓到了把柄。哲宗皇帝便以此为借口声色俱厉地训斥苏辙说："卿意但谓汉武穷兵黩武，末年下哀痛之诏，岂明主乎！"意思是，汉武帝穷兵黩武，晚年下罪己诏，不是明主。苏辙你用汉武帝比拟先帝神宗，岂不罪过？汉武帝在历史上一直被后世尊为明主，苏辙的本意不是评价历史人物，只是打比方。但哲宗皇帝仍然怒气难消。

最终，哲宗皇帝以此为由头，贬苏辙到汝州（今属河南）为官。绍圣元年（1094年）四月，苏辙到达汝州贬所。恰逢汝州大旱，当地百姓十分恐慌。按照当地风俗，这种情况下要向上天祈雨。苏辙作为汝州新任知州，内心深知虽然祈雨并不能解决根本问题，但能够稳定民心。于是他亲自撰写祈雨文告，筹备祈雨仪式。

恰巧就在求雨仪式正式举行的前一天夜里，汝州城普降大雨，旱情得以解除。汝州百姓额手称庆，并把这次降雨归功于苏辙；而苏辙却认为降雨发生在祈雨前夜，自己是"未请而雨"，"祈雨成功"的这份功劳应该送给汝州的前任知州。

接下来，苏辙将之前准备好的祈雨仪式改成谢雨仪式，再一次亲笔撰写谢雨文告，并举行酬谢降雨仪式。之后，苏辙为了长久地解决当地旱情，动员全城百姓引汝河水进行抗旱，开展生产自救。他还引导当地百姓发展地方经济，保护当地的文化遗产等。苏辙在汝州任职两个多月后，再次被贬往袁州（今属江西）。在他被罢免离开汝州时，送别的百姓延绵数十里，呜咽流涕，不舍他的离去。

在去往袁州的路上，苏辙再次被贬往筠州。一年之中，苏辙先后被贬汝州、袁州、筠州，苏辙的这一经历成了历史上著名的"岁更三黜"。但悲剧还远远没有结束。

回顾苏辙仕途上最为辉煌的九年时间，北宋王朝在"女中尧舜"高太后的精心治理下，呈现出一派政治清明的局面，这一时期被后世称为"朝廷清明，华夏绥定"的"元祐之治"。苏辙在其中功不可没。总结苏辙在整个"元祐之治"中的作为，主要有以下方面。

一是缓和党争之祸。以司马光为首的旧党派重新登上朝堂后，当时的朝廷中还有很多新党的势力，双方势同水火。苏辙从稳定朝局的角度出发，提出了比较切合实际的用人策略——坚决将新党官员驱逐出朝堂，避免新、旧两党的争端。苏辙的这一建议被高太后采纳，结束了新、旧两党长期争权的混乱局面，巩固了中央集权。

二是在对外关系问题上，苏辙极力主张怀柔政策，对有些边防守将故意寻衅生事，挑起边境战事并据此邀功求赏的行为给予严惩，以避免引发更多、更大的外族侵扰，给国家和人民以安定喘息的机会。

三是在内政治理方面，特别是变法方面，苏辙主张有针对性地进行改革，以达到让百姓安居乐业、让国家安定的目的，坚决反对无差别地全面废止新法，强烈建议对新法采取"趋利避害，用其所长"的策略。

苏辙初入朝堂时，面对的是一个朝政混乱、吏治腐败、边防空虚、国力衰微的北宋政府，为了匡扶时政，他忠于职守、尽心尽责，对元祐之政起到了重大作用，在一定程度上延缓了北宋王朝的覆亡。他的政治才干、治国才能受到高太后的赏识和器重。

对于苏辙这一时期的政绩，南宋何万在《苏文定公谥议》中评价说："元祐九年之间朝廷尊，公路辟，忠贤相望，贵幸敛迹，边陲绥靖，百姓休息，君子谓公之力居多焉。"意思是，元祐九年期间，百姓拥护政府，正道得以实行，忠诚和贤明的臣僚们互相合作，被权贵们宠幸的小人收敛行迹，边境防务安定，百姓得到休养生息。品行正直的人都明白，之所能有这样的局面，苏辙在中间起到了很大的作用。

同朝为官的宰相吕公著盛赞苏辙的办事能力和办事效率："只谓苏子由儒学，不知吏事精详如此！"意思是以前只知道苏子由的儒学功底深厚，没想到在官员的任免上也如此精明强干！

北宋官员张耒在他的《明道杂志》中提到苏辙时也说道:"某平生见人多矣,惟见苏循州不曾忙。……虽事变纷纭至前,而举止安徐,若素有处置。"意思是,一辈子见过的人不算少,只觉得苏循州(苏辙曾被贬循州)做事很少有忙乱的时候……即便事情杂乱不堪,一起堆到他面前,他也能从容地应对,有条不紊地处置妥当。

正是苏辙这种淡泊忠厚的品格,泰山崩于前而色不变的气度,加之办事持重、精明干练,使他在元祐时期不但政绩出色,而且受人敬重。

被迫再贬南荒　兄弟隔海相望

绍圣四年(公元1097年),因为新党势力的疯狂打压,苏辙再次被贬到雷州(今属广东);也是在这一年,苏轼被贬海南。如果说"乌台诗案"是兄弟二人一生所遭遇的最大一次危机,那么他们这次分别被贬雷州、海南则是又一次重大危机。

绍圣四年(公元1097年),代表元丰新党势力的章惇翻盘得势,他纠结了一批同党,开始向元祐党人发起残酷的迫害。许多元祐党人,如吕大防、刘挚、梁焘、范纯仁等,一律被贬谪到岭南。这些人大多数在流放的途中就离世了,有传说是于途中被人杀害。相对于前面几位,其实苏轼的境遇是最惨的,他被贬到了人称蛮荒之地的海南儋州。

当时的海南不但荒凉，更因为气候原因被视为瘴疠之地，瘟疫肆虐，到处是蛇虫鼠蚁，还缺医少药。被贬海南在当时几乎是比斩首还要残酷的处罚，是让人在痛苦的折磨中慢慢死去的处罚。宋代有不能杀士大夫和言官的惯例，因而政敌章惇向朝廷进言将苏轼贬谪海南，其实就是想以这种手段间接处死苏轼。

章惇对苏轼、苏辙两兄弟的迫害一方面源自元丰新党和元祐旧党之间的政治斗争。这是北宋年间围绕王安石变法所发生的一场党争。新党支持新政，如王安石、吕惠卿、曾布、章惇、韩绛等人；旧党反对新政，如韩琦、司马光、欧阳修、苏轼、苏辙等人，新旧两党之争前后持续了五十多年，对北宋及后世产生了非常大的影响，对苏轼、苏辙两兄弟的人生和仕途更是起着决定性的作用。

苏轼遭迫害的另一层原因是章惇挟私报复。早在几十年前，苏轼与章惇曾是一对非常亲密的朋友。二人同时在科举考试中金榜高中，算是同年。苏轼曾高度评价章惇说："子厚奇伟绝世，自是一代异人。至于功名将相，乃其余事。"意思是，章惇是个不世出的人物，当代少有的奇才。以他的才干，出将入相是信手拈来的事。

在"乌台诗案"中，苏轼几乎被御史台的几位御史官员置于死地。当时的宰相王珪诬陷苏轼有谋反之罪，想借此机会除掉苏轼。时任翰林学士的章惇当着神宗皇帝的面反驳王珪，为苏轼辩护，神宗皇帝才没有治苏轼的死罪。在这一点上，章惇是有恩于苏轼的。

但是，元丰八年（公元1085年）初，宋神宗驾崩，宋哲宗继位，高太后垂帘听政。她重新起用司马光和苏氏兄弟等元祐党人，而当时的新党重臣章惇也在朝中，新、旧两派人士围绕新法的存废展开了激烈交锋，甚至相互攻击谩骂。

元祐元年（公元1086年）二月，刚刚当上右司谏的苏辙给皇帝上书《乞罢章惇知枢密院状》。奏章中，苏辙指斥章惇在变更、推行免疫法上居心不良，明确向皇帝提出应该罢免章惇枢密院的职务。

苏辙的弹劾给了章惇致命一击。五天后，章惇被贬汝州，很快又被贬到杭州洞霄宫。几天之间，章惇从一位枢密院大臣沦为一个闲散人员。用章惇自己的话说就是"洞霄宫里一闲人，东府西枢老旧臣"。

在章惇被贬官后不久，苏轼又上奏《缴进沈起词头状》，指控章惇附和王安石是为了在边境上立功，实为草菅人命。这下，章惇对二苏恨之入骨，仇恨的种子就此埋下。

苏轼、苏辙两兄弟弹劾章惇时万万没想到，若干年之后，章惇重新翻盘，位极人臣，一手导演了苏辙、苏轼晚年凄惨的命运。

而章惇对苏轼进行迫害的借口就是苏轼无意当中写的一首诗——《纵笔》。写作这首诗的时候，苏轼正被贬于惠州。经过"乌台诗案"和黄州贬谪的洗礼后，再次被贬惠州时，苏轼的心境与之前有了很大转变，越发豁达洒脱。他甚至以快意自适的姿态面对贬谪，决定在惠州置地造屋，安家落户，终老惠州。新居刚刚落成，苏轼十分高兴，便提笔写下一首诗——《纵笔》。

纵笔

白头萧散满霜风，小阁藤床寄病容。

报道先生春睡美，道人轻打五更钟。

结果，这首诗被章惇安插在惠州的耳目传到汴梁，章惇看到诗后寝食难安。他无法忍受苏轼被流放到穷乡僻壤，居然还能够享受春睡之美。这怎么行？于是，更强烈的迫害很快便来了——苏轼被再贬海南儋州！

此时的苏轼已然是六十岁的老人了。苏辙根本不敢想象，年迈又孤苦无依的哥哥在海南如何生存下去！所以，得到哥哥被贬海南的消息后，苏辙心急如焚，连夜写奏折向皇帝求情，但根本无济于事。紧接着，苏辙又向皇帝申请跟哥哥一起去海南，还是未能如愿。

而苏辙此时的命运也没好到哪里去，几乎是在苏轼被贬海南儋州时，苏辙也被贬广东雷州，第二年又被贬循州（今属广东）。

雷州与儋州隔海相望。苏轼、苏辙两兄弟在去往贬所时走的是同一路线，碰巧在藤州相遇（今广西藤县），同行近一个月后到达雷州。同行期间，二人尽情倾诉手足深情和对彼此深深的担忧。

有时，苏辙会通宵陪伴苏轼，为哥哥诵读陶渊明的诗，劝他不要再喝酒了，并作《次韵子瞻和陶公止酒》一诗。

次韵子瞻和陶公止酒

少年无大过，临老重复止。

自言衰病根，恐在酒杯里。

今年各南迁，百事付诸子。

谁言瘴雾中，乃有相逢喜。

连床闻动息，一夜再三起。

溯流俯仰得，此病竟何理。

平生不尤人，未免亦求己。

非酒犹止之，其余真止矣。

飘然从孔公，乘桴南海涘。

路逢安期生，一笑千万祀。

六月十一日，苏轼启程渡海奔赴儋州，苏辙送至海滨。苏轼的长子苏迈也匆匆赶来送别。父子相见抱头痛哭，情景十分凄惨。苏轼在《与王敏仲书》中记述了当时诀别的情景：

某垂老投荒，无复生还之望。昨与长子迈诀，已处置后事矣。今到海南，首当作棺，次便作墓，乃留手疏与诸子。死则葬于海外，庶几延陵季子，嬴博之义。父既可施之子，子独可施之父乎？生不挈家，死不扶柩，此亦东坡之家风也，此外燕坐寂照而已。所云途中邂逅，意谓不如其已。所欲言者，岂有过此者乎？故靦缕此纸，以代而别。

苏辙竭力宽慰兄长，以《次韵子瞻过海》相赠：

> 我迁海康郡，犹在寰海中。
> 送君渡海南，风帆若张弓。
> 笑揖彼岸人，回首平生空。
> 平生定何有，此去未可穷。
> 惜无好勇夫，从此乘桴翁。

苏辙鼓励兄长：哥哥，你以一个年过六旬的老迈之身，乘坐扁舟漂洋过海却不用勇夫来撑舵，这可真是伟大的壮举啊！这看似有些戏谑的文字背后，其实是苏辙在强抑与哥哥生离死别的痛苦。他想努力表现出乐观的情绪，尽量让哥哥轻松地上路。当然，苏辙也心存侥幸，希望有朝一日，哥哥真的能活着北归，和家人团聚。但是，天不遂人愿，兄弟俩此次别离便是永诀，直到苏轼在公元1101年离世，兄弟二人再也没有见面。

雷州教化民风　"二苏"苦中作乐

对苏辙来说，被贬雷州可以说是他一生当中遭受的最严重的一次打击。因为肺病和胃病的折磨，苏辙一直对饮食比较挑剔，他非常不适应雷州的饮食和气候。当地的薰鼠、烧蝙蝠等味道腥膻的食物令他十分抵触。

而且，即便是在偏远的雷州和海南，政敌也时刻监视着苏轼、苏辙兄弟二人，设下的罗网十分严密。这让苏辙感到极度苦闷，巨大的精神压力让他有些不堪重负，他甚至十分沮丧地提醒哥哥要做好终老岭南的准备。

好在雷州太守张逢非常仰慕苏辙的才学和为人，对他照顾有加。张太守偷偷地帮苏辙租借房屋，安顿家小。结果，张太守还因为这件事被人告发，被朝廷革职处罚。最终，还是当地的一位百姓偷偷为苏辙提供了一小块宅基地，让苏辙得以修建一处小宅，容一家老小安身。

因为难以适应雷州的饮食和气候，苏辙到达雷州仅十天左右，就瘦得衣带骤宽，连仆人都惊呆了。但是，一想到哥哥的处境比自己还要艰难很多倍，苏辙便劝慰自己入乡随俗，要逐渐适应这里的生活。兄弟二人还作诗相和，相互劝慰，相互鼓励。

闻子由瘦

五日一见花猪肉，十日一遇黄鸡粥。

土人顿顿食薯芋，荐以薰鼠烧蝙蝠。

旧闻蜜唧尝呕吐，稍近虾蟆缘习俗。

十年京国厌肥羜，日日烝花压红玉。

从来此腹负将军，今者固宜安脱粟。

人言天下无正味，蝍蛆未遽贤麋鹿。

海康别驾复何为，帽宽带落惊僮仆。

相看会作两臞仙，还乡定可骑黄鹄。

"相看会作两臞仙，还乡定可骑黄鹄。"哥哥在诗中调侃弟弟说，你这么瘦的话，我们下次再见面时，两个人就都像清瘦矍铄的仙人，骑上黄鹄就可以回到故乡了。

弟弟也以诗相和。

子瞻闻瘦以诗见寄次韵

多生习气未除肉，长夜安眠懒食粥。

屈伸久已效熊虎，倒挂渐拟同蝙蝠。

众笑忍饥长杜门，自恐莫年还入俗。

经旬辄瘦骇邻父，未信脑满添黄玉。

海夷旋觉似齐鲁，山蕨仍堪尝荍粟。

孤船会复见洲渚，小车未用安羊鹿。

海南老兄行尤苦，樵爨长须同一仆。

此身所至即所安，莫同归期两黄鹄。

"此身所至即所安，莫同归期两黄鹄。"意思是，我人在哪里就会安心地待在哪里，哥哥你不要瘦得像我一样，那样我们本身就成了黄鹄了。

两首诗中，兄弟之间的关切之情溢于言表；同时，传递出苏辙和哥哥乐观豁达的心态。

虽然苏辙在雷州任职只有短短一年时间，而且还要时时面对饮食起居上的不便以及政敌对他的精神摧残；但是当他发现雷州当地民风不化、百姓生活艰苦时，他非常痛心。苏辙在《和子瞻次韵陶渊明劝农诗（并引）》中，这样描述雷州当地的现状："其民甘于鱼鳅蟹虾，故蔬果不毓；冬温不雪，衣被吉贝（木棉），故艺麻而不绩，生蚕而不织，罗纨布帛，仰于四方之负贩。工习于鄙朴，故用器不作。医夺于巫鬼，故方术（指医术）不治。"意思是，这里的百姓只靠鱼虾为食，吃不上水果和蔬菜；百姓不会纺线织布，只能仰仗其他地方的商贩过来贩卖织物，在冬天没有保暖的衣服穿。这里手工业落后，很多工具器物都无法使用；当地巫术盛行，没有正规的医生和医术，百姓生病很难得到有效的救治。

心系百姓的苏辙很快抛却了自己生活上的不顺，将个人的安危置之度外，一心致力于在当地传播中原文化。他深入百姓，开启民智，劝导他们改渔牧为耕织，发展农、工、商，带领百姓脱离贫困，努力致富。当他发现雷州当地缺乏淡水资源，百姓饮水安全成为一大隐患时，他又亲自在百姓当中传授打井技术，解决了当地百姓"喝水难"的问题。苏辙为百姓的拳拳之心可见一斑。

而在海南儋州与苏辙隔海相望的苏轼也很快适应了那里的生活，开始为改善当地百姓的生活而努力。当他看到海南当地四处荒田，百姓终年以薯芋杂米充饥时，他无比难过，写下六首劝农诗——《和陶渊明劝农》，并寄给弟弟。在诗作的序言中，苏轼写道："海南多荒田，俗以贸香为业，所产杭稌，不足于食，乃以薯芋杂米作粥糜以取饱，予既哀之，乃和渊明'劝农'诗，以告其有知者。"

和陶渊明劝农六首

其一

咨尔汉黎，均是一民。

鄙夷不训，夫岂其真。

怨忿劫质，寻戈相因。

欺谩莫诉，曲自我人。

其二

天祸尔土，不麦不稷。

民无用物，珍怪是直。

播厥薰木，腐余是穑。

贪夫污吏，鹰挚狼食。

苏辙也多次和诗寄给哥哥，向哥哥描述雷州当地的情况，如《和子瞻次韵陶渊明劝农诗》。

和子瞻次韵陶渊明劝农诗

其一

我迁海康，实编于民。

少而躬耕，老复其真。

乘流得坎，不问所因。

愿以所知，施及斯人。

其五

斫木陶土，器则不匮。

绩麻缫茧，衣则可冀。

药饵具前，病安得至。

坐而告穷，相视徒愧。

　　这些诗句不仅是苏轼、苏辙兄弟二人关心民生、体察民情之民本思想的明证，同时也成为研究雷州、海南当时风土习俗的重要史料。我们可以看到苏轼、苏辙兄弟二人终其一生都在坚定地倡导和宣扬他们的民本思想，身体力行为百姓排忧解难，这也正是他们兄弟二人一直被后世铭记的原因。

　　隔海相望的两兄弟诗信往来不断，不仅交流工作，也分享生活。

特别是苏轼，如果长时间收不到弟弟的书信，就会很担扰，甚至会用《周易》卜上一卦来舒缓自己的焦虑情绪。

有天，苏辙来信告诉哥哥，自己刚刚添了一个小孙子，当上了爷爷。海峡这边的苏轼便欢天喜地，想办法庆祝一番。

海南盛产椰子，苏轼便发明了一种用椰子壳制作的帽子——椰子冠。椰子冠短檐高帽，有"重量轻，样式新，戴起来方便"等优点，很快在当地流行起来。据传，明末清初的诗人张养重到广东时就看中了这样一顶椰子冠，甚至北归时还一直戴着。苏轼还让小儿子苏过给苏辙寄了一个椰子冠。苏辙觉得非常有趣，写诗回赠给哥哥和侄子。

过侄寄椰冠

衰发秋来半是丝，幅巾缁撮强为仪。

垂空旋取海棕子，束发装成老法师。

变化密移人不悟，坏成相续我心知。

茅檐竹屋南溟上，亦似当年廊庙时。

在艰苦的谪居生活中，苏轼、苏辙两兄弟苦中作乐，互相鼓励；也会在情绪低落时向对方吐露心迹。特别是苏轼，作为一个六十岁的老人，被流放到一个被人们视为死亡之地的荒岛上，他虽然已经做好随时听从死神召唤的准备；但是一天夜里，他辗转反侧，无法入眠时，想到与他隔海相望、同样被贬谪的弟弟，便生出眷恋之心。那一夜，苏轼一直坐到天亮，伴着熹微的晨光，他急切地提笔写下了《十二月十七日夜坐达晓寄子由》一诗，表达对弟弟的思念。

十二月十七日夜坐达晓寄子由

灯烬不挑垂暗蕊，炉灰重拨尚余薰。

清风欲发鸦翻树，缺月初升犬吠云。

闭眼此心新活计，随身孤影旧知闻。

雷州别驾应危坐，跨海清光与子分。

在雷州仅任职一年后，苏辙再次被贬到循州。雷州百姓一直铭记这位父母官。直到今天，雷州市区还留存着一处十分著名的景点——十贤祠，这是当地百姓为了纪念中国历朝历代来雷州为官的知名官员而修建的祠堂。这十人都是一身正气、政绩斐然、受百姓爱戴的官员，苏辙的名字赫然在列！

谪居龙川著书忙　知己相逢留佳话

元符元年（1098 年），在雷州任职仅一年的苏辙再次被贬到千里之外的循州龙川。当时正值盛夏，冒着酷热，已届花甲之年的苏辙带着一家老小近百口人，跋涉在被称为"蛮荒之地"的岭南瘴疠路上，晓行夜宿一千五百多里地，终于在农历八月到达龙川。

他们本来在城东的一处寺庙里找到了几间僧舍作为临时安置点，但是很快就被赶了出来。无奈之下，苏辙只得掏光所有积蓄购置了一处小宅院，略做修葺，才算能遮风避雨，安顿家小。

苏辙对循州的生活环境依然很难适应。这里不但语言不通，而且昼夜温差大。白天如同置身于桑拿房，暑气熏蒸；夜里又好像坠入了冰窖。还时不时发生瘴气伤人的事情，苏辙一家有近半数人都被瘴气击倒过。

最可悲的是，他的小儿媳黄氏来龙川一年后便因为中了瘴气之毒，又没有得到及时的治疗，很快撒手人寰。这让苏辙悲痛不已，也十分自责，他亲自为儿媳黄氏写祭文，并暗下决心，有朝一日一定要带她的灵柩北返故土安葬。

值得庆幸的是，龙川当地民风淳朴。苏辙虽然以贬官之身来到此处，但是当地百姓对他十分热情。龙川当地的几位老人家还常常带着自酿的酒水来拜访苏辙。他们陪着苏辙在小院里喝酒聊天，虽然是粗茶淡饭，彼此却相谈甚欢。

半生官场沉浮，看尽世态炎凉的苏辙十分享受这种饱含着浓浓情意的时刻。他在《闰九月重九与父老小饮四绝》一诗中，记录了自己在重阳节和龙川父老乡亲把酒话桑麻的场景：

尉佗城下两重阳，白酒黄鸡意自长。

卯饮下床虚已散，老年不似少年忙。

龙川父老乡亲的真诚热情让苏辙十分感动，甚至让苏辙生出了"且认他乡作故乡"的念头，把龙川当作自己的第二故乡："获罪清时世共憎，龙川父老尚相寻。直须便作乡关看，莫起天涯万里心。"

目不识丁的龙川老者喜欢找苏辙攀谈，有学问的道士和僧人也愿意拜访苏辙。当地有一位叫廖有象的道士，人品学问俱佳，在当地口碑很好，他的座下有五六名弟子。他与苏辙相见恨晚，成了莫逆之交。后来，苏辙蒙赦北归时，廖有象送别苏辙，送了一山又一山，直到苏辙改走水路乘舟时，二人才不得不洒泪作别，并相约他年再见。十年后，廖有象真的不远万里，从大东南出发，跋涉过重重山川，来到颍川看望苏辙。见到廖有象的那一刻，苏辙惊喜万分，感动得说不出话。

当时苏辙在颍川的生活十分拮据，靠着和儿孙们种几亩薄田维持生计。廖有象到颍川后，便不辞劳苦地帮苏辙张罗农事，和苏辙一起下地干活。苏辙内心的感动无法言表，他甚至觉得廖有象对自己的珍贵情谊，是上古时期的神话传说中才会有的。苏辙写下《赠廖有象》一诗，来纪念二人之间的深情厚谊。

赠廖有象

昔我迁龙川，不见平生人。

倾囊买破屋，风雨庇病身。

欣然一道士，野鹤堕鸡群。

飞鸣闾巷中，稍与季子亲。

此外，苏辙与另一位好友巢谷曾在龙川短暂相聚过。巢谷和苏轼、苏辙兄弟二人是多年的至交好友。当他听说自己的好朋友苏辙、苏轼被贬黜南荒受苦时，不顾自己七十多岁的高龄，从四川眉山出发，不远万里，一路徒步到龙川见苏辙。

在当时的条件下，一般的旅人即便是有车马可以坐，在路途上也要受舟车劳顿、风餐露宿之苦，更何况巢谷已然是一位七十多岁的老人。

当巢谷终于走到梅州时，他给苏辙写了一封信。大意是我从家乡眉山出来，一路徒步到龙川想见你一面。我如今已经走到梅州，再有几天的时间就能见到你了。

终于，在元符二年（公元1099年）正月，巢谷抵达龙川，与苏辙相见，二人抱头痛哭。两位多年未见的好友在一起朝夕相伴一个多月，相谈甚欢。

此时苏轼正谪居在海南儋州，巢谷决定跨海去见一见苏轼。苏辙考虑到巢谷的年龄和海路凶险，极力劝阻巢谷，但是巢谷去意坚决。

苏辙无奈，只好拿出自己所剩不多的积蓄给巢谷作盘缠，聊表自己对老朋友的一点心意；同时也在心里暗暗祈祷巢谷能够平安到达海南，见到哥哥。

遗憾的是，巢谷走到新会时遭遇了强盗，随身的财物被抢掠一空。由于惊吓和气愤，巢谷不久后便患病不治，带着未见到苏轼的遗憾离开了人世。苏辙收到巢谷的死讯后失声痛哭，哀痛难遣，便提笔写下《巢谷传》来纪念这位对自己情深义重的老朋友。

谪居龙川期间，苏辙除了和当地百姓交往外，几乎足不出户。当时他已然是一位六十多岁的老人，因为生活环境十分恶劣，他的身体健康状况十分堪忧。

但是，苏辙一直保持旺盛的求知欲，思维活跃，先后完成了《龙川略志》《龙川别志》两部被后世称道的著作。而这两部著作是在他老眼昏花无法看书写字的情况下，由他口授，幼子苏逊笔录完成的。

《龙川略志》记载的主要内容是苏辙本人一生中所参与的各项政治活动。《龙川略志》的首、尾两卷记录的是他自己为官从政的往事，共十四条；其余内容多与朝政有关。

由于谪官著书本身是一种很冒险的行为，再加上苏辙吸取了当年兄长在"乌台诗案"中因诗致祸的教训；所以苏辙在写作《龙川略志》首、尾两卷时，没有按事件原本的样貌记录，而是将神仙道术的一些说辞掺杂其中，造成亦真亦幻的假相。由此可见苏辙的谨慎。

并且，在记录与朝政有关的内容时，苏辙也只是录下了众人所发表的不同议论之词，而很少加入自己的评判；更没有像王安石、曾布那样，在自己的著述中动辄抱怨、归责当朝皇帝。

苏辙贬居龙川时所著的另外一本书《龙川别志》，是一本笔记体小品文集。这本书记述了先贤及与苏辙同时代的贤人们的佚事，也包括当时社会、政治、风物等许多掌故和逸闻。他在《龙川别志》序言中介绍了自己的写作初衷："今谪居六年，终日燕坐，欲追考昔日所闻而炎荒无士大夫，莫可问者，年老衰耄，得一忘十，追惟贡父之言，慨然悲之，故复记所闻，为《龙川别志》。"意思是，我谪居龙川六年，每日闲坐的时候，就想追忆从前所听闻过的一些上了年纪的人讲的掌故。因为年老记性差，总是忘得多，记得少。只有刘贡父（北宋史学家，曾协助司马光编纂《资治通鉴》）的话让我感到非常感慨又很悲痛，于是记录下来，写成《龙川别志》。

虽然如苏辙所说，他在《龙川别志》中记录的都是一些道听途说的旧闻，但其中达半数以上的内容都被朱熹收入《名臣言行录》。要知道，朱熹因为是洛学的代表，与代表蜀学的苏轼、苏辙两兄弟结有旧怨，他却引用苏辙的《龙川别志》，可见苏辙所记录的"旧闻"都是比较可信的。

苏子由痛失兄长　对床之约成憾事

自从 1097 年谪居南荒以来，苏轼、苏辙两兄弟一直以为自己会客死他乡，却万万没想到元符三年（公元 1100 年）正月，造成大宋朝政凋敝、百官昏聩的宋哲宗驾崩，宋徽宗赵佶继位，向太后听政。

在向太后的主政之下，原来的元祐党人得以复出，被贬谪和流放的元祐党人也得到赦免并获准迁回内地。苏轼、苏辙两兄弟也因此迎来了人生的转机。

苏辙先被调迁永州，之后调至岳州，官复"太中大夫"，可以自由选择居处。而苏轼则被调迁廉州，并在元符三年（公元 1100 年）六月渡海北归，同年九月官复"朝奉郎"。

苏氏兄弟二人终于可以和家人团聚了！万分欣喜之余，苏辙连续写了多封谢表，表达对皇帝特赦的感激之情。他在《移岳州谢状》中写道：

> 得罪南迁，于今七岁。投窜岭表，又已四年。瘴疬所侵，仅存皮骨，亲属沦丧，生意几尽。自分必死荒徼，不复归见中原。岂意圣神御历，恩贷深广，不遗旧物，尚许北还。元子赦书，重加开宥；事出特旨，恩实再生。臣见具舟前往，自尔稍近华风，遂脱瘴死。君恩至厚，力报无由。臣无任感天荷圣激切屏营之至。

字里行间，苏辙的喜悦之情溢于言表。

苏轼在北归的路上，经过大庾岭时感慨万千，提笔赋诗《过岭二首》。

过岭二首

其一

暂著南冠不到头，却随北雁与归休。

平生不作兔三窟，今古何殊貉一丘。

当日无人送临贺，至今有庙祀潮州。

剑关西望七千里，乘兴真为玉局游。

其二

七年来往我何堪，又试曹溪一勺甘。

梦里似曾迁海外，醉中不觉到江南。

波生濯足鸣空涧，雾绕征衣滴翠岚。

谁遣山鸡忽惊起，半岩花雨落毵毵。

苏辙感叹自己人生曲折坎坷之余，又生发出无限的豪迈之情：古往今来，有小人当道时，敢于直谏的忠臣就会遭受迫害。但无论是被贬南迁，还是如今被赦免北归，苏轼都泰然处之，相信历史会对他做出公允的评价。

苏辙也和诗一首《和子瞻过岭》。

和子瞻过岭

山林瘴雾老难堪，归去中原茶亦甘。

有命谁令终返北，无心自笑欲巢南。

蛮音惯习疑侉语，脾病萦缠带岭岚。

手挹祖师清净水，不嫌白发照蒘蒘。

诗中，苏辙坦陈当初哥哥被贬南迁，自己是非常绝望的。现在回忆起来只会感到好笑，这样的表述更加反衬了苏辙当下为哥哥北归而高兴万分的心情。

由于朝廷准许苏辙自由选择居住地，因此他返回颍昌与家人团聚。在颍昌安顿好后，他首先想到的就是和兄长团聚，便不断寄书给苏轼。而苏轼在渡海北上之初，本想去大儿子苏迈所在的宜兴定居。苏迈已然在那里安了家，他也希望漂泊一生的老父亲能与自己生活在一起，安顿下来颐养天年。

可是，苏轼同时也念念不忘和弟弟"夜雨对床"的约定，再加上苏辙此时不断地从颍昌写信给自己，央求自己与他一起终老颍昌。于是，苏轼便不顾路途遥远、身体病弱不堪的情况，决定去颍昌和弟弟相聚。苏轼在一封写给友人的信中这样说道："某初欲就食宜兴，今得子由书，苦劝归颍昌，已决意从之矣。"

但是，就在苏轼昼夜兼程前往颍昌的路上，事态又发生了变化——向太后驾崩了！向太后一死，宋徽宗便立刻推翻了向太后之前的所有主张，在朝堂上反其道而行之。元祐党人韩忠彦遭到排斥，朝野上下再次掀起了迫害元祐旧臣的恶浪。

得到这一消息的苏轼顿感不妙，为了远离京城避开祸端，他只好放弃去颍昌和弟弟相会的计划，原路返航，回到了常州宜兴苏迈的居所。

不幸的是，苏轼因为长年流徙、谪居，北归之后又长途跋涉，本已有疾在身，又在路途中染上了痢疾，回到常州后便一病不起，于建中靖国元年（公元 1101 年）七月二十八日离世。

临终之时，苏轼最大的遗憾是没能见弟弟最后一面："惟吾子由，自再贬及归，不及一见而诀，此痛难堪。"意思是，我的弟弟子由，从我被贬海南到被赦北归，一直没来得及见面，我就要和他诀别了，这样的痛苦真是让人无法忍受。无奈之下，苏轼只好留下遗言给弟弟："即死，葬我嵩山下，子为我铭。"意思是我死后，把我葬在嵩山下，你为我写墓志铭。

收到哥哥的死讯，苏辙"号呼不闻，泣血至地"。他实在难以接受这个现实。就在十多天前，他还写信给哥哥："桑榆暮景，岂忍再长相别离？"再一次催哥哥来颍昌团聚，共享天伦之乐。不料，现在等来的不是哥哥的回信，却是他的遗言。苏辙手握哥哥的遗书，痛哭不已。

此后大半年的时间里，苏辙一直没有从哥哥离世的沉重打击中走出来，始终沉浸在对哥哥的无比思念中。过度的悲伤几乎压垮了苏辙，他只好将这些悲伤诉诸笔端。伴着极大的悲痛，苏辙开始为哥哥撰写祭文、墓志铭——《祭亡兄端明文》以及《亡兄子瞻墓志铭》。意犹未尽时，又写下《和子瞻归去来词》一文，来追忆兄弟二人的手足亲情。

《亡兄子瞻墓志铭》一文洋洋洒洒六千字，写得情真意切，感人肺腑。文中，苏辙深情回顾了哥哥坎坷曲折又旷达乐观的一生以及兄弟二人幼时一起读书受教，成年后互相扶持、生死与共的感人过往。

读罢全文，我们似乎可以看到许多个苏轼：一个德行高尚、爱憎分明的古代贤士；一个为官一任，造福一方的父母官；一个天性烂漫、不染泥淖的风流才子；一个陪伴了苏辙大半个世纪的灵魂知己；一个温暖了弟弟整个人生的哥哥；等等。在苏辙的笔端，无论怎样的文字都减缓不了失去哥哥的哀痛和对哥哥的无尽思念，更冲淡不了与哥哥天人永隔的莫大遗憾。

安葬兄长呵护侄辈　子瞻子由天人永隔

崇宁元年（公元1102年）五月，苏轼的灵柩在他的三个儿子苏迈、苏迨、苏过的护送下到达颍昌，苏辙再一次扶棺大恸，作了《再祭亡兄端明文》一文。

因为兄弟俩生前没有多少相聚的日子，所以二人在很早以前就商量过，死后一定要葬在一起。为此，他们很早就在汝州颊城县的小眉山（嵩山附近）一带买下了一块墓地，辟为两兄弟日后的安息之所。

崇宁元年（公元1102年）六月二十日，苏辙和三个侄儿按照哥哥生前的遗愿将其安葬于嵩山之下。苏辙细心地发现三个侄儿的生活都很拮据，于是卖掉了自己的部分田产，将三个侄子接到身边共同生活。崇宁二年（公元1103年）六月，苏辙又将苏轼的第二任妻子王润之的灵柩迁来与哥哥合葬，完成了哥哥生前的嘱托。

之后不久发生的一件事，让苏辙再次陷入了对哥哥的怀念：有天，一位来自海南的年轻人姜唐佐专程到汝南拜访苏辙。他自称是苏轼在海南的学生，也是从海南走出来的第一位举人、第一位进士。

姜唐佐拿出苏轼生前赠给他的两句诗递给苏辙。诗中写道："沧海何曾断地脉，白袍端合破天荒。"当年，苏轼在海南收下这位学生时曾说："异日登科，当为子成此篇。"意思是有朝一日你如果能够科考中榜，我会为你补全这首诗。不幸的是，当姜唐佐金榜题名时，他的恩师苏轼已然离世两年了！

看着哥哥的遗作，苏辙再一次悲从中来，放声大哭，心绪久久不能平复。之后，苏辙替哥哥补全诗文，写下了《补子瞻赠姜唐佐秀才》一诗。

补子瞻赠姜唐佐秀才

生长茅间有异芳，风流稷下古诸姜。

适从琼管鱼龙窟，秀出羊城翰墨场。

沧海何曾断地脉，白袍端合破天荒。

锦衣他日千人看，始信东坡眼力长。

苏辙和苏轼的兄弟情深被传为千古佳话。没有哪一对兄弟能像他们这样，同样才华横溢又彼此欣赏，终其一生都相亲相爱。

三国时，曹丕、曹植两兄弟虽然都才高八斗，但他们为了权力和女人同室操戈，势同水火。

唐代的王维和王缙都因才华出众而冠绝一时，也是出了名的兄弟情深：王缙为了替哥哥王维赎罪，甘愿放弃自己刑部侍郎的职位。王维在晚年则又向皇帝请求辞职以换取弟弟王缙能重回京师。但苏氏兄弟与之相比，有过之而无不及。

苏辙和苏轼二人，不但因为同样高的文学成就位列"唐宋八大家"，更有他们手足情深的千古佳话流传至今。二人是骨肉至亲，更是灵魂知己。他们在生活和事业上相互关照，在心灵上互相慰藉。哥哥子瞻一生创作诗词上千首，最好的几首都是写给弟弟子由的；弟弟子由性情沉稳内敛，却将一腔深情都给了哥哥。

苏轼被贬惠州时，身无分文，生活没有着落。苏辙自己当时的家庭负担比哥哥更重，但他宁愿自己受难也不愿哥哥吃苦，倾其所有资助哥哥，帮苏轼安排一家老小的起居生活，免除了哥哥被贬南荒的后顾之忧。

苏轼在惠州上任后不久便张罗着为当地百姓修桥铺路。为了筹措资金，他不但把自己身上值钱的东西都捐了出去，还写信给弟弟，动员弟弟和弟媳捐款。面对如此"过分"的要求，苏辙和妻子史氏仍无怨言。史氏甚至典卖了自己的首饰换钱助力哥哥苏轼，支持他的事业。

世人都羡慕苏轼活得潇洒率真、洒脱不羁，其实这背后有一部分是因为他有苏辙这样一个不计任何代价为其倾尽所有的弟弟。是苏辙为哥哥承担了世俗的琐碎和不堪，才使得苏轼能够在自己的精神世界里自由翱翔，写就了无数旷达乐观的千古佳作。

这也就难怪，在"乌台诗案"中，苏轼在给弟弟的诀别诗中写下了"与君世世为兄弟，更结来世未了因"。在苏轼眼中，这样的好弟弟，这样的兄弟情，只结一世缘根本不够，要生生世世都和苏辙做兄弟！

苏轼是一个有着旷达个性、有趣灵魂的人，他的一生交了很多朋友，有佛印、文与可、秦少游、陈季常等。但苏轼始终心心念念的只有他的弟弟——苏辙。兄弟二人一起长大，情谊深厚；一同在父母那里接受教育，西窗共读；一起进京赶考又同时中举。更重要的是，二人在步入仕途后，宦迹和遭遇也几乎一致。这是因为他们对朝堂上发生的一些重大事情往往政见相同，因此常常一同遭贬或一同晋升，可谓朝堂共进退。

生活中，兄弟二人有了高兴的事情便共同分享，遇到困难就共同承担。精神上，彼此还是对方的诤友、灵魂上的知己。弟弟敢于直言哥哥的缺点，为的是让哥哥少一些政敌，少一些磨难；哥哥无论有什么心事都找弟弟倾诉，都能被弟弟理解，不必担心被嘲笑、被轻视。

二人既是兄弟更是知己，终其一生不离不弃，这深沉的情意让苏轼不禁感叹："吾从天下士，莫如与子欢。"意思是，虽然我的朋友遍天下，但还是和弟弟相处的时候最快乐。

而苏辙在给哥哥写墓志铭时则写道："我初从公，赖以有知。抚我则兄，诲我则师。"意思是，我小的时候跟着哥哥学到了很多知识和道理。哥哥抚慰我的时候是我的兄长，哥哥教诲我的时候是我的老师。

苏轼、苏辙兄弟二人虽然情深，却又聚少离多。他们仕途沉浮几十年，各自为官一方，不得不各奔他乡。其间，只有为父母丁忧的六年时间和在朝为官的几年时间是在一起的，余下的岁月往往都是相隔几千里，许多年才能见一面；但他们从未中止过联系，靠诗书的频繁往来，传递对彼此的思念和牵挂。二人互相唱和的诗词极多，可以说诗文唱和伴随着他们的一生。

后世有人曾统计，打开《苏东坡全集》，在诗集部分，可以看到出现频率最高的两个字就是"子由"。诗集中，仅以"子由"为题目的诗就有上百首，如示子由、答子由、怀子由、寄子由、别子由、次韵子由、迎子由、子由等。在这些诗中，兄弟二人交流琐碎的日常生活，分享彼此的喜怒哀乐，表达兄弟之间的思念之情。

除了诗集，细心的人还发现，苏轼在诗词、书信中提到弟弟的地方更是多达二百九十多处。而且，苏轼所写的最出名的几首诗词都和苏辙有关。而苏辙也同样如此，他和兄长的应和、赠答、步韵的诗词也非常多，仅在他的代表作《栾城集》中就多达一百三十首。这些诗词佳句，是他们兄弟情深的明证，也是研究中国宋代历史的宝贵资料。

遗老斋中度余生

　　苏辙生命中最后的时光都是在颍昌度过的。在这里，他自号"颍滨遗老"，并为自己修建了遗老斋。在遗老斋里，他读书、写作、默坐参禅；在遗老斋外，他带领儿孙下田耕种、开辟荒地。在看似恬淡平静的隐居生活中，他偶尔会关注一下时局。儿孙绕膝的时候，也让他想起在家乡眉山和父亲、哥哥一起读书的情景，痛彻心扉的思乡之情和由此生发的惆怅和伤感便纷至沓来。日子就这样一天天过着，直到公元 1112 年 10 月 3 日，苏辙走完了自己的一生，追寻哥哥的脚步，去兑现和兄长"夜雨对床"的约定。

隐居颍州 闭门著书

自朝廷下诏允许苏辙自由选择居所后,他便带领全家回到颍昌。在这里,他安排好哥哥与嫂子的合葬后,发现朝堂上对元祐党人的迫害有愈演愈烈之势,为了不牵连家人,苏辙只身一人到汝南避祸,在这里居住了一年后,再返颍昌。

此时的北宋朝廷,新党得势,他们对元祐党人展开了惨烈的迫害。设立"元祐党籍碑",将元祐旧党人名刻在碑上,苏轼、苏辙兄弟二人名列其上;规定元祐旧党人的子弟不准前往京师,不准出来做官,不准和宗室联姻;等等。元祐学术也遭到禁毁,苏辙及其父兄以及"苏门四学士"的著作、司马光的史学著作、程颐的哲学著作都被打入禁书之列。

重返颍昌的苏辙为了躲避祸端便过上了闭门不出的日子,除了见过极个别的亲友外,他几乎谢绝了一切人际往来。在《见儿侄唱酬次韵》中,苏辙将自己这一时期的情况描述为"宇宙非不宽,闭门自为阻。心知尘外恶,且忍闲居苦"。

在《闲居五咏其——杜门》一诗中,他又写道:"经年客不至,不冠仍不衣……闭门颍昌市,不识颍昌人。"心灰意冷的苏辙将所有的时间和精力都用在了读书、著述、教育儿孙上,这样一过就是十年。

虽然苏辙十年间闭门谢客，看似对外界很漠然；但实际上，他并没有真正放下世俗的包袱和心灵的重荷。在他的杂说《诗病五事》中，前四事，都在谈论李杜、韩孟、白乐天的诗法；到了第五事，在论及王安石的诗《兼并》时，苏辙明显"偏离"了主题：

> 王介甫，小丈夫也。不忍贫民而深疾富民，志欲破富民以惠贫民，不知其不可也……及其得志，专以此为事，设青苗法。以夺富民之利。民无贫富，两税之外，皆重出息十二。吏缘为奸，至倍息。公私皆病矣……朝廷觉其不可，中止不行，仅乃免于乱。

虽然说的还是王安石的诗，但此时"诗"已然变成了一个噱头，苏辙着墨更多的是青苗法之弊。所以，《诗病五事》的写作意图并非仅仅是论诗法，而是借此再论王安石的变法。这也是苏辙晚年常有的一种心态，虽然闲居在野，却时时以在朝的心态思考国家的祸事之源。

苏辙晚年所作的史论文《历代论》、自传《颍滨遗老传》，以及《诗病五事》类杂文，都与政治密切相关。这种坚持体现了他写作为文的一贯追求——期待立言以传诸后世。即便自己不再被朝廷所启用，也不能沉默于世；而应该尽自己所学，著书立说、弘道，以此成就人生的不朽。

在《历代论》中，苏辙以北宋朝廷的国家治理为着眼点，通过记述、评价诸多历史人物在治国理政中的成败得失，指陈当世的时弊。这些文章思想深刻，论述细密。后来的《四库全书总目》甚至认为，苏辙在《历代论》中阐释的很多观点都超越了苏轼。

《历代论》在点评历史人物时，其观点和视角不拘一格，很有纵横家的特点。比如，在历史上，汉文帝、汉景帝因为"文景之治"而并称贤君；而苏辙却认为"景帝忌克少恩，无人君之量，其实非文帝比也"。意思是，景帝容易猜忌、刻薄寡恩，没有作为君王的气量，实在和文帝没法比。

接下来，苏辙又客观地指出，汉景帝虽然有很多不足之处，但他还是有优点的，那就是"惟不改其恭俭故耳"，因此他仍可以和汉景帝并称为贤君。苏辙由此提出"恭俭"是作为一个君王的重要素养。

从这些评价中，我们可以看出苏辙的史论文章往往从历史的细微处入手，揭示历史兴亡的规律，在寻微探幽中发人之所未见，视角独特，不拘一格，耐人寻味。

在六十八岁这一年，苏辙写下了自传《颍滨遗老传》。在这篇自传中，他再次强调自己曾经进谏的政见、曾经坚持的立场和主张都是正确的。在自传中，他还收入了很多亲身经历的"史料"，如大量上疏奏议等原始史料；同时不吝笔墨详细地记述了每个政治事件的始末，其目的很明显——留存历史，立言以明世。

苏辙以自传载录历史与政治，为自己以及他所代表的那个群体制作了一份备忘录。同时，他也用一种极其隐晦、曲折的笔法在表明自己的心迹，塑造自己的政治形象。从这个角度看，自传这一文学形式在苏辙这里成了政治和历史的遗迹和证明，甚至它本身就是一部历史。

除著书之外，苏辙在隐居时也有很多诗词问世。这些诗以闲适内容居多，如《初葺遗老斋二首》《初成遗老斋二首》《初成遗老斋待月轩藏书室三首》《遗老斋绝句十二首》等。

初葺遗老斋二首

其一

为留十步南墙竹，莫怪门前鸟雀多。

陋巷何妨似颜子，势家应未夺萧何。

诗书懒惰何曾读，气息调匀不用呵。

多病从来少宾客，杜门今复几人过。

此外，他也写作了不少带"春秋"笔法的政治隐喻诗，如《八玺》《买炭》《秋稼》《丙戌十月二十三日大雪》等，都有苏辙对朝政不合理之处的斥责与对国计民生的关注。

买炭

苦寒搜病骨，丝纩莫能御。

析薪燎枯竹，勃郁烟充宇。

西山古松栎，材大招斤斧。

根槎委溪谷，龙伏熊虎踞。

挑抉靡遗余，陶穴付一炬。

积火变深黳，牙角犹愤怒。

老翁拥破毡，正昼出无屦。

百钱不满篮，一坐幸至莫。

御炉岁增贡，圆直中常度。

间阎不敢售，根节姑付汝。

升平百年后，地力已难富。

知夸不知啬，俯首欲谁诉。

百物今尽然，岂为一炭故。

我老或不及，预为子孙惧。

　　著书立说，贯穿了苏辙的一生。早在青年时期，他就受父亲影响，不断把自己读书、做学问的心得总结成自己独到的见解，诉诸笔端。后来尽管仕途劳碌，但他一直没有放弃这习惯。著书，使苏辙别有一种内敛沉稳。靠着这份沉稳，他得以远离朝堂上惨烈的迫害，度过了十余年寂寞却也安然的闲居时光。

著述等身多　　辞赋冠古今

　　苏辙作为北宋时期著名的文学家，在诗词及书法、绘画方面都有一定建树。在文学方面，存世的诗文有近两千首。他比较擅长政论及史论，有《新论》《历代论》等伟大作品流传于世，对当时的政论方向产生了极大影响。

他的散文备受后人推崇，为他奠定了跻身"唐宋八大家"的基础。他和苏轼一道，发展了北宋诗文的革新运动，是宋代古文运动的核心人物，为宋词和古文运动开辟了广阔的道路，使当时浮华的文风得到改观，为现代杂谈的文风奠定了基础。

苏辙一生诗作不少，仅存世的诗作就有两千多首。其特点在于，不同时期呈现不同风格。青年时期的苏辙志向宏远、自期甚高，这一时期的诗作也充满了积极进取的精神，诗风气象恢宏、雄健劲拔，如《初发嘉州》《严颜碑》《竹枝歌》等。

初发嘉州

放舟沫江滨，往意念荆楚。

击鼓树两旗，势如远征戍。

纷纷上船人，橹急不容语。

余生虽江阳，未省至嘉树。

巉巉九顶峰，可爱不可住。

飞舟过山足，佛脚见江浒。

舟人尽敛容，竞欲捐其拇。

俄顷已不见，乌牛在中渚。

移舟近山阴，壁峭上无路。

云有古郭生，此地苦笺注。

区区辨虫鱼，尔雅细分缕。

洗砚去残墨，遍水如黑雾。

至今江上鱼，顶有遗墨处。

览物悲古人，嗟此空自苦。

余今方南行，朝夕事鸣橹。

至楚不复留，上马千里去。

谁能居深山，永与禽兽伍。

此事谁是非，行行重回顾。

及至中年，宦海沉浮，苏辙笔下又多了一些仁民爱物的政治讽喻诗，可见他忧国忧民的一腔"真性情"。其中，《久雨》《买炭》被认为可以和杜甫的《三吏》有一比，后人极赞他的诗"上承《诗》《骚》之余风，下追老杜之当行，思深意沉，文练神茂，有惊天地、泣鬼神之效"。

买炭

苦寒搜病骨，丝纩莫能御。

析薪燎枯竹，勃郁烟充宇。

西山古松栎，材大招斤斧。

根槎委溪谷，龙伏熊虎踞。

挑抉靡遗余，陶穴付一炬。

积火变深黳，牙角犹愤怒。

老翁拥破毡，正昼出无屦。

百钱不满篮，一坐幸至莫。

御炉岁增贡，圆直中常度。

间阎不敢售，根节姑付汝。

升平百年後，地力已难富。

知夸不知啬，俯首欲谁诉。

百物今尽然，岂为一炭故。

我老或不及，预为子孙惧。

苏辙在晚年隐居颍昌后，新党把持朝廷，疯狂打压旧党，给他们加上种种莫须有的罪名进行迫害，甚至株连子孙。

在这种情况下，苏辙很少有直接抨击朝政及现实的诗作，但他忧国忧民的一片赤诚依然不减。所以，他的诗便以委婉含蓄的方式表达对百姓的同情。比如，苏辙细致入微地观察农民生活，创作了如《秋稼》等较为深刻的、曲折的、反映现实生活的诗，这些诗的艺术成就也远超早期的诗作。

秋稼

雨晴秋稼如云屯，豆没鸡兔禾没人。

老农欢笑语行路，十年俭薄无今晨。

无风无雨更一月，藜羹黍饭供四邻。

天公似许百姓足，人事未可一二论。

穷边逃卒到处满，烧场入室才逡巡。

县符星火杂鞭箠，解衣乞与犹怒嗔。

我愿人心似天意，爱惜老弱怜孤贫。

古来尧舜知有否，诗书到此皆空文。

值得一提的是，苏辙在元祐四年（公元 1089 年）奉命出使契丹的途中也创作了大量与出使见闻有关的诗作——《奉使契丹二十八首》，后收录于《栾城集》。这些诗歌多为七言律诗，以叙事诗为主，记录了出使时的自然环境、社会生活、思想情感等。

这些出使诗歌为后人研究辽宋关系、宋朝外交、宋朝使臣留下了珍贵的材料，具有较高的史料价值；同时这些诗歌也表达了苏辙个人的家国情怀。其中，《出山》一诗描写了苏辙在出使途中，路过古北口时所看到的当地百姓的样貌和生活现实：

燕疆不过古北关，连山渐少多平田。

奚人自作草屋住，契丹骈车依水泉。

橐驼羊马散川谷，草枯水尽时一迁。

汉人何年被流徙，衣服渐变存语言。

力耕分获世为客，赋役稀少聊偷安。

汉奚单弱契丹横，目视汉使心凄然。

石瑭窃位不传子，遗患燕蓟逾百年。

仰头呼天问何罪，自恨远祖从禄山。

纵览苏辙一生的诗歌创作，他不但在创作实践上自成一家，而且在创作理论上卓有见地。他所作的《诗病五事》强调了诗歌的思想性，并以这一原则为衡量标准来评价李白、白居易、韩愈、孟郊等人的诗。苏辙认为李白的诗"华而不实"，认为"唐人工于为诗而陋于闻道"，这种看法在宋代有一定代表性。苏辙对杜甫和白居易的诗较为推崇。

在诗歌创作理论方面，苏辙还著有《诗论》《诗说》等，这两者也都对诗的创作有独到见解。

苏辙的诗作对当时及后世的诗风都有一定影响，如北宋末期著名诗人陆游的诗歌创作深受苏辙影响。苏辙曾作《葺居五首》，有"开墙北风入，爽气通户牖"之句；而陆游在他的《水亭独酌十二韵》中，也有"清风扫郁蒸，爽气生户牖"之句，类似的情形在陆游的诗中还有多处。

苏辙的诗作往往博采众长、兼收并蓄，除了有韩愈、白居易之风，他还撷取先秦魏晋以及隋唐诗作的精华，或剪裁前人诗句而巧加妙用，或领会古人精髓而别出新意，自成一家。

苏辙的辞赋之作也是相当出色的，留存于后世的辞赋大约有十三篇。这些辞赋文章不但立意高妙、结构严谨，而且文辞精美，字里行间都洋溢着真挚的情感，十分具有感染力。这些辞赋的创作水平远远高于苏辙的诗作。在苏辙所作的十三篇辞赋中，《超然台赋》是很有代表性的一篇。苏轼十分欣赏《超然台赋》，盛赞它"体气高妙，吾所不及"。

超然台赋（并序）

子瞻既通守余杭，三年不得代。以辙之在济南也，求为东州守。既得请高密，其地介于淮海之间，风俗朴陋，四方宾客不至。受命之岁，承大旱之余孽，驱除螟蝗，逐捕盗贼，虏恤饥馑，日不遑给。几年而后少安，顾居处隐陋，无以自放，乃因其城上之废台而增葺之，日与其僚览其山川而乐之，以告辙曰："此将何以名之？"辙曰："今夫山居者知山，林居者知林，耕者知原，渔者知泽，安于其所而已。其乐不相及也，而台则尽之。天下之士，奔走于是非之场，浮沉于荣辱之海，嚣然尽力而忘反，亦莫自知也。而达者哀之。二者非以其超然不累于物故邪？《老子》曰：'虽有荣观，燕处超然。'尝试以'超然'命之，可乎？"因为之赋以告曰：

东海之滨，日气所先。肖高台之陵空兮，溢晨景之絜鲜。幸氛霭之收霁兮，逮朋友之燕闲。舒埋郁以延望兮，放远目于山川。设金罍与玉斝兮，清醪洁其如泉。奏丝竹之愤怒兮，声激越而眇绵。下仰望而不闻兮，微风过而激天。曾陟降之几何

兮，弃混浊乎人间。倚轩楹以长啸兮，袂轻举而飞翻。极千里
于一瞬兮，寄无尽于云烟。前陵阜之汹涌兮，后平野之淡漫。
乔木蔚其蓁蓁兮，兴亡忽乎满前。怀故国于天末兮，限东西之
险艰。飞鸿往而莫及兮，落日耿其夕躔。嗟人生之漂摇兮，寄
流枿于海壖。苟所遇而皆得兮，邈既择而后安。彼世俗之私已
兮，每自予于曲全。中变溃而失故兮，有惊悼而汍澜。诚达观
之无不可兮，又何有于忧患。顾游宦之迫隘兮，常勤苦以终年。
求乐于一醉兮，灭膏火之焚煎。虽昼日其犹未足兮，俟明月乎
林端。纷既醉而相命兮，霜凝磴而跰。马蹢躅而号鸣兮，左右
翼而不能鞍。各云散于城邑兮，徂清夜之既阑。惟所往而乐易
兮，此其所以为超然者邪。

《超然台赋》立意于"超然不累于物"，深刻表达了苏辙洒脱
旷达、宠辱不惊的精神境界。超然台名字的由来以及《超然台赋》
的问世反映了苏辙深感仕途坎坷，有志难酬，兄弟离散的种种情绪。
唯有通过涵养超然物外的心性，才能跳脱出荣辱是非之场。字里行
间，洒脱之情和牢骚之意相互交织，一唱三叹。

从《超然台赋》中，我们也不难看出苏轼、苏辙兄弟二人深厚
的情谊。苏辙当时已然是一介贬官，但为了安慰也在贬谪中的哥哥，
于是借为"超然台"命名的机会，阐释何为"超然"，取其与世无
争、达观自处之意，以此来安慰身处逆境的哥哥。文字中自然而然
地弥漫出兄弟之间心意相通、相濡以沫的温馨。

除《超然台赋》外，苏辙的《墨竹赋》《屈原庙赋》也是非常能代表苏辙文章风格和审美意趣的辞赋。

与苏轼相比，苏辙有更多的闲暇致力于著述，所以他的著作比哥哥还多。他留存后世的著述主要有《诗集传》20卷、《春秋集解》12卷、《老子解》2卷、《古史》60卷，共计94卷；《栾城集》包括《后集》《三集》，共84卷；此外还有《四部丛刊》影明活字本，《栾城应诏集》12卷，《四部丛刊》影宋钞本。其中代表作有《黄州快哉亭记》《上枢密韩太尉书》《巢谷传》《老子解》等。

参禅默坐 道启心海

苏轼、苏辙兄弟二人在学问上遍读经史、融汇百家，对佛教和道教也进行了深入的研究。特别是苏辙，他崇信道教。一方面，是受到哥哥苏轼的影响；另一方面，他本人亲身经历的两件事对他笃信道教也有很大影响。

第一件事就是他相信道教的养生术。苏辙终其一生都对道教养生抱有很坚定的信仰。他自幼体弱多病，早在青壮年时期就关注道教养生之术，养生术中关于"梨枣""上池""还丹""吐纳""赤松""王乔"之类的掌故或词汇不时出现在他的诗词中，成为他诗词的一大特色，这些诗词也成为后人研究苏辙思想的宝贵资料。

　　苏辙常常把健康归功于道教的养生术。在《李钧寿花台》的序中，他这样说道："尚书郎晋陵李公秉性直而和，少从道士得养生法，未五十，去嗜欲，老而不衰。"意思是，晋陵的李尚书秉性非常率直宽和，年轻时曾跟随道士修习养生之术，五十岁之前就修炼得清心寡欲，年纪大了以后也不见他有衰弱的表现。

　　苏辙六十九岁时，作《丁亥生日》一诗。

丁亥生日

少年即病肺，喘作锯木声。

中年复病脾，暴下泉流倾。

困苦始知道，处世百欲轻。

收功在晚年，二疾忽已平。

来年今日中，正行七十程。

老聃本吾师，妙语初自明。

至哉希夷微，不受外物婴。

非三亦非一，了了无形形。

迎随俱不见，瞿昙谓无生。

湛然琉璃内，宝月长盈盈。

　　"少年即病肺，喘作锯木声。中年复病脾，暴下泉流倾。"这句诗的意思是，年少的时候得了肺病，喘息起来有如锯木头的声音，十分痛苦；中年以后，脾胃又出了毛病。

然而，到了晚年，却"二疾忽已平"，这又是因为什么呢？因为"处世百欲轻"。苏辙认为自己在晚年之所以能祛除以前的一些顽疾，是因为自己皈依道家，拜老子为师，从而减少了很多世俗的欲望，所以健康得到了很大改善。

另外，苏辙比较相信道教中有关神仙法术的传说，这也让他对道教一直有着浓厚的兴趣。

苏辙在他的《丐者赵生传》中记载了自身经历的一件事：有个姓赵的乞丐，衣服破烂，蓬头垢面，经常喝酒，喝醉了就骂人。有一次，赵乞丐主动找到苏辙聊天，经过攀谈，苏辙觉得这个赵乞丐"亦知道者也"（是个修道的人）。

苏辙于是把赵乞丐介绍给哥哥，赵乞丐和苏轼相随半年之久，之后又和苏轼一起北归，后来不幸被骡马撞死。但是几年后，有一位名叫法震的僧人拜访苏辙时，告诉苏辙他路过云安时，遇到一位姓赵的乞丐，称认识苏辙，请法震代他向苏辙问好。法震还描述了赵乞丐的模样，苏辙确认这个乞丐就是之前他认识的赵乞丐。

之后，有人挖开赵乞丐的墓地，发现墓穴里只有一根拐杖和两条腿骨。了解到这些情况后，苏辙便认为赵乞丐是一位道行很深的"神仙"。

除了信仰道教的教义之外，苏辙还深入研究过道家的很多理论。他在四十二岁时曾写作《老子解》一文，文中，他把各家的思想融汇于道家思想，受到苏轼极高的评价。

在所作的《梁武帝》一文中，苏辙还曾提到过佛法与《老子》的不同之处，并把佛法归于道法，这种观点相当于把"道"放于至高无上的位置。对此，朱熹表示十分不满。他认为苏氏兄弟二人"合吾儒于《老子》，以为不足，又并释氏而弥缝之"。意思是，把儒家思想融合于道家思想中还嫌不够，居然又把佛家的思想融于其中，这简直是"无忌惮者与"。

此外，苏辙一生还写过不少有关道家、道教的诗文，有《楼观》《和子瞻读道藏》《送道士杨见素南游》《和子瞻濠州七绝》《御风辞》《上清辞》等。特别是，在他晚年的诗词中，更是不时传递"修佛学道"的信息，如《次韵子瞻生日见寄》《次韵姚道人二首》《蔡州壶公观刘道士》《城东野老》等著作中都可窥见。

次韵姚道人二首

其一

西山学采薇，东坡学煮羹。

昔在建城市，岂复衣冠情。

朋友日已疏，止接盲赵生。

畜智徇所安，元气赖以存。

时於星寂中，稍护乱与昏。

河流发九地，欲挽升天门。

枉用十年力，仅余一灯温。

> 老病竟未除，惊呼欲狂奔。
>
> 何日新雨余，得就季主论。

到了生命的最后几年，苏辙终于有所醒悟，他认识到道家学说存在着很多虚妄荒唐之处。为此，他曾在《夜坐》中表达了类似的想法：

> 少年读书目力耗，老怯灯光睡常早。
>
> 一阳来复夜正长，城上鼓声寒考考。
>
> 老僧劝我习禅定，跏趺正坐推不倒。
>
> 一心无著徐自静，六尘消尽何曾扫。
>
> 湛然已似须陀洹，久尔不负瞿昙老。
>
> 回看尘劳但微笑，欲度群迷先自了。
>
> 平生误与道士游，妄意交梨求火枣。
>
> 知有毗卢一径通，信脚直前无别巧。

此外，苏辙晚年隐居颍昌时，也在参禅礼佛上花了不少时间。他先后涉猎了《金刚经》《法华经》《楞严经》《维摩经》《华严经》《涅　经》《般若经》《传灯录》等经文，还手抄过《楞严经》。在诵读、抄写经文之余，苏辙还写了不少与佛、禅有关的诗词，如《东亭》《读传灯录示诸子》《夜坐》等。

寓居二首——东亭

十口南迁粗有归，一轩临路阅奔驰。

市人不惯频回首，坐客相谙便解颐。

惭愧天涯善知识，增添城外小茅茨。

华严未读河沙偈，偃仰明窗手自披。

苏辙一生中佛、道双修。一方面，佛、道双修使他得以练气强身，健康得到了很大改善；另一方面，佛、道双修也使苏辙在精神上更接近"空诸万物"的境界，促使其思想日趋成熟、更加坚强，为他提供了抵抗政治打击、适应谪居生活的精神支柱。因此，每当苏辙在仕途上遭遇坎坷，或是在晚年心境落寞的时候，他的自我救赎之道就变成了一方面读书、著书，一方面从佛与道之中汲取力量。

洁身自好　人淡如兰

纵观苏辙的一生，无论是在官场上指点江山还是在生活中享受亲情、友情，他始终是一个非常自律、洁身自好的人。他的品格和操守如他的一首诗所描绘的那样：像兰花一样，有着独特的精神品格，不取媚于人，远离污浊，保全美好的品格，有一种"人不知而不愠"的君子风格。

种兰

兰生幽谷无人识，客种东轩遗我香。

知有清芬能解秽，更怜细叶巧凌霜。

根便密石秋芳草，丛倚修筠午荫凉。

欲遣蘼芜共堂下，眼前长见楚词章。

在朝堂上，苏辙始终坚守本心，时刻关心社稷安危、百姓生计，不论形势多么危急，他从不向权贵和恶势力妥协，更不肯和奸佞小人同流合污。他平时为人非常低调稳重，却在表达政治观点、弹劾奸佞官员时立场坚定，言辞激切。

苏辙虽然世事洞明，非常懂得趋利避害，比哥哥更有谋略，更有城府；但和哥哥一样，怀揣着一颗为国为民的忠心，在关乎国家大事、百姓生计的问题上寸步不让，宁可得罪权贵，也要履行一个谏官的职责。

在担任地方官时，苏辙每到一处都想尽办法造福一方百姓。自己即便穷得上无片瓦遮头，下无立锥之地，也不肯借职务之便行贪污受贿的龌龊事。他有时甚至自掏腰包为百姓解困。

北宋著名文学家黄庭坚曾称苏轼为"百世士"，意思是流芳百世的有学问、有风骨、有操守的君子。其实，一直与苏轼声气相求的苏辙又何尝不是一位"百世士"？

苏轼、苏辙兄弟二人凭着光明纯粹的品格和操守，以及为生民立命、为万世开太平的责任意识，为官、为人、为文。也正因如此，他们的精神、他们的文章、他们的事迹才得以流芳百世。

在婚姻中，对妻子史氏而言，苏辙是一个非常专一、称职的丈夫。苏辙一生只有史氏一位妻子。虽然史氏只是一个小地主的女儿，但苏辙非常欣赏妻子知书识礼、温良恭俭的品性，非常敬重、爱恋妻子。

苏辙十七岁时与十五岁的史氏成婚。夫妻二人一生共生育了十个孩子，其中三个儿子、七个女儿（其中有二女早夭）。可见苏辙与史氏之间的感情之深厚，这在当时的社会环境下是非常难能可贵的。

苏辙与史氏夫妻二人相守几十年，经历过无数的风浪，始终相濡以沫，恩爱如初。苏辙六十五岁的时候，还给妻子写情诗《寄内》，来追忆恩爱的往昔。

寄内

与君少年初相识，君年十五我十七。

上事姑章旁兄弟，君虽少年少过失。

昏晨定省岁月短，五十还朝定何益。

忧深责重乐无几，失足一坠南海北。

身居阱中不见天，仰面虚空闻下石。

丈夫学道等忧患，妇人亦尔何从得。

归来旧许生白须，回顾惭君发如漆。

迁居汝南复何事，龟老支床随所掷。

相望一月两得书，闻君肺病久消释。

我经三伏常暴下，近喜秋风扫烝湿。

病除寝食未复故，相见犹惊身似腊。

刘根夫妇俱有道，去日饶君著鞭策。

在家庭中，对于儿女们来说，苏辙是一个温暖的、有责任心的父亲。据说，苏辙晚年时，为了给小女儿凑嫁妆，让女儿日后在夫家的生活有保障，他甚至把在河南购置的土地和房屋变卖了，最后终于凑足了 9400 贯（相当于现在的人民币 750 万元），全部用作女儿的陪嫁，风风光光地把心爱的女儿嫁了出去。

宋朝有厚嫁的风俗。宋朝有一条法律：嫁妆随新娘到了夫家后仍旧属于新娘。如果夫妻二人婚后生活不幸福而想要分开，那么新娘带过来的陪嫁财产仍然归女方所有，女方可以全部带走。

而且，凡是新娘带到婆家的嫁妆，无论是田产、店铺，还是陪嫁丫头，如果没有得到新娘的同意，任何人都不能随便动用，即便是丈夫、公婆也不行。

苏辙厚嫁爱女，就是为了让女儿在夫家能拥有稳固的家庭地位。所以他不惜卖房、卖地也要给女儿一份踏实的保障。苏辙这份深厚的父爱无从言说，只能通过此种方式进行传递。

"苏辙卖田嫁女"这件事曾被苏辙的孙子苏籀记录在《栾城先

生遗言》一书中。苏籀十几岁就跟随、侍奉爷爷，并在颍昌陪伴爷爷达九年时间，想必此事不是杜撰。

从亲情上说，苏辙与哥哥之间的手足情深，已然被传为千古佳话。然而，更为感人的是，晚年的苏辙，自己的生活本来就非常清苦，但是当他发现哥哥的三个儿子生活拮据时，便毅然地把三个侄儿接来颍昌和他一起生活，由他来供养和照顾这些晚辈。

思归无望　随缘自适

初得南园

倒囊仅得千竿竹，扫地初开一亩宫。

千里故园魂梦里，百年生事寂寥中。

晏家不愿诸侯赐，颜氏终成陋巷风。

洗竹移花吾事了，子孙他日记衰翁。

这是苏辙六十五岁时所写的一首七言律诗，向我们展示了他晚年生活的一个片段——像所有普通农夫一样，他亲自荷锄下田，带领儿孙们一起在田间垄地上耕作。短短的五十六个字，如同一幅白描画，勾勒出苏辙晚年北归后，在颍昌随缘自适的乡间生活。看似平淡的生活却使诗人实现了心灵上的自我超越。

晚年定居颍昌后，苏辙不仅要照顾一家十几口人的生活，还把哥哥的儿孙们也接到身边照顾。他只有一点微薄的薪水，要养活两家几十口人，立刻显得捉襟见肘。为了两家人的生计，苏辙不得不自食其力，亲自带领子侄们开荒种地。《初得南园》表现的就是这一生活现实情况。

诗的首联"倒囊仅得千竿竹，扫地初开一亩宫"描写了苏辙当时的艰辛生活——一家人千辛万苦开辟出一块田地，然后又留出其中的一小块辟为小园，打算在里面栽点花草、种上几棵竹子。但是，苏辙把口袋都掏空了，才发现手上的钱只能买几棵小竹苗。可以看出，苏辙当时经济的窘迫。虽然如此，苏辙依然雅兴不减，希望尽自己所能改善一家人的居所环境。

接下来，"千里故园魂梦里，百年生事寂寥中"一句抒发了苏辙内心的感慨——虽然在颍昌安了家，凭借着一家人的共同努力，生活上暂时可以实现温饱，但还是非常思念千里之外的家乡眉山，想念在家乡时和哥哥、父亲一起读书、生活的情景。年过半百的苏辙每每回想起这些就感到分外寂寥惆怅。

"晏家不愿诸侯赐，颜氏终成陋巷风"一句则表达了苏辙以晏子、颜回为榜样，愿意效仿前贤，不慕名利，甘于苦中作乐、安贫乐道的想法。

诗的结尾"洗竹移花吾事了，子孙他日记衰翁"则抒发了苏辙对儿孙辈的舐犊情深——洗竹移花的事情我都做完了，园子也初具规模，我已经竭尽全力为孩子们打下了一个基础，孩子们日后看到这个园子也许会想起我这个糟老头吧！

吟诵完这两句，读者仿佛看到了一个身形清癯但面目和蔼的老翁，立在一处小园旁，笑吟吟地看着眼前的一切，若有所思，若有所待。不知情的人们，有谁会想到，这个老翁十多年前曾在大宋的朝堂上挥斥方遒、指点江山呢？

苏辙的这首七律幽微深婉又融入了真挚的情感，诗中既有对故园和父兄的思念，也有对儿孙们的呵护与期待。从中，我们可以看出诗人那种随缘自适、恬淡乐观的精神状态——在逆境中依然坚持寻觅生命的价值，依然不放弃超越自我。

晚年的苏辙不但亲自带领儿孙们下田耕作，更是花了不少时间和精力教导儿孙们读书做人。他在自己的两篇记文《遗老斋记》与《藏书室记》中这样教导后辈："汝曹志之，学道而求寡过，如予今日之处遗老斋可也。"意思是，你们要立志，做学问是为了让自己成为更好的人，少一些过错和缺点，就像我如今在遗老斋中所追求的那样。

之后，他又叮咛儿孙们要铭记先人苏洵的遗愿："先君……有书数千卷，手辑而校之，以遗子孙。曰：'读是，内以治身，外以治人，足矣。此孔氏之遗法也。'先君之遗言今犹在耳，其遗书在椟，将复以遗诸子，有能受而行之，吾世其庶矣乎！"意思是，先君（对已故父亲的尊称）有上千卷的书，每本都亲自校订过，并把它们留给后世子孙。先君说："读这些书，向内可以修养身心，向外可以治理国家，读书能达到这样的目标就可以了。"先君的遗言现在还在耳畔回响，他遗留的书籍还在书匣中，以后将会留给你们，如果你们当中有人能接受先君的教诲并身体力行，我们苏氏家族就会很好。

虽然晚年的苏辙有闭门著书之闲，有儿孙承欢膝下的天伦之乐，也有躬耕田园的安逸；但是，这些都无法抵消他对故乡眉山的思念。

苏辙晚年的诗作中时常会流露思归故乡的渴望。在《遗老斋记》中，苏辙开篇即说明了他修建遗老斋的原因："庚辰之冬，予蒙恩归自南荒，客于颍川，思归而不能。"意思是，元符三年（庚辰，公元1100年）冬，我承蒙皇恩从南荒北归，客居于颍川，想回家乡眉山而无法达成。

从"客居""思归"的字样中可以看出，苏辙一直把颍昌视为临时居所，千里之外的故乡蜀地眉山，才是他安顿身心的所在。

在他的《卜居赋》引中，他也曾明确地写道："盖卜居于此，初非吾意也。昔先君相彭、眉之间为归全之宅，指其庚壬曰：'此而兄弟之居也。'今子瞻不幸已藏于郏山矣，予年七十有三，异日当追蹈前约。然则颍川亦非予居也。"意思是，选择在颍昌定居，并不是我的本意，昔日父亲曾想以彭山或眉山作为安息之所，还指着西北的方向说："这是你们兄弟二人以后的安息之地。"如今，哥哥子瞻已然安葬于郏山，我现在也七十三岁了，不久也会和父亲、哥哥相聚，而颍昌并不是我想居住的地方。

从中可以看到，在去世的前一年，苏辙还念念不忘和父兄"追蹈前约"，希望自己能遵循父亲的心愿，有朝一日回归眉山。他的这一思归之念最终却因为重重的现实阻隔而成为梦幻泡影："西望故乡，犹数千里，势不能返。"

在《卜居赋》中，他还谈道："吾将卜居，居于何所？西望吾乡，山谷重阻。兄弟沦丧，顾有诸子。吾将归居，归与谁处？"意思是，我将选择居住之地，住在哪里呢？向西遥望我的故乡，山高水远。兄长已离我而去，我还要考虑子孙辈的安置问题。我要寻找居处，但是归向哪里呢？又归向谁处呢？

一连串的追问将思归不成的无奈表达得淋漓尽致。既然无法回到故乡，那就让自己随遇而安吧！不仅要有一处可以安度晚年的居住之地，更要有一处可以让人真正得以安定心灵的家园。

苏辙的这种思乡之情看似淡泊，却总能在不知不觉间拨动人的心弦。当他慨叹离乡的遥远时，他会说"七十四年明日是，三千里外未归人"（《除日二首·其二》）；当他想念家乡的那些花儿时，他会说"故园闻道开愈繁，老人自恨归无日"（《次韵和人咏酴醾》）。揣着种种复杂的心情，苏辙度过了人生最后一段岁月，直到七十四岁离世，被追封为端明殿学士，谥号文定。子孙们将苏辙和苏轼安葬在一处，他们安息的地方现在叫"三苏坟"。

"三苏坟"位于河南郏县茨笆乡苏坟村的东南角，这里在北宋时属于汝州。苏轼、苏辙兄弟二人安葬在此后，这里就改为苏坟村。森森松柏之下，三掊黄土之丘，斑驳的树影下，苏洵的衣冠冢居于中，苏轼的墓地在东，苏辙的墓地在西。兄弟二人守在父亲身边，夜夜相对，日日相伴。兄弟二人生前所约定的"夜雨对床"之约现在终于兑现了。及至宋高宗时，苏辙的长子苏迟得到朝廷的重用，苏辙因此获赠太师，被封为"魏国公"。

淡泊做人 刚正为官

苏辙一生处于新、旧两党的党争旋涡之中，又多次受到兄长苏轼的政治牵连，这使他不得不在坚持自己政治主张的同时，又要兼顾个人的安危。在这种仕途逆境之下，苏辙不得不从一个敢于在科举考卷中直斥当朝皇帝的激进士子逐渐蜕变成一位"沉静内敛""老成持重"但又坚守本心的北宋士大夫。

在一次又一次的贬官谪居、政治迫害中，苏辙通过反复的摸索与实践，为自己找到了安顿身心的方法——养气。为官养刚正之气，为人养淡泊之气，为文养浩然之气。

在苏辙看来，所谓"养气"在本质上就是将一个人的脾气禀性、人格修养、人生阅历进行潜移默化的修炼，使它与自己、外界和谐共处。

苏辙入仕三十多年，有二十多年的时间都是在地方上任末流小吏，或者以贬官的身份谪居一方。直到四十七岁时，他才有机会在朝堂上施展自己的政治抱负。他之所以怀抱一腔忠君爱民的热忱以及不世出的才华却迟迟没有得到重用，大器晚成，多半和他在官场上表现出的一派"刚正之气"有关。

早在入仕前，苏辙就表现出"至大至刚"的精神境界。他敢于在制科考试中直斥当朝皇帝声色犬马、昏聩怠政，正是他忧国忧民的一片赤诚使然。虽然苏辙为自己的刚猛之举付出了沉重的代价，甚至直接影响了他之后的仕途和整个人生轨迹，但他似乎并没有因此而有任何的怀疑和动摇。

宦海沉浮几十年，无论他就任于何职、何地，都没有因为外在环境的严酷而变节。威逼不能扭曲他的一身傲骨，利诱不能改变他高洁的操守，反而帮助他涵养形成了"刚正之气"。

在谪居筠州期间，苏辙曾作过一篇名为《吴氏浩然堂记》的文章，表达了他对待祸患、逆境的真实态度。在《吴氏浩然堂记》中，他记录了这样一件事：有一位姓吴的隐士非常崇敬孟子，十分向往孟子所说的"我善养吾浩然之气"。他向苏辙请教何谓"浩然"。苏辙回答道："古之君子，平居以养其心，足乎内，而无待乎外，其中潢漾，与天地相终始。止则物莫之测，行则物莫之御。富贵不能淫，贫贱不能忧，行乎夷狄患难而不屈，临乎死生得失而不惧，盖亦未有不浩然者也。"意思是，古代的君子在平常的生活中修养心性，这种修养常常要向内心索求而不是向外界索求。养成的浩然之气与天地相始终。静止时，外界无法预测它；运行时，外界无法控制它。富贵时不会变得堕落，贫贱时不会变得忧惧，行动时有外敌当前也不会屈服，面临生死考验时也不会惧怕。有了这样的气度，便可以养成浩然之气。

从苏辙的这段回答中，我们可以看出，他将孟子的浩然之气具象化为对富贵、贫贱、患难、生死、得失的正确态度。认为一个人一旦树立起正确的态度，就可以达到至大至刚的境界，不会被外界扭曲本心，不会因为被贬谪而失意痛苦，从而实现身心自由。

正是在这种观点的影响下，苏辙在筠州谪居期间，不惧谗言和迫害，仍坚持写文章揭示百姓在新法实施过程中所受到的伤害；不断申明自己一贯的政治主张和观点；态度坚决地反对王安石变法。

谪居雷州时，在一年的时间里，苏辙写了二十九首诗。其中有二十五首是为了唱和哥哥的诗而作的，另外四首则是他自己有感而作。这些诗都表明兄弟二人虽然身处恶劣的生活环境和政治环境，但他们的思想和心灵十分超脱，处处流露出一种自强不息的精神。

苏辙还曾在《次韵子瞻和渊明拟古九首》组诗中提到过自己应付恶劣环境的办法，其中"我师柱下史，久以雌守雄。金刀虽云利，未闻能斫风。世人欲困我，我已长安穷"，意思是，我效仿老子的做法，长期以雌伏就低的姿态面对强悍的对手。如同金刀虽然锋利，却不能砍断风。有人让我陷入困顿，我便安然接受。苏辙这种以柔克刚的应对之策体现了他的另外一种"刚正之气"。比如，他一生被贬官十余次，多数情况下都能泰然处之，韬光养晦，最终完成精神上的涅槃，以更加无惧无畏的姿态迎接仕途上的挑战。

虽然苏辙在官场上坚持涵养"刚正之气"，但在平时的为人处世中，主张涵养淡泊之气。他一生在仕途上挣扎，在宦海中浮沉，历经坎坷；但他始终保持着恬淡虚静、淡定守直的品格。无论身处逆境、顺境，都能做到以平常心对待。

无论是面对官场的诱惑，还是面临对手的迫害，他都时刻保持着清醒的认知，认为真正能够危害到自己的只能是内心的欲望，减少欲望就会减少外在的干扰。

他甚至认为，人的寿命本来是和天地一样长久的，但是因为人们的忧虑和欲望太多，扰乱心志和身体，才导致短命。苏辙深信这一点，逐渐达到了宠辱不惊、旷达自适的境界。

官至一人之下万人之上的宰相时，他不骄不躁；被贬雷州荒蛮之地时，他也能调适身心、不卑不亢，在经典古籍、佛法道教中寻求精神的慰藉。他的这种刚正之气、淡泊之气、浩然之气和他不朽的诗文一样，值得我们凝望与沉思。

后记：古迹祭"三苏" 文脉遗千年

苏辙及其父兄的影响跨越时空，历经千百年依然被人们津津乐道。今天的人们走入苏辙的故乡眉山，处处可见"三苏"。

最典型的就是眉山的三苏祠。虽然历经千年，几经损毁，但又被历朝历代复建。明代洪武年间扩建，明末毁于兵火，仅存五碑一钟。清康熙四年，在原址重建，也就是现在的三苏祠，占地面积近六万平方米。1980 年，三苏祠被四川省人民政府公布为重点文物保护单位；1984 年成立"眉山三苏博物馆"；2006 年，三苏祠被国务院公布为第六批全国重点文物保护单位。

在眉山市区，"三苏"的印记无处不在。一批以"三苏"命名的学校、街道、公园无不散发着厚重的历史感，浸润着眉山的每一寸空间。书法、绘画、歌舞、话剧、美食，人们通过各种方式表达对"三苏"的热爱和怀念，"三苏印记"为眉山文化注入新的生命力，也让眉山这座城市的文脉得以赓续。

在苏轼、苏辙两兄弟足迹所至之处，都有后人修建的古迹来纪念兄弟二人的感人事迹和他们忠君爱民的丰功伟绩。

以苏辙为例，他一生先后不下十次被贬为地方官，所任官职有陈州教授、齐州掌书记、监筠州盐酒税、汝州知州、袁州知州、化州别驾、循州安置、永州安置、岳州安置等。每到一处，苏辙虽是贬官之身却心系百姓，治理水患、改进民风、教化民众，等等。不论是做民生工程，还是解决老百姓的生计问题，苏辙都不曾有过贪腐的丑行，反之有时还要慷慨解囊，拿出私人的俸禄为百姓办事。全国各地纪念苏辙的碑亭和山湖，不仅仅是对他政绩的高度概括，也是对他道德风范的传承。

宋熙宁三年（公元 1070 年），苏辙被贬陈州任教授（淮阳，北宋时又称陈州）。第二年春，苏轼被贬为杭州通判。在前往杭州贬所前，苏轼先到陈州看望苏辙。兄弟二人在陈州或泛舟龙湖，或把臂同游，共度中秋。

当年，苏辙在龙湖的湖心岛上修建了一座庵船形的书屋，寓意"宦海扁舟"，后世称其为"苏辙读书台"。如今，苏亭莲舫已然成了古陈州的七台八景之一，后人还在这里栽种了很多紫荆树。因为紫荆树同根共本，被称为"兄弟树"，紫荆花也称"兄弟花"。这里的紫荆树用来纪念苏辙和苏轼这对才华横溢、品行高洁、感情深厚的兄弟。

对广东省雷州市的老百姓来说，提起苏楼巷、苏公亭都不会陌生，毕竟这些古遗迹已然存在上千年，它们同样是为了纪念苏轼、苏辙两兄弟。

绍圣四年（公元 1097 年），苏辙被贬雷州。虽然他只在雷州停留了一年时间，却帮助当地百姓学习耕地、纺织，极大地改善了当地民生。

《雷州府志》记载："后靖康丙，午海康令余悼礼又买居前隙地，建遗直轩，绘二苏像于轩。嘉定丁丑，郡守毛当时即其地建楼以表之，后郡守苏且夫复修楼为祠。”意思是，靖康元年（公元1126年），海康知县余惇礼出于对苏轼、苏辙兄弟二人的敬仰，买下他们曾经居所的前边隙地，建“遗直轩”，并在轩中绘“二苏”像供后人瞻仰。嘉定丁丑（公元1217年），知军事在原地建楼纪念“二苏”；嘉庆年间，知军事重新修楼为祠。

雷州百姓为了纪念“二苏”，把他们共同泛舟的罗湖改为西湖，并在湖心岛上筑亭追思，命名“苏公亭”；同时，把苏辙居住过的地方命名为“苏楼巷”，把苏楼巷的一口井命名为“东坡井”，这口井至今仍在使用。

更为重要的是，苏辙及兄长苏轼的人品和才学还感召了很多追随者，这些追随者不仅欣赏苏轼、苏辙两兄弟的诗风和词风，更将他们的人品和道德内化为自身的精神内核，一代代传承下来。其中最著名的就是“苏门学士”。

苏门学士，分为苏门四学士——黄庭坚、秦观、晁补之、张耒，以及苏门后四学士——李格非、廖正一、李禧、董荣。这些人原本就才华出众，因为仰慕苏辙、苏轼的才学和人品，而经常和苏氏兄弟往来，并受到苏氏兄弟的垂青和指导，接受苏氏兄弟的文学影响。这些人也因为苏辙、苏轼的推举和赞誉而名满天下。

苏轼、苏辙兄弟二人的这些追随者，造诣不同，文学风格也大相异趣。其中，黄庭坚的诗自成流派；秦观的词比较出众，但他的词风和苏辙、苏轼完全不同，其作品以抒情为主，词风婉约清丽，多有感世伤怀之作。

此外，苏辙被贬南京时，南京大理评事王巩以及王子光、王适、王遹等人，也因为倾慕苏氏兄弟的才学，敬重他们的人品风范而拜在苏辙门下。王巩更是与苏轼、苏辙兄弟二人交往一生，情感笃厚，不以兄弟二人的贫富贵贱而改变对他们的情感。这些人因为仰慕、亲近苏轼、苏辙两兄弟，所以他们在为人处世、写诗作文方面，也可见苏轼、苏辙两兄弟的影子。

现如今，近千年的光阴已逝，苏辙却借由这一处处遗存的古迹和后人的口口相传，昭示着他高贵的人文精神和道德品质，激励着一代又一代的中国人向着文明进步的方向不断前行。

寒松 著

自把新诗百遍开

苏洵 传

少年喜奇迹 ┃ 落拓鞍马间

纵目视天下 ┃ 爱此宇宙宽

山川看不厌 ┃ 浩然遂往还

光明日报出版社

图书在版编目（ＣＩＰ）数据

自把新诗百遍开：苏洵传 / 寒松著 . --

北京：光明日报出版社，2023.10

（苏氏三杰）

ISBN 978-7-5194-7566-6

Ⅰ.①自… Ⅱ.①寒… Ⅲ.①传记文学－中国

－当代 Ⅳ.① I25

中国国家版本馆 CIP 数据核字 (2023) 第 194533 号

前言

人生如逆旅，我亦是行人

自古以来，川蜀之地物产富饶，虽有"蜀道之难，难于上青天"的迂回艰险，亦有"想见青衣江畔路，白鱼紫笋不论钱"的物阜民丰。

沿着长江逆流而上，经过汉口、三峡，入四川乐山，再向北走数十里，就能到达一个文脉昌盛、物产富饶的小镇——眉州眉山镇。这座小镇让无数文人墨客趋之若鹜，以其昭昭美誉青史留名，却不因其物产与风貌，而全赖生于此地的"三苏"之盛名。

"一门三父子，都是大文豪。诗赋传千古，峨眉共比高。"凡是对中国古典诗词文化有些热爱的人，大概没有不知苏洵、苏轼、苏辙父子三人的。毕竟，唐宋文星百千人，于散文一脉被后世称为"大家"的，也不过八人，而苏氏父子就占三席。

综观"唐宋八大家"充满传奇色彩的经历，每个人的人生都充满了历史的波诡云谲与人世的变幻无常。但若要挑出其中最特立独行、不拘一格的一位，当属苏洵。因为他是唐宋八大家中唯一没有进士功名，也不在朝为官的一位。但正是这样一个"不合群"的人，写出了《六国论》这般雄辩有力、生动鲜明的政论，培养出苏轼"一蓑烟雨任平生"的旷达超脱，培养出苏辙"汪洋澹泊，一唱三叹"的秀杰之气。苏氏一门三杰的辉煌成绩，苏洵功不可没。可这位大器晚成的才子，人生却充满坎坷与失意，只能将家国情与仕途梦，寄于纵横捭阖、气势磅礴的文章中。

苏洵字明允，自号老泉，作为四川眉山乡野茅屋走出的一代名儒，他少年时代不喜欢读书，在"声律记问之学"方面也并不擅长。可当时北宋科举考试中诗赋韵文仍占主流，这无疑让久困场屋、科举失利的苏洵十分苦恼。

于是，在十八岁科举考试落榜之后，正值青年且狂放不羁的苏洵，就开始了他壮游山川的旅程。在十八岁到二十七岁这九年时间里，虽也有娶妻生子的寻常喜乐，但苏洵做得最多的事情仍然是纵情山水，呼朋唤友，遍访名山大川。在苏洵的诗《忆山送人》中，他曾这样回忆自己这段人生：

少年喜奇迹，落拓鞍马间。纵目视天下，爱此宇宙宽。山川看不厌，浩然遂往还。

白驹过隙，人生倥偬。山河万里路虽精彩，但看到功成名就的哥哥苏涣时，二十七岁的苏洵忽然醒悟，大丈夫读万卷书、抱济世之才，能用锦绣文章描绘名山大川、造福百姓，才是正道。于是，从这时开始，苏洵经由哥哥苏涣点拨，从修编《苏氏族谱》起步，开始了发奋读书之路。

《三字经》中有这样一段话："苏老泉，二十七，始发奋，读书籍。"这"苏老泉"指的就是苏洵。

后来，自二十七岁到三十七岁这十年间，苏洵在四次科举考试中都名落孙山。反而，自己的两个儿子苏轼和苏辙，都是"考神"级别的存在，达成了苏家人出仕为官的目标。

空有家国情怀，却难以实现仕途梦想的苏洵，在三十七岁这年终于做出了一个出人意料的决定——放弃科举考试，另谋出路。

俗话说得好，只要人生敢放弃，没有坎坷过不去。放弃科考的苏洵想明白了人生为何而读书这个道理——不为功名利禄，只为明理穷思。

豁然开朗的苏洵随后开始焚旧文章，读遍经史子集，埋首沉淀写文章，并在随后的十余年间创作了《六国论》《衡论》《权书》等大批被当世称道，被后世追捧的经典政论。

从中年开始，苏洵就看清了自己的政途，并写打油诗"莫道登科易，老夫如登天。莫道登科难，小儿如拾芥"来自嘲。在政治功名方面，苏洵无疑是失意的；但于政论分析与教育儿子方面，他又是志得意满的。政坛之上无论敌友，无不拜倒在他的文章之下，并以"诡辩家"的美名称赞他。后世甚至有推崇者高调赞扬，说苏洵的议论文是唐以后最好的。而两个儿子在他的教育和熏陶下，也都名耀大宋，在历史上留下了浓墨重彩的一笔。

作为一位怀抱济世理想的文人，苏洵虽然没有什么辉煌的政治成就，但在文坛上另辟蹊径，以其不落前人窠臼的独到见解和对历史深度解析的扎实功底，给千秋后世留下了耀眼夺目的文章。虽然只活了五十八岁，但苏洵以出世之姿，谱入世之章，用其独到眼光与深远思虑，给我们展现了大宋不一样的文史侧影。

本书就循着眉州苏氏一脉家族轨迹，以"三苏"父子中的"父亲"苏洵为主角，以苏洵生平脉络为序，以其诗歌文章为枝，追述九百年前的大宋文人生活，走近苏洵曲折坎坷的人生，看一代文豪如何纵情山水，如何奋发向学，如何教育儿子，如何坚持奋斗……

追寻苏洵的人生轨迹，看山川浩然处、家国文章间的人生真意。

目　录

追根寻祖，脉续眉山

苏洵，字明允，宋真宗大中祥符二年（公元 1009 年）出生在西蜀眉州眉山县的一个乡绅家庭。根据苏洵撰写的《苏氏家谱》介绍："苏氏出于高阳，而蔓延于天下。"所谓高阳，是指传说中的上古帝王颛顼。这句话的意思是，苏氏一脉的血缘可以追溯到远古的高阳帝。

　　这一说法可靠与否，想来无论是苏氏一族，还是今人，都难以考证。但是，关于苏氏入川这段历史，在河北栾城、四川眉山、河南郏县的百姓口中，仍然被广为流传。

　　今天，住在河北栾城的苏士福，作为苏氏一族的后人，家中仍然存有一本发黄的《苏氏族谱》。据族谱介绍："唐神龙（公元 705—707 年）初，长史味道刺眉州，卒于官，一子留于眉。眉之有苏氏，自是始。"也就是说，苏氏一族血脉在眉山的延续，正是从苏家祖上一个名叫苏味道的人开始的。因此，我们关于本书主人公苏洵的故事，就从他的祖上苏味道开始谈起。

眉山留名苏味道，三百年后有苏杲

苏味道，字子游，生于唐太宗贞观二十二年（公元 648 年），赵郡栾城（今河北栾城）人。据传他自小聪颖，好读诗书，九岁能文，文采出众，曾与杜甫的祖父即初唐诗人杜审言齐名。尽管名声在外，但世人评价他的诗词多为华丽空洞的宫廷应景之作。苏味道二十岁中进士，武则天执政时期，他先后三度为相，达七年之久。

尽管如此，苏味道为官并未留下太多值得称道的地方。他处理事务含混不清，谋求差不多即好，因此有人送他绰号"苏模棱"，以示讥讽。证圣元年（公元 695 年），苏味道与一位名叫张锡的官员因事入狱，后者神态自若，不受嗟来之食；而前者却匍匐前行，以一副可怜样乞丐般进食，以赢得武则天的同情，进而从轻发落。

此事记载于《新唐书》卷一一四《苏味道传》的篇章中，但是恐怕苏洵未必承认。他在《族谱后录下篇》中强调，他的族谱仅仅"上至于吾之高祖，下至于吾之昆弟"，因为"高祖以上不可详矣"。

唐中宗时，苏味道因朋党之争受到牵涉，被贬到西蜀做了眉州刺史，后来逐渐有了起色，调任益州（今四川成都）长史。这本为好事，但苏味道尚未动身赴任，就病死在眉山，那一年是唐神龙元年（公元 705 年）。

苏味道在眉山时，留下了一个名叫苏份的儿子。这样，眉山苏氏一脉得以在眉山之地开枝散叶。

在苏味道之后的很长时间，眉山苏氏的子孙都没能高于常人，留名于世。直至三百年后，苏氏一脉才在人前显迹，开始有值得一书的人物出现。

晋少帝开运元年（公元 944 年），一个名叫苏杲的人出生了，他是苏份的第七代孙，本书主人公苏洵的祖父。苏杲娶妻朱氏，生了九个儿子，但只养活了一个，就是苏洵的父亲苏序。

苏杲信奉道教，自称白莲道人，他性格豁达仁爱，既是家中孝子，又是乡族中的核心人士。忠孝、仁义、慷慨，可谓苏杲身上的重要标签。而这些优秀品格和关于苏杲的事迹，都被苏洵记载于《苏氏族谱》。

据记载，有个叫苏玩的人，是苏杲的同族兄弟，因为犯了重罪而被捕坐牢。因担心妻儿生计问题，临行前，他将家人安危生计托付给苏杲。但是不知什么原因，案情有了反转，苏玩最终被取消了罪名，无罪释放。回家后，他第一时间去看望苏杲，对他说道："我兄弟众多，但是危难关头，能够托付生死的，就只有你苏杲兄一个人啊！"

由此可见，苏杲在族人中的威望很高。

实际上，除了人品被信赖，苏杲还善于生产经营。尽管谈不上大富大贵，但靠着祖上传下来的家业，他能够逐渐积累，尚有盈余。

他主张"君子爱财，取之有道"，谋求"小富即安"，坚持认为钱财多了必有灾祸。

苏杲二十岁时，正值北宋王朝平定西蜀。很多原来西蜀的达官贵人为表示对新政权的忠心不二，纷纷变卖祖上产业到汴京（开封）定居，以讨好大宋朝廷。为了迅速脱手宅田产业，他们纷纷低价抛出。显然，这是一个抄底收购的绝佳机会，眉山当地有钱人蜂拥而去，争相出手；而苏杲却视而不见，不为所动。他人以之为奇，于是纷纷询问苏杲原因，苏杲只意味深长地说："并无特别，只是不想因为置业过多，而给子孙留下祸患而已。"

水能载舟，亦能覆舟；财可振兴家业，亦可消磨心性。睿智的苏杲早就看透世间钱财皆有利弊这个道理。

正因如此，终其一生，苏杲也只是单纯经营家中的二百亩良田。他不肯拿出多余的钱去修缮房屋，一切生活从简，但若邻里乡亲需要帮助，他则毫无吝啬且绝不张扬。这种淡泊名利、乐善好施、自在随性的品格，在苏氏后人身上也可见一斑。

苏杲虽人品杰出，但上天并未特别优待他，反而在儿女亲缘上对苏杲十分吝啬。苏杲与妻子朱氏共育有九个孩子，但因疾病等原因，最后只有第七子苏序一人活了下来。所以，苏洵的父亲苏序，又被称为"苏七君"。

苏序作为苏家存活下来的独苗，生来调皮，不喜欢读书，但因为苏杲管教严厉，因此从小就人品极佳。

苏杲重病卧床时，妻子一脸焦虑，担心自己一介女流无法将苏序培养成人，探寻地问道："是否可以把孩子托付给你的兄弟们？"

苏杲常与人打交道，自然洞察人情世故，他安慰妻子说："苏序如果有出息，即使不是我的兄弟，也会亲近他；如果没出息，就算是我现在将他托付于人，早晚也会被人弃之不顾。你尽到为母职责，顺其自然就好了。"

苏序二十二岁那年，苏杲去世。此后不久，社会风云动荡，青城川民王小波、李顺等人聚众起义，起义军一路到达眉州北边的彭山。

兵荒马乱下，眉州百姓惶恐不安，刚刚丧夫的朱氏更加寝食难安；而此时的苏序面不改色，照旧按照礼节操办父亲苏杲的丧事。他看着当地大户大族仓皇而逃的狼狈状，对母亲说道："我就不相信他王小波、李顺还能吃了我不成！我哪也不去，就在家等着他们！"

很快，起义军被朝廷剿灭，他们也的确没把苏序怎么样。正所谓"有其父必有其子"，很快，继承了苏杲气质的苏序也开始了他豁达不羁的人生。

苏杲有儿名苏序，侠胆为人更胜父

生于开宝六年（公元 973 年）的苏序，有幸生活在一个太平盛世。不同于父亲苏杲所处五代十国后晋时期的动荡，成年的苏序迎来了属于他的美好时代。苏家传至苏序，已广有良田，在眉山当地还算富裕，且苏序又娶眉州大户史家女儿为妻。史氏宽厚孝顺，勤俭持家，让苏序一家人生活得和谐富足。

在如此优渥的家境下，苏序勤俭节约、乐善好施的习惯却丝毫未改。喜步行，不喜马车；好简约，不好奢华。苏家虽然屋舍宽大，但布置简陋；即使招待客人，也仅用粗茶淡饭而并不以为寒酸，这种"抠门"的行径甚至让周围很多人不理解。曾有人问苏序："你家里明明有车，为什么不坐呢？"苏序淡然答道："比我年纪大的老人家还在步行，如果我骑马坐车，半路相遇会很不自在。这样的我，又有什么脸面向他们打招呼呢？"其实，苏序的"高级座驾"也不过是一头小驴子，且只在出远门时才会骑。

这份不合时宜的节俭与其说是"抠门"，不如说是苏序刻在骨子里的朴素淡泊、平实可亲。走在田埂乡间的苏序，见官吏文人会躬身相拜，见农夫野老也会躬身以表敬意。苏序不以贫富分亲疏，以尊老敬贤为本分，他这种不端架子不摆谱、慈悲心肠走世间的心性，给儿子苏洵乃至孙子苏轼树立了良好榜样。

苏轼的学生李廌所著《师友谈记》，记录了苏轼的很多生平事迹。其中一段为苏轼自述其祖父苏序乐善好施的事迹。从苏轼的言谈中，我们不难看出苏序薄己厚人的疏达。

苏轼曾说，祖父苏序，外貌英俊伟岸，才气非凡，虽然读书不多，但胸有丘壑，气度非常人可比。眉山当地备荒习惯于储存稻米，但祖父善于居安思危、未雨绸缪。根据家中农田少水田、多旱地的特点，就在旱地种更多小米，再以小米换稻谷，作为储备。仅几年时间，就在家中大粮仓存下三四千石稻谷。当时很多人对祖父的做法大为不解，甚至揣度他是不是想囤积居奇，以便趁机牟利。后来一年眉州大旱，庄稼颗粒无收，导致当地闹饥荒。在百姓食不果腹之时，祖父慷慨开仓，将囤积的稻谷拿来救济乡民，并按先苏氏族人，再亲朋好友，再乡亲佃户、贫苦人家这样的顺序散发，让远近饥民都能度过灾年。直到这时，乡民们才理解祖父的用意——少存容易受潮发霉的稻米，而多存不易腐坏的稻谷。于是，纷纷夸奖祖父有先见之明，并感激他的赠米之恩。

关于苏序的英伟事迹，除了由苏轼讲述，被记载于《师友谈记》，苏洵在编修族谱时，亦在《族谱后录》中用"表里洞达，豁然伟人"八个字来概括。在儿孙辈眼中，苏序一生虽不好读书，但亦能洞察世事，将善恶是非与君子之道写进打油诗；虽不操心家中事务，全权交给妻儿处理，但急公好义，对亲族邻里古道热肠；虽朴素节俭，不喜奢华，但乐善好施，灾荒之年与乡民同舟共济。

而作为影响苏洵、苏轼、苏辙三位文坛巨擘的人，苏序的人格魅力与鲜明个性，在于与世无争的雅士风度，也在于胆识过人的侠肝铁骨，"草莽中的谦谦君子"可算是对苏序疏达侠义很生动的概括。

天禧五年时（公元1021年），眉山周边曾有传言，说当地有"神通"、能帮人预测祸福吉凶的巫婆神汉忽然都失去了通灵的能力，因为神仙茅将军要降临眉山。据说这茅将军是江浙一带能够伏虎保平安的神灵，深受民间信奉。而此次眉山一带的祸乱，就是茅将军初来显示神通所致。这种传言搞得人心惶惶，大家都害怕因为不恭敬而导致茅将军降祸。于是，在一些人的提议下，当地便捐资修建了一座宏伟气派的茅将军庙。庙建成后，眉山百姓趋之若鹜，纷纷焚香祷告、捐钱求神，希望得到茅将军庇佑。趁此机会，管理庙中香火的庙祝敲诈勒索、吃拿卡要，骗了很多人，这让侠义正直的苏序十分看不过去。于是，当时已经四十九岁的苏老先生冲冠一怒为道义，某天乘着酒劲儿，带上同乡二十多个年轻人，冲进茅将军庙，捣毁神像，拆除庙宇，一气呵成，为受骗百姓讨回公道，狠狠出了一口恶气。

据《师友谈记》记载，在此次砸神庙事件三年后，五十二岁的苏序与亲友同去剑门关迎接苏涣（苏序的二儿子，苏洵的二哥），在七家岭又发现一座"茅将军庙"。苏老先生当下勃然大怒，气魄不减当年，又要带着众人砸了这妖言惑众的神庙。正义愤填膺之际，庙祝上前劝住苏序，说茅将军曾托梦给他，让他请求苏先生手下留情，希望苏先生能准许他窃食此地香火。后来，在亲友及寺庙众人的百般劝说下，苏老先生才没有再拆庙。

这段故事虽涉鬼神之事，部分或为民间传闻，但仔细品来，颇有些"大逆不道"的味道。自古都是人敬怕鬼神，而苏序却剑走偏锋，在欺骗乡众的神灵面前，自有其侠气傲骨。他心中自有是非，不惧怪力乱神，豁达不羁中又带着一股无所畏惧的气魄。综观苏序及其儿孙苏洵、苏轼、苏辙，苏序自在乡野，苏洵反对新学、提倡古文，苏轼和苏辙反对新法，这祖孙三代的血脉里似乎流淌着相似的气魄与傲劲，既谦恭勇敢，又疾恶如仇。这种豪爽的基因，后来也给了苏洵少年落拓鞍马间的勇气和二十七岁发奋的坚毅，成全了"一门三父子，诗赋千古传"的佳话。

公元 1024 年，大器晚成的苏洵还并未在家族和父亲苏序眼中显出任何可以成名成才、光耀门楣的迹象，反而是他的二哥苏涣，听从老爷子苏序"学而优则仕"的训导，十分争气，去开封考了个进士回来。苏涣高中，不但圆了苏序振兴家道、光耀门楣的愿景，也在苏洵心里埋下了一颗奋发读书、考取功名的种子。

苏序有心振家道，盼儿求仕耀门楣

金榜题名、光耀门楣，是每个读书人的梦想。苏序一生虽未饱读诗书，但也粗通文墨，晚年甚至十分喜欢作打油诗，每逢酒酣之际，便爱吟诗几首，聊以抒怀。这样生性豪爽、不拘小节的苏序，虽知自己仕途无望，却也明白"学而优则仕"的道理，将出仕为官、光耀门楣的希望寄托在几个儿子身上，希望苏家在儿孙这代能振兴。

苏序与发妻史氏共育有三子二女，长子苏澹，次子苏涣，三子苏洵。而苏序振兴家道的心愿，也便顺理成章地落在了三个儿子身上。

回顾苏家自唐以来的发展，由于唐末五代时期的社会动荡和中原战乱，以及眉山士大夫们固守家园的避世思想，苏家已经连续五世无人出仕为官。眉山的青山绿水滋养着苏家人，给他们以旷达不羁的性格，同时也削弱了他们背井离乡求功名的热情。苏家人热衷修身齐家、治乡惠民，更喜欢平静的田园生活，无心功名。

但自北宋开国后，海晏河清、文运昌盛，朝廷大力推举士大夫政治制度，不但重用文臣，而且广开途径，招贤纳士，为读书人提供更多出仕为官的机会。宋真宗甚至为了在全国上下掀起读书的热潮，御笔一挥，写下《劝学诗》，直白地告诉天下人读书有多少好处。

> 富家不用买良田，书中自有千钟粟。
> 安居不用架高堂，书中自有黄金屋。
> 出门莫恨无人随，书中车马多如簇。
> 娶妻莫恨无良媒，书中自有颜如玉。
> 男儿欲遂平生志，六经勤向窗前读。

这首浅白的《劝学诗》于诗文上自然不算高明，但对于鼓舞民心十分有效。区别于以往对读书迂回高调的赞扬，宋真宗实实在在地告诉天下人，良田华屋、丰衣足食、娇妻忠仆的美好生活都在书中，只要你能读好书，有能力出仕为官，平生所求皆有着落。

朝廷求贤若渴，皇帝青睐读书人，彼时天下读书之风盛行，读书人的黄金时代终于来临。这股读书入仕的文墨风气自东京汴梁吹遍全国，自然也吹进了远在蜀地眉山的苏序心中。

时正待我，苏序心中振兴家道的星火，被天下读书之风越吹越旺，追思祖荫、环顾家中，苏序仿佛看到三百年沉默不显的眉山苏家，将从他这一代兴起；而他也相信自己的几个儿子将来必成显贵。

下定决心向朝廷讨个一官半职的苏序，将希望寄托在了三个儿子身上。可龙生九子，各有不同，苏序虽对三子均有期待，奈何大儿子苏澹自幼体弱，虽有向学之心，也勤奋刻苦，却无缘功名，连地方一级考试都没能通过，于是苏序便不再勉强。

好在，二子苏涣不负众望，是个读书的好苗子，不但聪颖过人，勤奋之余还自有其读书方法，给苏序带来了一丝希望。

苏涣出生于宋真宗咸平四年（公元 1001 年），字公群，晚年改字文甫，因其天资过人，自小就被父亲苏序和苏家人关注。少年时期，苏涣就熟读司马迁的《史记》和班固的《汉书》，且善书法。为提高学文习字的效率，苏涣还自己研究了一套抄录记忆的方法：一边抄录这些经史典籍，一边练习书法。良好的学习方法，让苏涣在文章书法方面都进步飞快。且自律的苏涣还有今日事今日毕的良好习惯，凡是制订的读书计划，不达目标誓不罢休。读书上这份机巧和坚韧劲儿，逐渐让苏涣脱颖而出，并在天圣元年（公元1023年）崭露头角，成功通过了州试；随后又于天圣二年（公元1024年）进京参加科举考试，高中进士，开启了一生为官的序幕，也成为眉山苏家三百年来扬眉吐气第一人。

在后世看来，苏氏一门中，苏涣的名声远不如家中幺弟苏洵，却成为转变其家族气运的关键人物。自苏涣开始，苏家"三代皆不显"的落魄局面终于被打破，为这个平民家族晋升为官宦家族埋下了伏笔。而苏涣谦和有礼的品行和清廉为民的政治理念，也潜移默化地影响着苏洵以及苏轼、苏辙等一众晚辈。

早在苏涣参加乡试时，主持考试的眉州通判蒋公堂就对他的文章青眼有加。蒋公堂在赞赏苏涣时激动地说："此次第一名，非你莫属。"年轻的苏涣却稳重谦和，表示上有自己的兄长，下有宋辅、杨异这些宿老，自己实在不应该做第一名。因欣赏苏涣的成熟谦虚，最后蒋公堂虽只将苏涣评为乡试第三名，但在心底更看好这个年轻人。

天圣二年（公元1024年）苏涣中举，苏家一派欢乐气氛。小他八岁的苏洵受哥哥进士及第的影响，虽然初识读书的好处，也萌生了好好读书、考取功名的念头，但心性不定，在读书方面并没什么起色，也并未获得父亲苏序更多的关注。豪放疏达的苏序，此时正沉浸在苏涣中举的喜悦中。

接到二儿子苏涣考中进士的喜报时，苏序正在竹林田间与几位邻居老友喝得微酣。苏序不拘小节又疏达随性，平时就喜欢与人共饮或悠然独酌，经常席地而坐，放歌纵酒。当日正喝得面红身燥之际，苏序忽然听到院外一片喧闹，随后便见一人急匆匆跑来说："苏老先生，快别喝酒了，您儿子苏涣高中进士，朝廷的诏书到了！"随后，便有两位红衣官差登门送来一大包物品，说是苏涣托付捎来的官器。苏序听闻儿子苏涣高中，登时喜笑颜开，一边拱手道谢，一边与前来的官差客套寒暄。

清点苏涣捎来的东西，除了官衣、官帽、笏板，以及苏涣临行时从家中带走的日常杂物之外，居然还有一把精致的茶壶和一张太师椅。

原来是因为儿子苏涣登朝为官，所以从未出仕的苏序沾了儿子的光，被朝廷赠了个"大理评事"的官职，连其夫人史氏也顺带被封为蓬莱县太君。与苏涣官器一同而来的，还有苏序的任命书。北宋时期这种朝廷赠送的官职虽无实权，仅算一种"光荣称号"，但对于百年无官运的苏家而言，却是天大的喜事。

初得喜讯的苏序，保持着刚刚席地而坐的姿势，笑着打开任命书，随后伴着酒劲儿，朗声宣读，让围观者都听到朝廷对他苏家的委任与器重。读完任命书，豪爽的苏老先生把苏涣的任命喜报连同刚才吃剩的酒肉一起塞进随身布袋，并命一名小童将这些东西先送回家，自己却醉眼蒙眬地骑着一头驴，悠然地去了县城。苏序这一人一驴的组合，搭配着不胫而走的喜讯，引得附近乡众前呼后拥，驻足观看。

自眉州有苏氏以来，唐朝至今百年沉浮，苏家已有五代子孙未出仕为官。此次苏涣中举，于苏家是天恩浩荡，于眉州也是大喜事。眉州居蜀，位偏西南，受民风影响，多数眉州读书人都不爱做官。但如今苏涣高中，获朝廷厚赏，苏氏一门一夜之间誉满川蜀。因为二儿子苏涣中举光耀门楣，此时苏序心中是志得意满、备感欣慰的。不懂苏序的人，背地里说他急慢喜报，骑驴过市的行为是傲慢且不成体统的；理解苏序的人却知道，这位老人家只是草莽君子气，心怀喜悦与敬畏，不把繁文缛节放在心上。

孙子苏轼在《师友谈记》中就曾回忆说，只有了解祖父的人才知道，他是实实在在高兴的，而潦草接喜报、不大操大办，也只是因为祖父质朴务实，不在乎外物，自有一股开阔气度。各种记载中，苏轼提到祖父苏序时，对祖父这种平和质朴，一直是十分欣赏的。

苏涣中举之时，眉山当地望族程家子弟程浚也考中进士，程浚的父亲程文应顺理成章地也被赠了个大理寺丞的官职。为庆祝得官而烹羊宰牛大肆庆祝的程家，十分看不起苏序骑驴进城的行径，认为其失了文人体面，不成体统。但因两家家世相当，后来程文应的女儿于十八岁时嫁给苏洵为妻，两家结成姻亲。后来苏洵爱女八娘又嫁给程浚之子程之才，后因婚姻不幸早逝，苏程两家断绝往来，这便都是后话了。

回望苏序的一生，开宝六年（公元 973 年）出生，庆历七年（公元 1047 年）五月十一日殁于家中。他自小性格顽皮，不喜读书，却热爱写诗，几十年间写下的几千首诗虽无一存世，但我们从苏洵、苏轼、苏辙等苏家文豪的只言片语中，也能够窥得这位苏老先生的快意与开阔。他为人慷慨，乐善好施，却一生没有出仕，仅凭一腔热血和侠肝义胆，赢得乡亲们的喜爱。曾巩在《赠职方员外郎苏君（序）墓志铭》中，曾这样评价苏序："为人疏达自信，持之以谦，轻财好施，急人之疾，孜孜若不给。"寥寥数笔，将苏序的自由豁达之境写出十分。

家风清明则贤人辈出。眉州苏氏一族虽自苏味道之后并未出过什么显赫人物，乃至苏杲、苏序也是一介布衣，但苏氏家风在乡野自然中，在蜀地温润和缓的文化风气中，在苏家振兴家道的蓬勃志气中，却逐渐酝酿出一种豪放随性、慷慨大义、乐天豁达之气。这种家风润物细无声，给苏家子孙后代提供了清朗的成长环境，为其健全人格的发展和坚韧勇敢的性格养成，提供了养分。而当这种家族底蕴经年累月积攒之后，恰逢时机，便会散发蓬勃璀璨的光芒。大器晚成的苏洵，便是在父兄二人的浩然之气照拂下成长起来的。

然而，"少年喜奇迹，落拓鞍马间"的苏洵，在其兄苏涣中举多年后，才奋发图强。关于少年苏洵的故事，不在文章书本间，更多地落在大江南北的山川壮游中。

第二章

童少时光，壮游山川

中华诗文源远流长，若要粗略分类，大概一半在家国天下的雄心与抱负中，一半在山川四季的风光与烟火间。迁客骚人，爱访名山问大川，前有李白"五岳寻仙不辞远，一生好入名山游"，后有张岱"拥毳衣炉火，独往湖心亭看雪"。五湖四海寻访的种种经历，是人生浮沉轨迹，亦是锦绣文章伏笔。而苏洵作为大宋文坛的璀璨明星之一，自然不能免俗，在年少时光中，也更偏爱壮游山川的洒脱。

蜀地物华天宝、人杰地灵，更有青城、峨眉等名山引世人倾慕。这给从小就贪玩好动、不喜读书的苏洵提供了更自由的成长环境。

在学堂读书的时候，苏洵就经常逃学进山，看草长莺飞的自然风光，也看寺庙和尚们念佛诵经。年纪渐长又遇初试落第的打击后，苏洵更将心思放在对名山大川的游览中，希望在呼朋唤友的旅途中探寻人生的意义。对于这段在眉山周边登山游玩的经历，苏洵晚年曾这样评价："山川看不厌，浩然遂忘还。"而我们在探寻苏洵这段经历时，也能对其诗文成就与达观人生略窥一二。

抓周偏偏选竹鞭，进学堂如坐针毡

抓周，源于中国魏晋南北朝时期的一种传统风俗，用于在小孩周岁时预卜孩子的前途。一般会在孩子周岁时，将笔、墨、纸、砚、书本、算盘、金银钱币等物品摆在一起，任凭孩子自己选择，抓取一样，抓中什么就预示孩子未来可能在哪方面有作为。

而苏洵豪放不羁的一生，从抓周开始就显得与众不同。

迎接家中第三个儿子时，父亲苏序是充满期待的。因妻子史氏怀前几个孩子都十分顺利，偏怀苏洵时，每每被腹中胎儿的"翻江倒海"惊吓得厉害。父亲苏序便觉得这孩子活泼，将来定有作为。孩子出生后，苏序为其取名苏洵，字明允。"洵"字是实在、诚然的意思，而"明允"则有公平正义、追求光明的意思，可见苏序希望活泼好动的苏洵以后能成为诚实、光明的正人君子。而顶着这样一个美好名字的苏洵，才满周岁，在"抓周"仪式上就给了父母亲友一个大大的"惊喜"。

苏洵的抓周仪式上，家人们也按照民间传统，摆放了笔、墨、纸、铜镜、钱币等物品，希望通过这种"试儿"的方式博个好彩头，看看这孩子以后的志向和情趣。

没想到，还是婴儿的苏洵面对琳琅满目的抓周物品不为所动，绕过笔墨纸砚、金银玉器这些代表"功名利禄"的物什，直接抓住了父亲苏序的一条竹鞭，这鞭子竟是苏序赶驴时使用的。

看着抓起竹鞭就爱不释手的苏洵，亲朋好友们都有些失望，认为这不是个好兆头，这孩子未来也许要做放牛赶车这样的活计。而父亲苏序却不这样想，他一片淡然地说："竹鞭好，舞鞭弄策是驱人之志，这孩子以后说不定能做个指挥千军万马的大将军呢！退一步说，竹鞭有鞭策之意，不正说明这孩子有志向、肯上进，懂得鞭策自己吗？"

从苏序的一番说辞中，可以看出他对刚刚出生的三子苏洵寄予厚望，并十分有信心地认为，这孩子将来一定大有作为。然而，理想很丰满，现实很骨感，童年时期的苏洵丝毫看不出大有作为的迹象，反而将调皮捣蛋发挥得淋漓尽致。

不同于两位哥哥喜好读书，童年时代的苏洵，志趣皆在山野间。上山爬树，下河捉鱼，小苏洵和伙伴们的游戏总是花样翻新。他们有时捉完鱼，就用河边的淤泥将自己涂得乌漆墨黑，故意惊吓路过的人；有时淘气爬树，偷摘别人家的橘柚，甚至大胆地进山去采食野生桑葚解馋。

李白有诗"郎骑竹马来，绕床弄青梅"，骑竹马在古时候是男孩子之间很流行的一种游戏，小苏洵也十分喜欢这种将一根竹竿夹在两腿之间当马骑的游戏。苏洵在骑竹马这样的游戏中，就喜欢当个挥斥方遒的"将军"，带领伙伴们在空旷的山野间驰骋，互相打闹，跳来跳去，直到暮色四合，玩得筋疲力尽才肯回家。

小小年纪的苏洵，在与同伴"骑马"追逐嬉戏的时候，就有了踏遍山河、周游天下的愿望。他希望有朝一日，自己真能够策马扬鞭，看遍山河内外。

当然，如果苏洵仅有一副贪玩好动的性格，是无法成为文坛巨擘的。除了活泼机智外，苏洵博闻强记的特点，也让父亲苏序觉得这孩子也许是个可造之才。在与儿童时期的苏洵谈话时，苏序就发现苏洵这孩子很具有发散思维，且对事物有自己独到的见解。

某次，五岁的苏洵与父亲苏序在院中闲坐乘凉。忽然，苏洵对着苏序清脆地喊道："爹爹快看，天上有一匹马！"

被儿子话语吸引的苏序略微愣住，抬头看看天，又问苏洵："嗯？哪儿有马呀？"

小苏洵跌跌撞撞地扑进苏序怀中，指着天边的几片云彩说："就在这儿呀！刚才有一匹马，不过现在马跑走了。"

原来，是天空中的云彩让小苏洵联想到了奔马。弄清儿子跳脱的思维后，苏序一边觉得有趣，一边惊讶于苏洵小小年纪就已经有这样天马行空的想象力和对事物独特的看法，觉得儿子还是有些天赋才学的。

除了对事物的独特看法和卓绝的想象力，小苏洵的记忆力和学习能力也让苏序和家中亲友惊叹。

苏序亲家有位二公子，名石昌言，与苏洵的二哥苏涣是非常要好的朋友，也经常会去苏洵家探望。某次石昌言来到苏家，小苏洵出来打招呼。石昌言为小苏洵剥栗子吃，机灵的苏洵为表感谢，接过栗子后，嘴甜地说："祝昌言哥哥早及第，早立业。"

一番童言童语逗得大家哈哈大笑，并询问小苏洵是如何知道"及第""立业"这样的词。小苏洵说："听二哥和昌言哥聊过，就记住了！"这份聪明伶俐让石昌言暗暗称道，他随后又考了小苏洵几首诗词，没想到小小年纪的苏洵对古文诗词都对答如流。而懵懂的苏洵只说自己在院子里捉虫子玩儿的时候听二哥念过，就记住了。

石昌言闻言激动地对苏父说："这孩子好好读书，以后一定是能和韩退之齐名的人才！"苏洵这样的天赋和记忆力，让石昌言和苏序都十分惊讶。想到苏洵天赋异禀却每天山野疯跑虚耗光阴，苏序心中不禁有了规划：不能浪费儿子的天赋，进学堂读书才是正经事。于是，才八岁的苏洵便被父亲从山野天地赶进了方寸学堂，开始了循规蹈矩的读书生活。

由于苏家并没有和苏洵同龄的孩子，两个哥哥比苏洵大太多，没法与苏洵相伴学习，苏序便把苏洵送到了眉山教书最好的地方——眉山学堂，希望苏洵能好好读书，日后有所作为，光耀门楣。

刚进学堂时，小苏洵对突如其来的读书生活还是充满好奇和兴趣的。在开始读书的前两年，苏洵尚且十分积极，每每放学后，还能听到苏洵朗朗的读书声，也能见到苏洵时不时拉着父亲和兄长练习探讨，对一些"无对有，实对虚，作赋对观书，绿窗对朱户，宝马对香车"的简单对子。但三年五载后，年纪渐长的苏洵就对这些基础文学知识没了兴趣，转而热爱起书法，开始仿帖练字，并小有所成。在学堂的日子对苏洵而言开始变得苦闷，他每天上学如坐针毡、魂不守舍，对老师所讲的"之乎者也"提不起兴趣。

渐渐地，苏洵不爱读书的脾性远近闻名，家中亲友和乡人邻里都知道苏家的小儿子苏洵，不像两位哥哥那样偏好读书，日后兴许难成大器。

关于苏洵这段厌学的事迹，北宋著名文学家欧阳修及苏洵的儿子苏轼，在文章中都曾有记载评价。

欧阳修在《故霸州文安县主簿苏君墓志铭》中说苏洵："而君少独不喜学，年已壮，犹不知书。"

苏轼也在《苏廷评行状》中评价其父："然轼之先人少时独不学，已壮，犹不知书。"

其实，不爱读书，也并不全是苏洵的错，当时学堂所教内容与苏洵跳脱天性和发散思维的冲突，是其不安于室、不喜读书的关键。

北宋时期，地方学堂主要培养学生的汉语读写能力，偏向句读、声律、属对这些基础内容，不但规矩多，而且需要死记硬背的也多，更多是为科举服务的"应试教育"。这种学习内容对向往自然，对世界充满好奇的苏洵而言无异于枷锁，使苏洵后来在学堂学习时，甚至有受牢狱之苦的感觉。而对于苏洵渐渐不喜读书的不羁行径，学堂的老师也常评价"孺子不可教也",这让苏洵更添叛逆心理,所幸"未成而废",逃学不读了,义无反顾地奔向了他心心念念的名山大川。

关于任性退学这段经历,苏洵在自己的《送石昌言使北引》一文中曾这样写道:

> 昌言举进士,日有名。吾后渐长,亦稍知读书,学句读、属对、声律,未成而废。昌言闻吾废学,虽不言,察其意,甚恨。

当初看好儿童苏洵,认为他能成大器的石昌言对苏洵"未成而废"是十分遗憾和失望的,明明是这样一个"天才儿童",为何荒废学业,不务正业呢?

父亲苏序对小儿子苏洵的决定反而淡然处之,他觉得孩子还小,不如就多玩儿几年,没必要争朝夕之长短。

于是,在父亲的包容、亲友的惋惜声中,少年苏洵就开始了他人生的首次逃学出行,纵游名山。这段告别枯燥读书生活的旅行经历,让少年苏洵初见世界宽广,人间浩大。

此番游历细节我们不得而知,但通过苏洵流传的诗文和传记中的只言片语,我们还是能感受到这段亲近自然,阅山水之妙的经历,给苏洵带来的成长。后来,苏洵文章中的俊伟与卓尔不群,大抵也有些灵感来源于这段壮游经历。就让我们一起透过历史烟尘,看看少年苏洵的初次游山之旅。

少年逃学登名山，文章俊伟源自然

关于这段少年壮游的经历，苏洵在四十多岁时所作的五言长诗《忆山送人》中是这样回忆的：

> 少年喜奇迹，落拓鞍马间。纵目视天下，爱此宇宙宽。
>
> 山川看不厌，浩然遂忘还。岷峨最先见，晴光厌西川。
>
> 远望未及上，但爱青若鬟。大雪冬没胫，夏秋多蛇蚖。
>
> 乘春乃敢去，匍匐攀屏颜。有路不容足，左右号鹿猿。
>
> 阴崖雪如石，迫暖成高澜。经日到绝顶，目眩手足颠。
>
> 自恐不得下，抚膺忽长叹。坐定聊四顾，风色非人寰。
>
> 仰面啜云霞，垂手抚百山。临风弄襟袖，飘若风中仙。
>
> ……

此诗前六句豪气干云，一展苏洵曾经的少年意气和对山水之爱，于山川浩渺间，甚至达到怡然忘返的境地。随后便开始写于家中临窗远眺，岷峨远山如发髻，于登山途中见四时风光，一路小心谨慎，得见颇多往日不曾见过的奇观。而后登临绝顶，苏洵又觉云霞可得，百山可抚；又觉自己似在人间仙境，仿若风中神仙……

其实，细细品读这首五言长诗，我们会发现苏洵虽不擅长格律，却能在诗中雕琢出一种壮阔之美，于游目骋怀间，让读者感受到层峦叠嶂、刚柔并济的美，字字句句都颇有李太白风骨。而其中的洒脱不羁与乐天豁达，是苏家人骨子里自带的品格，同时也是苏洵少年时期壮游山川、开阔眼界后，磨砺出的独特意志，陶冶出的高雅情操。这种对立统一的平衡之美，在苏洵后来的散文中也随处可见。

读完诗文，咱们再回看苏洵这段少年壮游的经历。当时的苏家虽算不上门庭显赫、大富大贵，却也还是有些家底的。但显然，苏洵与当时普遍可见的纨绔子弟不同，他当时虽不喜读书，却也不是那种沉迷锦衣华服、梨园笙歌的人。同时，父亲苏序的品行操守与达观为人，也影响着苏洵，让他端正自持。

苏洵有自己的审美追求与高雅志趣。儿童时期丰富的想象力和独特的思维方式，让少年苏洵变成一个喜欢在山川大河间猎奇寻异的人。儿童游戏中的竹马已经承载不了苏洵渴望拥抱广阔世界的梦想，他打马扬鞭，将目光与心智投向川蜀地区更广阔的天地，欢欢喜喜地扑进心心念念的名山大川。

早在眉山学堂时，苏洵就已经有了很多次逃学的经历。那时候，虽还没下定决心放弃学业，但苏洵已经按捺不住想要上山下海的心。他曾不辞辛苦，步行去几十里外的栖云山，只为登上山坡，睹一眼云海霞光，看一看飞禽走兽。好奇心旺盛的苏洵，甚至还去过栖云山腰上的栖云寺，只为了看一眼和尚们诵经打坐。

此时"辍学"的苏洵回忆起当初独自一人偷偷去眉山县东面的蟆颐山游玩的情景，回想起曾喝过的清甜的老人泉水，曾看过的高大的美楠翠柏，忽然拍案而起，决定这次告别学堂后，一定要去更远的地方，完成自己更宏大的游历心愿。眉山县附近的山川已经满足不了少年苏洵的壮游梦，他决定去家乡眉山县西北方的青城山和西南方的峨眉山看看，看青城幽静清凉，看峨眉峻秀巍峨，顺便找一找在"子曰诗云"的经史典籍中未见过的人生真谛。

前文《忆山送人》诗中，"岷峨最先见"一句中，"岷"指的就是青城山，因为青城山位于四川北部的川甘两省边境，属于岷山山系，而"峨"指的自然是峨眉山。

以现代人的交通观念来看，青城山和峨眉山距离苏洵在眉山县的家都算是比较近的；但宋朝时期蜀地交通不便，让当时的苏洵对这两座集天下雄伟、峻秀为一体的名山，更添几分憧憬。

关于苏洵登上青城山和峨眉山的具体经历，已不可考证。这次出游的具体时间，苏洵没有记录；是否有伙伴陪同，我们也不知道。但从苏洵诗词中，我们可以了解到，过去苏洵对峨眉山是有一些认知的，他在诗中说峨眉山冬天大雪封山，夏秋蛇虫等毒物又多，他是不敢去的。那么，这次游山，苏洵想必是在春暖花开之时，乘兴而去，寻一段山水之妙，觅一抔天地灵气。

一路上，苏洵应该是见过峨眉山岩石缝隙间的一线天，爬过陡峭狭路上的九十九道弯，也在风餐露宿中吃过随身携带的干粮，饮过山间的溪水。

几天后，历尽千辛万苦登上峨眉金顶的苏洵，已经手脚发颤、双目昏花了。但峨眉金顶的云海佛光与山月日出，让苏洵觉得一切都值得。他在疲惫之余，被山巅这种直击灵魂的美景震撼，于是写下诗句：

> 经日到绝顶，目眩手足颤。自恐不得下，抚膺忽长叹。坐定聊四顾，风色非人寰。仰面啜云霞，垂手抚百山。临风弄襟袖，飘若风中仙。

其实，中国古代文人对江河湖海、奇山峻岭都有一种特殊的偏爱。所谓"登山则情满于山，观海则意溢于海，我才之多少，将与风云而并驱矣"。山水可寄托情思，可开阔胸襟，可磨炼意志，可陶冶情操。游历山水的记忆，往往会影响文人后来的创作，为他们的文章增添一份洒脱。

俗话说，会玩儿的孩子更会学。这句话放在苏洵身上可谓十分合适，毕竟他的发愤图强要从二十七岁"高龄"才开始。但苏洵家乡的亲友们可没有上帝视角，不知道这位不务正业的苏三公子将名垂青史。彼时，这些亲友见少年苏洵"辍学"游玩这么久也不回家，不禁语重心长地劝苏序："苏洵这孩子，应该管管了，总这样游手好闲，可不是长久之计。"

这时我们就不得不佩服苏序老爷子的先见之明了。苏序并不着急地告诉亲友们："虽然苏洵现在游荡不学，但只是没有学习书本上的知识，游访山川何尝不是一种学习呢？学的是社会知识罢了。"

知子莫若父，苏序是十分相信苏洵的。他始终认为，儿子不喜读书，专爱游山玩水，只是不满于应试教育；实际上，他是个十分上进的人，一旦找到自己感兴趣的东西，一头扎进去，一定能够固守本心，一路坚持。

于是，在苏序的刻意维护下，少年苏洵在蜀地的名山大川间过了一段相当恬淡自由的生活。直到二哥苏涣中了进士，苏洵才仿佛遭到当头棒喝，对世俗功名产生向往。

兄长题名荣门庭，初试落第再游山

前面我们说过，苏洵是苏家第三子，上面还有苏澹、苏涣两位兄长。父亲苏序感怀于苏家至今已经五世不显，一心希望三个儿子能考取功名，光宗耀祖。所以，苏洵的两个哥哥都被老爹苏序赶去读书考试了。

奈何长子苏澹没有考试运，屡战屡败，自认为有负家族期望，郁结在胸，英年早逝。而老二苏涣的运气则好很多，他在天圣二年（公元1024年）考中进士，给苏家大大地长了脸，在眉山周围引起轰动，也激起了苏洵求知好胜之心，让沉浸山水间的苏洵第一次产生考取功名的愿望。

天圣二年，年仅二十四岁的苏涣进士及第，被任命为凤翔宝鸡主簿，一时间风头无两。整个眉山都知道苏家有儿名苏涣，进士及第耀门楣。

关于苏涣中进士后，苏家上下和眉山百姓的行动，在苏轼、苏辙和曾巩等人的文字中都有提及。

苏轼在《谢范舍人书》中写道："天圣中，伯父解褐西归，乡人叹嗟，观者塞途……于是释耒耜而执笔砚者，十室而九。"

苏辙在《伯父墓表》中则回忆说："明年登科，乡人皆喜之，迓者百里不绝。"

而曾巩在《赠职方员外郎苏君墓志铭》中则记录："涣以进士起家，蜀人荣之，意始大变，皆喜受学。及其后，眉之学者多至千余人，盖自苏氏始。"

从这三位的记录中，我们可以得知，因为苏涣中进士，眉山十里八乡的百姓纷纷出门，夹道欢迎，为眉山百年来首位官员鼓掌庆贺。一时间苏家周围人山人海，热闹非凡。苏涣中进士一事，不但让苏家门楣有光，也让眉山蜀地的百姓在羡慕之余，重拾对读书的信心。一时之间，苏涣成为眉山读书人的楷模，家中有子的人都向苏涣看齐，从乡间田野回归学堂书本，读书之风盛行。

从这以后，眉山读书人一度达千人之多，眉山也一时间成为天下闻名的"诗书城"。

二哥苏涣中进士后，"乡人叹嗟，观者塞涂"的景象给苏洵带来了十分巨大的冲击，让这个十六岁的少年目眩神迷，又倍感压力。

一夜之间，苏涣成为苏家的代名词，成为眉山县人的偶像楷模。曾经不屑读书的苏洵，一时百感交集，羡慕之情涌上心头，同时又为自己浪荡山水的庸碌和渺小感到惭愧。

苏涣中进士后的这段时间，苏洵游荡归来后都不敢出门见街坊邻居，他总觉得周围人投向他的目光里充满了鄙夷和恨铁不成钢的意味。在这样的情绪下，就连游山玩水都失去了往日的快乐。

无可奈何下，苏洵暗暗下决心："二哥能中进士，我又有何不可？"思罢，他重拾书本，读起了四书五经，想要效仿二哥，考取功名。

在山野间游走惯了的心，又如何好收回呢？凭着一股好胜之心而读书，心不在焉地赴考，自然难得好结果。

虽然苏家人对苏洵的突然发奋满怀期待，苏洵的一番努力也让自己顺利通过乡试，获得赴京参加会试的资格；但不出意外，十八岁的苏洵落榜了。

天圣四年（公元1026年），初来汴京的苏洵并没有得偿所愿，完成进士及第的目标。但是这一路所见的缤纷群山与辽阔天空，让苏洵像展翅的雏鹰一样，找到了自己的舒适区。一路山长水远，但他不觉辛苦，只觉新奇，甚至有些目不暇接，流连忘返。

于是，被生平第一次科举考试失败重重打击的苏洵，在失望、难堪之余仔细回想，二哥苏涣中进士，父亲并没有大摆酒席来庆祝，甚至醉酒接诏书，可见父亲并不十分在意功名。

在这样的自我安慰下，苏洵终于说服自己接受落榜这件事，并心思一转，认为不能浪费返乡途中从京城到眉山的一路美景。于是决定再度废学，游山玩水一番。

关于这段初试落第再游山的经历，初出茅庐的苏洵在其五言长诗《忆山送人》中，也有记载：

揭来游荆渚，谈笑登峡船。峡山无平冈，峡水多悍湍。

长风送轻帆，瞥过难详观。其间最可爱，巫庙十数巅。

耸耸青玉干，折首不见端。其余亦诡怪，土老崖石顽。

长江浑浑流，触齧不可拦。苟非峡山壮，浩浩无隅边。

恐是造物意，特使险且坚。江山两相值，后世无水患。

繁华京师无处容纳苏洵的满腔热情，自有无限江山待他寄情抒怀。抛去心中的郁闷，苏洵给家中写信交代去向后，就收拾行囊，潇洒地开始了他第二次游山玩水。

辽阔江天，无限风光。说是纵游天下，又该去哪里呢？

少年苏洵思绪尚且模糊，于是便决定先就近，在汴京一带走走逛逛。

11 世纪，北宋都城汴京是当时世界上最大的城市，有"富丽天下无"的美誉，又被称为东京。今天我们说到北宋都城的繁华，可能并没有很具体的概念，毕竟时隔一千年，当时的富丽华贵之地，与今天的国际大都市不可同日而语。我们不妨看看孟元老在《东京梦华录》这本书中对当时都城汴京的描述："太平日久，人物繁阜""举目则青楼画阁，绣户珠帘。雕车竞驻于天街，宝马争驰于御路，金翠耀目，罗绮飘香""花阵酒池，香山药海""万街千巷，尽皆繁盛浩闹"，这样一派富丽堂皇之景，给初来乍到的苏洵以巨人冲击。

在熙熙攘攘的汴京城看街边叫卖，品当地美食，看市井烟火之后，苏洵便对自己的南归之路有了计划。从汴京回眉山，自然要向西南而行，路上能路过嵩山，不如就先去嵩山游览一番。

嵩山为五岳之中的"中岳"，位于河南登封县的北边。宋真宗喜欢道教，在登山封禅和避暑休假的时候，都曾去过嵩山中峰上的真武庙。而嵩山东侧主峰太室山、西侧少室山等六十峰连绵不绝、峻峭迤逦，被很多文人墨客称道。苏洵走马观花，先来到了中岳庙。

来到中岳庙的东华门已是傍晚，苏洵在庙中借宿，并吃了一顿不错的斋饭。吃饭期间和寺中僧人闲聊得知，大书画家卢鸿的故居卢岩寺就在附近。卢鸿是唐代与王维齐名的大书画家，后因拒绝唐玄宗宣诏而隐居嵩山，其故居后来变成了卢岩寺。兴趣盎然的苏洵决定夜访卢岩寺，一睹名家故宅。

苏洵穿过重叠小山和潺潺溪流，见卢岩瀑布飞流直下，听山谷风声幽幽回响。卢岩寺周围峰峦秀出，石壁险峻，如屏如门。一路的奇山秀水让苏洵流连忘返，"林簌结响，调如竽瑟；泉石激韵，和若球锽"这样的诗句都不足以形容眼前的美景。

到达卢岩寺后，苏洵自报家门，表示慕名而来，希望游览寺院，并了解卢鸿的故事。于是住持热情接待了年轻的苏洵，为其讲解卢岩寺的历史典故，并赠送珍藏的卢鸿画作于苏洵。

夜宿卢岩寺一夜好梦，第二天苏洵拜别卢岩寺住持，继续向东，来到了太室山。

《诗经》写"嵩高峻极"，形容的就是太室山。不同于少室山的嶙峋，太室山更为雄厉，层峦叠嶂的山体和山脉褶皱，显示出一种威严肃穆。这让身处其中的苏洵，第一次明白为何自古帝王都好来嵩山封禅，也逐渐发现了自己想寻找的开阔浩荡。

白日畅游，夜宿寺庙。几日后，苏洵来到位于少室山下的少林寺，进行一番游访。随后渡溪攀山，来到了少林寺南侧六七里外的二祖庵。

二祖庵为达摩祖师和慧可的供奉之地。相传慧可断臂后于此处追随达摩清修，后来达摩将衣钵传于慧可，他便成为中国第一代禅宗传人。这座半亩见方的小庵，不是普通山间庙宇，更像是禅宗入东土后的原乡。苏洵流连于此，感受古树古庵渗透出的岁月沧桑，也探寻着自己的精神皈依之地。

在嵩山的最后一站，苏洵来到了位于太室山顶峰的摘星台。从摘星台俯瞰，周围山崖如碧玉镶嵌于山中，于山风乍起时，于流云雾霭中，让人生出一种"自是识嵩岳，浩荡容貌尊。不入重山列，体如镇中原"的飘飘欲仙之感。而对这份立于山巅的缥缈浩然气的感怀，后来也被苏洵记录于《忆山送人》一诗中。

告别嵩山后，苏洵一路向西南，入陕西境内，又来到华山。以往在阅读《水经注》的时候，苏洵就看过"远而望之，又若花状"这样形容华山的句子。古人文章的描摹，以及对华山峭拔险峻美名的仰慕，让苏洵对华山之行充满期待。

华山之行，苏洵先拜西岳庙，再登万寿阁，却都觉得乏善可陈。在此处，他想起曾听过陈抟避乱隐居修炼于云台观的故事，据说当年躲避五代战乱而修炼于此的陈抟，曾经"每寝处，多百余日不起"。苏洵分析，这大概是因为陈抟想借不醒以避世吧！借着对于奇闻轶事的兴趣，苏洵游览了一番云台观，又兴致勃勃地攀上白云峰，夜宿玉女祠，并于翌日来到了苍龙岭。

据《国史补》记载，韩愈曾攀登苍龙岭，却因此处地势过于险峻而畏惧，心颤胆寒，恸哭连连，最终没能登上苍龙岭峰顶。此时，苏洵立于苍龙岭的悬崖峭壁、深渊巨石边，切实感受到韩愈当年的胆战心惊，同时也不可避免地想起少时石昌言鼓舞自己，说自己有朝一日一定能和韩退之齐名的话语。一时之间，遗忘多日的初试落地之苦与人生失意的怅惘再度浮现，让苏洵不禁一阵黯然。

出华山后继续向西南而行，距离家乡四川就不远了。然而，近乡情更怯，一想到马上要回家面对亲朋好友，面对父亲苏序，面对邻里乡亲对二哥的称赞和对自己的鄙夷，苏洵又开始心烦意乱。

这份烦闷与纷乱，就像蜀道之上蜿蜒崎岖的路，景语人心，徒添忐忑。在"危乎高哉"的蜀道之上前进，见"飞湍瀑流争喧豗，砯崖转石万壑雷"的澎湃奇景之后，苏洵终于回到了家乡眉山。

从汴京到眉山几个月的畅游，使苏洵心底对自然的热爱，对山水的依恋，彻底被激发。这次初试落第再游山，虽并未给苏洵带来肉眼可见的成长，但一路奇山秀水与开阔视野，在其以后的散文中都可寻得蛛丝马迹。同时，这次漫游也给苏洵后来将近十年纵情山水的人生开了个好头，让他于游历中逐渐成熟稳重，思想丰盈。

但此时，离苏洵发奋读书，努力仕途，还有些年月。此次壮游返乡的苏洵，即将迎来他人生中另外一件大事——迎娶程氏，开启他人生中为人夫、为人父的下一段旅程。

娶妻成家，闭户苦读

《礼记·大学》中说："身修而后家齐，家齐而后国治，国治而后天下平。"修身齐家治国平天下从《礼记》而起，变成了中国文人成学成才的一根标杆，给古往今来向往仕途的人以指引。而如今，苏洵修学修身半途而废，父亲苏序觉得"养不教，父之过"，不能再放任这个小儿子游山玩水，也该让他收收心了，于是便给苏洵物色了程家女儿这门好亲事。

　　苏洵虽散文政论卓绝，位列"唐宋八大家"之一，其声名却不及两个儿子苏轼和苏辙响亮。一些粗通诗文的人了解苏洵，还是因为"一门三父子，都是大文豪，诗赋传千古，峨眉共比高"这段佳话。而生下苏轼和苏辙这对大宋双子星的女子，正是苏洵的发妻程氏。

　　俗话说得好，一个成功男人的背后，总有一个默默奉献的女人。程氏便是那个守护苏洵，为了让他专心读书而从无怨言的人。探索苏洵的人生轨迹，就一定绕不开贤良淑德的程氏。

程家嫁女苏家娶，贤妻持家定风波

初试落第之后，苏洵纵游山水半年多，亲朋好友见状都十分惋惜，觉得苏洵好好一个读书的苗子，没有把精力用到正途上。但知子莫若父，只有父亲苏序对此并不十分在意。他认为儿子厌学一方面是因为年轻人心浮气躁，桀骜不驯；另一方面是因为苏洵不喜格律诗文的刻板庸碌，是其不愿顺应世俗的天性所致。恰好苏序也是个不拘小节、豪放疏达之人，并不想用世俗的标准来要求苏洵，而是希望这孩子能在广阔天地的游历中找到自己的人生方向。

但顺其自然和通达人情与撒手不管是两码事，身为父亲的苏序还是十分关心小儿子苏洵的。俗话说"男大当婚，女大当嫁"，苏序觉得应该说一门亲事，帮苏洵收一收放纵的性格。虽然儿子读书无望，但娶妻成家还是要重视起来的。于是，凭"父母之命，媒妁之言"，苏程两家便定下了婚事。

眉山苏家与程家互为邻里，可以说是"知根知底"。程氏生于大宋祥符三年（公元 1010 年），比当时十九岁的苏洵小一岁。程家家境富足，比苏家家境要好得多。在眉山当地，程家女儿还算小有名气。程家小姐虽无沉鱼落雁之姿，但也算是端庄闺秀，且程小姐性格温婉，受过良好的家庭教育，既没有富家小姐的娇气傲慢，又不似小门小户的拘谨怯懦。苏父和苏洵对这门亲事都十分满意，苏洵甚至觉得自己是祖上积德，受上天眷顾，才能娶到程小姐这样的贤妻。

那么，程家为何会看得上废学游荡的苏洵，同意把女儿嫁过去呢？关于此事，有两种说法。

一是从程苏两家当时的情况分析，程小姐是眉山程文应的女儿，程家世代为官，程文应在当时任大理寺丞，相当于现在的法院庭长，也算是中层干部。而程文应的儿子程浚与苏洵的二哥苏涣是同榜进士。择婿与娶亲还是有些差别的，从两家家庭成员的官职来看，虽然苏洵一介布衣，但胜在聪慧过人、体魄健康，且有个进士及第当官的哥哥，两家也算是门当户对，程家同意这门亲事不足为奇。

二是在民间传说中，程家同意与苏家结亲，与张道长卜卦，说苏洵是文曲星下凡有关。

据说，在苏洵壮游山川的那段日子，一位自称"张易简"的老道长从眉山天庆观的北极院而来，说自己从张天师，人称"活神仙"，望气看相的功夫了得。

某日，这位张道长偶遇在田间跟着父亲干农活的苏洵，顿时嚷嚷说："年轻人！你这是文曲星下凡的命，怎么能在地里干这种粗活呢？这也太屈才了。"

因为张道长在眉山当地颇负盛名，乡里乡亲都很相信张道长看相的能力，所以"文曲星下凡"这一说法一传十，十传百，逐渐在眉山县传开，乡众们对苏洵这个不务正业的人都有些刮目相看。程小姐的祖父，程文应的父亲程仁霸，便是相信这个说法的人之一。

程仁霸想起当年吕公相面刘邦，说刘邦是贵人之相，日后必定能发达，还将爱女吕雉嫁给刘邦。后来，刘邦果然建立大汉，成为汉高祖，成就一番伟业。

想押宝赌一把的程仁霸马上派人将孙女的生辰八字送与苏家，希望与苏家联结姻亲，而苏洵父子对程家这门婚事也是一百个满意，遂成就了这段好姻缘。

道士相面这种虚无缥缈之说，没有科学依据，自然不可全信。但回望历史，程仁霸的决定可以说是相当正确的。他不但压中了苏洵"文曲星下凡"的命，其孙女程氏后来还生下中国文坛名传千古的双子星——苏轼和苏辙。三苏并行赴科举，成就一段文坛佳话。

说完程苏联姻，我们再回头看看，程氏到底是何种女子，能激励原本无心向学的苏洵发奋读书，还能培养出苏轼、苏辙这样优秀的儿子。

程家作为眉山当地的富豪人家，女儿陪嫁自然不少。在程氏十八岁这年，她带着一双祖传玉佩及十车嫁妆嫁入苏家，正式开始了她作为苏洵妻子、苏家少夫人的生活。

程氏本就是千金小姐，秀外慧中，女工出色，而且受家庭环境熏陶，也粗通文墨，有着那个时代女子忍让、温良的美德，也传承了书香世家的坚韧风骨。初为人妇的程氏嫁入苏家后孝敬公婆、治理家务，方方面面都做得十分妥帖。公公苏序通情达理，婆婆史氏虽然严厉，但也是讲道理的善良之人。所以，程氏入门之后给苏家带来了不少欢乐，一家人其乐融融。

唯一"难缠"的家人，大概要属苏洵的祖母宋氏了。当时，祖母宋氏还健在，但因老人家上了年纪，对声音环境格外敏感，且性格有些喜怒无常，经常会因为家中有些响动或玩闹声而大发雷霆。每当这时，全家人都要小心伺候，生怕惹得老太太不高兴。初来乍到的程氏对这位祖母却丝毫不惧怕，反而关爱有加，十分孝顺。

自从嫁进苏家，程氏每天早晚都会来帮宋氏整理头发、衣裳，帮老人家洗漱、进食；甚至宋氏每天用的药，都是程氏悉心熬好，亲自喂下的。白天伺候完老太太不算，程氏每晚还要为宋氏铺床盖被，侍候老人家安寝，待这位祖母睡着了，才小心翼翼地回自己房间休息。

这份孝心和妥帖，让祖母宋氏对这位孙媳妇十分满意，逢人就夸程氏贤良淑德，甚至在临终时特地把苏洵和程氏叫到床前，叮嘱苏洵要善待程氏。可以说，因为有了程氏入门后的操持，才使得苏洵的日子过得越发滋润，这也导致苏洵虽已成家，却仍未收起少年心性，依旧喜欢和朋友们在外纵游玩耍，既不肯读书，也不爱操心家中生活琐事。

虽然苏家有佃户耕种其祖上传下来的田地，也有佣人帮工，衣食无忧，但与程家的家境是没法比的。再加上苏序的乐善好施、仗义疏财，苏洵的游山玩水、不务正业，苏家可以说并没有什么家底。相比程氏的娘家而言，苏家甚至算得上是有些贫穷的。

司马光在《程夫人墓志铭》中就曾经写道："程氏富而苏氏极贫。"这就导致以往在程家养尊处优的大小姐，嫁入苏家后不能再过优渥的生活了。对于程氏婚后的生活，司马光是这样评价的："夫人进门，执妇职，孝恭勤俭。族人环视之，无丝毫靾靾骄居可讥诃状。"可见，对于苏家稍显贫困的生活，程氏是夫唱妇随、泰然处之的。

但生活需要的不是一时一刻的乐天豁达，而是经年累月的忍耐谋划。苏家虽也有薄田可种，程氏虽也有丰厚嫁妆，但经不住苏洵像他父亲苏序那样，常年慷慨解囊、热心助人。一来二去，两夫妻的生活就过得捉襟见肘了。苏轼在成年后回忆童年时光时，曾说过他和弟弟苏辙小时候经常吃"三白饭"。所谓"三白饭"就是白米饭、白萝卜各一碟，再加一撮白色的盐巴，就能当作一顿饭菜。可见当时苏洵与程氏生活之窘迫。

也曾有别家妇人闲谈时问程氏："你娘家那么有钱，父母兄弟又都疼爱你，何不向他们借钱生活呢？"

程氏却只是平静地回答："虽然我知道父母兄长见我如今艰难，一定会接济我，但是我不能让他们看不起我的夫君。如果让娘家人认为夫君要靠别人资助才能养活妻儿，这岂不是丢了夫君颜面？"

不得不说，程氏的想法和一番回答，颇具治家兴家的智慧。一个家庭如果要依靠别人来生活，势必不是长久之计。而程氏也相信，有朝一日苏洵一定会浪子回头，理解自己所做的一切，重新奋发图强。

程氏对苏洵的游荡不学虽也忧心，但仍然抵住各方压力，忍耐下来。就连公公苏序询问程氏是否有苦难言，她都不曾埋怨。程氏只觉得自己了解丈夫的本性和才能，认为苏洵是个聪慧善良的人，只是他有自己认定的路，是个会坚守本心的人，所以也不想干涉丈夫的行为，只希望通过自己的耐心等待和因势利导，慢慢让苏洵迷途知返。

而此时的苏洵，父母健在、妻子贤惠、兄弟友爱，自己也终日无忧无虑，只知游历嬉闹，尚不觉人间有悲苦，对未来的生活也并没有什么愿景和规划。

购画像诚心求子，母病故重修家谱

苏洵沉浸于山川之美与纵游之乐的这段时间里，既不为生计发愁，也不为家务操心，可谓十分痛快。而苏洵与程氏二人恩爱非常，不久程氏就怀孕，诞下一个女孩。可惜苏洵儿女缘浅，程氏在怀孕期间由于过度操劳，且经济困难，没有条件进补，导致她营养不良，生下的女儿还未到周岁就夭折了。

对于人生中的第一个孩子，年轻的苏洵是怀着激动而喜悦的心情期待她的到来的。谁曾想，这个可爱的小家伙只活了几个月。而妻子程氏也因为痛失爱女，每天以泪洗面。一对年轻的小夫妻互相安慰，苏洵开导程氏，说以后还会有孩子的，希望借此疏解程氏心中的悲伤。但天不遂人愿，自长女夭折后，两人直到婚后第三年，还没有迎来第二个孩子。

散漫乐游的苏洵虽不将功名利禄放在心上，却对尚无子嗣的事情耿耿于怀。家中公公苏序和婆婆史氏虽并未因此事苛责程氏，但街坊邻里总会有些闲言碎语，惹得程氏郁郁寡欢。

见到妻子如此，苏洵虽然心疼，却也没什么办法，只一心祈求能快点得个儿子，让家中愁闷的气氛得以舒缓。

恰逢天圣八年（公元 1030 年）重阳节，苏洵往日在外游历时结识的一位道长无碍子云游至蜀地，落脚在苏洵家不远处的玉局观，便差人给苏洵送来帖子，邀请他去观中叙旧。故友过境，苏洵接到请帖之后，便快速收拾妥当，应邀前往玉局观。

无碍子与苏洵脾气相仿，很是投缘，邀请苏洵后，就于观中等待。待到苏洵抵达，无碍子更是亲自迎接，带着苏洵参观玉局观的亭阁庙宇，观山泉古树，游青石山道。一番游览让苏洵对玉局观的清幽美景与道家气派啧啧称奇，还和无碍子聊起这玉局观的起源。

相传，这玉局观本来不过是西汉时期为办学而建的一间石室，还曾在东汉初年因遭火灾而荒废。四十多年后，道家李老君和张道陵两位道长路过此地，席地而坐讲《南北斗经》时，平地生出一张局脚玉床。待二人讲经完毕，这玉床又凭空消失，玉床所在的位置出现一个干涸的洞穴。后来，为纪念李老君和张道陵二人谈经见玉床的奇事，就在此建了一座玉局观。

对于我们而言，这则传闻不足为信；但对生于北宋的苏洵而言，这则传说还是很有吸引力的，并给这座道观增添了一抹神秘色彩，让苏洵对道家之事更信了几分。

在随后与无碍子进入室内饮茶时，苏洵见墙上一幅画像上有一英武男子弯弓搭箭，膝下还有五子环绕，便询问此为何人。

无碍子道长笑着说："这是我道家有感必应的张仙啊！这画上的五个孩子，意为'五子登科'。"

原来，张仙是五代时期一位善用弹弓的神仙，据传他会用弹弓帮人驱灾灭邪。而后，因为花蕊夫人诓骗宋太祖，自己供奉的亡夫孟昶画像假称为求子的神仙——张仙。这一说法传到民间后，百姓就将张仙当作送子神仙来拜。

听到这画像背后的因缘后，苏洵想到自己早夭的女儿和婚后三年再无所出的妻子，霎时也生出拜仙求子之心。于是，便和无碍子说了自己没有子嗣的烦心事儿，并恳求无碍子能割爱，将这幅张仙画像送与自己，自己愿拿玉环交换。

无碍子道长本就与苏洵相熟，知道苏洵是个不爱占别人便宜的君子，又见苏洵求子心切，便欣然同意了玉环换画像的请求。

把张仙画像请回家后，苏洵将它悬挂在卧室，且每日早晚与妻子程氏诚心拜祭。天遂人愿，在景祐元年（公元 1034 年）冬天，程氏真的怀孕并生下一个男孩儿。得偿所愿的苏洵十分高兴，苏家上下也一片喜气洋洋。因孩子生于景祐元年，故苏洵为其取名"景先"，且在后来一直虔诚祭拜张仙画像。

景先因为体弱多病，后来也不幸夭折。后来程氏又生育了八娘、苏轼、苏辙三个孩子。爱女八娘八年后也因故去世，苏洵年迈时身边只剩苏轼和苏辙两个儿子。所以，他一直坚信苏轼、苏辙是张仙送给他的，而这两个儿子因其文学成就而被传为"文曲星下凡"，也给苏洵求子得子这段故事增添了一抹传奇色彩。

热爱绘画和收藏的苏洵，一生珍藏各家画作百余幅，论珍视却以张仙画像为最。苏洵晚年检查观摩旧画时，又拿出这幅画像，并在画像上题词：

　　洵尝于天圣庚午重九日至玉局观无碍子卦肆中见一画像，笔法清奇，乃云："张仙也。有感必应。"因解玉环易之。洵尚无子嗣，每旦必露香以告，逮数年，既得轼，又得辙，性皆嗜书。乃知真人急于接物，而无碍子之言不妄矣。故识其本末，使异时祈嗣者于此加敬云。

这段题词的字里行间，印证了苏洵玉环换画像求子的真实性，也为我们了解苏洵的人生细节增添了更多佐证。

然而，在苏轼盼儿求子这段时间里，虽有贤妻持家的安然与呼朋唤友纵游的快乐，也有期盼得子的希望，却仍有一件事，给苏洵的人生带来沉重打击，也让他对人生、求学、赴考等一系列事情有了不同的思考。

明道元年（公元1032年），苏洵的母亲史氏于家中病故。因史氏发病突然，苏家老少毫无准备，甚至都不在家。苏序与苏洵都在呼朋唤友、谈经论道，家中只剩程氏一人操办史氏的丧事。史氏在弥留之际没能和丈夫、儿子交代些话，就撒手人寰了。

母亲突如其来的离世，让老大不小还存少年心性的苏洵一夜之间成长了不少。想起母亲对自己的教诲与关爱，想起自己这么多年的游荡放纵，他不禁懊悔恸哭，恨自己为什么没在母亲在世时多尽孝道，也恨自己为什么不能像二哥苏涣一样为官一方、造福百姓，让母亲欣慰开怀。

这一变故，让苏洵忽然从人生极乐跌入愁苦深渊。"落拓鞍马间"的美梦醒了，现实是至亲生死相隔，自己前途迷茫、贫困交加。面对这一境况，苏洵夜不能寐，一副形神俱损的哀愁相。

这样的苏洵很快引起了回乡奔丧的哥哥苏涣的注意。

苏涣一直觉得自己这个弟弟是有能力、有才学的，只是被家中放任惯了，脾气秉性有些骄纵，加上妻子程氏也是个柔顺的人，缺少人认真管教和引导这个弟弟，使其走上正途。

为官几年，做过州县主簿和录事参军的苏涣，此时已经长了很多见识，对弟弟的前途也有些考量。

见弟弟因为母亲病故的事情如此消沉，即将丁忧期满的苏涣对苏洵说："咱们还得向前看，你今后有什么打算呢？"

消沉迷茫的苏洵并不能给出确切的答案。苏涣接着说："诚重劳轻，求深愿达。我过去就觉得你是读书的好苗子，想必你也不想家中书籍蒙尘，心里也该有些打算吧？有什么为难的，哥哥都会帮你。"

苏洵闻言，却有些踟躇，语气发虚地跟苏涣说："二哥，以往这个家从不需我操心，如今逢此大变，我真不知如何是好。"

苏涣斟酌回复道："我一直有重修家谱的心愿，咱们苏家定居四川已有几代，家谱也该好好修纂一番了。但我一直忙于公事，无暇顾及。不知你能不能接下这个重任？"

听到哥哥苏涣这样的要求，苏洵爽快地答应，并保证一定做好。

其实，苏涣何止是想让苏洵重修家谱？家谱修纂是个细致烦琐、需要大量考查和阅读典籍的事，让性情浮躁跳脱的苏洵修家谱，一方面，能让苏洵再次耐心读书，磨一磨他躁动的心性；另一方面，苏家自唐以来多名人，先祖在历史上也都是对蜀地贡献很大、具有相当影响力的人，苏涣希望借此次重修家谱，唤起苏洵的家族荣誉感，让他在先人事迹的激励下，重拾发奋之心。

如今看来，苏涣是了解这个弟弟的。苏洵缺的不是智慧与才气，而是一个明确的目标和有效的引导。只要给他一个可努力的目标，他想做的事情，没有什么是做不成的。

于是，苏洵在哥哥的帮助下，开始了艰辛的家族溯源之路。

守孝期间，苏洵为重修家谱不再与以往游山玩水的朋友一起浪荡，每日埋首于修家谱这件事。为更准确、细致地完善家谱，苏洵系统地阅读了《史记》《汉书》《左传》《国语》《战国策》等经典著作，学习写文章的方法，并寻找苏家先祖的蛛丝马迹。为求真求准，苏洵还走访了苏氏一族的很多老人，脚踏实地地寻访苏氏先祖的事迹。

在完善家谱的这段时间里，苏洵逐渐发现，苏氏先祖多英雄豪杰。战国时期的谋略家、外交家苏秦，出使匈奴的苏武，唐朝宰相苏味道，等等，都是苏家祖上名人，都有过值得称道的光辉事迹。于家史中徜徉，于典籍中奋笔的苏洵全神贯注扑在重修家谱一事上，在纵览先祖事迹、细读史书经典的过程中，苏洵逐渐产生了强烈的家族责任感，并开始思考过往得失和前途目标。在苏洵后来与欧阳修交往时，他曾不无自嘲地说"年二十七而始知读书"，指的就是因修家谱而重拾读书一事的经历。

经由重修家谱一事，苏洵在心中埋下了一颗为家族荣誉而奋发读书的种子。但这颗种子发芽生长，还不在此时此刻。逐渐成熟的苏洵，还需要一点助力推动他，让他下定决心，全力以赴，奔向读书入仕这条路。

初为人父觉惭愧，儿女夭折添惆怅

让一个人变得成熟的方式有很多，遭逢巨变和肩负重任，都是有效的途径。

苏洵经母亲病故这一巨变后，对前二十四年浪荡纵游而未能更多尽孝耿耿于怀，加之此前长女夭折的悲痛之事以及自己在母亲病逝时尚未得子，未能让母亲享儿孙绕膝的天伦之乐，种种不幸都让苏洵郁结于心，一时之间感到人世无常，遗憾才是常态。而两次变故的打击，也让苏洵曾经活泼、躁动的心渐变得沉稳。迷茫与朦胧间，苏洵沉浸在挥之不去的惆怅和悲伤中，对往日呼朋唤友游山玩水的兴趣也变淡了。加之这两年来修家谱之事，让苏洵在读书中变得逐渐成熟。而一个小生命的到来，更给苏洵增添了一份别样心绪。

苏洵好不容易在二十六岁这年喜得儿子，看着怀中儿子稚嫩的面庞，苏洵感受到前所未有的身为人父的责任。

儿子景先的出生给苏家带来了久违的欢乐，也慢慢地影响着苏洵的思想和生活。看着儿子一天天长大，苏洵体会到一个生命与另一个生命奇妙的联系，也体会到身为人父，需以身作则的重任。在面对儿子和妻子时，苏洵忽然产生了强烈的愧疚感，一种叫作自卑的情绪折磨着苏洵，让他夜不能寐，觉得自己甚至不配做儿子的父亲。

那时候，苏洵的二哥苏涣早已高中进士，为官几年，并有些成绩；程氏的哥哥程浚与苏涣同届中进士，也是仕途顺遂，颇有建树；远亲石昌言更是早在苏洵还小的时候，就志在读书，虽然现在还未博得功名，但在长辈邻里口中，也是个有学有志之人。环顾亲朋，好像只有自己还一事无成，不但未能在读书科考上取得成绩，甚至于家中经济也毫无贡献，让程氏这个千金小姐跟着自己吃"三白饭"。种种因素加之于身，苏洵开始认真地思考未来的路，到底要怎么走下去。

说来也算是老天恩赐，在苏洵对刚出生的儿子心存愧疚，对未来的生活一筹莫展的时候，仁宗皇帝的一项诏令，给有心发奋读书的苏洵带来了希望。

景祐元年（公元 1034 年），为招贤纳士，皇帝在诏令中宣布放宽进士条件，只要参加过三次进士考试、五次科制考试，并有一次及格的人，或者年满五十且参加过五次进士考试，年满六十且参加过六次科制考试，参加过殿试或前朝考试的人，都可以获得进士出身。

这无异于朝廷"扩招"，给曾经落榜的人提供了很多便利。而像苏洵这样的人只要能够获得进京考试的机会，无论是否被录取，只要多等几年，多参加几次考试，都能有机会获得进士出身。

这样的"扩招"政策让苏洵读书考试的心思越发活络。待到景祐二年（公元 1035 年），苏洵二十七岁这年，苏家又迎来了一个孩子——苏洵的小女儿八娘，而后于景祐三年十二月十九日（公元 1037 年 1 月 8 日），苏洵的第二个儿子苏轼也出生了。子女们接连出生，让年近三十的苏洵越发感觉到自己相比苏涣、程浚等同辈人落后太多，觉得自己也应该努力仕途，考个进士，让妻子儿女脸上有光，有所依靠。

查阅苏洵一生所写的文章，在其给欧阳修的《上欧阳内翰第一书》中，曾对这段二十五岁才开始发奋读书的经历有些描述。

对于自己当时的心理，苏洵这样写道：

> 洵少年不学，生二十五岁，始知读书，从士君子游。年既已晚，而又不遂刻意厉行，以古人自期，而视与己同列者，皆不胜己，则遂以为可矣。其后困益甚，然后取古人之文而读之，始觉其出言用意，与己大异。时复内顾，自思其才，则又似夫不遂止于是而已者。由是尽烧曩时所为文数百篇，取《论语》《孟子》、韩子及其他圣人、贤人之文，而兀然端坐，终日以读之者，七八年矣。

从这段文字中我们可以了解，苏洵对自己年轻的时候不喜欢读书也有些报颜，倥偬二十五年才知道读书的重要性，才明白近朱者赤，而想要和有学问的人交往学习。可是当时自己年纪不小了，却又没能严格要求自己，难以在读书上积极付诸行动，又常以古人自嘲。每每与自己的同辈比较，又有些傲气，觉得别人不如自己。乃至后来，生活越发贫困，时移世易再读古人文章，才觉得古人言论与自己不同之处很多。在这样的阅读和自我反省中，逐渐觉得自己的才能不仅仅是眼前这些，还应该有更大的作为。于是，痛定思痛，烧毁过去所写数百篇文章，转而专注阅读《论语》《孟子》和韩子等圣贤人的文章，沉心静气端坐，学习了七八年。

这段记录是苏洵对自己青少年时光的反思与对过往错误的承认。初为人父的愧疚感和责任感，让这个曾经志得意满、任性不羁的青年重新审视自己。

苏洵是否曾在深夜扪心自问、细数前尘，我们不得而知，但设身处地想一想苏洵当时的情况，一个年近三十的男子，在事业上毫无作为，在生活上依靠祖上的一些田产度日，甚至还要仰仗千金小姐出身的妻子贴补。上有荣耀门庭的进士哥哥做比较，下有嗷嗷待哺的新生儿女需抚养，怎么看都是"前无去路，后有追兵"的尴尬局面。即使苏洵是个特立独行、见解独到，不在乎世俗目光的潇洒人物，面对这样的人生境况，想必也会在无人处仰天长叹，心有不甘，想"从头收拾旧山河"，努力读书，拼一份荣耀加身。

所以，从长女夭折的冲击，到慈母见背修家谱的读书沉淀，及长子、小女、次子的接连出生，再到后来痛定思痛烧旧文章，乃至几年后长子景先的夭折，都让苏洵的内心在各种拉扯下极速成长。

被悲伤、自省、惆怅、希望、懊悔等情绪接二连三地洗礼，让苏洵迸发出不同于以往的力量与反思。这段时间是苏洵人生的重要转折期，也奠定了他后来追求复兴先秦古文的基础。

此时，苏洵内心对读书和功名的渴望已经让他跃跃欲试，只需要一句支持、一声肯定，他就能背起父亲的责任和家族的重担，冲向奋发读书的路。而贤良淑德的妻子程氏，在苏洵二十七岁这年，给了他至关重要的支持。

俗话说，每个成功男人的背后都有一个伟大的女人。与当时很多女子相比，程氏是知书达礼且大度的。无论是面对丈夫不思学业的山水纵游，还是遭受女儿夭折的打击，甚至造化弄人，之后的日子里长子景先于四岁时夭折，程氏都表现出超于常人的坚强与韧性。

于后人来说，我们要感谢程氏性格中的这份坚韧和柔顺，以及她对苏洵义无反顾的支持。若没有程氏的支持，也许就没有文章千古传的"三苏"。看这位奇女子在柴米油盐的生活中相夫教子的事迹，我们也许更能真实地贴近苏洵的人生，以一个寻常人的角度，理解苏洵后来为何取得不寻常的成就。

程夫人劝夫为学，卖嫁妆经营生意

前面我们说过，在《上欧阳内翰第一书》中苏洵写自己"洵少年不学，生二十五岁，始知读书"，而在《三字经》中却写"苏老泉，二十七，始发奋，读书籍"。为什么关于苏洵何时开始发奋读书的记载，会有这样时间上的差异呢？

其实，并不是文章史料的记载有误，欧阳修《故霸州文安县主簿苏君墓志铭》里所写"年二十七，始大发愤，谢其素所往来少年，闭户读书为文辞"，这句可以为我们解答。苏洵自述中，他在二十五岁只是认识到了读书的重要性，而《三字经》和欧阳修在苏洵墓志铭中所书"发愤"，则是程度更进一层的真正发愤读书，是苏洵内心对读书入仕强烈追求的外在表现，而促成苏洵从"始知读书"到"始大发愤"转变的，正是他的妻子程氏。

斗转星移，亲人离世的悲伤已经被这两年重修家谱的忙碌逐渐冲淡。长子景先出生，也给苏家带来了生机与希望。苏洵二十七岁这年，随着小女儿八娘的出生，儿女双全的日子让苏洵感受到甜蜜的压力，随之而来的则是一份沉重的思考：虽然自己抓紧时间读书学习，在如今朝廷新政之下，假以时日，得个进士功名应该是可以的；但家中老少十几口人，自己全心读书，必然无暇顾及家中生计，这一大家子人的生活要怎么办？现在开始发奋读书考试，是个合适的时机吗？

苏洵十分犹豫，便试探地问程氏："吾自视，今犹可学。然家待我而生，学且废生，奈何？"

由此可见，苏洵还是个有担当的君子，知道自己前些年不成器，如今这么大年纪开始发奋读书，实在对不起妻子程氏，于是先诚心地问问程氏："我觉得我现在发奋读书还为时不晚，但是如果我把精力都放在学习上，家里的事儿就没人照看了。照顾家庭是很重要的事，我十分放不下，这可如何是好？"

成婚多年，一直坚强忍耐的程氏听到苏洵如此问，不禁热泪盈眶，她终于盼到了丈夫"浪子回头"的一天，盼到了苏洵主动想要努力读书的一天。贤淑大度的程氏坚定地告诉苏洵："我欲言之久矣，恶使子为因我而学者。子苟有志，以生累我可也。"

程氏这段话的意思就是"我很久之前就想劝夫君好好读书了，但是又恐怕夫君因为我的劝说而勉强读书会觉得为难。今天夫君你既然有这样的远大志向，就不要担心其他的，家里的事情，都交给我就行"。

从程氏这段话看，她是有大智慧的女子。程氏一直懂得"兴趣是最好的老师"这个道理，知道如果苏洵因为自己的劝说或者父母长辈的期望而勉强去读书，一定难以长久坚持。一定要他自己自觉立志，主动读书，才能有好的效果。程氏劝夫为学的思路，在其日后教育苏轼、苏辙二子时也用过，可以说，如果没有程氏这位贤内助，苏洵恐怕在二十七岁时就会因为家庭的重任而放弃读书。

虽然得到妻子程氏的支持，但苏洵心中还是没底气，毕竟这么沉重的家庭负担，程氏一个弱女子，又如何能承担得起呢？所以，在与程氏这番推心置腹的交谈后，苏洵并没有立刻开始全心读书，仍然犹豫不决。

可程氏却是个一言既出驷马难追的爽快女子，既然答应苏洵要撑起这个家，让他无后顾之忧地去读书，就定不能退缩，不能让夫君失望，不能让儿女受苦。程氏竟然悄悄变卖了嫁妆，用这些做本钱，租赁房子做起了生意，果真撑起了一家人的生活。

某日，苏洵回家，发现程氏荆钗布裙，一身朴素，妻子梳妆用的镜匣也不见了踪影，诧异地问程氏这是何故。程氏边笑边解释说："妆奁都是外物，放着也无用。既然答应了夫君要撑起这个家，就一定不会食言。只希望夫君能够认真读书，不辜负我这份心意。"

随后，程氏还解释，说变卖妆奁不是长久之计，所以在家附近的市场租赁了一间院子，用于经营布帛织物生意，这样可以长久地贴补家用。

关于程夫人变卖妆奁做本金，经营布帛织物生意这段经历，苏轼在其文章中曾提及过：

> 昔吾先君夫人僦宅于眉，为纱谷行。一日，二婢子熨帛，足陷于地。视之，深数尺，有大瓮，覆以乌木板，先夫人即命以土塞之。瓮中有物，如人咳声，凡一年乃已，人以为此有宿藏物欲出也。

苏轼的文字佐证了程氏卖妆奁经营布帛织物生意的真实性。而实际上，正是因为程氏变卖妆奁得来的本金，加之程氏对生意的精心打理，再加之苏家人一贯的真诚，以物美价廉的织品回馈顾客，让程氏的生意越来越好，不出几年就让苏家生活得到改善，家有余粮、富庶平安，再不用像之前那样吃"三白饭"。而苏洵因为妻子程氏生意兴隆、治家有方，也终于能踏实读书、发奋刻苦。

因为程氏的贤良淑德、精明能干，二十七岁的苏洵才终于能无后顾之忧，放下心来踏实读书。可以说，没有程氏的努力和扶持，就没有苏洵后来在文坛上的辉煌成就。

但天将降大任于斯人也，必先苦其心志，即使是未来名列唐宋八大家之一的苏洵也不例外。多年废学游山，又怎会一朝努力就功成名就呢？距离苏洵写出千古流传的《六国论》《辨奸论》《权书》《衡论》等代表作，还有很长时间。二十七岁起奋发读书后的首次进京赴考，并没有一下子让苏洵得偿所愿，反而给踌躇满志的他带来了不小的打击。但正是这些落考经历与反思，让苏洵对百世经纬与当朝实事逐渐有了独到见解，也让那个文章千古传的文学家轮廓逐渐清晰。塞翁失马焉知非福，求仕无果的苏洵，即将迎来文学成就上的突飞猛进。

第四章 三

求仕无果，痛定思痛

苏洵文章流传最广，被今人所熟知的，当属《六国论》。《六国论》中苏洵借古讽今，极度反对以贿赂赎买和平，认为此政策屈辱至极。苏洵在后来很多探讨军政之事的著述中，也展示激进主张，提出"断绝岁币"。

　　这些主张和观点，都与仁宗宝元元年（公元1038年）年底至庆历四年（公元1044年），宋与西夏之间长达五年的战争密不可分。同时，因庆历新政而踌躇满志，期望有机会步入仕途的苏洵，目睹了庆历新政短暂推行一年零四个月就半途而废的全过程。这种时代的波诡云谲，也潜移默化地影响了苏洵的思想，使其在十多年后给欧阳修的信中追忆写出"洵时在京师，亲见其事，忽忽仰天叹息，以为斯人之去，而道虽成，不复足以为荣也"这样的沧桑话语。

　　从二十七岁发奋苦读，到四十岁焚烧旧稿、放弃科考，再隐居十年不出家门，居家读书完成《几策》《权书》《衡书》《六经论》《洪范论》《史论》等代表作，苏洵完成了他人生中又一次重要的蜕变。因此，解读苏洵，就不得不深入了解他从进京赴考屡试不第，到痛烧旧文隐居论道这段坎坷的人生。

进京赴考无所获，结密友千里阔游

所谓"入芝兰之室，久染其香"，在学业仕途上有所追求的苏洵，在待人交友上也逐渐端正，希望借良师益友的熏陶，让自己更专志于学。物以类聚，人以群分，"年二十七始大发愤"的苏洵，"谢其素所往来少年"，一改昔日游山玩水的浪荡模样，也不与曾经那些游手好闲的朋友交往，转而"从士君子游"。

这里所说的"士君子"，我们可以理解为有学识的知识分子和出仕为官的人。毕竟，经常和爱读书、有心仕途的人一起读书论道，久而久之也会受益不少，于学问见识和文章笔法上都能有所切磋和进步。

根据现有文史资料记载，苏洵从二十七岁开始发奋读书，到至和元年（公元 1054 年）张方平入蜀之前，其结交的"士君子"不少，主要有眉山名士史经臣兄弟、眉州知州董储、眉山人陈公美和张俞等人。其中，史经臣与苏洵关系很是亲厚，苏洵自发愤苦读后首次赴京考试，就是和史经臣一同前往的。

史经臣，字彦辅，是眉山当地家喻户晓的名士。他还有个弟弟叫史沆，字子凝，原本进士及第于临江（今江西清江）为官，但后来因为不可考的原因被捕入狱，郁郁不得志而死。不过史经臣的命运也不比弟弟好多少，虽然史经臣也颇负才学，能够与苏洵齐名，但不知是缺些运气，还是如苏洵一样不擅"属对声律"，史经臣也是每每"陪跑"，屡试不第，终其一生也没能圆了仕途梦，落得个潦倒而死的结局。

而说起苏洵与史经臣的相识，则是颇有些趣味的。这两人性格相差万里，苏洵正经起来，像个端方板正的谦谦君子，而史经臣则性格豪放疏狂。据说两人结交全因某次史经臣酩酊大醉，兴之所至，忽然想来拜访与自己齐名的苏洵，觉得苏洵是个人物，值得结交。没想到，三更半夜登门拜访的史经臣，因为醉酒，才和苏洵说了一会儿话便睡着了。而苏洵骨子里不拘小节，也很欣赏史经臣出仕的远大志向，二人遂结为知己，期望彼此日后都能得寸权在手，不负多年读书，不负家国天下。而在之后几年，史经臣也的确都和苏洵一起进京赴考，可惜二人都无缘榜上，这些我们往后再谈。

到了景祐四年（公元1037年），三年一次的进士考试如期举行，而苏洵也已经发愤读书两年，并获得了来年春天赴京师参加礼部考试的资格。在苏洵赴考前，苏家还有一件小小的喜事作为插曲。

在刚刚过去的景祐三年腊月（公元1037年1月），苏洵又得了个儿子，取名苏轼。这就是我们熟知的那位独创"东坡肉"，常年被贬官，写出"但愿人长久，千里共婵娟"千古名句的苏轼。

当然，在苏洵愤学后首次赴京考试的这一年，苏轼还是个襁褓中的婴儿，不知人间山高路远，不懂仕途坎坷曲折，甚至不懂他的父亲苏洵即将远赴京师，正在与他依依作别。

二十九岁的苏洵告别了妻子程氏和刚出生不久的儿子苏轼，与新朋友史经臣一起启程入京，在三十岁这年，参加了礼部考试以及随后宋宝元元年（公元1038年）七月举行的制科考试中的茂材异等。这已经是苏洵第二次进京赴考了，可惜在景祐四年（公元1037年）和宝元元年（公元1038年）这两次考试中，苏洵与史经臣双双落榜。

北宋时期，进士考试是三年一次，当时的进士考试主要考诗赋，对"句读""属对""声律"等学问有较高要求。这些知识都需要"童子功"。而苏洵年少时期不喜读书，虽然这两年在家也恶补了一些，但诗赋仍是苏洵的弱项，难以一年半载有所突破。

除了三年一次的常科进士考试，宋朝还有武举和制科两种考试模式。不同于常科，苏洵与史经臣于宝元元年（公元1038年）参加的制科考试则属于临时的、不定期的考试，其目的是招揽更多有才之士。

北宋制科考试曾在宋真宗在位时举办过，后来较长一段时间被废置，直到仁宗时期才恢复（宋天圣七年，即公元1029年，始恢复制科考试）。制科考试原有六科，分别是贤良方正能直言极谏科、才识兼茂明于体用科、识洞韬略运筹帷幄科、博通坟典明于教化科、详明吏理可使从政科、军谋宏远材任边寄科，宋仁宗恢复制科后，又新设高蹈丘园科、沉沦草泽科和茂材异等科，形成共九科的制科考试。

从九科名目上观察，我们可以发现不同科考试均有侧重，需要应试者有谏官品识、吏治才干、军事谋略才能等，这样复杂多样的考试，能让当时的"布衣才子"更好地被举荐。而苏洵参加的茂材异等主要考议论性策论，对苏洵不擅长的属对、声律要求并不太高。

但当时制科选拔十分严格，纵观宋朝三百多年历史，常科科举选拔进士有四万余人，而制科考试不但开考时间不固定，整个宋朝只进行过22次，且考试通过率特别低，曾成功通过的也不过41人。所以苏洵一生参加了2次制科考试，均无缘中选，也并非意外之事。

在苏洵二次赴京考试落榜之时，与苏洵和史经臣同年参加考试的石昌言却进士及第。亲人考中进士，给苦读两年无果的苏洵又带来了一重压力和冲击。

前面我们提到过苏洵的这位亲戚石昌言，他是苏洵姐夫的弟弟，在眉山乡里也是早有文名的。比苏洵年长十三岁的石昌言，在苏洵还是个孩子时，就立志要考取功名，还曾鼓励尚为孩童的苏洵好好读书，赞他有天赋。如今考了二十多年的石昌言，终于在四十三岁得偿所愿，进士及第，步入仕途。几年后，苏洵与石昌言重逢于京师，彼时苏洵还是一介布衣，而那时的石昌言却已凭借自己多年的努力做上知制诰高官职，并得朝廷器重，委任其以特使的身份出使契丹。

在石昌言出使契丹前，苏洵还特意写了一篇《送石昌言使北引》赠石昌言（此篇为赠序，但因苏洵的父亲名序，避讳其父亲名字，所以不称序而改为引），告诉石昌言要以史为鉴，勇于直面强敌威胁，扬大宋国威与正义，在此次外交中旗开得胜。

昌言举进士时，吾始数岁，未学也。忆与群儿戏先府君侧，昌言从旁取枣栗啖我；家居相近，又以亲戚故，甚狎。昌言举进士，日有名。吾后渐长，亦稍知读书，学句读、属对、声律，未成而废。昌言闻吾废学，虽不言，察其意，甚恨。后十余年，昌言及第第四人，守官四方，不相闻。吾日益壮大，乃能感悔，摧折复学。又数年，游京师，见昌言长安，相与劳问，如平生欢。出文十数首，昌言甚喜称善。吾晚学无师，虽日当文，中甚自惭；及闻昌言说，乃颇自喜。今十余年，又来京师，而昌言官两制，乃为天子出使万里外强悍不屈之虏庭，建大旆，从骑数百，送车千乘，出都门，意气慨然。自思为儿时，见昌言先府君旁，安知其至此？富贵不足怪，吾于昌言独有感也！大丈夫生不为将，得为使，折冲口舌之间足矣。

往年彭任从富公使还，为我言曰："既出境，宿驿亭。闻介马数万骑驰过，剑槊相摩，终夜有声，从者恬然失色。及明，视道上马迹，尚心掉不自禁。"凡虏所以夸耀中国者，多此类。中国之人不测也，故或至于震惧而失辞，以为夷狄笑。呜呼！何其不思之甚也！昔者奉春君使冒顿，壮士健马皆匿不见，是以有平城之役。今之匈奴，吾知其无能为也。孟子曰："说大人则藐之。"况与夷狄！请以为赠。

这篇用词简练的赠序，在数百字之间就将苏洵劝勉之情、鼓励之情、政治态度表达得淋漓尽致，不但勉励石昌言要藐视强虏、莫惧威胁，还表达了自己对石昌言此次出使行动莫大的信任。从这数百字之言，就可见苏洵的大家风范。但也是在这篇赠序中，苏洵开头即感慨"自思为儿时，见昌言先府君旁，安知其至此？富贵不足怪，吾于昌言独有感也！大丈夫生不为将，得为使，折冲口舌之间足矣"。这叹的何止是二人十几年的人生变化，也是羡慕石昌言实现了自己尚未实现的"丈夫之志"，是对自己科场奔波无所获的无奈感慨。

说完这位"刺激"了苏洵的石昌言，我们再看看进京赴考"二战"失败的苏洵将何去何从。

苏洵和史经臣在京师盘桓经年，却始终跨不过科举考试这道门槛，二人不免都有些蹉跎丧气。两个惨淡失意的人在京城待了最后一夜，随后决定踏上归途，顺便游历一番。此次，苏洵和十八岁落榜返乡时一样，仍需西越秦岭返回四川，不同的是身边多了一位密友史经臣。

十八岁落榜归乡和三十岁落榜归乡的路，隔着遥远的时空仿佛在一瞬间重合。一样的失望与折磨，不一样的却是此时的苏洵已不再是当年那个意气风发的少年，家中有妻子程氏和一双儿女盼望他荣归，身后是惶惶三十年，一事无成。

这一年，回望京城锦绣繁华与巍峨宫殿时，苏洵心中到底如何想，我们已不得而知，但从那首《忆山送人》诗句的只言片语中，可以极大程度地贴近苏洵，读懂此次跟史经臣结伴归乡阔游的苏洵的一点心思。

> 水行月余日，泊舟事征鞍。
> 烂漫走尘土，耳嚣目眵昏。
> 中路逢汉水，乱流爱清渊。
> 道逢尘土客，洗濯无瑕痕。
> 振鞭入京师，累岁不得官。

返乡路上，虽然所见的是与进京赴考时相似的青山绿水，但心境已经大不相同。为"得官"而进京，却进士落榜"累岁不得官"，无论是苏洵还是史经臣，这一路上的心情都是沉重而悲戚的。

> 悠悠故乡念，中夜成惨然。
> 《五噫》不复留，驰车走镮辕。

所以，苏洵想到了东汉梁鸿所作的《五噫歌》："陟彼北芒兮，噫！顾览帝京兮，噫！宫室崔嵬兮，噫！人之劬劳兮，噫！辽辽未央兮，噫！"郁结在胸，悻悻归乡，梁鸿《五噫歌》中对朝廷的失望和不满，又何尝不是现在苏洵对宋朝廷的心情呢？此刻的苏洵已经心生去意，希望辞别帝京，再觅广阔天地。

从《忆山送人》下面这段诗句中，可以了解苏洵和史经臣归蜀这一路所游山水。

自是识嵩岳，荡荡容貌尊。

不入众山列，体如镇中原。

几日至华下，秀色碧照天。

上下数十里，映睫青巑岏。

迤逦见终南，魁岸蟠长安。

一月看三岳，怀抱斗以骞。

渐渐大道尽，倚山栈萦缘。

下瞰不测溪，石齿交戈鋋。

虚阁怖马足，险崖摩吾肩。

左山右绝涧，中如一绳悭。

傲睨驻鞍辔，不忍驱以鞭。

累累斩绝峰，兀不相属联。

背出或逾峻，远骛如争先。

或时度冈岭，下马步险艰。

怪事看愈好，勤劬变清欢。

行行上剑阁，勉强踵不前。

矫首望故国，漫漫但青烟。

及下鹿头坂，始见平沙田。

苏洵与朋友史经臣途经嵩山、华山、终南山，再入秦岭，一路上见群山巍峨，山石如犬牙交错，见栈阁虚悬于山中，见"飞湍瀑流争喧豗，砯崖转石万壑雷"；待到再进蜀地，剑阁峥嵘，登临剑阁，遥望故乡肥沃平原，奇山秀水冲淡了两人郁结的心情，也让苏洵在重游山川中，对进京赴考有了更多思虑和考量。他对科举考试心灰意冷，觉得自己也许就不是这块料，如此折腾是不是在消耗自己、蹉跎岁月呢？此时的苏洵，心中已生退意。

但苏洵并没想到，这并不是他最后一次走帝京到家乡之间的路，往后十余年，他的科考之路尚未结束。但《忆山送人》乃苏洵多年后的回忆之作，彼时他回望挣扎在科考路上的十余年，才能写下"归来顾妻子，壮抱难留连。遂使十余载，此路常周旋"这样的句子，以感怀曾经赴考前的雄心壮志和怏怏而归的意难平。

结束与史经臣的山水阔游，回到眉山家中与妻子、儿女团聚，苏洵就基本没了再赴考的心思。从宝元元年（公元1038年）至庆历四年（公元1044年），苏洵绝大部分时间都在眉山家中管治家业，教育几个孩子，以及读书交友和游学，没有再进京参加过科举考试。在这期间，宝元二年（公元1039年），苏洵又得一子苏辙，就是后来我们熟知的那位经常和哥哥苏轼写信传情，并且为了"捞"被贬谪的哥哥，努力为官的苏辙。关于苏洵教育二子的事迹，稍后再谈。此时二子尚小，苏洵最大的人生困扰仍然是他的科举考试之路。

　　直到庆历年间，朝廷内外发生诸多事宜，内忧外患让北宋朝廷波诡云谲的局势发生了巨大转变，这才让苏洵又产生科举考国之心，开始了他最后的科场奔波。苏洵的豪情壮志按下不表，我们接下来先看看北宋庆历年间都发生了些什么，才使苏洵重拾科考之心。

庆历年间起风波，诗文政论埋伏笔

　　说起北宋庆历年，今人最耳熟能详的大概算是《岳阳楼记》开头那句"庆历四年春，滕子京谪守巴陵郡。越明年，政通人和，百废俱兴"中所提到的"庆历四年"。庆历四年（公元1044年）春发生了什么？"越明年"即庆历五年（公元1045年）又发生了什么？为何会出现"政通人和、百废俱兴"的局面呢？

　　其实，这段时间大宋朝廷发生的事情，不但影响着宋朝历史的发展和东京汴梁的局势，也影响了远在眉山的苏洵，让苏洵再一次萌生参加科考的念头，抱着雄心壮志，出蜀入京，踏上科考征途。

　　这次苏洵入京考试前后，北宋朝廷发生巨变，而这一系列动荡追溯起来，却是从宝元元年（公元1038年）苏洵第二次赴京赶考时就埋下了伏笔。

宝元元年（公元 1038 年），与宋朝相邻的西夏发生政权变动，赵元昊称帝后，趁着大宋与契丹之间矛盾频发，逐渐巩固自身国力。随后，西夏又步步挑衅，与宋朝廷胶着对峙，妄图独立，赵元昊则希望宋能承认其为"南面之君"。

到宝元三年（公元 1040 年），西夏与大宋之间的战事终于正式爆发。从宝元三年至庆历元年（公元 1041 年）的战事中，大宋军队人员死伤惨重。仅庆历元年好水川一役，就已经死伤上万人。这次战役中，宋王朝派出的两万人马全军覆没，从统帅、先锋至普通士兵，无一幸免。好水川一战震惊朝野，负责相关事宜的韩琦、范仲淹二人也受到处分。

屋漏偏逢连夜雨，在之后的庆历二年（公元 1042 年），大宋受西夏战争干扰之时，契丹又趁机要挟大宋，要大宋在以往澶渊之盟所定大量贿赂之外，再每年增纳银、绢各十万两、匹给辽。而大宋与西夏的战争在这样的情况下又持续到庆历三年（公元 1043 年）正月。

战争至此，西夏方面赵元昊虽然打胜仗的时候多，但毕竟西夏国小且贫瘠，不能支撑长久战争，宋与西夏双方都有和谈的意思。而在之后一年多的和谈中，赵元昊屡次玩文字游戏，企图让大宋承认自己君主的身份，甚至得寸进尺地想让宋朝廷称自己为"吾祖"（赵元昊给宋朝廷的信件中有此言辞）。最后，终于在历时一年多后，于庆历四年（公元 1044 年）五月，宋与西夏的和议才定下来，和议中规定赵元昊向宋称臣，但同时又可自称"夏国主"；而宋朝廷却需每年向西夏输绢十五万匹，银两十万两，茶叶三万斤。宋仁宗命人给西夏送去的《赐西夏诏》，是这场历时五年的战争后，大宋挽回颜面的最后一块"遮羞布"，也标志着两方持续五年的战争正式结束。这也是《岳阳楼记》中提及"庆历四年春"的时间点，之后，政通人和、百废俱兴的局面也不远了。

但这个所谓的和平，不过是宋朝政府花钱从西夏赎买回来的，这种妥协不仅导致大宋经济受挫，国库空虚，也暴露了朝廷软弱无能的一面，让天下文人一方面十分失望，一方面又希望得到机会，能在朝堂之上为国为民，表达自己的意见，扭转宋朝廷每每战败就赎买和平、丧失尊严的恶劣局面。苏洵自然也是其中一位。

战争持续期间，前方战事一直牵动着远在眉山的苏洵的政治神经，他关心时政，心中常有所感，在家中便经常与几位好友谈论西北边境战事与朝廷的各种举措。

当时，史经臣、张俞、董储等人都经常和苏洵聚在一起，各抒己见，论政谈策。

除了史经臣与苏洵脾气相投，是眉山当地名士外，张俞和董储等人也都颇负才名。董储是密州安丘（今山东地区）人，苏洵的二哥苏涣同年的同僚，时任眉山知州，是个廉政清明之人。而张俞则是苏洵结识于青城山的好友，是当时著名的诗人、学者、政论家，因其政论出名，连皇帝都多次征召，希望张俞能为朝廷效力，但都被他拒绝了。而苏洵与这几个人在一起，总有说不完的话题，几人对朝廷内外政局更是十分热衷。

西北边境战争期间，某日几人又相聚饮酒，于酒桌上谈论最近的局势。

在这次畅谈中，史经臣认为西夏"区区弹丸之地有何可退？小小羌虏之邦不足为惧"，认为宋军中有韩琦和范仲淹坐镇，没什么可担心的。而张俞则认为西夏国诡计多端又极为善战，这场战争会是持久战，需从长计议。董储等人则观朝中局势，认为宋朝廷中主和的人多，就算韩琦和范仲淹有天大的能耐，在这样的局势下也难以施展，最后可能还是要委屈求和。

在众人你一言我一语的谈论中，苏洵忧心忡忡地感慨道："若就这样和解，不是抱薪救火，养虎为患吗？"

此时的苏洵于家中苦读数载，政论策论方面，以及对历史和政治局势的看法，又上了一个台阶，只是仍然缺少一个一展才能的途径。

在这次朋友之间聚餐闲聊后，苏洵回到家中辗转反侧，一心所想都是连年战事和边境恶况。心中万千感慨的苏洵，连夜便奋笔疾书，写下了流传千古的《六国论》。

> 六国破灭，非兵不利，战不善，弊在赂秦。赂秦而力亏，破灭之道也。或曰："六国互丧，率赂秦耶？"曰："不赂者

以赂者丧，盖失强援，不能独完。故曰'弊在赂秦'也！"

秦以攻取之外，小则获邑，大则得城，较秦之所得，与战胜而得者，其实百倍；诸侯之所亡，与战败而亡者，其实亦百倍。则秦国之所大欲，诸侯之所大患，固不在战矣。

思厥先祖父，暴霜露，斩荆棘，以有尺寸之地。子孙视之不甚惜，举以予人，如弃草芥。今日割五城，明日割十城，然后得一夕安寝。起视四境，而秦兵又至矣。然则诸侯之地有限，暴秦之欲无厌，奉之弥繁，侵之愈急。故不战而强弱胜负已判矣。至于颠覆，理固宜然。古人云："以地事秦，犹抱薪救火，薪不尽，火不灭。"此言得之。

齐人未尝赂秦，终继五国迁灭，何哉？与嬴而不助五国也。五国既丧，齐亦不免矣。燕赵之君，始有远略，能守其土，义不赂秦。是故燕虽小国而后亡，斯用兵之效也。至丹以荆卿为计，始速祸焉。赵尝五战于秦，二败而三胜。后秦击赵者再，李牧连却之。洎牧以谗诛，邯郸为郡，惜其用武而不终也。且燕赵处秦革灭殆尽之际，可谓智力孤危，战败而亡，诚不得已。向使三国各爱其他，齐人勿附于秦，刺客不行，良将犹在，则胜负之数，存亡之理，当与秦相较，或未易量。

呜呼！以赂秦之地，封天下之谋臣，以事秦之心，礼天下之奇才，并力西向，则吾恐秦人食之不得下咽也。悲夫！有如此之势，而为秦人积威之所劫，日削月割，以趋于亡。为国者无使为积威之所劫哉！

夫六国与秦皆诸侯，其势弱于秦，而犹有可以不赂而胜之之势。苟以天下之大，下而从六国破亡之故事，是又在六国下矣。

——《六国论》

这篇《六国论》苏洵写时一气呵成，只求将心中不快尽数吐出，仅五百余字，却以古诫今，主旨透彻，鞭辟入里，成为后世史论之典范。欧阳修曾评价苏洵这篇《六国论》"纵横上下，出入驰骤，必造于深微而后止"。乃至七十余年后，汴京沦陷，金兵入京携掳二帝，北宋颠覆，其中局势发展，也未脱出苏洵《六国论》中旨趣。可见，屡次落榜，科举失意的苏洵，在三十多岁的年纪已经具有十分敏锐的政治洞察力，非寻常人可比。

其实"三苏"都写过《六国论》，苏轼所写《六国论》以六国长久而秦国速亡切入，对比分析，突出强调"士"在国家长久发展中的作用。而苏辙的《六国论》观点稍落窠臼，认为六国被秦所灭，皆因合纵不利，六国不能团结一致，才导致灭亡，是咎由自取。

相比之下，苏洵的《六国论》则与二子大不相同，与其说是论六国与秦的生灭关系，不如说是借古喻今，以六国灭亡的教训，警告宋朝切勿重蹈覆辙，谈史为表谏今为里，点明六国贿赂秦国是其灭亡的原因，以此说明如今大宋也不该以贿赂的方法对待西夏和契丹，这只能让大宋重蹈六国覆辙，武力抵抗才是根本。

苏洵一生的政治主张都是较为激进的，虽具远见卓识和犀利目光，但并不符合当时宋朝廷的风气。这也许就是仕人和文人的区别，纵然文章犀利敏锐、肆意通透，却缺少出仕所需的圆滑，警醒得了后人，却扭转不了当时的局面。

不过，好在苏洵与几位密友谈史论政治、写《六国论》的同时，汴京就轰轰烈烈地开展了一轮大刀阔斧的改革。

在与西夏战事稍息，进入和谈的阶段，宋仁宗考虑到当前朝廷内外矛盾愈演愈烈，在这样水深火热、腹背受敌的局势下，想要富国强兵，再成就太平盛世，就要亲贤臣、远小人，好好整治朝廷上下。于是，庆历三年（公元1043年）六月起，宋仁宗任命范仲淹为枢密副使（相当于国防部长），任命富弼和韩琦接任枢密副使，任命欧阳修、蔡襄、余靖、王素四人为知谏院"四谏官"。同时，仁宗虚心向这几人征询朝廷改革策略，不久之后，以范仲淹为首的革新派提出了一系列共计十条全新的政治主张，即"一曰明黜陟，二曰抑侥幸，三曰精贡举，四曰择官长，五曰均公田，六曰厚农桑，七曰修武备，八曰减徭役，九曰覃恩信，十曰重命令"（范仲淹《答手诏条陈十事》）。这些改革措施让朝廷上下焕然一新，史称"庆历新政"。

庆历年间西夏与契丹各种作乱，以及朝廷庞大臃肿的政治机构在面临这样棘手的局面时，却不能给出有效的应对策略。种种情况激化着大宋朝廷上下的政治矛盾，也刺激着这位不算年轻的仁宗皇帝。"庆历新政"的快速推行，是仁宗的选择，也是大宋的选择，因为整顿吏治对当时的宋朝而言已经刻不容缓。

在"庆历新政"一系列举措中，"精贡举"一则引起了苏洵的注意。此次"精贡举"主要是针对科举考试的改革。首先，是废除帖经、墨义的考察，不以纯记忆性知识筛选人才，而替换为更具实用性和更能考查考生真实能力的策论，以策论为考试重点，采用先考策，再考论，之后才考诗赋的考试顺序。其次，是在各州郡设立学校，讲课内容侧重"经济之业"，以培养"经济之才"为主。从今天我们对教育的理解来说，这一变化其实就是重视素质教育，着重培养应用型人才。从这两点变化可以看出，宋仁宗是真想选拔出有实干才能的人为朝廷所用。

而"精贡举"这项变革正中苏洵下怀，不善属对格律却善政论策论的苏洵觉得自己的机会来了。重燃功名欲望的苏洵曾这样说："方是之时，天下之人，毛发丝粟之才，纷纷然而起。"所以，心念大动的苏洵与史经臣一商量，两个人准备再度赴京，参加考试。

因"庆历新政"的实施，苏洵和史经臣二人出仕报国的梦想又熊熊燃起。告别潮湿蜀地的二人，伴着冷风冷雨向汴京出发，虽然一路风霜，但他们的心中有着救世济民的星星之火，给二人带来一点点暖意。

此次苏洵赴京的路上，途经长安又遇到了石昌言。这时的石昌言已经在仕途上摸爬滚打了六七年，早就不是苏洵记忆中那个白衣名士。二人重逢于石昌言的府邸，苏洵向石昌言说明自己见"庆历新政"诚待英才，就又萌生了读书考试的念头，并拿出自己的文章给石昌言看，希望他能帮忙指点一二。石昌言读罢苏洵的文章，大为赞赏，认为他的文章超越了很多人，是很有章法和真知灼见的好文章。

听罢石昌言的评价，苏洵信心倍增，激动地回答道："我在壮年才开始学习，入读书这道门就已经晚了，又没有正经拜师规矩学习过，全靠自己瞎摸索着学。虽然每天读书写文章，但是心中感到十分惭愧。此次赴考，如果真的像仁兄说的那样，我苏洵从今以后，一定会更发奋读书。"

可惜，石昌言对文章的审美和观点可能与考官不同频。此次苏洵进京赴考又未考中。而激励他重拾科考的"庆历新政"，因为触犯了当时朝中一些人员的利益，进行之时就十分坎坷，受到百般阻挠，在轰轰烈烈地实施了一年零四个月后就夭折了。

从庆历三年（公元 1043 年）开始筹措新政，到庆历四年（公元 1044 年）下半年，以范仲淹等人为首的革新派被污蔑为"朋党"，又被排挤出朝廷，苏洵大为看好的新政就这样匆匆落幕。甚至，为了响应"庆历新政"而进京的苏洵，在庆历五年（公元 1045 年）下半年到达汴京时并未见到他的任何一位"偶像"。他所尊敬和仰慕的革新派代表人物已经败出四散，范仲淹、富弼、韩琦、欧阳修等人或遭贬谪或外迁，都已经离开了汴京。

庆历年间朝廷内外的风波和庆历新政在短时间内的失败，都带给苏洵极大的刺激，使他对朝廷的失望之心越来越重。

在《上欧阳内翰第一书》中，苏洵回忆庆历年间这段历史时曾这样写道：

> 往者天子方有意于治，而范公在相府，富公为枢密副使，执事与余公、蔡公为谏官，尹公驰骋上下，用力于兵革之地。方是之时，天下之人，毛发丝粟之才，纷纷然而起，合而为一。而洵也自度其愚鲁无用之身，不足以自奋于其间，退而养其心，幸其道之将成，而可以复见于当世之贤人君子。不幸道未成，而范公西，富公北，执事与余公、蔡公分散四出，而尹公亦失势，奔走于小官。洵时在京师，亲见其事，忽忽仰天叹息，以为斯人之去，而道虽成，不复足以为荣也。

从苏洵这封信中，足见他对庆历新政失败的失望和叹息。而本就政治观点稍显极端的苏洵，通过庆历年间这段风波，也再一次认识到大宋朝廷的政治弊端，在政论策论方面的思考更加广阔和深入。这也为他日后写出更卓绝的政论策论埋下了伏笔。

苏洵在庆历五年（公元 1045 年）所见到的汴京，没有焕然一新的政治气象，没有积极改革的革新派官员，没有等着他救世济民、大展宏图的科举高中，一切还是旧时模样。而庆历新政的夭折也给苏洵和史经臣此次赴考笼上了一层阴霾。此次赴京，二人在京中挨到了庆历六年（公元1046年）六月，随后参加了八月的制科考试，考茂材异等科。可惜，二人仍然双双落榜。

岁月倥偬，等到此次考试放榜，朝堂政局风云尘埃落定，已是庆历七年（公元1047年）的春天。

三次赴京考试均不中的苏洵，立于汴京街头，见熙熙攘攘人群与琼楼玉宇繁华，心情已经沉到谷底。此时的苏洵已年近不惑，落榜返乡该何去何从？

这回苏洵又如前两次一样，准备一边游历山水，一边返回四川，而未来的路，在他心中尚显迷茫。

兄弟重逢怀落寞，老父寿终激反思

庆历七年（公元1047年）的春天，庆历新政全面失败，当初新政的推行者们也已经四处星散。虽然此时苏洵面对庆历新政的潦草落幕"忽忽仰天叹息，以为斯人之去，而道虽成，不复足以为荣也"，且自己努力七年后再度赴考仍名落孙山，不禁内心一片凄凉，但这次汴京之行也不算全无收获。

苏洵在京城结识了许多士大夫。虽然无缘得见自己敬仰的范仲淹、欧阳修等人，但与这些京城士大夫的交流，也让苏洵受益匪浅，并潜移默化地影响着他在政论文章方面的思路。

此次苏洵所见士大夫，除了前面提到的多年未见的石昌言，见面后与苏洵相谈甚欢，称赞苏洵大有长进，并极为赞赏苏洵的文章；还有一位叫颜太初的人值得一提，他与苏洵十分对脾气，两人互相欣赏，结为好友，甚至苏洵在教育苏轼时也屡次提及颜太初的诗文为人。

关于这位颜太初，《宋史》中对其有所记载：

> 颜太初，字醇之，徐州彭城人，因所居在凫、绎两山之间，号凫绎处士。进士及第，为莒县尉、阆中主簿、临晋主簿等职。喜为诗，多讥切时事。（《宋史》卷四四二）

从颜太初流传下来的一些文章，以及他人记述中我们可以知道，这位凫绎先生博学多才且慷慨好义。其诗文多针砭时弊、讥讽时事，与苏洵《六国论》之类的文章在政治看法上较为相似。苏洵曾赞颜太初"诗文皆有为而作，言必中当世之过"，二人在文章政治方面志趣相投，一见如故。

乃至后来，在苏洵的影响下，苏轼也对颜太初的诗文十分赞赏。苏轼在《凫绎先生文集叙》中曾写道：

> 昔吾先君适京师，与卿士大夫游，归以语轼曰："自今以

往，文章其日工，而道将散矣。士慕远而忽近，贵华而贱实，吾已见其兆矣。"以鲁人兖绎先生之诗文十余篇示轼曰："小子识之，后数十年，天下无复为斯文者也。"先生之诗文皆有为而作，精悍确苦，言必中当世之过。凿凿乎如五谷必可以疗饥，断断乎如药石必可以伐病。其游谈以为高，枝叶以为观美者，先生无一言焉。

在儿子苏轼面前都对颜太初的诗文赞不绝口，可见苏洵对颜太初的文章是如何欣赏的，与这位士大夫的结交又是何其快意的。

然而，汴京的繁华并不属于苏洵，怀着落榜失意和对朝廷深深的失望，苏洵准备离开京城，又觉得无颜见家乡父老，并不想过快地回到家乡，于是他又想像之前一样游历一番再返乡。屡次落榜的抑郁心情需要山水的清明与自然的壮阔来抚慰。且苏洵也想去岭南等没有去过的地方看看，遂制订了一系列详细的游历计划，准备再来一番纵游。

正在此时，一个令人开怀的消息传到苏洵这里，二哥苏涣之前在四川阆中任职已三年期满，现在回京述职，兄弟二人恰好相逢于京城。

自从母亲去世后，兄弟二人就再未相见，此次重逢，苏洵决定在京中再盘桓几日，好好跟二哥叙叙旧，之后再做其他打算。

兄弟重逢，二哥苏涣发现苏洵与往日相比变化不少，更加成熟稳重了。他了解弟弟苏洵的脾气秉性，二人相谈间，苏涣也知道苏洵对朝廷的控诉和对科举制度的失望，理解他的郁郁寡欢与沉静少言。于是，苏涣送给苏洵一首诗，其中两句体现了哥哥对弟弟的亲情关怀："人稀野店休安枕，路入灵关稳跨驴。"意思就是告诉苏洵，回去的路上入住小旅店要好好休息，路过灵关（指剑阁）也要注意安全，骑稳毛驴。这种"弟弟你要吃好喝好睡好，注意安全，多加小心"式的关怀，就像苏涣的为人一样简洁实在，虽只寥寥数语，但已将手足情深尽数藏于其中。

心中默念着二哥送给自己的诗，与苏涣作别的苏洵没有直接返川，而是按照不久前的计划，准备东游。

此次与苏洵一起落榜的史经臣要前往临江看望弟弟，没有与苏洵一起启程。与老友作别后，苏洵遥望蜀地方向，想想家中妻儿和父亲，心中不禁敬而生畏，遂毅然开始了东游之路。

苏涣临别前给苏洵准备了返回蜀地的路费，但此番苏洵想要东游，这些路费就显得捉襟见肘了，导致他只能和贩夫走卒一起住乡村野店，一路游历风尘仆仆，谈不上有多少趣味。

好在自然美景弥补了物质上的不足，苏洵这一路从嵩洛入江西，去庐山看瀑布，吟诵着李白"飞流直下三千尺，疑是银河落九天"诗句的苏洵，真切感受到了前人诗词中的磅礴与壮阔。他循着李太白的足迹登庐山，再上东林和西林二寺与高僧谈经论道，顺便还结识了圆通寺的讷禅师和景福顺公。苏洵一定想不到，三十七年后，他的儿子苏轼也循着他的足迹来到这里，并写下"横看成岭侧成峰，远近高低各不同。不识庐山真面目，只缘身在此山中"（《题西林壁》）这样的千古名诗。而他也想不到，此时结识的这些新朋友的学问与思想，对后来自己困学蜀中，十年隐居读书论道的生活也产生了深远影响。

在庐山盘桓游览一个多月的苏洵游兴正盛，刚眺望五岭，准备按计划南下去岭南一睹当地风土人情。不承想，还没等休整妥当，就接到父亲苏序去世的噩耗。苏洵的南下计划，戛然而止。

苏序七十五岁终老，在当时属于高寿。都说"人生七十古来稀"，而逝于庆历七年（公元 1047 年）五月的苏序，已经远远超过当时的人的平均年龄。回顾苏序的一生，青年时代侠肝义胆，为乡人所敬重；晚年又盼到儿子苏涣出仕为官，自己也沾了儿子的光，得了个"大理评事"的官职，连其夫人史氏也顺带被封为蓬莱县太君，这些是苏家往上三代都不曾有过的荣耀。且苏涣"为政极宽，而用法必当，吏民畏而安之"，不但为苏家添光，在任时也受到地方百姓的支持。这些因儿子而来的荣耀，都让苏序这一生无甚遗憾。

对苏洵而言，父亲的逝世却让他悔不当初，充满遗憾。

苏洵在《祭史彦辅文》中写道："有书晨至，开视惊叫，遂丁大艰。故乡万里，泣血行役，敢期生还！"一封清晨的书信，将父亲去世的噩耗送至苏洵手中。书信之后，是遥遥万里的归乡路，是慈父去世的悲伤不能自已。

苏序去世时才五月，而苏洵因为一直在外游历，接到报表信件时，已经是八月。这封信，先送到了在京述职的苏涣手中，苏涣收到信件后，才又连忙派人快马加鞭送于苏洵手中。

《忆山送人》一诗中有几句写的就是苏洵得知父亲去世，匆匆返川奔丧的事。

> 五岭望可见，欲往若不难。
>
> 便拟去登玩，因得窥群蛮。
>
> 此意竟不偿，归抱愁煎煎。

苏洵没想到，离家赴京考试前的相见，竟然就是自己与父亲见的最后一面。此时的苏洵想起父亲近四十年来对自己的理解、支持和宽容，又想到自己以往的不喜读书、放纵任性和肆意妄为，想必心中是悲痛交加、追悔莫及的吧！

隔了将近一千年，苏洵接到父亲噩耗时是如何捶胸顿足、泪洒庐山的，我们已经不得而知。从历史资料中，我们只知道这位才考场失意，又家中失亲的中年人，立刻踏上了返回四川的行程，奔向了那个他原本有些踌躇不敢归的家乡。

苏洵返川时途经临江，恰好遇到前来探望弟弟的史经臣。原来史经臣的弟弟当时因为卷入冤案而被捕入狱。史经臣为了救弟弟使尽浑身解数，却毫无用处。两人"同是天涯沦落人"，都因为亲人的不幸遭遇而伤心，便又结伴而行，共同返回眉山。关于这段与史经臣临江相逢的经历，苏洵在《祭史彦辅文》中有所记载：

> 飞腾云霄，无有远迩，我后子先。挤排涧谷，无有险易，我溺子援。破窗孤灯，冷灰冻席，与子无眠。旅游王城，饮食寤寐，相恃以安。

从这段文字中，我们可以得知苏洵当时经历的真实情况。

苏洵风尘仆仆地回家奔丧时，哥哥苏涣也从京城返回了家中。根据宋朝丧葬礼仪规矩，苏涣和苏洵需要守丧二十七个月。在守丧期间，凡先前有官职者都不能赴任。

与哥哥一起守丧的苏洵回忆起自己这么多年与父亲的相处：父亲苏序在自己面前从来不摆长辈的架子，不会正面教训自己。即使二哥苏涣中进士入仕途，父亲也不会将自己与哥哥做比较，勉强自己读书；而是认为不必多费口舌，总有一天这个小儿子会开窍，会成才。自己二十七岁时才发奋读书，父亲也还是一门心思地支持自己，就连前几年各州县因为科举改革而广立官学，许多人想从中分杯羹，父亲也告诉自己"咱们不去"，这是父亲对这个不成才的儿子的无限呵护，不希望自己为了眼前得失荒废学业，还对自己的科举仕途怀抱无限期待。

从苏序一生言行和对几个儿子的教导，乃至对苏洵的宽容、支持，我们都能看出苏序乐观、开明、正直、疏达随性和豪爽不羁的性格。可惜，苏洵只继承了苏序性格中的叛逆不羁和正直血性，却少了父亲苏序那份乐观。这就导致，父亲的突然离去和自己的接连落榜，让苏洵陷入前所未有的颓废、失落和悲伤。

庆历七年（公元 1047 年），苏洵和苏涣一起将父亲苏序安葬于眉山县修文乡安道里先茔侧畔。在处理好父亲身后事后，苏洵每每枯坐家中，出神入定，或轻抚逐渐发白的鬓发，或喃喃自语，回忆一事无成的前半生，一度颓废迷茫。

年近不惑的苏洵心中疑问万千，一面是耿耿于怀科举坎坷，一面是心中郁结无法达观，心中逐渐生出一股反叛的暗流。而他也即将步入自己一生著述的关键时期，用十年时间，从屡试不第的苏洵，蜕变成有实力跻身唐宋八大家之列的苏洵。

痛定思痛烧旧文，再苦读自成文章

父亲去世后，苏洵陷入了对自己前半生的梳理和反思。多年科场奔波一无所获，又见庆历新政失败，加之接连遭遇儿女夭折、慈母离世，如今父亲也已驾鹤西去，人生的悲欢离合与生老病死的冲击，让苏洵开始反思自己的人生，自己到底适不适合科举入仕这条路？

少年时代初次赴京考试落榜，是因为自己不喜欢学声律属对，且没怎么发奋读书，榜上无名是自己咎由自取。但最近十年两次进京赴考，自己埋首苦读多年，且朝廷考试制度也有所改革，制科所考都是自己认为还算擅长的策论，但就连制科考试自己都榜上无名，这或许也并非完全是自己的问题，而是朝廷的科考制度就存在着局限性。

苏洵在《广士》（卷四）中曾写道："人固有才智奇绝，而不能为章句、名数、声律之学者，又有不幸而不为者。苟一之以进士、制策，是使奇才绝智有时而穷也。"苏洵认为每个人都有自己擅长的东西，自己并不擅长时文，为了考科举却要勉强自己学时文，到时邯郸学步，不但学不好时文，还让自己连以往擅长的古文也不能写好。苏洵的"不能为"，是说自己不擅长此道，而"不幸而不为"则是公然表示自己不屑于此道，所以在面对科举考试时，自己"有时而穷"也就并不意外了。

想通以上这些，苏洵又想起了自己之前在京城游历结识的士大夫颜太初，想起他写的文章针砭时弊，激评当世过失，便茅塞顿开，意识到自己并不想写应试文章，像颜太初那样慷慨好义，写正义直言之篇，写直指时弊之言，才是他一直以来的理想。

随后，豁然开朗的苏洵将自己十多年所著的文章都铺陈在地上，又拿出火盆，将往日数百篇为了应试而写的文章一把火烧掉，就连曾被石昌言赞美"格调高古，远超俗流"的文章也没有留下。而且苏洵还对家中妻子和二哥苏涣表示，自己不想再走科举考试这条路了，虽然自己算不上卓尔不群，但也不是愚钝不堪之人，而考试这么多年，仍然一无所获，说明这条路不适合自己，就算再坚持下去也不会有什么前途。

听完苏洵一番说辞后，程氏和苏涣也认同，便又询问了苏洵日后有什么打算。苏洵表示，自己希望抛去科举考试的束缚，读一些自己想读的书，而且这么多年科场奔波，也没时间教导两个孩子，希望以后用更多时间教育家中儿女。

关于这段痛定思痛烧旧文的经历，苏洵在给欧阳修的《上欧阳内翰第一书》中是这样记录的：

> 其后困益甚（指再举进士不中和举茂材异等不中），然后取古人之文而读之，始觉其出言用意，与己大异。时复内顾，自思其才，则又似乎不遂止于是而已者。由是尽焚曩时所为文数百篇，取《论语》《孟子》韩子（愈）及其他圣人、贤人之文，而兀然端坐，终日以读之者，七八年。

而后来与苏洵交好的欧阳修在《故霸州文安县主簿苏君墓志铭》中谈及苏洵"举茂才异等不中"时，也对苏洵闭户读书、断绝科举之路的行为有些点评：

> 悉取所为文数百篇焚之。益闭户读书，绝笔不为文辞者

五六年，乃大究六经百家之说，以考质古今治乱成败、圣贤穷达出处之际，得其精粹，涵蓄充溢，抑而不发者久之。

苏洵和欧阳修留下的两段文字，能帮助我们更清晰地理解，为什么苏洵要焚尽旧稿，闭户读书，不为文辞五六年。

首先，焚尽旧稿是因为苏洵觉得这些往日文章没有什么留存的价值。这些文章都是为了科举考试才写的，内容浅显狭隘，"饥寒穷困乱其心"，"声律记问又从而破坏其体"，自然没什么阅读和存留的价值。其次，以往读书是为应付考试，自然是考什么才会读什么，就算读《论语》《孟子》这样的经典，读韩愈这种大家的文章，也难以真正读出味道，读书之心不纯粹，不能认真钻研，就难以达到豁然开朗的境界。最后，以往写的都是"应试作文"，都是些无话可说还要硬说的文章，为了写文章而写文章，又怎么能写好呢？如今不为科考，自然可以言之有物时再言，不必勉强自己，等胸中之言日益增多，自然就能写好文章。

从慈母见背开始自我反思，二十五岁开始知道读书，二十七岁开始大发愤，到父亲西归，屡试不第，再次自我反思，痛烧旧文，放弃科考，苏洵的人生在这一年发生了质的变化与转折。

到家不再出，一顿俄十年。

——《忆山送人》

从庆历七年（公元 1047 年）到嘉祐元年（公元 1056 年）这十年间，苏洵一直待在眉山读书、教子、交友、纵游。没有了科举考试的束缚和压力，苏洵获得了更多的自由，无论是身体还是精神，他都是自由且越发豁达的。"绝意于功名而自托于学术"的苏洵在圣人圣贤书中琢磨出新的味道。

> 孟子之文，语约而意尽，不为巉刻斩绝之言，而其锋不可犯。韩子之文，如长江大河，浑浩流转，鱼鼋蛟龙，万怪惶惑，而抑遏蔽掩，不使自露，而人自见其渊然之光，苍然之色，亦自畏避，不敢迫视。
>
> ——《上欧阳内翰第一书》

以往囫囵吞枣读过的文章在如今没有科举考试的压力下重新读，每每让苏洵觉得十分惊讶，以往不求甚解的内容都豁然明了。在这样一段自由读书后，苏洵给自己定了一个新目标，既然放弃了科举考试，那么在学术上就要有所成就，不能辜负家人的信任和大好时光。"究六经百家说，考古今治乱成败"就是苏洵给自己定的目标。

为了达成这个目标，苏洵将精力放在古文研究上，一边编辑校对家中藏书，并筛选适合两个儿子读的内容；一边又在积累文史知识之余写政论。这样沉浸式读书写文章，让苏洵的政论越来越成熟，延续他《六国论》时就有的借古喻今之特点，越发旁征博引、鞭辟入里，逐渐著成许多经典作品。

苏洵的《嘉祐集》中很大一部分作品，都写于隐居蜀中这十年。尤其是后半期，在皇祐末年起所写的《权书》《几策》等著作，更借总结大宋与西夏、辽国战争的失败，深度论述了宋朝廷在军政与经济等领域的革新之策，这些都是苏洵军事主张和政治思想的代表性内容。

而回顾苏洵的一生，"决意于功名而自托于学术"的这十年，不但成就了苏洵自己，也影响了他两个儿子关于科举、入仕的看法。

苏轼二十六岁时，正是在科举之路上一帆风顺的时候，他应进士试和制科试都在高等，却在《谢制科启》（卷四六）中写下以下感慨。

> 制治之要，惟有取人之难。用法者畏有司之不公，故舍其平生，而论其一日；通变者恐人才之未尽，故详于采听，而略于临时。兹二者之相形，顾两全而未有。一之于考试，而掩之于仓卒，所以为无私也，然而才行之迹，无由而深知；委之于察举，而要之于久长，所以为无失也，然而请属之风，或因而滋长。此隋、唐进士之所以为有弊，魏、晋中正之所以为多奸！

这段话一针见血地指出当时科举制度的弊端，苏轼认为科举考试只看一时的考试，而不看一个人平时的德行和才学，"一考定终身"

的方式，未必能真正筛选出人才；而"请属之风"，也就是当时朝廷实行的九品中正的举荐制度却为"关系户"大开方便之门。正是这样的制度，才导致隋唐朝廷积弊甚深，导致魏晋中正多奸邪之徒。

关于科举制度的这些感慨，固然出自苏轼之手，但当时意气风发的苏轼能有这样深刻的感慨，恐怕还是受父亲的教育。因为苏洵屡试不第，亲身体会过如今科举制度的弊端，将这些看法传递给苏轼，才能促使他写下《谢制科启》中的这些观点。

所以说，苏洵参加科考屡战屡败后急流勇退的做法是明智的，何必在一条不属于自己的赛道上跑到黑呢？当抬头难以触及灿烂风景时，不如低头看看路边景色，说不定有意想不到的惊喜。

苏洵眉山隐居这十年，取得了他过去近四十年都没有过的成就。其今天所存主要作品，大都是在庆历新政失败到王安石变法酝酿期间写的，大约是庆历五年（公元1045年）到嘉祐三年（公元1058年）这十多年间。所以，想读懂苏洵的思想与主张，我们不妨进一步看看隐居眉山这十年，苏洵都写过哪些流传后世的经典著作，又有哪些朋友持续影响着苏洵的人生。

隐居论道济世才，不落窠臼辟新篇

放弃科考之后，苏洵在眉山就开始了读书、教子、写文章，偶尔和朋友出游的闲适生活。这一阶段，与苏洵交往较密的仍是史经臣。史经臣和苏洵落榜一起返乡后，生了一场大病。苏洵经常去探望史经臣，顺便探讨一些读书的体会。

除此之外，苏洵还结识了一位叫张俞的隐士，二人经常在一起读书写作，交流国家大事。

《宋史》中对这位张俞也有记载。张俞此人生卒年不详，字少愚，又字才叔，号白云先生，是北宋时期的文学家，益州郫县人。

说起张俞这个名字，可能大家都十分陌生，但他所作的一首诗——《蚕妇》，我们应该并不陌生。

> 昨日入城市，归来泪满巾。
>
> 遍身罗绮者，不是养蚕人。

写出这首耳熟能详诗文的张俞与苏洵结识，是在苏洵四十岁游岷山白云溪时。两人年龄相仿，又都是狂放不羁、心怀天下，喜欢游学之人，而且两人同样屡试不第的经历，也让彼此多了一份惺惺相惜。

这位张俞曾在宋宝元年间以布衣身份上书皇帝，针对宋与西夏之间的战争问题献策十条，建议联合契丹，让西夏和辽二者互相攻击，这样大宋就能坐收渔利。当时皇帝十分欣赏张俞的策略，曾六次下诏任命张俞做秘书省校书郎，但都被张俞拒绝了，他将朝廷赏赐的官职甩给了父亲，而自己则跑去青城山游山论道。

张俞不想做官只想隐居的追求，与放弃科考后的苏洵不谋而合，仿佛就是苏洵的一个缩影。而其远交近攻、合纵连横的战略思想，对苏洵也或多或少产生了一些影响。

苏洵与张俞结识，正是他写《权书》《几策》那段日子。两人一见如故，共同探讨道家义理。而此时苦读《论语》《孟子》等书籍的苏洵可算是遇到一个思想同频的人，他带着自己对大宋与西夏多年战事和庆历新政失败的思考，多次和张俞讨论起自己的观点。关于二人所论具体内容今天虽已不得而知，但结合张俞之前上书皇帝的策略，再加上后来一段时间苏洵所著作品中关于吏治、兵制、田制等一系列问题的深挖，可见苏洵从张俞这里还是受到许多启发的。

关于苏洵和张俞论道论政的事迹，苏轼在《张白云诗跋》中是这样记载的："张俞，少愚，西蜀隐君子也。与予先君游居岷山下……"此外，苏轼的诗《送运判朱朝奉入蜀》中写道："我在尘土中，白云呼我归。我游江湖上，明月湿我衣。"其中的"白云"指的就是张俞。

除了与张俞论道，苏洵与苏涣也有一番关于读书写文章的探讨，展示了苏洵放弃科考之后这段时间的读书体会。

因苏洵与苏涣都在家守孝，所以有了不少交流探讨的时间。好读《易经》的苏洵，某日就根据《易经》学问，建议苏涣换个字，并洋洋洒洒准备了一套说辞。

且兄尝见夫水之与风乎？油然而行，渊然而留，渟洄汪洋，满而上浮者，是水也，而风实起之。蓬蓬然而发乎太空，不终日而行乎四方，荡乎其无形，飘乎其远来，既往而不知其迹之所存者，是风也，而水实形之。今夫风水之相遭乎大泽之陂也。纤徐逶迤，蜿蜒沦涟，安而相推，怒而相凌，舒而如云，蹙而如鳞，疾而如驰，徐而如缅，揖让旋辟，相顾而不前，其繁如縠，其乱如雾，纷纭郁扰，百里若一，汩乎顺流，至乎沧海之滨，滂薄汹涌，号怒相轧，交横绸缪，放乎空虚，掉乎无垠，横流逆折，溃旋倾侧，宛转胶戾，回者如轮，萦者如带，直者如燧，奔者如焰，跳者如鹭，跃者如鲤，殊状异态，而风水之极观备矣，故曰"风行水上涣"， 此亦天下之至文也。

然而此二物者，岂有求乎文哉？无意乎相求。不期而相遭，而文生焉。是其为文也，非水之文也，非风之文也。二物者，非能为文，而不能不为文也。物之相使而文出于其间也。故曰，此天下之至文也。今夫玉非不温然美矣，而不得以为文；刻缕组绣，非不文矣，而不可论乎自然。故夫天下之无营而文生之者，唯水与风而已。

昔者君子之处于世，不求有功，不得已而功成，则天下以为贤；不求有言，不得已而言著，则天下以为口实。呜呼！此不可与他人道之，唯吾兄可也。

——《仲兄字文甫说》

苏洵这篇散文大意是建议兄长苏涣改字文甫。苏洵说哥哥苏涣的名和字均来自《易经》，苏涣字公群，《易经》中第五十九卦"涣"卦六四爻辞："涣其群，元吉。"苏涣觉得"元吉"之意很吉利，没什么不好。苏洵却解释说"涣"鹄卦的本质是涣散，与聚合意思相反，先"涣"后"聚"，两者是相反相成的。而群者，是指圣人在治理百姓的时候分散而治，方便统一管理。苏涣原来字公群，按苏洵的解释，意思就是将圣人想解散涤荡的事情归为己任，这样不合适。而后在苏涣的要求下，苏洵又依《易经》风水五行之说，建议苏涣改字文甫，文是风水相激的浩瀚图景，甫有"父""大""美男子"之意，取风与水之间无意相求却能形成纹路（水波），这纹路非因风或水而成，而是由自然而成。就像君子为人处世之道一样，不求有功，但求成为世人所认同的楷模。君子就该在言行举止中体现其本身的气度与素质，让大家自然而然地认同他说的话。

苏洵明里叙述风与水的形状，讲风水相遇，借风水意向说服兄长易字，实际上所说的却是不刻意作的文章才是好的。要像"风水相激"，自然成文才能言之有物，使文章有自然之美，使人自然在他人心中有君子之姿。

苏洵借说服兄长改换字，阐述自己在作文之道和为人之道上的原则和读书心得。对于《易经》的深读与思考，苏洵直到晚年仍未放弃，而"文贵自然"的写作观点，也是苏洵终其一生都在坚持的原则，只是隐居论道这十年，苏洵才开始想明白如何方可写出像颜太初那样的好文章，如何道法自然、笔墨随心。

十年隐居读书、论道交友的生活，让苏洵在政治策论和文章笔法上都逐渐形成了自己的风格，渐渐有了一整套系统的见解主张，并结晶成《几策》《权书》《衡论》《洪范论》等传世经典。

而苏洵于蜀地隐居的这十年，不仅仅成就了自己的文章著作，写出许多不落窠臼的全新篇章，在教育儿子方面，也做出了许多努力。正是由于他在隐居期间用心良苦的教育，苏轼、苏辙二子才能迅速成才，在十多年后与自己 同进京赶考，并一举成名，光耀门楣。

第五章

居家教子，用心良苦

清代姚文田曾说："世间数百年旧家无非积德，天下第一等好事还是读书。"所谓富贵传家，不过三代；诗书传家，不止十代。苏洵少不喜读书，年纪渐长到二十七岁时，却开始发愤读书，明白了读书的好处。所以，苏洵和程氏也希望两个儿子苏轼和苏辙能学有所成。但与普通望子成龙的家长不同，二人在教育儿女上，都有超越时代的智慧。程夫人言传身教，以身作则影响两个儿子；苏洵则因势利导，用启发式教育代替督促、监管式教育。正是这样两位通达的家长，在教育子女方面如大禹治水，用疏导代替束缚，才能让苏轼、苏辙二子热爱读书，并于后来成就苏家三父子在文化史上震古烁今的地位。

　　从苏洵几次落榜后居家教子的经历中，我们能看到他作为一位文学家的才情智慧，也能看到他作为一位父亲的良苦用心。从这段苏洵与儿女相处、生活的经历中，我们也能看到一个更立体而鲜活的大宋文学家苏洵。

程夫人言传身教，苏洵启发式引导

在苏洵困学蜀中埋首苦读，进京赴考却屡试不第的这些年中，因程夫人善于经营且持家有道，苏家的日子也过得越发有声有色。这些年，程夫人一共为苏洵生下三男三女，共六个孩子，除了之前夭折的三个孩子之外，活下来的还有二子一女，分别是出生于景祐二年（公元 1035 年）的女儿苏八娘，出生于景祐三年腊月（公元 1037 年 1 月）的二儿子苏轼，以及出生在宝元二年（公元 1039 年）的三儿子苏辙。而这两个儿子，在日后将与苏洵一同跻身唐宋八大家之列，并对中国文坛产生深远影响。

关于苏洵这两个儿子，一些古籍中，总是将他们的出生描绘得神乎其神。南宋谢维新编撰的《古今合璧事类备要》中写"眉山出三苏，草木皆尽枯"，已经是有些传奇色彩了；而南宋张端义《贵耳集》里写"蜀有彭老山，东坡生则童（无草木），东坡死复青"则让苏轼的出生更添神话味道。其实这些都是因为后人对苏轼的崇敬而夸张出的言论。

真实的苏轼当然不会天赋异禀，因其生死而影响草木荣枯，他一身侠肝文胆，更多有赖于良好的家庭教育。可以说，苏轼和苏辙的成才与程夫人的言传身教，以及苏洵的引导式教育都密不可分。

追寻苏家二子的成长经历，我们就能发现，苏轼和苏辙的成才都有迹可循。

《宋史》中对苏轼十岁左右的经历有这样一句记载："宦学四方，太夫人（程氏）亲授以书。"在庆历七年（公元 1047 年）之前，苏洵为了考科举，一直忙于读书，奔波于家乡四川和京城汴梁之间，"宦学四方"导致教育孩子的时间比较少，所以苏轼和苏辙两兄弟一直由程夫人教育。

程夫人因之前所育一双儿女皆夭折，导致其身体并不太好，所以在二女八娘出生后，就请了一位叫任采莲的女佣做乳母，这位乳母同时也喂养了苏轼。而弟弟苏辙则是由另外一位乳母杨金蝉照看长大的。

苏轼和苏辙两兄弟仅相差三岁，儿时读书玩耍经常在一起。有这样一个故事记录苏家这三个孩子儿童时的玩耍经历。据说，在苏辙三岁多的时候，苏轼六岁，苏八娘七岁，三个孩子经常在家中院子里捉鸟挖虫。一日，三个孩子发现树杈上有个鸟窝，里面有几只嗷嗷待哺的小鸟，特别稀奇可爱。孩子们十分兴奋地想去抓下小鸟逗弄，程夫人见状急忙制止，并劝告孩子们，小鸟也是生命，要爱护它们。虽然孩子们并不是很理解，但也谨遵程夫人教诲，不再捉弄小鸟。

这则程夫人后院教子的事迹是不是完全真实，我们虽不可考证，但是程夫人教育子女时坚持培养他们善良、正直、高尚品德的事，我们还是可以从苏家儿子的回忆中看到。

苏轼回忆童年时光时曾提到，母亲程氏在读《东汉史》中的《范滂传》时，对范滂及其母亲的行为和高尚人格十分钦佩。当时苏轼询问母亲程氏，是否允许自己长大之后效仿范滂，做个高风亮节、正直高尚的人。其实苏轼意在询问母亲是否害怕因为自己的刚直而受害。没想到程氏听到儿子小小年纪有这样的心思，不但不担忧，反而欣慰地告诉苏轼："儿子，你能效仿范滂是很好的，我难道不能效仿范滂的母亲那样高尚，那样支持自己的儿子吗？能有你这样心怀大志的儿子，我感到很欣慰。"

重义轻财、疏达开明，是苏家从苏序开始就有的传统，而程氏自从嫁入苏家后，也一直延续着这个传统，并用自己的言行将这种美德传递给儿女们。

除了在儿女启蒙时期教会他们读书习字，乐于与孩子们探讨在书中读到的故事与思想，程氏还深知"富而多金，未必是福"。她在生活中乐善好施，对亲戚朋友十分照拂，经常救济一些有需要的亲朋好友，并且将这种乐善好施与疏达处世之道根植在苏轼、苏辙兄弟二人心中。

据说，在程氏去世前，为救济和帮扶亲朋，苏家家财已经散尽大半，但这种散尽家财的善良，也间接成就了苏家一门三学士的风光与辉煌。正是因为受到苏家家风传承和母亲程氏的家教影响，苏家两兄弟在后来的仕途中，才能始终保持一种宠辱不惊、洁身自好、体恤百姓的高贵品质。可以说，苏家二子为官时为民造福，为人乐善好施，都与程氏潜移默化的影响分不开。

与程夫人言传身教式的教育不同，苏洵对儿女的教育，更多的是启发式引导，利用孩子们的逆反心理，激发他们读书学习的兴趣。

苏洵在与两个儿子的相处中，发现这两个儿子的性格各有特点，苏轼活泼顽皮，经常闯祸；而苏辙虽然年纪小，却更憨厚老实，并不怎么惹是生非。苏洵见两个儿子在妻子程氏的教导下已经学会了一些字，便想给两个儿子再多讲一些书。奈何苏轼和苏辙对读书根本不感兴趣，教过的知识很快就忘，这让苏洵苦恼，也让两个儿子觉得读书很受折磨。

还好，苏洵是懂教育的，没有进一步强制儿子们读书，反而认真观察两个儿子的习惯，希望从中找出合适的教育之法。经过一段时间的观察后，苏洵发现苏轼的好奇心很强，只要是他感兴趣的事情，就会追根问底，一定要搞明白；而弟弟苏辙则唯哥哥马首是瞻，很是听从哥哥的话。根据两个孩子的特点，苏洵便转变教育方式，先激起孩子们的兴趣，再讲书说文，让两个儿子从"要我读书"变成"我要读书"。

某日，苏洵见苏轼兄弟二人在院子里玩耍，于是故意坐在书房，并将书房门大开，看了会儿书就哈哈大笑。兄弟二人很好奇父亲在笑什么，便互相讨论父亲大笑的原因，却百思不得其解。后来，苏洵就经常在兄弟二人面前"表演"津津有味读书的样子，或哈哈大笑，或神采飞扬，或哀伤不已，并在孩子们过来偷瞧的时候，又故意把书藏起来，不给他们看，吊这兄弟二人的胃口。

久而久之，苏轼和苏辙兄弟二人实在难耐好奇心，便趁苏洵不在，偷偷去翻找那能引得苏洵沉迷阅读的书，居然是本《论语》。兄弟二人对书中文字一知半解，待苏洵回来，就央求苏洵讲解，想知道这书为什么如此有趣。

苏洵趁着两个孩子兴趣高涨，便仔细讲起了《论语》。而兄弟二人在父亲的引导和讲解中，也逐渐爱上了读书，并积极地表示，自己以后也想做个饱读诗书的正人君子。

这段苏洵设迷藏书巧教子的故事，或许有后人添油加醋的成分，我们也无法还原苏洵在千年前与二子日常游戏的经过。但苏辙在《再祭亡兄端明文》中就提到过这段与哥哥一起受父亲引导学习的经历，其中说："惟我与兄，出处昔同。幼学无师，先君是从。游戏图书，痒痕其中。"可见苏辙对这段读书经历的印象之深。

在那个时候，以"游戏"的方式引导孩子读书，激发孩子的主动性，使其热爱读书，不得不说，苏洵的教育方式是很高明的。而苏轼和苏辙兄弟二人从小饱读诗书，一生与诗文结缘，并最后文耀千古，很大程度上要归功于苏洵的教育。甚至兄弟二人晚年回忆这段年少读书经历时，还用"读书犹记少年狂，万卷纵横晒腹囊"来描述。苏轼在诗《夜梦》中，还回忆了父亲抽查自己和弟弟苏辙功课的事：

夜梦嬉游童子如，父师检责惊走书。

计功当坐春秋余，今乃初及桓庄初。

怛然悸悟心不舒，起坐有如挂钩鱼。

其实，相比一般家长望子成龙的心愿，特立独行的苏洵对两个儿子的期待更具深意，这点从他根据儿子的特点，给二者取的名字中就能看出来。

苏洵在《名二子说》中详细解释了苏轼和苏辙名字的由来。

轮辐盖轸，皆有职乎车，而轼独若无所为者。虽然，去轼则吾未见其为完车也。轼乎，吾惧汝之不外饰也。天下之车，莫不由辙，而言车之功者，辙不与焉。虽然，车仆马毙，而患亦不及辙，是辙者，善处乎祸福之间也。辙乎，吾知免矣。

苏洵认为一辆车上，车轮、车辐条、车顶盖、车厢四周横木各司其职，唯独作扶手的横木看起来无用。但如果去掉横木，这辆车也就不完整了。"轼"为车上扶手横木，苏洵恐怕苏轼不会装饰自己的外表，导致别人不了解其价值。天下的车子行过都会留下车轮印迹，但若论车的功劳，车轮走过的印迹却从来都不参与其中。但如果遇到车翻、马死的灾祸，也从来不会波及车轮印。所以车轮印善于处在祸福之间。"辙"乃车轮印，苏洵知道苏辙的性格可以使他免于灾祸。

苏洵对两个儿子的判断可谓鞭辟入里，而苏轼和苏辙两人的一生，也正合了苏洵所取名字的寓意，苏轼一生"一肚皮的不合时宜"，深陷党争，仕途坎坷；而苏辙则不像兄长那样锋芒毕露，反而仕途顺遂，还能时时帮扶苏轼。所以说，知子莫若父，苏洵给儿子们取的名字，是一位父亲对爱子的提点与警示，也是含蓄内敛的舐犊情深。

与名耀后世的两个儿子不同，苏洵唯一一个长大成人的女儿苏八娘，虽幼时也得程氏和苏洵教导，出落得聪颖文秀，上得厅堂，下得厨房，但因为眉山当地重母族的风俗，落得婚姻不幸，含恨离世。爱女八娘的离世，成为苏洵心中不可抹去的伤痛，也让原本结为姻亲的苏程两家，断绝往来长达四十多年。

爱女八娘含恨死，苏程两家断往来

苏八娘是苏洵唯一活下来并养大的女儿，之前的两个女儿均半路夭折。所以，苏洵一直十分疼爱女儿八娘。

提起苏八娘，可能很多人觉得这个名字很陌生，印象中苏轼不是有个妹妹叫苏小妹吗？这为什么又出来个姐姐八娘呢？

在很多古典文学作品中，我们都能看到"苏小妹"的身影。元杂剧《东坡梦》、清传奇《眉山秀》中都提过苏小妹。而苏小妹最出名的，应该是明代冯梦龙《醒世恒言》里"苏小妹三难新郎"的故事，写的是苏小妹和北宋词人秦观的婚姻趣事，讲她智斗哥哥苏东坡，出题为难新郎秦观，上演一幕幕欢喜生活的故事。然而，这些风流故事都只是文学创作，大约是创作者根据苏轼的姐姐苏八娘而编写出来的，因为对比就能发现，文学作品中的苏小妹和历史中的苏八娘有很多相似之处。

苏八娘的名字来自家中同辈子女排序。因古时候大家庭中的子女是按照同辈一起排序的，虽然苏洵总共只有六个子女，但算上其兄长苏澹和苏涣家的子女，苏洵的女儿行八，称作八姑娘，所以唤作"苏八娘"。

受苏洵夫妻二人的影响，苏八娘自小聪明伶俐、温婉可人，不但略通文墨，而且作文写诗也是信手拈来，脾气秉性更与苏洵相似，有仗义慷慨之处。苏洵在《自尤诗叙》中就说过女儿八娘"幼而好学，慷慨有过人之节，为文亦往往有可喜"。可见苏洵对这个女儿的看重和骄傲。

但即使是在苏洵心中这样优秀的女儿，也难逃时代和婚嫁习俗的枷锁。

当时眉山的婚嫁习俗有"嫁重母族"的传统，也就是说，女孩婚嫁，最好从母亲一方的族人中选择夫婿。苏洵在《自尤诗叙》中也谈道过："乡人婚嫁重母族，虽我不肯将安云。生年十六亦已嫁，日负忧责无欢欣。"所以，苏八娘很小的时候就和母舅家的表哥程正辅定下了亲事。然而，苏洵却一直认为两家门不当户不对，八娘与程正辅并非良配，在八娘成婚后也一直十分担心。

程家在眉山当地经商，很有些家底，属于当地富贵人家；且程家的生活也偏于骄奢，家风并不清明。反观苏家，虽也是名门望族，但毕竟只有一个苏涣在朝为官，而苏洵屡试不第，日常又乐善好施、不善经营，这种俭朴平实的家境，虽不至贫穷，但与程家是没法相提并论的。

无奈习俗如此，即使苏洵内心不认可这门亲事，也只好迫于压力同意。在八娘十六岁时，程家下聘，苏家嫁女，喜气洋洋的迎亲队伍就将八娘接到了程家。

可惜，苏八娘嫁入程家后并不幸福，日子过得甚至算得上凄惨。程家人对八娘轻则指责，重则打骂，并不怎么顾忌礼数。苏家重礼教，在如此家教下成长起来的苏八娘，见程家人不分长幼、不顾礼节，每日骄奢淫逸、花天酒地的样子十分难以忍受。她好言相劝，不被理解却反而被公婆揪着耳朵训斥。在这样的环境下，苏八娘刚开始还强颜欢笑，不想让苏洵和程夫人知道自己的境况，但时间久了，身上的伤痕、脸上的愁容，总会让父母看出来。苏洵虽然心疼女儿，却也只能劝说"为妇何不善身"，而无法帮助八娘摆脱这段不幸的婚姻。

嫁入程家一年后，八娘生了个男孩。可惜孩子的出生并没有改变八娘在程家的境况，公婆还是不善待八娘，而丈夫程正辅则以孩子哭闹恼人为借口，继续出去花天酒地，对苏八娘不管不问。看顾孩子又受到婆家虐待的苏八娘心力交瘁，不久就病倒了。

病重的苏八娘在程家还是没有得到妥善照顾，甚至程家根本不给八娘诊治，忍无可忍的苏洵决定接八娘回家照顾。

有了娘家的悉心照料，苏八娘的身体逐渐好转，人也越发精神。可就在这个时候，程家人却登门兴师问罪，气势汹汹地埋怨苏家人接回八娘不合规矩，指责八娘不顾孝道，不是个好媳妇。程家人一通闹后，还抢走了八娘刚出生的孩子，这让本就身体虚弱、心力交瘁的苏八娘大受打击，带着对孩子的牵挂和对程家人此种举动的伤心与惧怕，八娘病情一再恶化，即使有苏洵和程氏的悉心照顾也无用，三天之后就香消玉殒。这一年，含恨而死的苏八娘年仅十七岁。

看着爱女在自己面前惨死，苏洵心如刀割。而苏家女儿在程家受虐而死的事情，因为苏洵的一篇文章，也在眉山县传得尽人皆知。

苏洵怜惜八娘，将其安葬在苏家祖坟，并在苏八娘下葬时以一篇《族谱亭记》代替祭文，控诉程家的无耻，为八娘讨公道。

……夫某人者，是乡之望人也，而大乱吾俗焉。是故其诱人也速，其为害也深。自斯人之逐其兄之遗孤子而不恤也，而骨肉之恩薄；自斯人之多取其先人之赀田而欺其诸孤子也，而孝悌之行缺；自斯人之为其诸孤子之所讼也，而礼义之节废；

自斯人之以妾加其妻也，而嫡庶之别混；自斯人之笃于声色，而父子杂处、欢哗不严也，而闺门之政乱；自斯人之渎财无厌，惟富者之为贤也，而廉耻之路塞。此六行者，吾往时所谓大惭而不容者也。今无知之人皆曰："某人何人也，犹且为之。"其舆马赫奕、婢妾靓丽，足以荡惑里巷之小人；其官爵货力，足以摇动府县；其矫诈修饰言语，足以欺闾君子：是州里之大盗也。吾不敢以告乡人，而私以戒族人焉：仿佛于斯人之一节者，愿无过吾门也……

这段大致的意思是，苏洵控诉程家人在乡里也算有头有脸的人物，却干尽伤风败俗的事情，祸乱乡风。程家人毫无亲情地将兄弟遗孤赶出家门，没有人性地巧取豪夺家产，不知羞耻地与遗孤对簿公堂。且最无耻的是，这家人沉迷声色犬马、父子杂处、宠妾灭妻，是为富不仁、迷惑乡民、贿赂官府、欺骗君子的势利小人。这样的人在州里就像大盗一样可恶。今天我虽然没有办法将所有话讲给乡亲们听，但是要告诫苏氏一族人，以后如果族中有像程家父子这样的人，就不要再迈进苏家大门。

自这篇决绝的《族谱亭记》后，苏家与程家断绝往来长达四十多年。直到许多年后，因"乌台诗案"被流放的苏轼，在岭南惠州遇到表哥程正辅，他本以为素有仇怨的程家人是被章惇安排来杀害自己的，没想到程正辅虽被有心人安排来对付苏轼，他本人却想借此机会化解苏程两家的宿仇。经过多番努力，最终成功救出苏轼。
到此时，因程正辅的努力，苏程两家的仇怨才化解，得以再续亲情。

虽然几十年后，苏程两家因为程正辅对苏轼的帮助，以及两家人共同尊敬的程夫人，得以和解；但是苏八娘的去世，对苏洵而言始终是化解不了的伤痛。直到苏八娘死后第八年，苏洵在五十一岁的时候还对自己顺从乡中风俗而将八娘嫁到程家的事追悔莫及，并作《自尤》诗以自责：

……
只今闻者已不服，恨我无勇不复冤。
惟余故人不责汝，问我此事久叹呻。
惨然谓我子无恨，此罪在子何尤人。
虎跑牛触不足怪，当自为计免见吞。
深居高堂闭重键，牛虎岂能逾墙坦。
登山入泽不自爱，安可侥律遭骐骥。
明珠美玉本无价，弃置沟上多缁磷。
置之失地自当尔，既尔何咎荆与榛。
嗟哉此事余有罪。当使天下重结婚。

这首诗既是苏洵对自己的谴责，也是对程家人无耻行径的痛恨，控诉程家不配有八娘这样如"明珠美玉"一般的媳妇。然而，斯人已逝，留给苏洵的也只剩下对女儿的怀念，怀念那个曾经在院子里与苏轼、苏辙兄弟二人一起捉鸟读书，一起欢乐玩耍的伶俐女儿。

因为对女儿八娘婚事的自责，苏洵和程氏不再顾忌眉山风俗，希望给苏轼、苏辙两兄弟物色一门可心的婚事，不想再因为婚姻的事情让孩子受苦。在苏八娘去世后的第二年，即皇祐六年（公元1054年），苏轼年满十八岁，苏洵夫妇二人商量着也该给苏轼娶妻成家了。接下来，与苏轼伉俪情深，引为佳话的王氏女——王弗，即将嫁入苏家。

冲喜去霉严筛选，儿媳王弗进苏门

很多人听说"王弗"这个名字，大概都是因为苏轼那首流传千古的悼亡词《江城子·乙卯正月二十日夜记梦》：

十年生死两茫茫。不思量，自难忘。

千里孤坟，无处话凄凉。

纵使相逢应不识，尘满面，鬓如霜。

夜来幽梦忽还乡，小轩窗，正梳妆。

相顾无言，惟有泪千行。

料得年年肠断处，明月夜，短松冈。

王弗虽然二十七岁就谢世，与苏轼相守也仅有短暂的十一年，却是苏轼一生挚爱。她陪伴苏轼度过成长蜕变的十余年，却在苏轼春风得意之时病逝，之后留给苏轼的是一生漫长的思念。这段难能可贵的伉俪之情的结局虽然引人伤感，但是在最初苏王二人成婚之时，却是一派喜气洋洋，两家都对这门婚事十分满意。而在这段美满姻缘之中，还有苏洵不少功劳。

时间回到皇祐六年（公元 1054 年），因苏八娘之死和苏程两家这几年的一堆乱事，让苏家上空笼罩了一片愁云。而程夫人因为女儿嫁入程家却惨死之事，也对苏家心存愧疚，觉得娘家对苏家有愧。在苏家这样霉事连接不断的情况下，苏洵和程夫人都认为应该办个喜事，为适婚年龄的苏轼娶亲冲喜，转一转苏家的霉运。

此时的苏家，既有苏涣在外为官，光耀门楣；又有程夫人做生意治家有方，让家中经济较为富裕，所以乡中有很多人家愿意与苏家结亲。但苏洵和程氏二人吸取了女儿八娘不幸婚姻的教训，势必要给苏轼寻得一门满意的亲事。在经过严格筛选后，苏洵和程夫人最后定下了王家的女儿王弗为媳妇，成就了一段佳话。

苏洵选中王弗做儿媳，其实是经过严格考察和周密思量的，无论是王弗自身的才貌气质，还是王家的家世背景，都是苏家的理想之选。

王弗的父亲王方是青神乡的进士，在眉山当地书院做先生。他不但与苏洵是好友，还是苏轼的老师，而且十分欣赏苏轼这个聪明又有才气的学生。

王弗比苏轼小三岁，虽年纪不大，但在进士父亲的影响和书香家风的熏陶下，生得落落大方，知书达礼，敏而好学，沉静文雅，且她和苏轼在成婚前就有一段渊源。

因为苏轼在王方门下求学，和王弗就多了一些相遇的机会。某次，王方生日，苏轼和一众同窗给王老先生祝寿，席间一不小心喝多了，便睡在了王方家中。半夜酒醒，苏轼发现同窗都已经离开了，只剩下自己，于是便想去院中散步醒酒。少年苏轼在院中散步，恰好遇见王弗临窗梳头，便一时兴起，将怀中的一簇飞来凤抛进窗子，这一举动惹得王弗一惊，却也偷偷记住了父亲门下的这名学生。

除了这次浪漫的相遇，苏轼和王弗还十分心有灵犀。某次，苏轼心血来潮，对老师王方建议说，书院之中那一方池水应该有个好听的名字，所谓"美景当有美名"。王方痛快地采纳了苏轼的建议，还邀请了很多文人学士到这方绿潭前竞相题名。可惜众人所想到的名字要么不贴切，要么太俗气，都不太让人满意。后来，苏轼神采奕奕地展开他取的名字"唤鱼池"，大家都连连叫好。正热闹之时，王弗恰好也让丫鬟送来自己的题名，居然也是"唤鱼池"，这不禁让在场众人啧啧称奇，感叹"不谋而合，韵成双璧"。因为这个巧合，加上王方对苏轼青眼有加，苏洵和王方二人可谓一拍即合，父母之命媒妁之言，就将王弗许配给了苏轼。

对于和王家这门亲事，年轻的苏轼刚开始并不十分乐意。倒也不是嫌弃王弗，或者有其他心思，只是年轻的苏轼自有一番志向。

在《与刘宜翁使君书》里苏轼曾这样说："轼龆龀（童年）好道，本不欲婚宦，为父兄所强，一落世网，不能自逭（逃避）。然未尝一念忘此心也。"这段话大概是说，我小时候就喜欢道教，原本并不准备结婚做官，但迫于父亲和兄长的期望，才无法逃避世俗，我却从没有忘记初心。

尽管如此，苏轼与王弗成婚后仍然过得十分幸福。而这份恩爱与幸福，也多亏了王弗的聪明、贤淑与平实。

苏轼文采斐然，颇负才名，但王弗为人"敏而静"，是个十分聪明且低调的人，且能洞察人情世故。在婚后生活中，王弗在丈夫苏轼读书作文章时，一边红袖添香，伺候在侧，一边积极地默背苏轼诵读的诗词，偶尔苏轼忘记一些词句时，王弗甚至能在旁提点，一字不差地背下来。这不禁让苏轼大喜过望，新婚妻子居然是个如此聪慧、好学，又能和自己说得上话的人，于是便越来越喜欢王弗。关于苏轼和王弗这段红袖添香，共读诗书的故事，在颜中其的《苏东坡轶事汇编》中有记载，可见其夫妻二人缱绻情深的故事流传甚广。

王弗除了在读书方面能陪伴苏轼，在人际交往中，也是苏轼的贤内助，经常帮苏轼提醒把关。苏轼性格豪放且坦荡，十分喜欢结交朋友，且又"眼前见天下无一个不好人"，交友的时候十分喜欢与人推心置腹，这也就导致经常有人借交友之名利用苏轼，给他带来一些麻烦。苏轼也知道自己这方面的问题,曾经说:"余性不慎言语,与人无亲疏,辄输写肺腑。有所不尽,如茹物不下,必吐之乃已,而人或记疏以为怨咎……"苏轼这样的性格在人际交往中十分容易"吃亏",还好王弗的谨慎精明与其互补,经常给丈夫一些提醒。

曾经有段时间,章惇就与苏轼聊得十分投机,苏轼自以为和章惇十分要好。但在屏风后偷听二人聊天的王弗,在客人章惇走后就提醒苏轼,说这个人对你过于热情,无事献殷勤,一定要小心。可苏轼却不以为然,认为王弗妇人之见,并没有听从王弗的劝告。王弗也不在意,过后还是照样于屏风后听苏轼与客人谈话,帮苏轼分析其中利弊,做好苏轼的贤内助。

不得不说,王弗的确十分聪明,在为人处世方面十分有眼光。在后来"乌台诗案"之时,章惇确实是迫害苏轼最起劲儿的人。苏洵千挑万选的儿媳没错,无论是在学业上,还是在事业上,王弗的陪伴,对苏轼而言都是助力。

可惜情深不寿,天不遂人愿。在苏轼与王弗成婚十一年后,治平二年(公元 1065 年)五月,王弗病逝,留下一个六岁的儿子苏迈,与苏轼相守。

王弗去世后,苏轼曾写《亡妻王氏墓志铭》怀念妻子:

　　　　君讳弗,眉之青神人,乡贡进士方之女。生十有六年而归于轼，有子迈。君之未嫁，事父母；既嫁，事吾先君先夫人，皆以谨肃闻。其始，未尝自言其知书也。见轼读书，则终日不去，亦不知其能通也。其后，轼有所忘，君辄能记之。问其他书，则皆略知之，由是始知其敏而静也。

从轼官于凤翔。轼有所为于外，君未尝不问知其详。曰："子去亲远，不可以不慎。"日以先君之所以戒轼者相语也。轼与客言于外，君立屏间听之，退必反覆其言，曰："某人也，言辄持两端，惟子意之所向，子何用与是人言。"有来求与轼亲厚甚者，君曰："恐不能久，其与人锐，其去人必速。"已而果然。将死之岁，其言多可听，类有识者。其死也，盖年二十有七而已。始死，先君命轼曰："妇从汝于艰难，不可忘也。他日，汝必葬诸其姑之侧。"未期年而先君没，轼谨以遗令葬之，铭曰：君得从先夫人于九泉，余不能。呜呼哀哉！余永无所依怙。君虽没，其有与为妇何伤乎。呜呼哀哉！

从这篇墓志铭，我们能看出苏轼对王弗的一往情深和深切哀思。虽然两人的结合是遵循了父母之命、媒妁之言，但不得不说，苏洵是了解儿子苏轼的，懂得什么样的婚姻更适合儿子。

回望苏轼的一生，在与王弗成亲后，苏轼开始不再如父亲年轻时那样逃遁山林、四处纵游，他开始读书学习，为心爱之人的将来而安心科举，开始成熟处世，随父亲苏洵一起访问张方平、进京赶考，为自己谋前途。这些改变，都是王弗带给他的。

除了苏轼的婚姻，苏洵也为苏辙挑选了一位眉州名门之后史氏为妻，苏辙与史氏也是恩爱甜蜜，幸福一生。可见，在教育儿子和挑选儿媳上，苏洵还是很有眼光的。

操心完两个儿子的婚姻大事，身为人父的苏洵还要继续操心两个儿子的仕途。既是弥补自己的遗憾，也是为儿子们的将来考虑，苏洵决定带两个儿子到京城游学并参加科举考试。让苏洵没想到的是，他努力一生尚未达成的仕途梦，竟然在两个儿子这里圆满了。

贵人荐苏，名动京师

苏洵曾写过一篇名为《张益州画像记》的文章，记录了朝廷派张方平到益州做知州，并平定蜀地动荡局面。文章中较为详细地记录了张方平在益州期间为平定寇乱所做的努力，并记录了张方平清正为民的形象，言辞之间尽是对张方平的敬仰之情。

　　至和元年秋，蜀人传言有寇至，边军夜呼，野无居人，谣言流闻，京师震惊。方命择帅，天子曰："毋养乱，毋助变。众言朋兴，朕志自定。外乱不作，变且中起，不可以文令，又不可以武竞，惟朕一二大吏。孰为能处兹文武之间，其命往抚朕师？"乃推曰：张公方平其人。天子曰："然。"公以亲辞，不可，遂行。

　　所谓千里马常有，而伯乐不常有。张方平对苏洵而言，就是他命中的伯乐。因为有张方平的举荐，苏洵和两个儿子才有机会得欧阳修等人推荐，名动京师，获得仕途上的成就。

　　张方平可谓苏洵人生中的贵人，他的出现是苏洵命中的一个转折点。而当时的苏洵应该怎么也想不到，他与自己的伯乐相遇，他后半生命运的改变，居然是因为西蜀地区的一场叛乱。

张方平礼贤下士，雷简夫极力推荐

断了科考念头的苏洵在蜀地隐居已经十年。这十年他虽然不再向往科考，但仍然闭门苦读，存有出仕为国的理想。对于功名的渴望，在苏洵的内心从来没有消失过。苏洵坚信自己仍会有所作为，不会如此寂寂无闻地老死乡野。

终于，广西地区的一次叛乱，成为扇动苏洵命运轨迹的那只蝴蝶，为苏洵送去了他后半生的贵人——张方平。

皇祐元年（公元 1049 年），广西地区少数民族一名叫作侬智高的首领起兵造反，武力统一当地少数民族后，自立为王，并于皇祐四年（公元 1052 年）带领军队攻城略地，反宋叛乱，军队席卷广东各地。后来朝廷果断采取措施，调兵遣将收拾了叛军侬智高部众，使其余孽四散，窜入了南诏大理国，也就是今天的云南和四川南部一带。

本来这场叛乱与隐居蜀地的苏洵扯不上什么关系，可没想到，广东的危机才解除，蜀地却开始流言四起，说侬智高会率领剩下的兵马攻打蜀地。一时之间人心惶惶，蜀地百姓变卖家产，举家迁移。就连当地官员也信以为真，慌乱地加固城墙，上书皇帝求增援，当地动乱之势一触即发。

在蜀地如此混乱的情况下，为平定当地动荡，朝廷便派遣张方平到益州，也就是今天的四川成都，委任张方平做益州知州，希望可以解决眼下动乱的燃眉之急。

张方平，字安道，号乐全居士，是睢阳（今河南商丘）人。在当时的朝廷官员中，张方平属于注重实效、端庄正直的，为官素来稳健得力，十分得皇帝信任。据说张方平聪慧绝伦，有过目不忘之能，曾经做过翰林学士、知制诰、杭州地方官等职位，一直负责朝中与经济、财政等方面的工作，后来因为受到朋友牵连，不在京中任职，而迁至地方。

此次，因为蜀地寇乱流言四起，张方平临危受命担任益州知州，面对的情况十分棘手。到任后的张方平并没有急于"平乱"，而是认真调查和分析了侬智高一派的实际情况，判断蜀地并无危险，而是有人故意散播谣言，随后决定以不变应万变，以安抚民心为先。张方平运筹帷幄，先撤掉不必要的防御措施，再说服百姓，开放城门，开夜市篝火，让百姓相信寇乱是谣传，循序渐进地安抚，最终才平定了此次蜀地的动乱。

张方平的一番作为，让蜀地人一下子认识到了这位新知州的胆识和气度，对他都十分爱戴。关注政治和敬仰清官的苏洵，对张方平的为官为民和人品学问也十分欣赏，还曾特意写《张益州画像记》记载张方平在益州期间勤政为民、廉洁爱民的事迹。从苏洵这篇文章节选中，我们既能还原张方平的为人处世，也能品读出苏洵所向往和认同的为官之道与政治主张。

公，南京人，为人慷慨有大节，以度量雄天下。天下有大事，公可属。系之以诗曰：天子在祚，岁在甲午。西人传言，有寇在垣。庭有武臣，谋夫如云。天子曰嘻，命我张公。公来自东，旗纛舒舒。西人聚观，于巷于涂。谓公暨暨，公来于于。公谓西人："安尔室家，无敢或讹。讹言不祥，往即尔常。春而条桑，秋尔涤场。"西人稽首，公我父兄。公在西囿，草木骈骈。公宴其僚，伐鼓渊渊。西人来观，祝公万年。有女娟娟，闺闼闲闲。有童哇哇，亦既能言。昔公未来，期汝弃捐。禾麻芃芃，仓庾崇崇。嗟我妇子，乐此岁丰。公在朝廷，天子股肱。天子曰归，公敢不承？作堂严严，有庑有庭。公像在中，朝服冠缨。西人相告，无敢逸荒。公归京师，公像在堂。

苏洵对张方平的敬佩，是因为他将全部心思放在百姓身上，放在民生之上，这大约也是苏洵向往仕途的原因之一。他希望自己能做而一直没机会做的事情，张方平做到了，这如何能不让苏洵敬仰呢？

好在这回幸运之神终于垂青了苏洵，没等他找机会结识张方平，苏洵就听到有人正式告诉他，张方平已经举荐了他。

原来，张方平是个十分爱惜人才的人，每到一地就会四处搜寻贤才。

在益州期间，张方平四处向人打听哪里有贤才可以举荐。有个人告诉他眉州苏洵是个人才，张方平听到后立刻让人传话给苏洵，说自己想举荐他，并将以礼相待。

苏洵听闻这个消息后，十分激动，于是写了《上张益州书》：

古之君子，期擅天下之功名，期为天下之儒人，而一旦不幸，陷于不义之徒者有矣。柳子厚、刘梦得、吕化光，皆才过人者，一为二王所污，终身不能洗其耻。虽欲刻骨刺心，求悔其过而不可得，而天下之人且指以为党人矣。洵每读其文章，则爱其才；至见其陷于党人，则悲其不幸。故虽自知其不肖，不足以晞望古之君子，而尝自洁清以避耻远辱。王公贵人，可以富贵人者，肩相摩于上；始进之士，其求富贵之者，踵相接于下。而洵未尝一动其心焉，不敢不自爱其身故也。

贫之不如富，贱之不如贵，在野之不如在朝，食菜之不如食肉，洵亦知之矣。里中大夫皆谓洵曰："张公，我知其为人。今其来，必将有所举，宜莫若子；将求其所以为依。宜莫如公。"洵笑曰："我则愿出张公之门矣，张公许我出其门下哉？"居数月，或告洵曰："张公举子。"闻之怃然自贺曰："吾知免矣！"吾尝怪柳子厚、刘梦得、吕化光数子，以彼之才游天下，何容其身辱如此！恐焉惧其操履之不固，以蹑数子之踪。今张公举我，吾知免矣！

苏洵写给张方平的这封信以"洵未尝动其心焉，不敢不自爱其身故也"说明自己对政治和仕途的看法，又表示自己听到被张方平举荐时的激动，随后以"我则愿出张公之门矣，张公许我出其门下哉"和"今张公举我，吾知免矣"表达自己渴望拜入张方平门下的恳切之情。没想到，一纸书信递上去，几个月后，张方平居然真的来见苏洵了。

初次见面，张方平觉得苏洵为人十分稳重沉静；交谈之间，又发现苏洵博闻强记，知识面非常广；待读了苏洵隐居蜀中这十年写的文章后，更觉得眼前之人恢宏大气、高深莫测，是个有真才实学的人。

张方平评价苏洵"左丘明《国语》、司马迁善叙事，贾谊之明王道，君兼之矣"（张方平《文安先生墓表》），并且在府中特意设了一个专座给苏洵，方便与苏洵谈话交流，且这座位不再用来招待其他客人。由此可见，张方平对苏洵这个人才的重视。

在读罢苏洵的《权书》《衡论》等作品后，张方平对苏洵赞赏有加，并向朝廷举荐苏洵做益州学官。学官在当时是掌握学校教育的教官，也算是比较重要的位置。

第一次受到张方平这样的高官大儒赏识，苏洵信心倍增，觉得自己这十年隐居苦读终于得见光明，自己的仕途也许并非全无希望。

于是，在得张方平举荐后，苏洵决定再努力一下，为自己的事业争取一下，也为两个儿子的仕途探探路，便决定主动拜访蜀地周边高官名士，搏一搏机会。

西蜀官员中有一人叫雷简夫，曾被张方平举荐做雅州（今四川雅安）太守，将雅州治理得十分安定。苏洵觉得这人为官清正廉洁，又得张方平举荐，应该也是意气相投之人；且张方平也曾建议苏洵去拜访一下雅州太守雷简夫，说此人也是个识才善举之人。于是，至和二年（公元 1055 年），苏洵带着苏轼和苏辙，专程前去拜访了雷简夫。

雷简夫，字太简，同州郃阳（今陕西合阳）人。据说他年轻时也是个饱读诗书，隐居山野，无心仕途的人，后来因为被枢密使杜衍举荐，得仁宗召见，才开始为官。雷简夫先后在简州、雅州等地做过官，还参与过蜀地平乱之事，十分有才干。

雷简夫也是惜才之人，听闻苏洵被张方平举荐，此时对方又携二子特意前来拜访，便十分热情地接待了苏家父子三人。而苏洵此次目的也十分明确，寒暄几句后，就直接拿出自己的文章，请雷简夫赐教。

雷简夫略读了苏洵《权书》中的文字：

治天下者定所尚。所尚一定，至于万千年而不变，使民之耳目纯于一，而子孙有所守，易以为治。故三代圣人其后世远者，至七八百年。夫岂惟其民之不忘其功，以至于是，益其子孙得其祖宗之法而为据依，可以永久。……

——《审势》

中国内也，四夷外也。忧在内者，本也；忧在外者，末也。夫天下无内忧，必有外惧。本既固矣，盍释其末以息肩乎？曰未也。古者夷狄忧在外，今者夷狄忧在内。……

——《审敌》

短短几句话已经让雷简夫大为惊讶，他自己十分认同知己知彼方能百战不殆的道理，而苏洵文中将这一道理论述得更为深刻入理，十分有高见。随后，雷简夫又略读了苏洵带来的《权书》《衡论》中的内容，并严肃表示这样的好文章真应该认真拜读，而不能草草读完了事。他认为苏洵的文章让人耳目一新，并评价苏洵"真王佐才"。

听到雷简夫如此高调地赞美自己，苏洵甚至有些诚惶诚恐。二人继续聊下去，雷简夫得知张方平举荐苏洵做益州学官的事，朝廷还没有回复。于是便又写了一封《上张文定书》交给苏洵，让其转交张方平，信中称赞苏洵是"天下之奇才"，让张方平一定要再三举荐苏洵。

随后又表示自己与欧阳修、韩琦等人交往甚密，如果他日苏洵想要进京，可以代为引荐。

这次雅州之行的收获简直出乎苏洵的意料，他没想到会受到雷简夫如此高的赞赏，不但获得了雷简夫的推荐，也带两个儿子见了世面。同时，雷简夫的一句话又敲活了苏洵的仕途梦想，他问苏洵："以处士之学养，盍游京师乎？"

虽然苏洵的科举梦想已被庆历年间的风波和自己的接连落榜而磨灭，但张方平和雷简夫的举荐与称赞，又给了苏洵信心。隐居十年，自己的学问难道真要埋没于乡野吗？除了自己，两个儿子也到了该求取功名之时，他们的才华也不应该浪费。

在离开雷简夫府邸，又拜访完县令吴照邻后的一段日子，苏洵做了一个决定：带两个儿子进京，参加秋试！在苏洵做出这个决定时，吴照邻那边因欣赏苏洵，已经在进京时顺便将他的文章带给了欧阳修。

老骥伏枥，志在千里。十年等待，苏洵终于等来了他的伯乐。而苏家一门三杰的纵横才气，也即将展现在世人面前。

苏洵带二子入京，写书信毛遂自荐

嘉祐元年（公元 1056 年）苏洵做出人生重大决定，准备带两个儿子进京参加科举考试。

张方平见过苏洵后，就快马加鞭向朝廷举荐苏洵，又将苏洵引荐给好友雷简夫。可转眼过去几个月，却迟迟没有收到朝廷的答复。惜才的张方平觉得是因为蜀地偏远，而如今自己在朝廷中说话分量有限，以自己一人之力举荐苏洵，可能效果并不怎么好。于是，他想到了如今的文坛泰斗欧阳修，如果欧阳修能帮忙举荐苏洵，想必事半功倍。

但是因为一些官场上的龃龉，张方平与欧阳修的关系并不热络，反而有些尴尬。如何让欧阳修帮忙举荐苏洵，着实让张方平有些犯难。可想来想去，也别无他法，于是张方平就写了一封举荐信送给欧阳修，并让苏洵准备一下进京。

此时的苏洵已经四十八岁，将近知天命的年纪，却仍然一事无成，这不禁让他心怀伤感。听了张方平关于进京的建议，又想到苏轼、苏辙二子也到了参加科考的年纪，为了让孩子们见见世面，也为了不辜负张方平等人的器重，苏洵决定携二子进京。

关于这次进京的决定，在给张方平回信时，苏洵这样写道：

　　洵有二子轼、辙，龆龀授经，不知他习，进趋拜跪，仪状甚野，而独于文字中有可观者。始学声律，既成，以为不足尽力于其间。读孟子、韩文，一见以为可作，引笔书纸，日数千言，奎然溢出若有所相。少年狂勇，未尝更变，以为天子爵禄可以攫取。闻京师多贤士大夫，欲往从之游，因以举进士。

　　洵今年几五十，以懒钝废于世，誓将绝进取之意。惟此二子，不忍使之复为湮沦弃置之人。今年三月，将与之入京师。

这篇给张方平的信，被称为《上张侍郎第一书》，后来被收录在苏洵的文集中。苏洵在信中言辞恳切地表示，就算自己"以懒钝废于世，誓将绝进取之意"，但是也不忍心让两个儿子"复为湮沦弃置之人"，希望张方平能向朝中重臣引荐他们。

虽然托人找关系这种"走后门"的方式看起来不怎么像君子所为，但事急从权，无论是张方平还是苏洵，他们的根本目的都是实现自己的政治理想，为国为民，出发点都是为国效力。在这样的政治目的下，二人求朝中重臣引荐，也就无可厚非了。

礼贤下士的张方平也没有让苏洵失望，不但写信给欧阳修再三举荐苏洵，还赠给了苏洵赴京的资费。与此同时，得知苏洵要带着两个儿子进京赴考的消息，对苏洵赞赏有加的雷简夫也分别写信给韩琦和欧阳修，希望二人能重用苏洵。

雷简夫在给韩琦和欧阳修的信中，大大夸赞了苏洵一番："读其《洪范论》，知有王佐才；《史论》得迁史笔；《权书》十篇，讥时之弊；《审势》《审敌》《审备》三篇，皇皇有忧天下心。""尝著《六经》《洪范论》十篇，为后世计。"两封信都情真意切地表示自己人微言轻，遇到苏洵这么好的人才，不能有效举荐，希望两位大人能够重用苏洵，避免像苏洵这样年过半百的人才，继续埋没于乡野间。

对于张方平和雷简夫的举荐，苏洵感激不尽，不但写文章《张益州画像记》赞扬张方平的为官事迹，还在后来给雷简夫的《雷太简墓铭》中写道："不献不求，既获不庸。有功不多，我铭孔悲。"缅怀雷简夫之恩。

有了张方平和雷简夫的举荐信，苏洵对这次进京赴考又多了些底气。于是，在程氏的不舍和叮咛中，苏洵带着苏轼、苏辙，踏上了进京赴考的路。

这已经不是苏洵第一次走四川到汴京这段路了，仍然沿着蜀地、秦川、中原这个顺序走陆路，一路山清水秀的美景，在苏洵眼中是对十多年前进京赴考记忆的感叹，而对苏轼、苏辙而言，却是第一次出蜀的新奇。

父子三人怀抱不同的心情赶路，途经长安时，还得到陕西都转运使傅某的礼待，这让苏家父子十分感激，苏洵还特意题了一首《途次长安上都漕傅谏议》送给这位陕西都转运使，诗中有几句这样说道：

> 丈夫正多念，老大不自安。
>
> 居家不能乐，忽忽思中原。
>
> 慨然弃乡庐，劫劫道路间。
>
> 穷山多虎狼，行路非不难。
>
> 昔者倦奔走，闭门事耕田。
>
> 蚕谷聊自给，如此已十年。

　　寥寥数句，已经能看出苏洵老骥伏枥，志在千里。十年隐居读书、教子、写文章的生活，让苏洵积淀了足够多的学问，只求一飞冲天，让自己一身经世之才，有用武之地。

　　而在这首诗的结尾处，苏洵还写道：

> 昨者东入秦，大麦黄满田。
>
> 秦民可无饥，为君喜不眠。
>
> 禁军几千万，仰此填其咽。
>
> 西蕃久不反，老贼非常然。
>
> 士饱可以战，吾宁为之先。
>
> 傅侯君在西，天子忧东藩。
>
> 烽火尚未灭，何策安西边。

　　苏洵遥想庆历年间西夏与宋之间的战争，又想起近年来侬智高乱党尚未完全清除之事，一时间忧国忧民的拳拳之心冲击着他，苏洵进京博一番事业的理想更为坚定。

　　长途跋涉的苏家父子，在嘉祐元年（公元 1056 年）五月终于到达汴京。因距离礼部的考试还早，苏洵在安排好儿子们读书应考等事宜后，就开始忙着出门拜客，推销自己。

　　苏洵先带着张方平、雷简夫的推荐信前去拜访欧阳修，并将所写《洪范论》《史论》等文章，连同自己写给欧阳修的《上欧阳内翰第一书》，一起投给欧阳修。

这封《上欧阳内翰第一书》，苏洵写得十分高明。信件先借当朝贤人君子的离合变故，表达自己对欧阳修的倾慕；又将欧阳修的文章与孟子和韩愈做比较，以展示自己对欧阳修的了解，拉近彼此的关系；随后又袒露自己十年学道心得，希望能与欧阳修成为知己。整篇书信开阖抑扬，把自己慕贤、求荐、表志之心表述得周详又委婉，积极地透露出自己"有志于当世"的远大理想。

而除了欧阳修之外，苏洵还将雷简夫的推荐信和自己的文章送给了韩琦；并又写了几封信，和文章一起，送给了集贤殿大学士富弼、昭文馆大学士文彦博、户部侍郎余靖等人，希望能得到拜会的机会。这几人也都表示会先拜读文章，再约苏洵面谈。

几日后，最先给苏洵答复的，竟是欧阳修。

礼贤下士的欧阳修邀苏洵到府邸一叙，并热情地表示，自己早些时候就已经从吴照邻那里看到过苏洵的文章，并听吴照邻赞赏过苏洵的文章。后又得张方平和雷简夫的举荐信，如今再看苏洵递上来的文章，真是十分佩服苏洵的才学，称他的文章有荀卿之风。

这样的夸奖不禁让苏洵受宠若惊，两人第一次见面相谈甚欢。临别时，欧阳修又向苏洵要了《权书》和《衡书》等一堆文章，希望能详细拜读苏洵的作品。

初次见面后，拿走苏洵文章的欧阳修迟迟没有回复，这不禁让苏洵心里有些打鼓，难道之前欧阳修夸赞自己的话不过是客气的场面话？自己这十余年苦心写出的文章，是否真的能得文坛泰斗欧阳修肯定呢？

于是，急不可待的苏洵又给欧阳修写了《上欧阳内翰第二书》，一纸书信递过去，询问欧阳修："意者其失于斯言也？""意者其戏也？"这里主要是对欧阳修称赞自己文章有荀卿之风的询问，询问欧阳修是否是在戏弄和搪塞他。

显然，这时的苏洵心情过于急躁和慌张，才会做出再写书信"催"欧阳修回复的冒昧之举。不过，苏洵这样的举动也是可以理解的，毕竟隐居蜀中十余年，此次又是带着两个儿子进京赴考，欧阳修的态度可谓左右苏洵命运的关键。等待欧阳修回复的时候，苏洵内心的煎熬也可想而知。

其实，辩证地看待这件事，欧阳修没有很快回复苏洵，也是意料之中的事情。他毕竟是朝廷重臣，深谙官场之道，知道说得好不如说得巧的道理。举荐人当然要把握时机，遇到苏洵这样的贤才，他不想埋没，也不想轻易承诺苏洵什么，到时候如果事情办不妥，反倒让人失望。

办事沉着缜密的欧阳修，在精读苏洵所有文章后，终于认定此人是个可堪大用的人才，才积极地给皇帝上书推荐苏洵，给苏洵的命运带来了一束特别的光亮。

欧阳修上书皇帝，苏明允政论献策

在与苏洵畅谈国家局势和对抗外敌的防御之策，又交流了法律建设、土地改革、军队整顿等问题后，再结合苏洵文章中的政见策论，欧阳修对他越来越欣赏，当晚就为苏洵之事，写了三封信。

这三封信件，其中两封是写给张方平和雷简夫的，感谢他们不遗余力地推举苏洵这样的贤能人才，在褒奖苏洵的同时，还写下"后来文章当属此人"这样的高度评价。而另外一封，则是上书当时的皇帝宋仁宗，希望宋仁宗能够慧眼识珠，录用苏洵，让这样的贤能人才为国效力。

欧阳修写给宋仁宗的这封信，就是《荐布衣苏洵状》。

伏见眉州布衣苏洵，履行淳固，性识明达，亦尝一举有司，不中，遂退而力学。其论议精于物理而善识变权，文章不为空言而期于有用。其所撰《权书》《衡论》《几策》二十篇，辞辩闳伟，博于古而宜于今，实有用之言，非特能文之士也。其人文行久为乡间所称，而守道安贫，不营仕进，苟无荐引，则遂弃于圣时。其所撰书二十篇，臣谨随状上进。伏望圣慈下两制看详，如有可采，乞赐甄录。谨具状奏闻，伏候敕旨。

因为是上书给宋仁宗的，所以这封信欧阳修写得十分慎重，短短数句，下笔有神，行云流水。改变苏洵命运的这封信，大意是这样的：

苏洵所写的议论文章在说理方面尤为擅长，此人懂得政权变法，所写内容都不是泛泛空话，对于当朝很有实际作用。臣阅读了他的《权书》《衡论》《几策》等二十篇文章，每一篇都有十分深广渊博的历史知识，这些知识对今日朝廷非常有用，且内容新颖，不落窠臼，不同于以往一般人所写的论述文章。苏洵无论是文章还是为人，在过去都被人交口称赞，广受地方好评。但在这样的评价下，他仍能坚守本心，能坚守道德，安于贫困，而并没有借机去碌碌钻营，这十分难得。这样的人才如果没有得到举荐，就会被埋没。臣随此信奉上苏洵撰写的二十余篇文章，期望圣上您怀着爱惜人才的慈悲之心，能发给朝廷秘书处看看，如苏洵的策论文章确有可取之处，还希望朝廷能够选择采用。恭敬地递上奏章，听候圣上您的答复。

在这封信中，欧阳修提到的"两制"，指的是御用秘书处，职能与现在的政府办公室相当，主要工作是给皇帝起草文章、告示、政令等内容，相当于御用秘书。欧阳修请求宋仁宗让"两制"来面试苏洵，这属于宋朝的一种选录人才的规定程序。通过这样的方式，能够让上面更了解苏洵的才能，在未来安排职位时，也能让苏洵的一身才能得到恰当的应用。

由于得到欧阳修的举荐，且经过欧阳修的介绍和之前张方平、雷简夫的举荐，苏洵也陆续结识了韩琦、曾巩、富弼、梅尧臣等人。一时之间，很多士大夫都以能与苏洵结交为荣。苏洵在汴京的名声传得很快，其才学见解被众人称道，而他也终于有机会与自己曾经敬仰的人一起坐而论道，这种崭露头角、受人青睐的滋味，让苏洵十分得意，也让他更积极主动地与汴京官员士大夫们结识交流、论道切磋。

前面我们说过，来到汴京后，除了寄信给欧阳修，苏洵还给韩琦、富弼、文彦博等很多当朝重臣写过书信自荐。其中大多数人只是收了苏洵的信件和文章，并未像欧阳修这般积极回复，但枢密使韩琦与苏洵针对朝廷军事探讨过意见。

苏洵初次寄信给韩琦，是将雷简夫的举荐信和自己讲述军事内容的作品《权书》一起呈上的。

韩琦与欧阳修虽然都是进士出身的士大夫，也爱惜人才，讲究立节和文雅之事，但与欧阳修的书生做派不太相同，韩琦的行政官僚作风更明显。所以，在举荐人才这方面，韩琦也更喜欢在把事情办妥之余，多考虑一下个人得失和官场中关系的平衡，而不会像欧阳修那样一开始就满腔热血地向上举荐人才。

韩琦读罢苏洵的《权书》后，也觉得此人见解独到，是个人才，所以想再询问一下苏洵对如今朝廷军事方面的意见。

得到韩琦回复的苏洵十分激动，连夜就写了《上韩枢密书》，在文章中大谈驱兵之道，为韩琦整顿军纪献策。

在这篇文章中，苏洵先论述了兵骄的弊端，之后又深入总结分析当朝军队放纵和管理不严的情况，建议韩琦"杀一儆百"，效仿唐代的李光弼，在代替郭子仪的时候，首日就杀张用济于辕门。这样震慑三军，用严峻的刑罚加以整顿，才能管好军队。

苏洵写此信的用意十分明确，就是让韩琦了解自己是擅长"言兵"的，希望自己这项优势有用武之地，能有机会协助韩琦整顿军队。可惜，苏洵到底还是书生意气，他简单地认为韩琦在枢密使之位上几个月，还不敢杀人立威，不敢整顿军纪，是想在军中博得好名声。其实，韩琦是个思虑深广，讲究平衡之道，会多方衡量的人，他并不认同苏洵这种激烈的观点，后来也没有采纳他的策论建议，反而怕苏洵建议自己杀人立威的事情流传出去，会影响自己的仕途，让外人忌惮自己，进而招来灾祸。所以，仅是和苏洵保持着恰到好处的距离，欣赏、尊重，却未向上举荐。

官场自有官场之道，政治、法度、军队、财政，一个国家各个方面运作起来都是十分复杂的，并非简单激进的几条策论可以定乾坤。从今天的角度来看，苏洵在策论文章等方面确实有很多独到的见解，也多是智慧之言，但苏洵为人言辞激烈、恃才傲物、咄咄逼人的特点，决定了他并不适合北宋官场，而他的策论建议在当时也并不十分合乎国家的政治环境和发展需求。观点很好，执行困难，大概是苏洵仕途不顺的一大原因。

就像他一腔豪情进京结交官员士大夫，除了欧阳修鼎力举荐之外，韩琦态度模棱两可，而富弼则因苏洵的观点和言语而对其生出一些反感。

富弼见苏洵，是由欧阳修引荐的，当时欧阳修给富弼写了一封分寸得当的书信《与富郑公彦国书》：

> 有蜀人苏洵者，文学之士也。自云奔走德望，思一见而无所求。然洵远人，以谓某能取信于公者，求为先容。既不可却，亦不忍欺，辄以冒闻。可否进退，则在公命也。

但得到欧阳修和韩琦回复的苏洵，觉得自己的才能终于被认可，不禁有些得意忘形，内心飘飘然，再加上求仕心情迫切，在得欧阳修引荐后，与富弼交流时，便开始犯交浅言深的错误。

在给当朝丞相富弼的《上富丞相书》中，苏洵直言不讳地批评富弼丧失了推行庆历新政时的勇气和锐气，不敢革新，无所作为，身在高位却辜负天下人的期待。随后又表示自己希望能有机会得一官半职，站在朝堂之上帮助富弼再成事。

苏洵这样咄咄逼人的语气，实在不像是有求于人。而富弼身为宰相却被一介布衣如此批评，再加上也像韩琦一样不喜苏洵激进言论，所以自然在反感之余也没有采纳苏洵的意见。

嘉祐元年（公元1056年），苏洵给京城很多官员士大夫的信都没有回音，这种局面与苏洵所想完全不同。

十年苦读，隐居作文章，再加上张方平、雷简夫、欧阳修等人的赞赏，这让苏洵以为，自己应该是当世难得的人才。就算不得重用，他在军事、政治等方面的策论才能也该被人欣赏，不该在偌大的京城得不到回应。

然而，在北宋的时代背景下，虽然苏洵的政治言论、军事观点，都有一种以天下为己任的儒家精神，将济世救民作为自己的责任，且在政论兵论、说文辩才等方面有很多真知灼见，但更多的是一位"理想主义者"的愿景，虽非妄言，却难以实践。所以他投给官员士大夫们的信件石沉大海，也就不难理解了。

苏洵在汴京的一番游说和自荐并没有得到理想的效果，但因为欧阳修的举荐和他所写文章在京城的广泛流传，苏洵在京城逐渐声名鹊起，被众人知晓。

此时，已经到了嘉祐二年（公元 1057 年）正月，礼部考试即将开始。苏洵当时应该不会想到，自己辛苦挣扎一生尚未求得的功名，在两个儿子这里，一朝便得偿所愿。

为父扬名却无实，二子登科动朝野

苏洵在汴京的这段时间，名声达到空前高度。连欧阳修和韩琦等人都买苏洵的账，其他士大夫文人更不在话下。一时之间，苏洵的文章在京城内外学者间争相传阅，甚至很多文人开始效仿苏洵的文章笔法。大器晚成的苏洵，终于成为闻名于世的散文、策论名家。

苏洵没有打算再参加科举考试，而张方平、欧阳修等人的举荐也没能让皇帝给苏洵赐下一官半职。纵然苏洵在汴京已经风光无限，但是坊间的名声毕竟比不上实际的官职，这种"有名无实"的境况，着实让年近五十的苏洵十分着急。

此时的苏洵虽求官未遂，两个儿子那边却传来了好消息。

自从嘉祐元年（公元 1056 年）五月来到京城后，苏轼和苏辙两兄弟便专心苦读，先是参加了嘉祐元年（公元 1056 年）七月的举人考试，顺利通过科考第一关。在这次考试中，苏轼获得第二名，而弟弟苏辙也成功高中，二人一起准备第二年礼部主持的省试。

在苏洵各方奔走、自荐游说间，转眼就到了嘉祐二年（公元 1057 年）正月，省试开始。苏轼和苏辙两兄弟寒窗苦读的成果即将接受考验。而此时，虽然欧阳修等人已经对苏洵十分熟悉，但还没见过苏洵的两个儿子，对苏轼和苏辙二子的学问深浅也并不了解。

此次省试在兴国寺浴室院举行。礼部侍郎欧阳修为主考官，龙图阁学士梅挚、翰林学士王珪等人为副主考官，梅尧臣等人为阅卷官。

根据北宋考试要求，省试需连考三天。首日考察诗赋或经义，二日考论，三日考策。且为了防止徇私舞弊，考试时需"锁院"。

所谓"锁院"，和今天的考试"拉单桌"防作弊相似，会将考生排在间隔开的室内来答卷，且答卷后要对考卷进行封弥和编号，再誊抄副本给考官阅卷。审阅副本主要是怕考官通过笔迹认出熟人，影响评判的公平性。而且整场考试，从入场开始，直到全部试卷审阅完毕，录取名单确定并公布后，考官才能出场。在这样严密的考试制度之下，省试还是十分公平的。

省试合格，还不是科考的终点。贡院会发榜公布省试通过的考生名单，这些合格的考生还需参加殿试，在一日之内考诗、赋、论题等内容，通过后才算登科。最后，科举登科中榜者，都算是"天子门生"，因为会有仪式，由皇帝唱名，宣布登科者名单。

苏轼和苏辙两人参加的这次考试，由欧阳修出题，赋所考的题目是《贵老谓其近于亲赋》，论则考《刑赏忠厚之至论》。

在论试中，苏轼见《刑赏忠厚之至论》这一题目，霎时文思泉涌，一气呵成，其中一则典故，尤其引得阅卷官梅尧臣和主考官欧阳修注意：

　　《传》曰："赏疑从与"，所以广恩也；"罚疑从去"，所以谨刑也。当尧之时，皋陶为士，将杀人，皋陶曰"杀之"三，尧曰"宥之"三，故天下畏皋陶执法之坚，而乐尧用刑之宽。四岳曰"鲧可用"，尧曰"不可，鲧方命圮族"，既而曰"试之"。何尧之不听皋陶之杀人，而从四岳之用鲧也？然则圣人之意，盖亦可见矣。《书》曰："罪疑惟轻，功疑惟重。

与其杀不辜，宁失不经。"

这段文章大致的意思是，尧帝时期，皋陶是尧手下主管刑罚的掌刑官。某次，二者讨论一个人该不该杀的时候，皋陶连说三次杀，而尧却连续说了三次宽恕。自此之后，天下人都害怕皋陶的执法严厉，而更喜欢尧在使用刑罚时候的宽厚。那时候，各部落首领都认为可以重用夏禹的父亲鲧，但是尧帝却因为鲧之前抗命破坏氏族的事情而认为不可以重用鲧。然而，一会儿之后，尧却改变主意，同意试用鲧。有人就提出疑问：为什么尧不听皋陶重罚杀人的意见，却听各部落重用鲧的意见呢？从这里可以看出圣人的意思，《尚书》中说，罚罪有疑从轻，议功有疑从重。即使违背规矩，也切不可滥杀无辜。

苏轼在论文中以尧帝和皋陶的典故为依据，充分阐述了奖赏可失之过宽，处罚却应该慎刑免杀的道理。这样精彩的论述让梅尧臣和欧阳修都大为称道，可二人却都有个疑问，这段尧帝与皋陶的典故，到底出自何处呢？欧阳修与梅尧臣遍寻不得，以为是自己孤陋寡闻，便更欣赏这篇文章内容之精妙。

但因欧阳修在审阅苏轼试卷时，反复斟酌，觉得尧帝与皋陶这则典故的使用，与自己学生曾巩的风格和观点十分类似，而自己作为主考官，若自己学生得了第一名，恐怕会落人话柄。出于避嫌的考虑，欧阳修将写出这篇文章的考生定为第二名。

等到放榜之时，苏轼和苏辙兄弟二人均榜上有名。三月，崇政殿御前考试，苏轼得了个进士乙科，苏辙也和哥哥一同登进士科。欧阳修才知道，他之前批阅的文章并非学生曾巩所作，而是苏洵的儿子苏轼所写。随后，即欣慰地恭喜苏洵，感叹虎父无犬子，苏轼和苏辙这样的青年才俊，才配得上苏门贤士之家。

而苏轼、苏辙高中，也一时震动朝野。举国上下都知道，边远蜀地出来的苏家三父子是个奇迹，父亲苏洵文章了得，得文坛泰斗欧阳修赏识，他的两个儿子更是双双在此次科考中高中。一时之间，苏家三父子的文章成为全国读书人争相模仿的范本。

此时，得知两个儿子高中进士，苏洵可谓喜忧参半。喜的当然是两个儿子如此有出息，光耀门楣，给苏家添光；而忧虑，或者说惭愧的，则是自己读书多年，多次参加科考，却没有一次成功。他实在琢磨不透，为什么两个儿子科考之路如此平顺，而自己几十年屡试不第，比登天还难。

万般感慨的苏洵，得知二子高中的消息后，还当即作诗一首，聊以抒怀。

莫道登科易，老夫如登天。

莫道登科难，小儿如拾芥。

——打油诗《登科》

　　这边苏家二子登科，喜上眉梢，而欧阳修却因为此次考试惹了一些麻烦。当初欧阳修看到试卷上"尧帝与皋陶"的典故，为避嫌而将苏轼的试卷定为第二名。实际上，阴差阳错间，取得第一名的却正是自己的门生曾巩。

　　对于这样的考试结果，第二名的苏轼心有不服，豪言称再考一定会拿第一。而天下举子看了榜单，也大呼欧阳修阅卷不公平，说他读不懂文章，大呼要反对古文，提倡时文，这给后来北宋古文运动埋下了伏笔。

　　其实，这场考试中还有一个有趣的故事，仍是与苏轼所用"尧帝与皋陶"的典故有关。阅卷时，欧阳修和梅尧臣都不记得此典故出自何处。试后，欧阳修给苏洵道贺，见到苏家两兄弟，还谦虚地询问苏轼"皋陶曰'杀之'三，尧曰'宥之'三"一句出自何处。苏轼告诉欧阳修，乃是出自《三国志·孔融传》。可欧阳修翻遍了《三国志·孔融传》也没有找到苏轼所写这句。治学严谨的欧阳修过了几天又询问苏轼此事。

　　这回苏轼从容应答："我是根据《三国志·孔融传》中曹操将袁熙之妻赐给曹丕，孔融反对曹操时说：'昔日武王把妲己赐给周公。'当时曹操不解地问：'哪部典籍上有这样的记载呢？'孔融答曰：'看今天宰相您的作为，我心想当时应该也是这样的。'而此次考试我写尧帝与皋陶之间的对话，也是根据这段典故推想，当时的圣明君主应该会那样说吧！"

苏轼的解释让欧阳修豁然开朗，并大赞苏轼善于读书，懂得活学活用，以后文章必定能独步天下。

其实，欧阳修对苏轼以及苏洵文章的欣赏，与他们父子的文风平易质朴、观点新颖有很大的关系。此时的欧阳修已有引导北宋文风改革的心愿，希望能改革唐以来日益萎靡的文风，倡导清新质朴，具有实用价值的文章，希望恢复古文，以拯救当朝华而不实、诡奇艰深的文风；而苏洵和苏轼、苏辙的文风正是欧阳修所推崇的。所以，尽力举荐苏洵，也有欧阳修自己关于改革天下文风方面的考量。

可惜，也许是苏洵命中没有做官运，即使得到欧阳修的举荐，仍然没能获得一官半职。在两个儿子登科之时，苏洵入仕的愿望仍未达成。而此时的他还不知道，不久之后的几番变故，会让自己斗志昂扬的入仕之心，生出去意。

仕途夭折生去意，旧友离散悲无常

从嘉祐元年（公元 1056 年）来到京城，到第二年苏轼和苏辙二子登科，对苏家父子来说，这一趟进京好运连连，父子三人扬名京师，苏洵的两个儿子也都考试顺利，等待任命。但是，苏洵仍十分失落，京城高官名流和士大夫们的青眼，并没能让苏洵获得什么官职。满怀希望的苏洵，虽然名动京师四五月有余，却仍然没有等到朝廷的破格任用，各方举荐好像石沉大海，没有激起朝廷的一点回音。

其实，此时朝廷大环境已经远不及庆历新政时期，早就失去了改革与创新的土壤。虽然宋仁宗将韩琦、欧阳修、富弼等当初支持庆历新政的人召回，但因为此时仁宗身体羸弱、病痛缠身，早已没有了在政治上大刀阔斧改革的心思。

嘉祐年间，朝廷上选官用人、职位晋升等制度已经十分完善，只有考试合格才能成为文官，这是规矩、惯例，也是一种平衡。早年欧阳修等人通力合作推行新政的局面已经难以复制，朝廷如今需要各方势力平衡，言官和执宰对立，才能维持这种平衡。在这样的环境下，韩琦、富弼等人是不会冒风险实施苏洵那套较为激进的政治主张的，而且富弼等人对苏洵的印象也不太好。所以，苏洵所认为的破格重用、朝廷任命，也只能是他的个人梦想，不会因为几封举荐信就实现。

然而，当局者迷，当时的苏洵并没有认识到这些严重的问题，仍然寄希望于欧阳修等人的举荐，想博得破格任用的机会。就在这种凄惶的等待中，苏洵听闻张方平要入京述职的消息，急不可待的苏洵很快又给张方平写了一篇《上张侍郎二书》。

　　　省主侍郎执事：洵始至京师时，平生亲旧，往往在此，不见者盖十年矣，惜其老而无成。问所以来者，既而皆曰："子欲有求，无事他人，须张益州来乃济。"且云："公不惜数千里走表为子求官，苟归，立便殿上，与天子相唯诺，顾不肯邪？"退自思公之所与我者，盖不为浅，所不可知者，唯其力不足而势不便。不然，公与我无爱也。闻之古人："日中必熭，操刀必割。"当此时也，天子虚席而待公，其言宜无不听用。洵也与公有如此之旧，适在京师，且未甚老，而犹足以有为也。此时而无成，亦足以见他人之无足求，而他日之无及也已。昨闻车马至此有日，西出百余里迎见。雪后苦风，晨至郑州，唇黑面烈，僮仆无人色。从逆旅主人得束薪缊火。良久，乃能以见。出郑州十里许，有导骑从东来，惊愕下马立道周，云宋端明且至，从者数百人，足声如雷，已过，乃敢上马徐去。私自伤至此，伏惟明公所谓洁廉而有文，可以比汉之司马子长者，盖穷困如此，岂不为之动心而待其多言邪！

苏洵的这封信件写在张方平因公事要进京的时候。为了表示对张方平的尊重和感恩，苏洵得到消息后，就连夜冒雪赶路，从开封走到郑州，徒步数百里，前去迎接张方平，但因为走错了路，并没有接到对方，于是急忙修书一封给张方平，诉说自己风雪相迎却走错路，以及自己进京后的种种情况。

这封信明里是讲述自己雪夜跋涉迎接张方平一事，实际上却是将自己在京城的情况先告诉张方平，免得对方进京后听到一些流言蜚语受人蛊惑。同时，苏洵也希望借这封信再度拉近自己与张方平的关系，请对方帮自己再多说说好话。

读过信件的张方平很同情苏洵的境遇，但如今时移世易，早就不同于当年朝廷破格提拔人才的时候了，自己尚且只负责经济方面这一点点工作，又如何好推荐苏洵呢？

面对忧心忡忡的苏洵，张方平只好安慰说："等我找机会，徐徐谋之。"

随后，张方平也确实尽力帮苏洵四处活动，希望这个有才之士能够获得为国效力的机会。可惜很久之后仍不见朝廷方面的回复，仔细打听才知道，原来秘书处对举荐苏洵一事的意见不一，以及韩琦、富弼等人的顾虑，都影响了苏洵获得官职。

虽然有欧阳修的《荐布衣苏洵状》上书举荐，又有张方平的多方活动和举荐，但因为苏洵锋芒毕露、直言不讳的性格，以及在与韩琦、富弼等人书信交流中的恃才傲物和激进，这些人在宋仁宗面前并没有如张方平和欧阳修那样极力推荐苏洵，言辞间还是有诸多顾虑、保留，甚至否定的。

富弼作为宰相，在仁宗面前说话是十分有分量的，张方平也觉得，如果能够得到富弼的举荐，苏洵被破格任用的机会会更大。但张方平本身与富弼并不相熟，不方便直接向富弼推荐苏洵，只好趁着此次进京述职的机会去富弼府邸拜见，顺便提一提苏洵的大名。没想到，富弼听张方平提起苏洵，虽然一同称赞苏洵文章甚美，值得人人传阅，但很快就话锋一转，说："然此君专劝人杀戮立威，岂得直如此要官做？"

苏洵那篇《上富丞相书》让富弼心存芥蒂，也断绝了获得富弼举荐的可能。

此外，仁宗皇帝也曾经询问韩琦对于苏洵做官方面的意见。韩琦当时的回答十分值得玩味，他这样答复宋仁宗："苏洵虽有才名，现在却缺乏做官的资格，贸然提拔不合规矩。不如等有考试的机会，让苏洵正式参加考试，名正言顺地获得为官的资格，到时候再由皇帝您赐他一个合适的官职，这样比较合乎规矩。"

宋仁宗听完韩琦的话，觉得言之有理，便说："这样也好，朝廷提拔官员的规矩还是要遵守的，那苏洵这件事就暂且不动，等过段时间有机会，让他参加考试再说吧！"

细品韩琦与宋仁宗的对话，他既没有否定苏洵的才华，说他不适合为官；也没有如欧阳修和张方平一样热情地举荐苏洵，让皇帝尽快赏赐个官职；而是以是否合规矩为由，建议苏洵参加考试再赐官。这样的回答可谓十分高明，全凭苏洵自己的运气和水平，就算苏洵有幸为官惹出什么祸事，也不能怪罪韩琦举荐不利；而建议让苏洵参加考试，也算是帮他在皇帝面前谋了出路，这样的处理方式，是爱才举贤，也是明哲保身。

其实，宋仁宗看过欧阳修的《荐布衣苏洵状》后，也已经将苏洵的问题交给秘书处讨论过了，只不过没能达成一致意见，因而没有直接给苏洵赐官职。

一转眼，苏洵和两个儿子已经在京城待了一年多。儿子苏轼和苏辙科举高中，自己的仕途却仍然暗淡，这不禁让苏洵郁郁寡欢，生出去意。然而，就在这样胶着的时候，乡人又给苏洵带来了一则犹如晴天霹雳的消息——远在家乡的妻子程氏病故。

听闻这个消息，苏洵一时间如坠冰窟，难以置信，甚至来不及和张方平、欧阳修等人告别，便带着两个儿子匆匆返回蜀地奔丧。

万里归途，山水路遥。苏洵父子三人名动京师，两个儿子科举高中的好消息还没传回眉州，程夫人的死讯就已经传至京城。程氏到死都不知道父子三人在京城扬名立万的好消息，这样的结局不免让人心绪凄凄意难平。

匆匆赶回家的苏洵父子，只见家中一片萧索，爱妻慈母人不见，屋房破漏家空空。那个贤良淑德的程夫人，分享不到父子三人功成名就的喜悦，也没法陪伴苏洵继续等待他被朝廷重用的那天了。

除了发妻程氏的病故，此次回到眉山的苏洵，还送走了他一生的挚友史经臣。

早在苏洵携二子入京那年，史经臣就已经病入膏肓。而此时回来，史经臣得知苏洵及其两个儿子名动京师，内心也是十分激动。这位草莽英雄于病榻上紧紧握住苏洵的手，悲咽恸哭，不知是感怀自己一生不得志，还是感慨苏洵也算得偿所愿。

嘉祐二年（公元1057年），一生无子的史经臣因肝病导致手足痉挛，最终故去，享年六十岁。

面对挚友的离去，苏洵悲伤难以自已，不但帮史经臣安排丧事，整理他的旧文残稿，还专门在族中为没有子嗣的史经臣立后。

史经臣与苏洵志趣相投，二人文章亦有相像之处。为缅怀史经臣，苏洵特地写了一篇《祭史彦辅文》，将史经臣的豪强性格和感人形象刻画得淋漓尽致。

> 我嘉子心，壮若铁石，益固而坚。
>
> 瞋目大呼，屋瓦为落，闻者竦肩。

爱妻与旧友接连病故，让苏洵忽然感受到人世无常。一时间，如雪白发悄然攀上苏洵的鬓边，这个敢向宰相直言，敢于京城论政的文人，仿佛一夜之间苍老了许多。心灰意冷已经不足以形容苏洵此时所感，白头鸳鸯失伴飞，旧友离散聚无期，苏洵觉得天仿佛一夜崩塌，余生仿佛只剩痛心回忆。

第七章 三

居丧应诏，二次赴京

人生总是福祸相依，让人始料未及。苏洵与苏轼、苏辙二子没有想到此次进京能扬名立万、求仁得仁，也没有想到嘉祐元年（公元 1056 年）与程氏一别，是今生永别。虽然程夫人生前多抱憾，但因为苏洵的名气，在死后意外地获得了无限风光。苏洵的《祭亡妻文》与司马光的《程夫人墓志铭》，让这位生前不显山不露水的程夫人名留千古，这也算意外之得。就像苏洵一生苦求功名，在知天命的年纪本以为无缘功名，却不承想会突然接到朝廷诏令。

　　嘉祐三年（公元 1058 年）十月，半生落拓的苏洵，在两年后才接到朝廷迟来的答复。针对嘉祐元年（公元 1056 年）欧阳修和张方平等人的举荐，朝廷最后的决定是诏令苏洵赴京师试策论于舍人院，也就是得了一个相当于政府办公厅文件起草的工作。这样的廷诏对苏洵而言是喜还是悲，我们不妨走近苏洵曲折功名路的最后一段看看。

爱妻病逝如天塌，篇篇文章道炎凉

两个儿子同时金榜题名的喜庆时刻，爱妻程氏却在千里之外的眉山溘然长逝，这样的悲痛，甚至让苏洵一时之间无法接受。回到家乡为程氏准备后事的父子三人，无一不失魂落魄，强忍悲痛。

原来，程夫人早在嘉祐元年（公元 1056 年）秋天就病倒了。当时正是苏洵父子三人进京不到半年，声动京城、名气渐起的时候。而这边在眉山家中等待父子三人归来的程氏却因积劳成疾，感染了一点风寒便一病不起。

当时在身边照顾程氏的是苏轼和苏辙的两位年轻媳妇，本来也想着写信给远在京城的父子三人，婆婆程氏却坚决不许，怕让进京赴考的儿子和一心入仕的丈夫分心。没想到这一病就是永诀，程夫人到第二年清明后就病逝了。待父子三人返回家乡，等待他们的只剩冰冷的棺椁。

爱妻离世给苏洵带来的打击无疑是巨大的。这漫长人生，程氏一路陪着苏洵经人生风雨，见寻常喜乐。此时此刻，阴阳两隔，苏洵于家中回忆往事，与妻子三十多年的相处历历在目。结为夫妻俩心知，自己少年纵游不学时，妻子宽慰劝导；中年发奋时，妻子全心支持；儿女夭折时，妻子安慰扶持，甚至因女儿八娘的死，程氏能认同自己与程家断绝往来。昔日点点滴滴汇聚在苏洵脑海中，都让他老泪纵横，追悔莫及，后悔没能再多给程氏一些爱护，后悔没能让程氏亲眼看见自己和两个儿子名动京师的风光。

斯人已逝，恩爱长存。追忆妻子程氏的苏洵，声泪俱下地写下《祭亡妻文》，表达对发妻的哀思。短短四百余字，仿佛说尽人生炎凉。

呜呼！

与子相好，相期百年。不知中道，弃我而先。

我徂京师，不远当还。嗟子之去，曾不须臾。

子去不返，我怀永哀。反复求思，意子复回。

人亦有言，死生短长。苟皆不欲，尔避谁当？

我独悲子，生逢百殃。有子六人，今谁在堂？

唯轼与辙，仅存不亡。咻响抚摩，既冠既昏。

教以学问，畏其无闻。昼夜孜孜，孰知子勤？

提携东去，出门迟迟。今往不捷，后何以归？

二子告我：母氏劳苦。今不汲汲，奈后将悔。

大寒酷热，崎岖在外。亦既荐名，试于南宫。

文字炜炜，叹惊群公。二子喜跃，我知母心。

非官实好，要以文称。我今西归，有以藉口。

故乡千里，期母寿考。归来空堂，哭不见人。

伤心故物，感涕殷勤。嗟予老矣，四海一身。

自子之逝，内失良朋。孤居终日，有过谁箴？

昔予少年，游荡不学。子虽不言，耿耿不乐。

我知子心，忧我泯没。感叹折节，以至今日。

呜呼死矣，不可再得！安镇之乡，里名可龙。

隶武阳县，在州北东。有蟠其丘，惟子之坟。

凿为二室，期与子同。骨肉归土，魂无不之。

我归旧庐，无不改移。魂兮未泯，不日来归。

"归来空堂，哭不见人""嗟予老矣，四海一身"，苏洵的每一句都在诉说自己从京城返家后的悲伤。爱妻的离世仿佛一柄利剑，戳进苏洵的心窝。少年相识，半生相守，妻子曾为迷茫、失落、冒进、意气的苏洵出谋划策，安抚他不被世俗理解的心。而如今阴阳相隔，苏洵所盼也不过是"凿为二室，期与子同""魂兮未泯，不日来归"。

苏洵为程氏精心挑选了一块墓地，将其安葬在彭山老翁泉边，且将墓穴一分为二，为自己预留一穴，希望自己百年之后能够与夫人合葬，日日相伴，再续深情。

老翁泉在彭山，是向北而下流注形成的一个大水井，附近村庄有一百多户居民都饮用此泉水。此处风水极佳，既有林木葱郁，又有群山为屏，再加上清冽泉水，也算是一处宝地。昔日老翁泉得名，是因为有人经常于寂静山林中看见一白发苍苍的老人坐在泉边休息，人们走近，却又不见其身影。因这仙风道骨的人影和传说，才将此处命名为"老翁泉"。

而如今，泉边的老翁却变成了苏洵。自程氏下葬之后，他经常徘徊于此地，神情恍惚，满目悲伤，再无心那些浮世功名，只余对发妻的思念。

程夫人病逝，按照宋朝的礼制规定，苏轼和苏辙虽然有功名在身，但是也要给母亲守孝二十七个月。所以从嘉祐二年（公元1057年）四月到嘉祐四年（公元1059年）八月，两人都在眉山守孝。

听闻程夫人病逝，虽乡里乡亲对苏洵父子没有太多安慰关怀之意，但苏洵远在外地的同乡任氏兄弟二人，却写信安慰苏洵，宽慰苏洵看开一些。为答谢这两兄弟，苏洵特意写了一首《答二任》诗回赠，但诗中对自己近况的叙述与喟叹，于淡泊中显露出看透世态炎凉之感，可见苏洵此时的心灰意冷。

鲁人贱夫子，呼丘指东家。当时虽未遇，弟子已如麻。

奈何乡间人，曾不为叹嗟。区区吴越间，问骨不惮遐。

习见反不怪，海人等龙虾。嗟我何足道，穷居出无车。

昨者入京洛，文章彼人夸。故旧未肯信，闻之笑呀呀。

独有两任子，知我有足嘉。远游苦相念，长篇寄芬葩。

我道亦未尔，子得无增加。贫穷已衰老，短发垂髿髿。

重禄无意取，思治山中畬。往岁栽苦竹，细密如蒹葭。

庭前三小山，本为水中楂。当前凿方池，寒泉照谽谺。

玩此可竟日，胡为踏朝衢。何当子来会，酒食相邀遮。

愿为久相敬，终始无疵瑕。闲居各无事，数来饮流霞。

接连的打击已经让苏洵再无入仕之心，也不准备再去京城了。想起自己因为妻子病逝而匆匆离京，甚至没有跟欧阳修好好道别致谢，于是苏洵又给欧阳修写了一封信。

洵启：

昨出京仓惶，遂不得一别。去后数日，始知悔恨。盖一时间变出不意，遂扰乱如此，快怏快怏。不审日来尊履何似？

二子轼辙竟不免丁忧。今已到家月余，幸且存活。洵道途奔波，老病侵陵，成一翁矣。自思平生羁塞不遇，年近五十，始识阁下。倾盖晤语，便若平生。非徒欲援之于贫贱之中，乃与切磨议论，共为不朽之计。而事未及成，辄闻此变。孟轲有云："行或使之，止或尼之。"岂信然耶？洵离家时，无壮子弟守舍，归来屋庐倒坏，篱落破漏，如逃亡人家。

今且谢绝过从，杜门不出，亦稍稍取旧书读之。时有所怀，辄欲就阁下评议。忽惊相去已四千里，思欲跂首望见君子之门庭不可得也。所示范公碑文，议及申公事节，最为深厚。近试以语人，果无有晓者。每念及此，郁郁不乐。

阁下虽贤俊满门，足以啸歌俯仰，终日不闷，然至于不言而心相谕者，阁下于谁取之？自蜀至秦，山行一月，自秦至京师，又沙行数千里，非有名利之所驱与凡事之不得已者，孰为来哉？洵老矣，恐不能复东。阁下当时赐音问，以慰孤耿。病中无聊，深愧疏略，惟千里珍重。

——《上欧阳内翰第三书》

苏洵在信中解释了自己突然离京的原因，又说自己奔波回家后所见的破败景象，字字句句都是对自己一生积极入仕却一无所获的懊悔。虽然感恩能遇到欧阳修这样的知音，但是自己已经垂垂老矣，再无心功名，对仕途已经生出绝望之心，不会再去京城了。自己虽然很想再与欧阳修切磋讨教，但是京城和四川相隔数千里恐怕此生也没什么机会再见面了。

这封《上欧阳内翰第三书》言辞凄凉，也坦露了苏洵此时的心声，仿佛苏洵想与熙熙攘攘的京城诀别，想与庸庸碌碌的求仕之路诀别。但让苏洵始料未及的是，他苦求大半生也没能得到的功名，在他决意放弃时却不期而至。仁宗皇帝的诏书不久之后就将到达眉山，给欧阳修等人的举荐一个迟到两年的回复。而这封诏书，也给苏洵的晚年，增添了一份凄惶悲凉。

应诏出蜀已迟暮，雄姿英发看少年

从京城归来后，操办完程氏的丧事，苏洵便过着每天鳏居读书，垂钓散心的生活。一年多以来，他做得最多的事，也不过是和朋友聊天论道、谈经说文，虽再无雄心壮志，但日子过得也算惬意，而对爱妻病故，旧友逝去的悲痛也逐渐散去。有时候苏洵仍会惦记京城那边的情况，却也深知如今天下大势已经不是自己可以左右的，自己布衣之身到底影响有限，已是知天命的年纪，再也等不到属于他的时代了。

然而，就是在这样一派云淡风轻的日子里，嘉祐三年（公元1058 年）十月，苏洵却突接到好友雷简夫的来信，告诉他朝廷近日会有给他的诏书，让他准备准备，现在就去眉州应诏。

果然，十一月五日，朝廷诏书到达眉州，命苏洵赴京师，参加舍人院的考试。宋朝时候的舍人院与今天的政府办公厅类似，主要负责为皇帝起草文件和命令，朝廷各种公文由舍人院的秘书们和翰林院的学士们一起完成，这样的制度又称为"内外制"。

这样的诏命和职位，对一般士子而言都是天大的恩赐。朝廷诏命让苏洵单独考试，而不用等三年一次的礼部考试或者制科考试，这在当时已算是破格。但苏洵又如何是一般士子可比？不说他在军政方面的真知灼见和拳拳报国之心，单说他如今在京城内外的名声，以及对时政的锐评和直言，也不该只得个舍人院秘书这样的职位；而且还要再去舍人院应考，让人挑拣评判，这样的安排仿佛是对苏洵的轻视和不信任。

盼望半生的诏命居然是这样的，苏洵内心是气愤和懊恼的。仁宗是怎么想的呢？朝廷为何给自己下诏却又不信任自己呢？思虑重重的苏洵决定给宋仁宗写一封信，一方面再争取一下更重要的职位，另一方面也算是对朝廷诏命的回复。

简单来说，就是苏洵拒绝了此次朝廷诏命，转身写了一封长达七千字的《上皇帝书》，解释自己拒受恩赐的原因，表达希望隐居之意，又给皇帝写了十条关于政事的建议。

分析这篇为谢恩而作的《上皇帝书》，可以发现一件有意思的事：苏洵虽然字字句句都在写拒绝此次朝廷诏命，但实则是以退为进之法。他并不是想就此真正隐居，而是怕还如之前那样折腾到头一场空，希望朝廷能够对他委以重任，而不是简单做个起草公文的"秘书"工作。

苏洵在信中解释自己是因为患病这样的客观原因才拒绝朝廷"召试舍人院"的特殊恩赐。他先是客套一番，说"翰林学士欧阳修奏臣所著《权书》《衡论》《几策》二十二篇，乞赐甄录。陛下过听，召臣试策论舍人院，仍今本州发遣臣赴阙"，对皇帝读过自己的文章表示荣幸和感恩，而这些不过是作铺垫的场面话，接下来的话才是关键。

苏洵说："臣本田野匹夫，名姓不登于州闾，今一旦卒然被召，实不知其所以自通于朝廷。承命悸恐，不知所为。以陛下躬至圣之资，又有群公卿之贤，与天下士大夫之众，如臣等辈，固宜不少，有臣无臣，不加损益。臣不幸有负薪之疾，不能奔走道路，以副陛下搜扬之心。"苏洵自谦为乡野匹夫，说自己被朝廷诏命，有些诚惶诚恐，想朝廷内外像自己这样水平的人，应该有很多，少他一个也没有什么影响，而他身患疾病，不愿应诏。这段还是对自己不能应诏赴试的解释和推脱。

然后，苏洵又谦虚道："臣本凡才，无路自进。当少年时，亦尝欲侥幸于陛下之科举。有司以为不肖，辄以摈落。盖退而处者，十有余矣。今虽欲勉强扶病戮力，亦自知其疏拙，终不能合有司之意。恐重得罪，以辱明诏。"这段可以说是自谦，也可以说是苏洵内心一部分真实写照。他回顾以往落榜的经历，表示此次如果去舍人院应试，恐怕会让皇帝失望。这些年为科考奔波，苏洵对考试想必是有些阴影的，如果勉强应考，恐怕"终不能合有司之意"。

接下来，就是此封信件的"重头戏"，苏洵一口气对当前朝廷政事提出十条建议，以表达自己平生志愿是"欲效尺寸于当时"，希望朝廷诏命不仅仅是让他应试舍人院，而能实现"非常举"。

此处，苏洵痛陈利弊提出的十条政治建议，总结起来就是以下内容。

一是重爵禄，就是要规范罢举官制度，适当裁减冗余官员，任用贤才，避免庸官上位。

二是罢"任子"，就是要废除原来的"任子"制度，朝廷官位不再世袭，才能给德才兼备者更多的为官机会。

三是严考课，即建立官员考核制度，通过考核定赏罚，使功有赏、过有罚，提高为官者的积极性和忧患意识。

四是尊小吏，即要求官员尊重小吏，而不能将他们当作仆从那样对待，苛对小吏会导致基层怨声载道。

五是复武举，恢复并改革武举制度，有利于国家军政建设。

六是信大臣，用人不疑，给两制大臣足够信任，才能使其各司其职、各尽所能。

七是重名器，对于当前科举录用制度要进行改革，官员就职为政也要有试用期，不能糊涂为官。

八是专使节，在选择出使外邦的人才时，要遵循"专对、捷给、勇敢"的标准，这样优秀的使者，才能让大宋在外交中获得优势。

九是停郊赦，就是要谨慎使用大赦制度，避免滥赦和滥赏，以防止不轨之徒有机可乘。

十是远小人，建议皇帝亲贤臣、远小人，尤其要疏远宦官，懂得采纳忠言，肃清朝廷风气。

苏洵这十条建议，可以看作他对皇帝"考试"的答卷，虽然拒绝应试舍人院，但苏洵想通过《上皇帝书》让宋仁宗看到自己值得被重用，希望换得皇帝对廷诏自己这件事的重新考量。

由此可见，苏洵一生都在坚持自己光明磊落、胸怀坦荡的士大夫理想，无论对方是士子、宰相还是皇帝，苏洵都不卑不亢地坚持着自己的政治主张，实事求是地陈述自己心中所想，而不管他人如何看待。

寄完这封《上皇帝书》后，苏洵心中仍有些话不吐不快，想找人倾诉，思索一番，决定写信给雷简夫和梅尧臣这些朋友，聊聊自己的苦衷。

苏洵在给雷简夫的书信中这样写道：

太简足下：

前月辱书，承谕朝廷将有诏命，且教以东行应诏。旋属郡有符，亦以此见遣。承命自笑，恐不足以当，遂以疾辞，不果行。计太简亦已知之。仆已老矣，固非求仕者，亦非固求不仕者。自以闲居田野之中，鱼稻蔬笋之资，足以养生自乐，俯仰世俗之间，窃观当世之太平，其文章议论，亦可以自足于一世。何苦乃以衰病之身，委曲以就有司之权衡，以自取轻笑哉？然此可为太简道，不可与流俗人言也。

向者《权书》《衡论》《几策》皆仆闲居之所为，其间虽多言今世之事，亦不自求出之于世，乃欧阳永叔以为可进而进之。苟朝廷以为其言之可信，则何所事试？苟不信其平生之所

167

云，而其一日仓卒之言，又何足信耶？恐复不信，只以为笑。
久居闲处，终岁幸无事。昨为州郡所发遣，徒益不乐尔。

他告诉雷简夫，自己年岁已高，对出仕为官已经没有那么向往
了，并不想不顾脸面地去舍人院应考，毕竟如今舍人院里的人对他
而言都算晚辈，何必去自讨没趣呢？而且，苏洵认为朝廷在看了自
己那么多著作，知道自己被京城大儒名士认可之后，还让自己去参
加小小舍人院的考试，这是对自己的不信任乃至羞辱。

在给梅尧臣的信中，苏洵因知道梅尧臣与欧阳修在一起，则将
他一直以来的疑虑说了出来。他认为朝廷不但不信任自己，乃至也
不信任举荐人欧阳修。而且，自己从少年时代就开始参加科举考试，
几十年都是失败的惨痛经历。"自思少年尝举茂才，中夜起坐，裹
饭携饼，待晓东华门外，逐队而入，屈膝就席，俯首据案。其后每
思至此，即为寒心。"正因为少年时期就有过这样不堪回首的经历，
所以如今的苏洵已经无心仕途，只觉"今千里召仆而试之，盖其心
尚有所未信，此尤不可苟进，以求其荣利也"。

随着苏洵这封拒绝赴京的信件一起送给梅尧臣的，还有一首苏
洵作的诗《老泉井》。

井中老翁误年华，白沙翠石公之家。
公来无踪去无迹，井面团团生水花。

翁今与世两何与，无事纷纷惊牧竖。

改颜易服与世同，无使世人知有翁。

……

　　读完苏洵这首诗，梅尧臣认为苏洵就算不为了自己着想，也应该为两个初入仕途，尚且年轻的儿子着想，入京应诏没有坏处。随后还和了一首《题老泉寄苏明允》回给苏洵，再劝苏洵入京，其中有诗句"日月不知老，家有雏凤皇。百鸟戢羽翼，不敢言文章。去为仲尼叹，出为盛时祥。方今天子圣，无滞彼泉傍"，是用两个儿子的仕途劝说苏洵，让他为苏轼和苏辙多考虑。就算是这样的说辞，也没能劝服苏洵。对于朋友们的关心，苏洵一一表示感谢，也解释了自己不赴诏的原因。

　　转眼，时间就来到了嘉祐四年（公元 1059 年）六月，远居眉山、悠哉度日的苏洵，再次接到朝廷诏命，诏他进京参加舍人院的考试。这第二次诏命，算是苏洵《上皇帝书》的反馈，是宋仁宗本人的意见，也是朝廷对苏洵最后的评判。

　　接到这次诏令，苏洵最后的希望也落空了，朋友们都在劝他把握机会，鼓励他赴京应试。苏洵想起之前梅尧臣在《题老泉寄苏明允》一诗中开导自己，即使为了两个儿子的前途考虑也应该赴京。此时苏洵发妻病故、亲友离散，两个儿子也丁忧期满即将上任，眉山这边已经没有什么值得苏洵留恋的了；而如果自己一直不去京城，恐怕真的会给两个儿子添忧。思来想去，苏洵决定等程氏丧期满了之后，就与两个儿子一同赴京。

赴京之前，苏洵又给欧阳修写了一封信，这是苏洵给欧阳修的第四封信——《上欧阳内翰第四书》，信中主要向欧阳修坦露了自己的真心话，说明自己反复推辞诏令的原因，以及此次赴京是因为"王命且再下，洵若固辞，必将以为沽名而有所希望。今岁之秋，轼、辙已服阕，亦不可不与之俱东"。为了避免遭人非议，也不想耽误两个孩子的前程，才下定决心进京。同时也表达了自己此次就算入京，也不会参加舍人院考试的想法。

主意既定，苏洵就开始大张旗鼓地收拾家中物品，准备同苏轼、苏辙两个儿子及儿媳等一大家子人一起进京。

嘉祐四年（公元 1059 年）十月，苏家三代人举家迁徙入京。买舟北上，告别故土的苏洵此时还不知道，自此一别，有生之年他再也无法回到故乡眉山。正是应诏出蜀已迟暮，雄姿英发看少年，迟暮的苏洵见两个儿子雄姿英发、仕途无限，心中自是骄傲宽慰的。然而前路艰辛，苏洵自己入京城后小官难做，这又是后话了。

永别乡园举家迁，故地重游忆平生

此次出蜀入京，苏家是举家迁居，苏轼、苏辙、王氏、史氏以及孙子苏迈等所有人，都将告别家乡眉州，远赴中原。

回望过去三十年，眉州这片土地承载过苏洵幸福快乐的童年时光，见证过他雄姿勃发的少年时代，也见证过他科场奔波、失意隐居的中年时期。苏洵五十多年的人生，大半是在蜀地度过的，且他的父亲、妻子、儿女也都长埋于此，蜀地是他熟悉热爱的故乡，也是他难以割舍的亲情。都说故土难离，此番苏洵却要举家迁移，虽然定居中原是他曾经的夙愿，出发在即，他的心中仍然五味杂陈，不知如何言语。

临走之前，苏洵将眉州的家产都变卖了，并用其中一小部分钱，请人造了观世音、势至、天藏王、地藏王、解冤结、引路王者六尊菩萨像，将菩萨像供奉在极乐院中，用来超度亲人的亡灵。他在《极乐院造六菩萨记》一文中写"死者有知，或升于天，或升于四方，上下所适如意，亦若余之游于四方而无系云尔"，并记叙三十年来自己一众亲人先后离世的经过。苏洵最后还去亡妻程氏的坟前拜别，告诉程氏自己"逝将南去，由荆、楚走大梁，然后访吴、越，适燕、赵，徜徉于四方，以忘其老"。

整理好心情的苏洵，终于在嘉祐四年（公元1059年）十月，同一家子人从眉山出发，前往汴京。

蜀地与京城之间的这段路，苏洵一生往返过许多次，从少年的意气风发到老年的五味杂陈，苏洵在这条路上见过不同的风景，每次重走，又都会勾起往昔回忆。

物是人非事事休，欲语泪先流。

——《武陵春·春晚》

　　这次再踏上这条路，苏洵是否老泪纵横，我们已不得而知，但他一定忆起了许多平生事。从这一路苏洵与两个儿子写的诗中，我们能稍微还原这段迁居之旅，顺便能深入了解苏洵的内心。

　　此次进京，苏家人走的是水路，从眉山出发，沿岷江而下，经过嘉州（今乐山）、戎州（今宜宾）进入长江，再从东边经过渝州（今重庆）、忠州（今忠县）出三峡，最后再由陆路北上入京城。

　　从十月出发，到第二年二月到达京师，这一路上苏洵父子三人于水陆唱和，一共写诗赋一百七十三篇，这些诗后来都被编进《南行前集》和《南行后集》，这几个月是苏洵一生少有的诗歌高产时刻。

　　千里迁居，这第一站，苏家人到达了嘉州，也就是今天的乐山。此地西边是三河交汇之处，东边又有凌云山，当时被称作"凌云大佛"的乐山大佛，已经十分有名，很多人游览凌云寺时都会去大佛膝下参拜祈福。

　　苏洵想到曾在景祐四年（公元1037年）与好友史经臣路过此处，当时两人还是为了进京赴考；而此时二十年须臾而过，古佛依旧，旧友不在，心中不免感慨，便吟了一首《游凌云寺》：

　　　　长江触山山欲摧，古佛咒水山之隈。

千航万舸膝前过，仰视绝顶皆徘徊。

足踏重涛怒汹涌，背负乔岳高崔嵬。

予昔过此下荆渚，班班满面生苍苔。

今来重到非旧观，金翠晃荡祥光开。

萦回一径上险绝，却立下视惊心骸。

蜀江迤逦渐不见，沫水腾掉震百雷。

山川变化禹力尽，独有道者尝闵哀。

琢山决水通万里，奔走荆蜀如长街。

世人至今不敢嫚，坐上蜕骨冷不埋。

余今劫劫何所往，愧尔前人空自咍。

古佛笑看人间沧海桑田，怒浪排空处，只余下苏洵心怀愧疚地看着前人所造之物空自喟叹。其实在嘉州的时候，苏洵还写过一首七言绝句，其中说"家托舟航千里速，心期京国十年还"，从这句诗来看，对于迁居，苏洵的内心是矛盾的，他一边说"徜徉四方，以忘其老"，一边又想十年之后能体面地重返故土。可见他与当年同史经臣一起进京赴考时所怀抱的理想并没有太大差别，昔日"有志于当世"，今朝仍然希望在仕途有所作为。

过嘉州之后，苏洵一家经江安南口，又来到了简州平泉。苏洵的好友任孜正好在当地做县令，听闻苏洵举家迁居路过此地，特意准备了酒菜迎接苏家父子三人。四人吟诗奏曲，一番畅谈，好不开怀。这次与老友重逢，也让苏洵稍减去了一些失落彷徨，短暂地回忆起曾经路过此地的快意时光。

苏家的船只沿江而行，先后经过宜宾、丰都、夔州、忠州、万州、三峡等地，父子三人一路边行边游，纵览奇山秀水，感怀人间经纬。这一路上所见很多风景都与名人历史相关，屈原塔有楚国诗魂，白帝城可观八阵图，过昭君村有家国故事……一路风景一路素材，让苏家三父子都文思泉涌。

过白帝城时，苏洵又题诗一首，论古述今，追忆三国历史。

> 谁开三峡才容练，长使群雄苦力争。
> 熊氏凋零徐旧族，成家寂寞闭空城。
> 永安就死悲玄德，八阵劳神叹孔明。
> 白帝有灵应自笑，诸公皆败岂由兵？
>
> ——《题白帝庙》

将近两个月后，苏洵一行人到达巫峡，准备向秭归出发。怎奈遇上暴风雪，一家人因天气原因被困了很久。但有意思的是，这段行程中苏洵结识了宋、杨两位新进及第的朋友。少年得志的二人，此行也是进京候官，他们和自己的儿子苏轼、苏辙一样，文采斐然、青春活力。看着两位年轻人朝气勃勃的样子，苏洵不禁想到自己此去京城，是应诏而往，恐怕想拒绝舍人院的考试也不容易，瞬间生出一股于人事上无可奈何的无力之感。又看到宋、杨二人的意气风发，两相对比，苏洵抑制不住地自问：难道他还会有机会吗？

带着这样复杂的心情，苏洵作诗《和杨节推见赠》与两位年轻人话别。

> 与君多乖睽，邂逅同泛峡。
>
> 宋子虽世旧，谈笑顷不接。
>
> 二君皆宦游，畴昔共科甲。
>
> 唯我老且闲，独得离圈柙。
>
> 少年实强锐，议论今我怯。
>
> 有如乘风箭，勇发岂顾帖。
>
> 置酒来相邀，殷勤为留楫。
>
> 杨君旧痛饮，浅水安足涉。
>
> 嗟我素不任，一酌已頳颊。
>
> 去生别怀怆，有子旅意惬。
>
> 舍棹治陆行，岁晚筋力乏。
>
> 予懒本不出，实为人事劫。
>
> 相将犯苦寒，大雪满马鬣。

长路漫漫，嘉祐五年（公元 1060 年）正月的时候，苏洵一行人又经荆门惠泉。少时壮游山川，苏洵就曾经到过此地；后来每次满怀信心地进京赴考和失落消极地回归故里，也都经过此地。昔日少年心有济世之怀，于此地纵览江河；而今日白发老人再途经此地，却只有年华倥偬的失意和壮志难酬的不甘，这匆忙人生到底有什么意义呢？

于是，苏洵在此地又作《荆门惠泉》诗一首，感叹流水不返，游人常新，人生意义是相对的，但求索之心却是永恒的。

> 古郡带荒山，寒泉出西郭。
>
> 嘈嘈幽响远，衮衮清光活。
>
> 当年我少年，系马弄潺湲。
>
> 爱此泉旁鹭，高姿不可攀。
>
> 今逾二十载，我老泉依旧。
>
> 临流照衰颜，始觉老且瘦。
>
> 当时同游子，半作泉下尘。
>
> 流水去不返，游人岁岁新。

游遍昔日风景，纵览名胜古迹后，苏洵一家人于湖北江陵改走陆路进京，并于一个半月后抵达京城。

水陆交替，长途跋涉四个多月后，苏洵及其家人抵达京郊雍丘一个租赁来的农家小院，此时已经是嘉祐五年（公元1060年）二月。在京城定居后，苏洵也要继续面对自己的仕途难题。

悲京城小官难做，幸两儿春风得意

此次举家迁至京师，苏洵并没有住在京城里面，而是选择了租赁京郊雍丘的一处农家小院。苏洵选择在此地居住，是从经济和环境两方面考虑的。一来，近年苏家一直事情不断，前些年自己和两个儿子进京赴考、程氏丧葬、举家搬迁，这些都导致苏家如今并不富裕。虽然两个儿子科举高中，但如今还在等待任命，也并没有什么积蓄。京郊房租和日常花销都相对便宜，不会给苏洵带来太大的经济压力。二来，苏洵近几年虽然在京城名声大噪，但是并没有获得一官半职，乃至他这次进京，心情也是惴惴不安的，所以苏洵并不希望遇到京中达官显贵，反而想远离士大夫官员的圈子，以免受他人嘲笑或挖苦。清高的苏洵，觉得在京郊居住正是将自己与京城官场隔绝的好方法。

将家中事务安顿好后，苏轼和苏辙二人就去吏部销丁忧的假，耐心准备明年的制科考试。同样处于等待中的还有苏洵。可两个儿子的等待是充满希望的，科举登科，制科考试在望，前途一片光明。而苏洵却不同，苏洵早在进京前给欧阳修的书信中就表示过自己一定不会参加舍人院的考试，但是他应诏入京，如果拒绝参加考试，之后又会等来什么样的安排，全是未可知的。这样没有目标、没有期限的等待，让苏洵的情绪陷入一片焦灼。

多时不见朝廷动静，苏洵开始坐立不安，忐忑得连书都读不下去。他一边想如果自己拒不参试，今后会不会影响一家老小，会不会在京城生存不下去；一边又想，如果京城没有他苏洵的立足之地，返回眉州家乡，会不会被势利小人嘲笑，或者他四方游历以终老，这样可不可行呢？

从自身窘境想到两个儿子的仕途，从家中经济想到眼下生活，苏洵一时之间觉得自己仿佛处于山穷水尽、水深火热的境地。

在这样彷徨的等待中，朝廷对苏洵的任命，在八月终于下来了，他被授予秘书省校书的职务。

秘书省校书不过是个九品小官，主要负责朝廷日常祭祀活动的文字准备工作，以及图书档案的校勘。这个官职属于寄禄官，虽然不起眼，却是很多初入官场的人所青睐的清职，如果表现优秀，也有升迁的机会。

但苏洵本人对于这个安排是非常失望的，他很不满意这个职位，认为这不过是"趋走拜伏""劳筋苦骨，摧折精神，为人所役使"的小吏，与他心中所向往的职位十分不相当。而且，因为苏洵拒绝参加舍人院的考试，他这九品小官头衔前，还要加个"试"字，苏洵不过是个"试校书郎"，属于试用、代理阶段。

朝廷的这个任命如一盆冷水，浇灭了苏洵心中最后一丝希望。而苏洵为经济所困，也不得不接受这一命运，勉强接受了这个品阶低下的职务。此刻心中满是委屈和不甘的苏洵不知道，即使是这样的小官，也多亏了欧阳修帮忙争取，他才能得到。

因为苏洵拒绝参加舍人院的考试，而朝廷对其他人举荐苏洵的信件也不再有什么兴趣，所以苏洵应诏入京后到底如何安置，就一直没有定论。后来还是欧阳修恳请宰相韩琦给苏洵一个官职，韩琦看在欧阳修的面子上，才有了苏洵八月份的任命。

既然接受任命，按照宋朝的规矩，要给京朝官员写感谢信。而苏洵这封信直接写给了相府的韩琦，这是苏洵生平第一次，也是最后一次写谢表。即使勉强做个九品小官，苏洵也在极力维护自己的尊严，不想做一点趋炎附势、谄媚逢迎之事。

这篇《谢相府启》中有这样一段：

> 不意贫贱之姓名，偶自彻闻于朝野，向承再命以就试，固以大异其本心。且必试而审观其才，则上之人犹未信其可用；未信而有求于上，则洵之意以为近于强人。遂以再辞，亦既获命。于匹夫之贱，而必行其私意；岂王命之宠，而敢望其曲加？

大致意思是，朝廷诏命我去舍人院考试，这本来就不是我的本心，而且通过召试这种方式审视我的才华，说明朝廷根本不信任我；既不信任我，又要我应诏，在我看来这是强人所难，所以我才会推辞，于是就有了现在承命应职之事。

这种全无客套和阿谀奉承之词，句句发自肺腑的答谢，虽然展示了苏洵的风骨，也表达了他的真情，但也实在是不妥。苏洵将自己的行为与"孔子不辞小官""孟子不愿召见"类比，虽然有追随古代圣贤的意思，但过于书生意气，缺少了官场格局。

苏洵就职一段时间后，韩琦和富弼虽然都了解苏洵有一套自己的治国理念和改革策略，但是始终觉得他的想法比较激进，认为苏洵有才却无用武之地，这让苏洵陷入一种十分尴尬的境地。

嘉祐六年（公元 1061 年）七月，朝廷想修撰《礼书》，工作难度和工作量都很大，对技术的要求也比较高，而韩琦提出可以由欧阳修负责主持协调，由苏洵和姚辟进行编撰。这才给了苏洵一个机会，让他从九品小官升到八品，从试校书郎变为霸州文安县主簿。苏洵终于获得了朝廷的正式官职，而此时他已经五十三岁了。

这边苏洵在京城还处于勉强做小官、仕途多悲凉的境遇，两个儿子苏轼和苏辙，却已经是春风得意，前途无量。

从眉山搬到京城后不久，苏轼和苏辙就参加了吏部的"流内铨"考试，也就是低级文官的授受、考核、升迁考试。因为苏轼和苏辙中进士后最先获得的都是九品官，要从基层一点点做起。当时，苏轼被授以河南福昌县主簿，苏辙被授以河南渑池县主簿。或许是因为官职太低，或许是二子对自己的仕途更有信心，两人都没有赴任，对外的理由则是要参加制科考试。

嘉祐六年（公元 1061 年）八月的这场制科考试，殿试由宋仁宗御试苏轼、苏辙、王介三人，最后苏轼入三等，苏辙和王介入四等。三等是宋朝制科考试的最高等级，宋以来制策考试入三等者只有两人，苏轼便是其中之一。

关于这场考试，还有一些小小的风波。苏辙在应试文章中批评了宋仁宗懒政、贪色等缺点，属于出言不逊，应该取消考试资格。一时之间评卷者意见不一，闹得不可开交。最后还是宋仁宗大度，没将苏辙的批评当回事，反而因为得到苏家二子这样有大才的人而大喜，这件事才算平息。后来朝廷任命苏轼为大理评事，签书凤翔府判官，又任命苏辙为试秘书省校书郎充商州军事推官。

一时之间，苏家两个儿子在官场春风得意，在京城才名远播，苏洵一家才算真正安定，能够在京师定居下来。

道不同交恶荆公，《辨奸论》一朝结怨

才学渊博之人常会有惺惺相惜之感，唐宋八大家这八位文豪，除了韩愈和柳宗元二位生年不同，其他几人都生活在北宋中期，且彼此关系密切。比如苏轼、苏辙是欧阳修的门生，曾巩是欧阳修的学生，苏洵与欧阳修也十分要好。从这里看来，欧阳修似乎是这些人的纽带，而事实也确实如此。唐宋八大家之中还有一位王安石，他是欧阳修学生曾巩的挚友，且也受过曾巩和欧阳修的推荐，但是

与苏家三父子一直存有矛盾。

王安石，字介甫，号半山，是北宋时期著名的政治家、文学家、思想家和改革家。他还有个封号"荆公"，是神宗元丰年间获封的，和王安石之前"舒国公"的封号一样，只是一种荣誉称号。而因为王安石死后谥号"文"，所以后代又称呼王安石为"文荆公"。

回顾王安石和苏家父子三人的关系，可以发现，除了早些时候王安石在外为官，与三苏交集不多，后来无论是与苏洵论政方面的针锋相对，还是熙宁变法中与苏轼和苏辙二人的政治争端，都显得火药味十足。同是在朝为官，又有欧阳修和曾巩的这层关系，可王安石母亲去世时，苏家三父子均没前去吊唁，而苏洵的《辨奸论》也含沙射影地批判王安石，足以证明三苏父子与王安石之间的龃龉之深。

从历史细节处看苏洵与王安石之间的交往，可以发现二人之民以不合，与政见差异，以及二人情商都不太高，有很大的关系。苏洵为了两个儿子的仕途，尽力在朱门高院和官员士大夫间游走，希望多结交些人脉，让自己和两个儿子获益。但在这个过程中，苏洵却不经意得罪了王安石，这不仅给自己带来了麻烦，也给苏轼和苏辙二子的仕途埋下了祸根，导致两个儿子始终身陷于党争，难以脱身。

苏洵和王安石都是欧阳修十分欣赏的人，但这两个人的交恶由来已久。苏洵年长王安石十三岁，王安石却比苏洵成名早十三年，属于年少成名。苏洵当年名动京师的时候，王安石已经当了很多年官，对朝廷政治有了不少切合实际的独到见解。所以，初读苏洵文章的王安石，对苏洵文章中"纵横之学"的风格并不很喜欢，觉得是"兵谋、权利、机变之言"，但因苏洵的名气以及欧阳修等人经常提及，王安石还是有结识此人的意思的。而苏洵就不同了，王安石对他文章的评价，顺着坊间流言传进苏洵的耳朵，这让自信倨傲的苏洵心中不悦，顺便暗暗记下了"王安石"这个名字。

之后不久，苏洵和王安石就有了人生第一次碰面的机会。这二人初相识是在欧阳修家中的宴会上。这种宴会，只有身份相当的官员才有资格参加，宴会的一般内容也不过就是喝酒聊天、吟诗作赋。但因当时苏洵被欧阳修赏识，所以这次宴会，苏洵以布衣之身跻身于受邀之列。

宴会上，苏洵见有一人蓬头黑脸，举止不当，便悄悄问欧阳修，这个人是谁。欧阳修回苏洵说："你说的是王安石吧？文人学士，也很有才名。你可以与此君交往看看。"苏洵却因之前文章被贬之事心怀芥蒂，不屑地回答："依我看，这个人以后必定在朝廷中得意忘形，是会祸乱天下、迷惑君主的人，不知道您为什么要和这样的人交往呢？"欧阳修听了苏洵的话，觉得这评价着实过于狠厉，便劝说苏洵，说王安石对苏洵很有好感，刚才宴会上也想和苏洵聊天，只是苏洵不想同王安石说话，这样不太好。没想到苏洵仍旧坚持说王安石此人不近人情，以后少不了祸害天下，不是可交之人。

欧阳修听罢也只能放弃劝说，随他去了。

而此次宴会上，王安石本来是有心结交苏洵的，可对方却全程对自己视而不见，且苏洵对王安石的评价也不胫而走，传到了王安石的耳朵里，这不禁让王安石耿耿于怀。政治观点不同，以及初次见面的交恶，让苏洵和王安石两个人都互看对方不顺眼，虽然二人交锋的机会并不多，但是后来王安石与苏洵两个儿子同朝为官，交锋就十分频繁。所以，为报复苏洵，王安石后来在很多场合也曾公开诋毁过苏洵，乃至很多年后也与苏轼和苏辙两人不和。这不只让苏洵气愤，也导致两人的关系日渐恶劣，苏洵甚至将王安石当作仇人一样看待。

关于苏洵和王安石初见却交恶，以及王安石多次当众诋毁苏洵的故事，在后来南宋人方勺的《泊宅编》，以及宋人叶梦得的《避暑录话》中都有记载，虽不见得完全收录二人言语，但大致情况仍可参考。

由此可见，苏洵第一次见王安石就带了主观臆断，觉得彼此道不同，不想结交王安石，是苏洵先对王安石起了芥蒂，而王安石也非心胸宽广之人，二者的关系才越来越糟。而后两人因《辨奸论》交恶，导致苏洵两个儿子终生身陷于党争旋涡。

王安石此人虽有才华，但是为人处世十分特立独行，在朝为官的时候，因经常一意孤行，惹了一些麻烦不说，还导致与同僚关系恶劣。而苏洵虽身为低阶小官，却也把这些人事看在眼里。

后来，嘉祐八年（公元 1063 年）八月，王安石母亲去世，苏洵虽然没有去吊唁，但是见朝中士大夫纷纷吊唁王安石母亲，再想到王安石平日为人，便有感而发，写下《辨奸论》一文：

事有必至，理有固然。惟天下之静者，乃能见微而知著。月晕而风，础润而雨，人人知之。人事之推移，理势之相因，其疏阔而难知，变化而不可测者，孰与天地阴阳之事？而贤者有不知，其故何也？好恶乱其中，而利害夺其外也。

昔者，山巨源见王衍曰："误天下苍生者，必此人也！"郭汾阳见卢杞曰："此人得志，吾子孙无遗类矣！"自今而言之，其理固有可见者。以吾观之，王衍之为人，容貌言语，固有以欺世而盗名者。然不忮不求，与物浮沉。使晋无惠帝，仅得中主，虽衍百千，何从而乱天下乎？卢杞之奸，固足以败国。然而不学无文，容貌不足以动人，言语不足以眩世，非德宗之鄙暗，亦何从而用之？由是言之，二公之料二子，亦容有未必然也！

今有人，口诵孔、老之言，身履夷、齐之行，收召好名之士、不得志之人，相与造作言语，私立名字，以为颜渊、孟轲复出，而阴贼险狠，与人异趣。是王衍、卢杞合而为一人也。其祸岂可胜言哉？夫面垢不忘洗，衣垢不忘浣，此人之至情也。今也不然，衣臣虏之衣，食犬彘之食，囚首丧面，而谈诗书，此岂其情也哉？凡事之不近人情者，鲜不为大奸慝，竖刁、易牙、开方是也。以盖世之名，而济其未形之患。虽有愿治之主，好贤之相，犹将举而用之。则其为天下患，必然而无疑者，非特二子之比也。

孙子曰："善用兵者，无赫赫之功。"使斯人而不用也，则吾言为过，而斯人有不遇之叹。孰知祸之至于此哉？不然，天下将被其祸，而吾获知言之名，悲夫！

这篇散文议古论今，在对比映照之间，痛批某人"衣臣虏之衣，食犬彘之食，囚首丧面，而谈诗书"等"不近人情"的行为，并以此为由，断定此人以后一定是大奸大恶、祸国乱民之人，强烈地表达了苏洵对此人的厌恶。但有趣的是，这篇文章虽言辞犀利，却缺少事实依据，通篇多是苏洵自己"见微知著"的论断，不免给人强词夺理的感觉。而苏洵虽然没有在文章中直接提王安石的名字，看过的人却都能品出，苏洵写的大概就是王安石。

这篇《辨奸论》在苏洵在世时并没有公布于世，苏洵怕惹出争端，并没有向太多人提及，只有张方平等少数几个人读过。在苏洵死后，张方平写《文安先生墓表》时，《辨奸论》才开始广为流传。但世上没有不透风的墙，就算王安石初时没读过《辨奸论》全文，也仍听到了一些风言风语。因为这篇文章，他与苏洵父子的矛盾就更难化解了。

一篇《辨奸论》可以看出苏洵不畏权贵、仗义执言的特点，虽然他是小吏，但是敢于向当时的朝廷重臣"宣战"，敢于对自己认为不正之人、不平之事叫板。

可惜，生不逢时，仕途坎坷，举家迁至京城的苏洵至人生终点，也没能达成他的济世理想。鳏居京城，做着八九品的低阶职位，苏洵晚年的生活已经不寄托于功名政治，而开始"复得返自然"，回归读书。苏洵终老京师时，留给后人的是散文政论的余泽与为人称道的思想。不久之后，苏洵就将迎来他人生的终点。一代才星陨落的时刻，即将到来。

第八章

一代名儒，终老京师

苏洵墓，别名苏坟山，在今天的四川眉山市东坡土地乡公益村西。这块地方就是当年苏洵埋葬夫人程氏之处，同时也是苏轼的夫人王弗的墓地。当年，程夫人病逝，苏洵葬亡妻时特意在老翁泉边墓地给自己留下一室，希望百年之后与程氏同穴而眠。而他的这个心愿，在治平四年（公元 1067 年）终于达成。

苏洵生前死后都被文人敬重，葬礼上，前来吊唁的官员名士就达一百三十三人之多，欧阳修、曾巩等一百多人，还曾给苏洵作挽词，可见苏洵生前结交广泛，盛名在世。

除了生前盛名，苏洵死后所留《六国论》《衡论》《权书》等著作亦被人津津乐道，《嘉祐集》更是在千年后的今天成为后人解读苏洵军政思想的重要依据。

走近苏洵终老京师的日子，看一代名儒人生最后的时光，能让我们更立体地了解这位大文豪奔波璀璨的一生。

鳏居仍怀济世心，晚年治《易》寄神思

苏洵应诏举家迁至京城后，虽然郁郁不得志，没有如他想象一般获得重用，仅仅得了个九品"试校书郎"的职位，后来升职也不过是个八品的霸州文安县主簿，但是苏洵的政治抱负仍未完全熄灭。纵然被如此轻视，他曾经所说作文要"言当世之要"，要"施之于今"的志向，仍未曾改变。鳏居于京城，食朝廷俸禄的苏洵，在霸州文安县主簿的职位上，仍然兢兢业业、一丝不苟，践行着他的政治理念。

升为八品的苏洵，如今已是国家正规"公务员"编制，他刚任职，就接到与陈州项城县令姚辟同修《礼书》的工作。

苏洵觉得虽然《礼书》的修撰不如实际参与政事那么重要，但是也需要严谨的专业知识，且修撰成果对朝廷的管理大有裨益，所以苏洵还是比较乐意接手这项工作的，也心绪稍平，感受到了自己的价值。

在这次《礼书》的修撰中，苏洵严谨的个性和治学理念就又凸显出来了。全身心投入工作的苏洵在此次"学术活动"中，再度保持了他实事求是、坚持直录的原则。在记录先辈事迹时，苏洵坚持按照真实情况记录，不能为了给祖先添光彩就罔顾事实去美化。这

样的做法引发了朝廷中很多人的反对，苏洵却完全不顾舆论的声音，依旧坚持己见，按照自己的主张修撰《礼书》，同时给欧阳修写了一份《议修礼书状》，严肃论述他坚持如此直录祖先事迹的原因，丝毫没有因为朝中反对的声音，就偃旗息鼓，不敢继续。

这件事的结果还是不错的，因为欧阳修的主持，以及宋仁宗并不十分介意，苏洵的意见还是得到了贯彻，而朝中议论之声在一段时间后也逐渐平息。

然而，就在苏洵致力于修撰《礼书》的时候，苏家又突然传来噩耗，苏洵的二哥苏涣在利州突然无疾暴毙。五十多岁的苏洵近年来本就频频接到妻子病逝、友人病逝的噩耗，如今他一直敬爱的二哥苏涣也突然离世，这对苏洵而言，无疑又是巨大的打击。

回想曾经与哥哥苏涣相处的经历，苏涣宽慰自己不要因为落榜而抑郁，引导自己修家谱、静读书，还有兄弟二人笑闹讨论如何给苏涣改个字的往事，苏洵顿时悲痛难当。人生失意，亲友飘零，如今哥哥苏涣又逝去，苏洵心中万分悲痛，却也只能强忍着，坚持修撰完《礼书》，做好他的本分。

终于，在宋英宗治平二年（公元 1065 年）九月，苏洵和姚辟等人努力修完《礼书》一百卷，并命名为《太常因革礼》。苏洵完成了他职业生涯中的一件大事。

其实，在《礼书》修撰期间，苏洵还有个业余爱好，就是研读《易经》，撰写《易传》。早年间，苏洵还在蜀中隐居时，就对《易经》十分感兴趣，当年就曾由《易经》而起，写《仲兄字文甫说》，论给自己哥哥苏涣改字一事。而到了晚年，阅历积累，看尽人事，苏洵对《易经》也有了更多新的想法和解读，而更热衷于读《易经》。

苏辙在《东坡先生墓志铭》中就曾写道：

> 先君晚岁读《易》，玩其爻象，得其刚柔、远近、喜怒、逆顺之情，以观其词，皆迎刃而解。作《易传》未完，疾革，命公（苏轼）述其志，公泣受命，卒以成书。然后千载之微言，焕言可知也。

可见，苏洵晚年十分乐于读《易经》，也很看重自己写的《易传》，可惜后来苏洵并没机会完成这本书。

《易经》作为一部记录自然科学和社会科学的古代典籍，集合了先贤智慧，并于春秋战国那个百花齐放、百家齐鸣的时期得到了完善，其内容可以称得上丰富深奥，开中华文化之先河。而苏洵晚年将业余时间都花在对《易经》的研读和对《易传》的写作上，也是有勃勃野心的。

他曾深读《易经》，对《易注》也十分熟悉，过往所写《六经论》《利者义之和论》等文章中，也都有十分精辟的内容。所以，苏洵自信地认为，如果自己将读《易经》的心得写成《易传》，说不定能成为《易经》研究史上的开河之作，能够在千古《易经》研究上，留下雪泥鸿爪。

苏洵要借研究《易经》，在文化历史上留下他的大名，弥补他一生仕途不顺的遗憾。同时，晚年对《易经》的研究，也寄托了他一生的苦苦追求。他思索的宇宙人生，探求的无常命运，都能在《易经》中找到答案。他将探寻的问题集中在天理与人道上，希望从《易经》的生成、推演、变化、调和、循环消长中获得真知灼见。

怀抱对《易经》这样的理解，以及对自己所写《易传》的极大自信与希望，苏洵笔耕不辍，很快就写完《易传》百余篇，并逢人就宣传自己的写作成果。

苏洵曾在给韩琦的上书中，自豪地展示他的阅读和写作成果："去岁以来，始复读《易》，作《易传》百余篇。此书若成，则自有《易》以来，未始有也。"

然而，将《易经》当作自己精神支柱的苏洵没有想到，笃心做学问的自己已经时日无多，他寄予厚望的《易传》终是没能完成，自己的一生，始终与遗憾相关。

天意难违嘱后事，京城内外皆震动

充实有为、子孙有福，是苏洵晚年生活的图景。进京之后的这几年，苏洵逐渐适应了半老的生活。两个儿子都在外为官，名满京华，自己虽然勉强做个小官，但无论是修撰《礼书》，还是研读《易经》，都是他心中所爱。有时间以文会友，与朋友们聊聊诗文政治，苏洵也觉得十分满足。他闲观朝廷事，专心写《易传》，已经不像过去那样锋芒毕露。

然而，嘉祐八年（公元1063年）的一件事，还是让苏洵坐不住了，纵使人微言轻，也想直言一番。

这年三月，宋仁宗驾崩，宋英宗继位。韩琦负责仁宗丧葬之事，遂大兴土木，主张厚葬，导致一时间朝廷上下鸡犬不宁，民间怨声载道。

苏洵见此情况，不顾自己身份低微，直接上书给韩琦，言辞激烈地批评韩琦的决策，指责他这样大肆铺张办丧事，不符合仁宗本意；高额开销会转嫁给百姓，引发民间积怨；而且先帝以诚信闻名于世，也不需要靠厚葬添风光。

韩琦虽然对苏洵的批评很不满意，但因为宰相度量，还是酌情采纳了他的一些意见。这算是苏洵进京就职后，在修撰《礼书》之外，干成的另外一件大事。

可惜，命运没有给苏洵更多救世济民、发光发热的机会。苏洵于英宗治平二年（公元1065年）九月修撰完《礼书》，积劳成疾，不久后就因偶感风寒病倒了。他的病症与当年程夫人相似，可惜程夫人病逝前没能再见父子三人一面，而苏洵这次生病，苏轼是在身边照顾的。

治平二年（公元 1065 年）对苏家来说是多事之秋，这一年苏轼刚刚从凤翔卸职回京，在京中任殿中丞直史馆，而苏辙赴大名府上任推官也才几个月。没想到，五月二十八日，苏轼的妻子王弗就因病去世，苏轼还没从任职的喜悦中缓过神，爱妻就与自己天人永隔。而如今，才不过四个月，父亲苏洵又积劳成疾，一病不起，这让年轻的苏轼万分悲痛。

苏洵这一病，开始也没被重视，就连挚友欧阳修也以为他调养一段时间就会恢复，还特意给他寄药方，出治疗主意。没想到，苏洵病情急速恶化，月余就已形销骨立，眼看就要不行了。

到治平三年（公元 1066 年）春天，苏洵已经病入膏肓，药石无灵。自知天意难违的苏洵，见儿子在病榻前昼夜侍候，十分悲切不忍。于是，某天苏洵唤苏轼到病床前交代后事，希望自己逝后能少留一些遗憾，也让儿子宽慰一些，少些伤感。

苏洵主要交代给苏轼三件事：一是《易传》凝结了他不少心血，而如今尚未完成，实在可惜，希望苏轼、苏辙两兄弟能够续写；二是自己的长兄苏澹死得早，家中儿孙尚且年少，需要照拂，希望苏轼两兄弟能多照顾苏澹的子孙；三是自己的姐姐嫁与杜家，死后还没好好安葬，希望苏轼、苏辙兄弟二人能尽早处理好安葬之事。

交代完后事的苏洵了无牵挂，于治平三年（公元 1066 年）四月二十五日与世长辞，享年五十八岁。而此时只有儿子苏轼在身边，送老父亲最后一程。苏辙因任职在外，没来得及赶回来，匆忙奔回汴京时，已经错过了见父亲最后一面的机会。

春风呜咽，草木含悲，一代才星陨落，消息震动京城，留给苏洵那些知己、挚友的，只有悲伤与怀念。

得知苏洵的死讯，朝野上下都十分振动，有感于如此天纵奇才，却早早就告别人间。为抚恤苏轼、苏辙二人，也为彰显朝廷重视，宋英宗下诏赏赐白银一百两、丝绢一百匹给苏洵。但苏洵生前不是贪图富贵之人，死后又何须这些物质上的恩赏呢？

深知父亲遗憾的苏轼婉言谢绝了英宗的恩赏，转而请求朝廷给父亲苏洵追赠官职，以全苏洵生前志愿。

随后，朝廷于六月九日追赠苏洵为从六品上职位——光禄寺丞，并按苏轼的要求，准备了船只送苏洵灵柩返回蜀地，于家乡安葬。至此，苏洵辗转波折的一生终于落幕。他以另外一种形式荣归故里，在死后获得了他生前苦苦追寻而终未得到的官职。

苏洵在世时以文会友，人品文章都得人敬重。此番病逝，很多人前来吊唁，为苏洵写挽词，欧阳修等人更是为苏洵写墓志铭，寄托对苏洵的不舍与敬重。

欧阳修在《老苏先生墓志铭》中这样记述苏洵：

初，修为上其书，召试紫微阁，辞不至。逐除试秘书省校书郎。会太常修纂建隆以来礼书，乃以为霸州文安县主簿，使食其禄，与陈州项城县令姚辟同修礼书，为《太常因革礼》

一百卷。书成，方奏未报而以疾卒，实治平三年四月戊申也，享年五十有八。

寥寥数语，概述苏洵一生。这里有欧阳修对苏洵一生的回顾，也有他对苏洵的了解，他知道苏洵所在意和自豪的是什么，所以特将编《太常因革礼》一百卷的辉煌记录下来。

除了墓志铭，一生欣赏苏洵的欧阳修，还为老友写下挽词：

> 布衣驰誉入京师，丹旐俄惊返旧闾。
>
> 诸老谁能先贾谊，君王犹未识相如。
>
> 三年弟子行丧礼，千两乡人会葬车。
>
> 我独空斋挂尘榻，遗编时阅子云书。

这首挽词尾联以东汉豫章太守陈蕃挂塌为典故，将陈蕃尊重名士徐雅，而专门为他设榻，徐雅前来才把榻拿出来让他坐，而人去则挂榻的事迹，与自己和苏洵的关系做类比，表示自己在苏洵死后，也不会再如此礼待别人，只能任坐榻蒙尘。

除了欧阳修，韩琦在苏洵生前也与他交往较多，此刻对于苏洵的逝去，也是感慨万千。不同于欧阳修，韩琦是对苏洵心怀愧疚的。他一生总揽朝政，对于苏洵这种人才，如果想给他寻一个合适的职位，成全他的报国志向和济世之心，韩琦是完全有这个能力的。可他却迟迟没有做，乃至让苏洵这样一个文章卓绝的贤才，到死都难达志向、难抒胸怀，这实在让人惋惜。因此，得知苏洵去世的消息后，韩琦一边自责后悔，一边为老苏写下了两首挽词：

（其一）

对未延宣室，文尝荐子虚。

书方就绵蕝，奠已致生刍。

故国悲云栈，英游负石渠。

名儒升用晚，厚愧莫先予。

（其二）

族本西州望，来为上国光。

文章追典诰，议论极皇王。

美德惊埋玉，环材痛坏梁。

时名谁可嗣，父子尽贤良。

这样两首挽词，第一首深痛自谴，后悔自己没有尽力将苏洵推荐给皇帝；第二首则是对苏洵生前文章和政见的评论和称赞，并提及苏轼、苏辙，感叹老苏有这样两个好儿子，也可慰在天之灵。

此外，曾巩、姚辟、司马光等人也都前来吊唁苏洵，并纷纷写下挽词，共同追忆这位文耀后世的大文学家。

结束京中的吊唁后，苏轼两兄弟就按照计划将苏洵的灵柩运回眉山。一同护送运走的，还有苏轼妻子王弗的灵柩。此行如他们当时从眉山迁居到京城一样，走的还是水路，从汴水经过淮河，再逆流入长江。因路途艰难，且要保护好灵柩，苏轼和苏辙两兄弟在治平四年（公元 1067 年）四月才终于回到家乡，此时距离父亲苏洵病逝，已经有一年的时间。

遵从苏洵意愿，苏轼和苏辙两兄弟将父亲葬在眉州老翁泉井侧，与母亲程氏并排。而苏轼的亡妻王弗，也葬在这里。

至此，苏洵的一生终于尘埃落定。后来，南宋孝宗时期，又追谥苏洵为"文安公"；以及他的文章在千古之后流传，影响大宋乃至中国文化长河，这就已经与苏洵本人无关了。

黄土掩埋老儒躯，文章思想传千古

纵观苏洵的一生，虽然在仕途上十分不得志，直到死时都没能获得一个显赫官职；但是在北宋文坛发展，乃至对后世文学影响力方面，苏洵是当仁不让的。

嘉祐初年苏洵来到京师之时，正是欧阳修倡导古文运动时期。当时因为北宋科举考试重声律，以属对、声律考核取士，导致北宋文坛也受到影响，崇尚华丽、冶艳的文风。后来一些文人倡导复古，又矫枉过正，导致时文多效仿韩愈的文风，陷入了晦涩难懂的怪圈。

这时欧阳修开始大刀阔斧地改革，推崇古文运动，纠正文坛不正之风。

苏洵一生科举坎坷，就是受声律影响，他早就感受到了"时文"的弊端，也经常和友人以及儿子聊写文章的事。而苏洵倡导的写文"言必中当世之过"的观点与欧阳修不谋而合，欧阳修读了苏洵《权书》《衡论》等文章，也觉得正是自己想要推广的文风，于是大力举荐苏洵，让苏洵一时之间名满京师，苏洵文章的风格成为士子们新晋效仿的榜样，这也让古文运动更为顺利。

投桃报李的苏洵，因与欧阳修志趣相投、观点相似，便积极配合欧阳修，在古文运动中借文章"切磨议论，共为不朽之计"。这段时间，苏洵反对浮艳怪涩的文风，主张文章应该"有为而作"，强调文章要"得乎吾心"，写"胸中之言"，即要避免无病呻吟，需言之有物。在苏洵倡议和苏氏文风的引导下，古文运动在嘉祐二年（公元 1057 年）就取得了阶段性胜利，对比苏洵功不可没。

而苏洵对文坛所做的贡献，远不止推动古文运动这么简单，他在散文和政论上的成就更泽被后世。

回顾苏洵的一生，散文与政论，是他最为擅长的，其流传于世的作品有《嘉祐集》二十卷，以及《谥法》三卷，其中《权书》《衡论》《六国论》等篇章，更是苏洵的代表作，被后世津津乐道、反复品读，使其在唐宋八位文坛巨擘中保持独特风采。

苏洵一生所作散文有近百篇，诗文也有四十余首。这些散文涵盖内容甚广，有论辩、书说、奏议、杂记、颂赞、碑志等，议论文偏多，抒情文较少。

苏洵的散文论点明晰，词句锋利，论据更是有力拔千钧之劲，于纵横恣肆间，尽显雄辩说服之力。欧阳修在《故霸州文安县主簿苏君墓志铭》中就称赞过苏洵"博辩宏伟""纵横上下，出入驰骤，必造于深微而后止"；而曾巩在《苏明允哀词》中更是评价苏洵的文章"指事析理，引物托喻""烦能不乱，肆能不流"；叶梦得则评价苏洵其文"精深有味，语不徒发，正类其文"；就连毛泽东也十分欣赏苏洵，曾有"看何等渊谷。若大河深溪，虽有勇者，如不善水，无由跳越。此等皆书生欺人之谈"这样的评价。

他们对于苏洵的散文、政论乃至为人的评价都是比较中肯的。雄奇为主，富于变化，曲折多变，纡徐宛转，都是苏洵独特的艺术风格。而在对自我的审视上，苏洵也是相对客观的。在他自己所写的《上田枢密书》中，曾评价自己的文章兼得"诗人之优柔，骚人之清深，孟韩之温淳，迁固之雄刚，孙吴之简切"。比如《仲兄字文甫说》一文中，苏洵将风水相激和自然成文作比较，就尤其形象生动。

借物抒怀是苏洵散文常用的手法，他曾记述自己家中的"木假山"，这篇文章就以借物抒怀的方式写成，是苏洵的得意之作。此文明写木假山，实际上却是苏洵在自我言志。

木之生，或蘖而殇，或拱而夭；幸而至于任为栋梁，则伐；不幸而为风之所拔，水之所漂，或破折或腐；幸而得不破折不腐，则为人之所材，而有斧斤之患。其最幸者，漂沉汩没于湍沙之间，不知其几百年，而其激射啮食之馀，或仿佛于山者，则为好事者取去，强之以为山，然后可以脱泥沙而远斧斤。而荒江之濆，如此者几何，不为好事者所见，而为樵夫野人所薪者，何可胜数？则其最幸者之中，又有不幸者焉。

予家有三峰。予每思之，则疑其有数存乎其间。且其蘖而不殇，拱而夭，任为栋梁而不伐；风拔水漂而不破折不腐，不破折不腐而不为人之所材，以及于斧斤之，出于湍沙之间，而不为樵夫野人之所薪，而后得至乎此，则其理似不偶然也。

然予之爱之，则非徒爱其似山，而又有所感焉；非徒爱之而又有所敬焉。予见中峰，魁岸踞肆，意气端重，若有以服其旁之二峰。二峰者，庄栗刻削，凛乎不可犯，虽其势服于中峰，而岌然决无阿附意。吁！其可敬也夫！其可以有所感也夫！

——《木假山记》

苏洵在这篇《木假山记》中借物抒怀，一篇散文洋洋洒洒，表面写木假山形成的过程，实际上讲的是对人才问题的感喟与深沉思考。在生动描绘木假山状随物赋形的同时，寄慨遥深，所赞其实是刚正不阿、巍然自立的精神，这也是他自己所敬佩和向往的精神。

《木假山记》一文与其说在写木假山，不如说是苏洵的自画像，说尽他一生的苦行和追求。

文章中以"中峰"比喻位高权重的人，以"二峰"比喻士大夫阶层，强调虽然这些士大夫阶层不得不"服于中峰"，但又强调"二峰"虽迫于无奈受"中峰"辖制，却能守住节操，不谄媚逢迎。苏洵所写的这种气节，正是他的对镜自观。

从乡野村夫到名震京师，幸有欧阳修等伯乐相助，也见过官场风波，苏洵感叹一个人想获得像木假山这样公正的对待是何等艰难。可苏洵其人其文，都自有一股凛然气，如文中所写木假山一样，树可折而不可曲，士可弃而不可辱，就是苏洵贯彻一生的原则，也是他散文、政论等文章犀利、雄健，思想受人敬仰的原因。

深读苏洵文章可以发现，他虽善散文，但是他的散文与一般记事陈情的杂文有所不同，苏洵的散文更多是辩论文。在《新选新注唐宋八大家书系》的统计中，苏洵的辩论文和杂文篇章数的比例高达六比一；而论字数，则更是相差甚远，其所写辩论文有大约七万字，而所写杂文仅有七千字，已经达到十比一的比例。

苏洵的辩论文是锋利艰深而又透彻雄健的。无论是他因庆历年间宋与西夏之间的战事所写的《六国论》，还是他曾评王安石的《辨奸论》，乃至他给富弼等人的信件，都展现着纵横家的雄辩之法，以及让人无可躲避的锋芒。这种文风的形成，与苏洵的个人志趣及读书偏好是密不可分的。

他自己就曾坦然承认，对战国时期的纵横家及其言论十分欣赏，但只是欣赏他们的雄辩手法，而不认同他们的为人。"吾取其术，不取其心"是苏洵对这方面偏好的解释。所以，他的文章手法和观点，也往往吸取纵横家们的特点，无论是议政还是议兵，都在文章结构的排布上极为精巧，会因物赋形，在工整严谨中又不乏篇章形体的变化，能够用精深的论点，将艰深的道理透彻地说出来。这样的论述特点和文字风格，也让苏洵的文章即使历经千年，仍具有深刻的意义和警醒作用。

百事雄文归一身，文章思想千古传。纵然苏洵死后，他提倡古文的文学思想、博辩雄伟的散文特色、犀利透彻的论文风格，仍然流传千古，影响后世。

苏洵仕途暗淡的一生，却从不缺乏耀眼光彩，其政论散文泽被后世，推动古文运动，改革当时文坛风气，乃至培养出苏轼和苏辙两位大宋文坛双子星，都让他的一生充满绚丽传奇的色彩。一千多年后，从苏洵字字心血的文章中，我们能窥见这位文学家的理想抱负、人生轨迹，也能看到一个具有理想主义和济世之才的书生，努力、奋斗、雄辩、刚直的模样。

以历史发展为轨迹，以诗词文章为脉络去回顾苏洵的一生，能见大宋文坛风貌，能见历史长河风云，更幸运的是能见到苏洵这样一位心怀家国天下的文人，百折不挠、光正坦荡的一生。而苏洵文章留给后人的思想与精神，也足够我们长久受用。